刑法总论精要指引

谭全万　范彦英 ◎ 编著

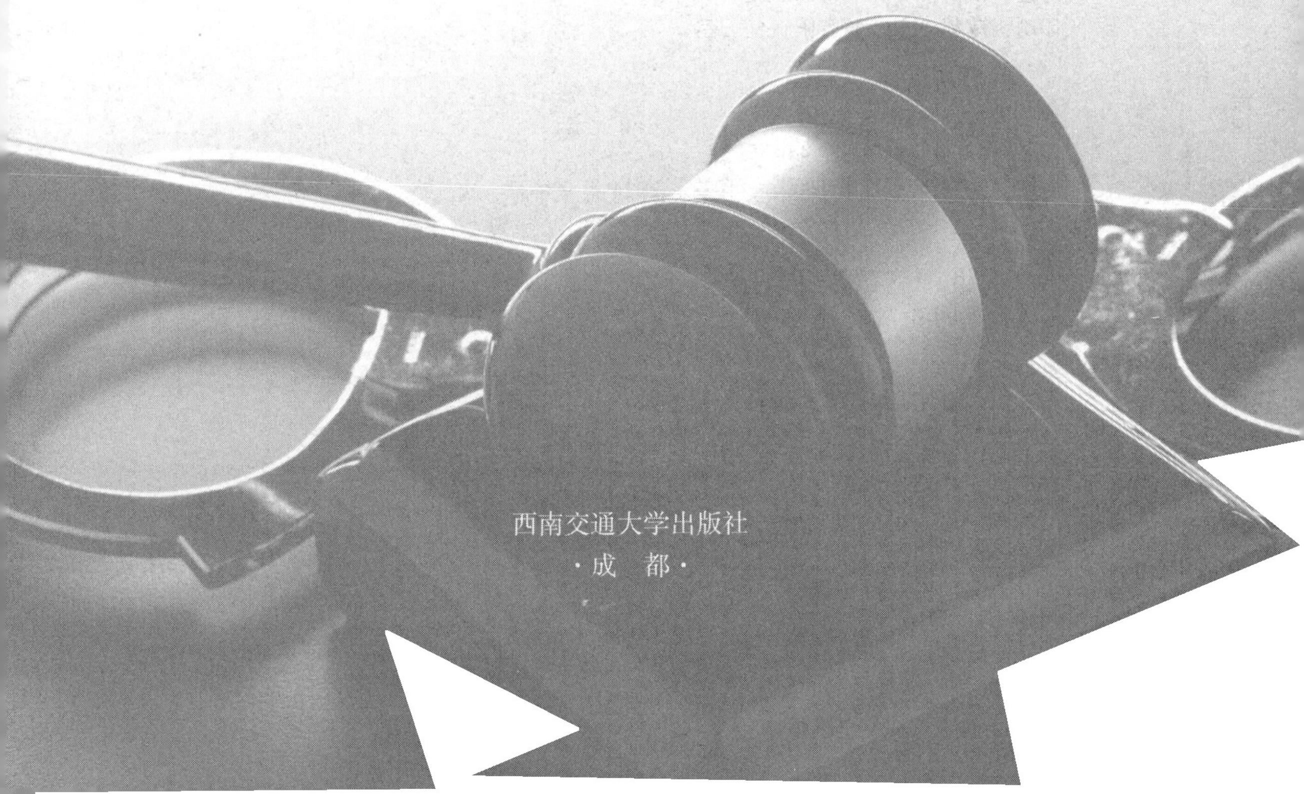

西南交通大学出版社
·成都·

图书在版编目（CIP）数据

刑法总论精要指引 / 谭全万，范彦英编著. -- 成都：西南交通大学出版社，2024. 9. -- ISBN 978-7-5774-0068-6

Ⅰ. D922.04

中国国家版本馆 CIP 数据核字第 20245D0E67 号

Xingfa Zonglun Jingyao Zhiyin
刑法总论精要指引

谭全万　范彦英 / 编著

策划编辑 / 罗爱林
责任编辑 / 赵玉婷
封面设计 / 原谋书装

西南交通大学出版社出版发行
（四川省成都市金牛区二环路北一段 111 号西南交通大学创新大厦 21 楼　610031）
营销部电话：028-87600564　028-87600533
网址　http://www.xnjdcbs.com
印刷　成都中永印务有限责任公司

成品尺寸　185 mm×260 mm
印张　17.75　　字数　440 千
版次　2024 年 9 月第 1 版　　印次　2024 年 9 月第 1 次

书号　ISBN 978-7-5774-0068-6
定价　54.00 元

图书如有印装质量问题　本社负责退换
版权所有　盗版必究　举报电话：028-87600562

前 言 PREFACE

  在浩瀚的法律海洋中，刑法无疑是最为波澜壮阔、引人深思的领域之一。它不仅是国家维护社会秩序、保护公民权益的重要工具，也是法学研究与教育不可或缺的重要组成部分。《刑法总论精要指引》一书的问世，旨在为广大法律初学者提供一本系统、全面、深入的刑法总论学习指南，引领读者走进刑法的殿堂，探索其深邃的理论与丰富的实践。

  刑法总论，作为刑法学的基础与核心，其重要性不言而喻。它不仅为刑法分则的研究提供了理论支撑与逻辑框架，也为司法实践中具体案件的处理提供了指导原则与操作规范。因此，掌握刑法总论的知识与技能，对于每一位法律初学者来说，都是至关重要的。

  本书的写作目的，在于引领读者走进刑法的世界，帮助他们建立起对刑法总论的全面、深入的理解。我们通过系统梳理刑法总论的基本知识框架与理论体系，结合国内外刑法学界的最新研究成果与司法实践中的典型案例，以丰富的内容与生动的案例相结合的方式，使读者在掌握理论知识的同时，也能够了解其在司法实践中的具体应用情况。

  在内容安排上，本书力求全面而精炼。我们涵盖了刑法总论中的所有重要议题，从刑法解释、刑法的基本原则，到犯罪构成理论，再到刑事责任理论以及刑罚理论，都进行了深入的探讨与阐述。我们注重理论的阐述与实践的结合，力求使读者能够更好地理解刑法的精神实质与实践应用，因此在每一节理论阐述完毕后，我们基本上均配套设置了"理论争鸣""典型例题""案例讨论"三个板块。其中"理论争鸣"板块旨在锻炼读者在学完本节内容后，进行更有深度的理论思考；"典型例题"板块选择了部分历年国家司法考试、全国法律硕士考试等权威考试真题，通过题目练习加深读者对理论内容的理解和掌握；"案例讨论"则注重培养读者理论与实务相结合，将理论转换为解决司法实务问题的工具，真正做到学以致用。

  此外，我们还特别注重本书的语言表达与可读性。我们力求用简洁明了、通俗易懂的语言来阐述复杂的刑法理论，使读者能够轻松愉快地掌握刑法总论的基本知识与技能。同时，我们也注重章节之间的逻辑性与连贯性，力求让读者在阅读过程中能够循序渐进、逐步深入。

  我们相信，通过对本书的学习与研读，广大读者将能够深入掌握刑法总论的基本知识框架与理论体系，为后续的刑法学习与司法实践打下坚实的基础。同时，我们也期待本书能够为刑法学界的研究与发展贡献一份力量，推动刑法学理论与实践的不断进步与发展。

  最后，我们要感谢所有为本书编写付出辛勤努力的同仁们。他们的智慧与汗水，凝聚成了这本《刑法总论精要指引》。我们衷心希望这本书能够成为读者在刑法学习道路上的有力助手，为他们照亮前行的道路，指引他们走向成功的彼岸。

目 录 CONTENTS

第一章 刑法解释 ········· 001

　第一节　立法解释、司法解释和学理解释 ········· 001

　第二节　文理解释与论理解释 ········· 012

第二章 刑法的基本原则 ········· 018

　第一节　罪刑法定原则 ········· 018

　第二节　刑法面前人人平等原则 ········· 025

　第三节　罪责刑相适应原则 ········· 028

　第四节　刑法的其他原则 ········· 032

第三章 刑法的效力范围 ········· 037

　第一节　刑法的空间效力范围 ········· 037

　第二节　刑法的时间效力范围 ········· 046

第四章 犯罪与犯罪构成概述 ········· 050

　第一节　犯罪概说 ········· 050

　第二节　犯罪构成概述 ········· 056

第五章 犯罪客体 ········· 062

　第一节　犯罪客体概述 ········· 062

　第二节　犯罪客体的分类 ········· 064

第六章 犯罪客观方面 ········· 068

　第一节　危害行为 ········· 068

　第二节　危害结果 ········· 073

  第三节 刑法上的因果关系⋯⋯⋯⋯⋯⋯⋯⋯⋯⋯⋯⋯⋯⋯⋯⋯⋯⋯⋯⋯⋯⋯⋯ 076

  第四节 犯罪客观方面的其他要件⋯⋯⋯⋯⋯⋯⋯⋯⋯⋯⋯⋯⋯⋯⋯⋯⋯⋯ 082

第七章 犯罪主体⋯⋯⋯⋯⋯⋯⋯⋯⋯⋯⋯⋯⋯⋯⋯⋯⋯⋯⋯⋯⋯⋯⋯⋯⋯⋯⋯⋯⋯ 085

  第一节 自然人犯罪主体⋯⋯⋯⋯⋯⋯⋯⋯⋯⋯⋯⋯⋯⋯⋯⋯⋯⋯⋯⋯⋯⋯⋯ 086

  第二节 单位犯罪主体⋯⋯⋯⋯⋯⋯⋯⋯⋯⋯⋯⋯⋯⋯⋯⋯⋯⋯⋯⋯⋯⋯⋯⋯ 094

第八章 犯罪主观方面⋯⋯⋯⋯⋯⋯⋯⋯⋯⋯⋯⋯⋯⋯⋯⋯⋯⋯⋯⋯⋯⋯⋯⋯⋯⋯⋯ 101

  第一节 犯罪故意⋯⋯⋯⋯⋯⋯⋯⋯⋯⋯⋯⋯⋯⋯⋯⋯⋯⋯⋯⋯⋯⋯⋯⋯⋯⋯ 101

  第二节 犯罪过失⋯⋯⋯⋯⋯⋯⋯⋯⋯⋯⋯⋯⋯⋯⋯⋯⋯⋯⋯⋯⋯⋯⋯⋯⋯⋯ 108

  第三节 犯罪目的与犯罪动机⋯⋯⋯⋯⋯⋯⋯⋯⋯⋯⋯⋯⋯⋯⋯⋯⋯⋯⋯⋯ 115

  第四节 无罪过事件⋯⋯⋯⋯⋯⋯⋯⋯⋯⋯⋯⋯⋯⋯⋯⋯⋯⋯⋯⋯⋯⋯⋯⋯ 119

  第五节 刑法上的认识错误⋯⋯⋯⋯⋯⋯⋯⋯⋯⋯⋯⋯⋯⋯⋯⋯⋯⋯⋯⋯⋯ 123

第九章 正当行为⋯⋯⋯⋯⋯⋯⋯⋯⋯⋯⋯⋯⋯⋯⋯⋯⋯⋯⋯⋯⋯⋯⋯⋯⋯⋯⋯⋯⋯ 131

  第一节 正当防卫⋯⋯⋯⋯⋯⋯⋯⋯⋯⋯⋯⋯⋯⋯⋯⋯⋯⋯⋯⋯⋯⋯⋯⋯⋯⋯ 131

  第二节 紧急避险⋯⋯⋯⋯⋯⋯⋯⋯⋯⋯⋯⋯⋯⋯⋯⋯⋯⋯⋯⋯⋯⋯⋯⋯⋯⋯ 141

  第三节 其他正当行为⋯⋯⋯⋯⋯⋯⋯⋯⋯⋯⋯⋯⋯⋯⋯⋯⋯⋯⋯⋯⋯⋯⋯ 146

第十章 故意犯罪的停止形态⋯⋯⋯⋯⋯⋯⋯⋯⋯⋯⋯⋯⋯⋯⋯⋯⋯⋯⋯⋯⋯⋯⋯ 150

  第一节 犯罪既遂⋯⋯⋯⋯⋯⋯⋯⋯⋯⋯⋯⋯⋯⋯⋯⋯⋯⋯⋯⋯⋯⋯⋯⋯⋯⋯ 150

  第二节 犯罪预备⋯⋯⋯⋯⋯⋯⋯⋯⋯⋯⋯⋯⋯⋯⋯⋯⋯⋯⋯⋯⋯⋯⋯⋯⋯⋯ 155

  第三节 犯罪未遂⋯⋯⋯⋯⋯⋯⋯⋯⋯⋯⋯⋯⋯⋯⋯⋯⋯⋯⋯⋯⋯⋯⋯⋯⋯⋯ 160

  第四节 犯罪中止⋯⋯⋯⋯⋯⋯⋯⋯⋯⋯⋯⋯⋯⋯⋯⋯⋯⋯⋯⋯⋯⋯⋯⋯⋯⋯ 166

第十一章 共同犯罪⋯⋯⋯⋯⋯⋯⋯⋯⋯⋯⋯⋯⋯⋯⋯⋯⋯⋯⋯⋯⋯⋯⋯⋯⋯⋯⋯⋯ 172

  第一节 共同犯罪的一般原理⋯⋯⋯⋯⋯⋯⋯⋯⋯⋯⋯⋯⋯⋯⋯⋯⋯⋯⋯⋯ 172

  第二节 共同犯罪的形式⋯⋯⋯⋯⋯⋯⋯⋯⋯⋯⋯⋯⋯⋯⋯⋯⋯⋯⋯⋯⋯⋯ 177

  第三节 共同犯罪人的刑事责任⋯⋯⋯⋯⋯⋯⋯⋯⋯⋯⋯⋯⋯⋯⋯⋯⋯⋯⋯ 182

第十二章 罪数形态⋯⋯⋯⋯⋯⋯⋯⋯⋯⋯⋯⋯⋯⋯⋯⋯⋯⋯⋯⋯⋯⋯⋯⋯⋯⋯⋯⋯ 190

  第一节 实质的一罪⋯⋯⋯⋯⋯⋯⋯⋯⋯⋯⋯⋯⋯⋯⋯⋯⋯⋯⋯⋯⋯⋯⋯⋯ 190

  第二节 法定的一罪⋯⋯⋯⋯⋯⋯⋯⋯⋯⋯⋯⋯⋯⋯⋯⋯⋯⋯⋯⋯⋯⋯⋯⋯ 197

  第三节 处断的一罪⋯⋯⋯⋯⋯⋯⋯⋯⋯⋯⋯⋯⋯⋯⋯⋯⋯⋯⋯⋯⋯⋯⋯⋯ 201

  第四节 数 罪⋯⋯⋯⋯⋯⋯⋯⋯⋯⋯⋯⋯⋯⋯⋯⋯⋯⋯⋯⋯⋯⋯⋯⋯⋯⋯ 207

第十三章　刑事责任与刑罚 …… 213

　　第一节　刑事责任与刑罚概说 …… 213
　　第二节　刑罚的种类 …… 221
　　第三节　非刑罚处罚方法 …… 230

第十四章　刑罚的裁量 …… 235

　　第一节　刑罚裁量概述 …… 235
　　第二节　刑罚裁量制度 …… 240

第十五章　刑罚的执行与消灭 …… 260

　　第一节　刑罚执行制度 …… 260
　　第二节　刑罚的消灭制度 …… 268

第一章

刑法解释

刑法解释是指解释主体对刑法文本的含义所进行的阐释和说明。刑法需要解释，这在学界已成为一种共识。刑法之所以需要解释，主要原因在于：其一，刑法文本是由文字来表达，文字本身所固有的局限性决定了刑法解释的必然性。其二，刑法文本处于静态之中，并具有一定的抽象性。处于动态之中的现实生活，则变幻无穷、纷繁复杂。由此，要使得静态的、抽象的刑法文本适用于动态的、具体的现实生活，必须经由解释方可完成。其三，刑法文本具有一定的稳定性，而现实生活则具有多变性和不可预知性。为了使得相对稳定的刑法文本适用于客观变化了的现实生活，有必要在罪刑法定原则允许的范围内，通过解释赋予刑法文本新的含义。其四，有的刑法文本可能存在表述含糊，甚至存在缺陷，这些问题在一定程度上可以通过解释来消解。

刑法解释可以从不同的角度进行分类，主要的分类包括：① 从解释主体角度，可以将刑法解释区分为立法解释、司法解释和学理解释；② 从解释方法角度，可以将刑法解释区分为文理解释和论理解释。

第一节　立法解释、司法解释和学理解释

通说认为，根据不同的解释主体，刑法解释分为立法解释、司法解释和学理解释。[1]其中，立法解释和司法解释能够产生法律拘束力，因此又称为有权解释；学理解释不产生法律拘束力，因此又称为无权解释。

一、立法解释

刑法立法解释是指最高立法机关对刑法文本所作出的阐释和说明。根据《中华人民共和国宪法》（以下简称《宪法》）和《中华人民共和国立法法》（以下简称《立法法》）等的规定，全国人民代表大会常务委员会有权对刑法进行立法解释。

---

[1] 也有学者对该种分类提出疑问，比如张明楷教授认为，这种分类方法并不周延，原因在于：作为个体的检察官与法官以及群众，都可能对刑法进行解释。参见张明楷：《刑法分则的解释原理（上）》，中国人民大学出版社2011年版，第1页。

（一）渊　源

1.《宪法》

第六十七条规定："全国人民代表大会常务委员会行使下列职权：

（一）解释宪法，监督宪法的实施；

（二）制定和修改除应当由全国人民代表大会制定的法律以外的其他法律；

（三）在全国人民代表大会闭会期间，对全国人民代表大会制定的法律进行部分补充和修改，但是不得同该法律的基本原则相抵触；

（四）解释法律；

（五）在全国人民代表大会闭会期间，审查和批准国民经济和社会发展计划、国家预算在执行过程中所必须作的部分调整方案；

……。"

2.《立法法》

第四十八条规定："法律解释权属于全国人民代表大会常务委员会。

法律有以下情况之一的，由全国人民代表大会常务委员会解释：

（一）法律的规定需要进一步明确具体含义的；

（二）法律制定后出现新的情况，需要明确适用法律依据的。"

3.《全国人民代表大会常务委员会关于加强法律解释工作的决议》

1981年6月10日，第五届全国人民代表大会常务委员会第十九次会议通过《全国人民代表大会常务委员会关于加强法律解释工作的决议》，其中第一条规定：

"凡关于法律、法令条文本身需要进一步明确界限或作补充规定的，由全国人民代表大会常务委员会进行解释或用法令加以规定。"

（二）程　序

根据《立法法》的规定，立法解释的程序可分为：提出解释要求、拟订解释草案、审议解释草案、表决和公告等。

1. 提出解释要求

根据《立法法》第四十九条的规定，国务院、中央军事委员会、国家监察委员会、最高人民法院、最高人民检察院、全国人民代表大会各专门委员会以及省、自治区、直辖市的人民代表大会常务委员会可以向全国人民代表大会常务委员会提出法律解释要求。

2. 拟订解释草案

根据《立法法》第五十条的规定，常务委员会工作机构研究拟订法律解释草案，由委员长会议决定列入常务委员会会议议程。

3. 审议解释草案

根据《立法法》第五十一条的规定，法律解释草案经常务委员会会议审议，由宪法和法律委员会根据常务委员会组成人员的审议意见进行审议、修改，提出法律解释草案表决稿。

4. 表　决

根据《立法法》第五十二条的规定，法律解释草案表决稿由常务委员会全体组成人员的过半数通过由常务委员会发布公告予以公布。

5. 公　告

根据《立法法》第五十三条的规定，全国人民代表大会常务委员会的法律解释同法律具有同等效力。

（三）表现形式

在理论上，关于立法解释的表现形式存在一定争议。传统观点认为，刑法立法解释包括以下三种形式：

1. 在刑法中用条文对有关刑法术语所作的解释

例如：（1）《中华人民共和国刑法》（以下简称《刑法》）第九十三条第一款规定："本法所称国家工作人员，是指国家机关中从事公务的人员。"

（2）《刑法》第九十四条第一款规定："本法所称司法工作人员，是指有侦查、检察、审判、监管职责的工作人员。"

（3）《刑法》第九十七条规定："本法所称首要分子，是指在犯罪集团或者聚众犯罪中起组织、策划、指挥作用的犯罪分子。"

（4）《刑法》第二百一十九条第三款规定："本条所称权利人，是指商业秘密的所有人和经商业秘密所有人许可的商业秘密使用人。"

（5）《刑法》第三百五十七条第一款规定："本法所称的毒品，是指鸦片、海洛因、甲基苯丙胺（冰毒）、吗啡、大麻、可卡因以及国家规定管制的其他能够使人形成瘾癖的麻醉药品和精神药品。"

2. 在刑法的起草说明或者修订说明中所作的解释

例如：1997年3月全国人大常委会副委员长王汉斌所作的《关于〈中华人民共和国刑法（修订草案）〉的说明》。

3. 最高立法机关专门用法令对刑法所作的解释

迄今为止，全国人民代表大会常务委员会专门用法令对刑法所作的解释，共计15个，现行有效的有13个，具体包括：

（1）2000年4月29日，全国人民代表大会常务委员会发布《关于〈中华人民共和国刑法〉第九十三条第二款的解释》（已被修改）；

（2）2001年8月31日，全国人民代表大会常务委员会发布《关于〈中华人民共和国刑法〉第二百二十八条、第三百四十二条、第四百一十条的解释》（已被修改）；

（3）2002年4月28日，全国人民代表大会常务委员会发布《关于〈中华人民共和国刑法〉第二百九十四条第一款的解释》（现行有效）；

（4）2002年4月28日，全国人民代表大会常务委员会发布《关于〈中华人民共和国刑法〉第三百八十四条第一款的解释》（现行有效）；

（5）2002年8月29日，全国人民代表大会常务委员会发布《关于〈中华人民共和国刑法〉第三百一十三条第一款的解释》（现行有效）；

（6）2002年12月28日，全国人民代表大会常务委员会发布《关于〈中华人民共和国刑法〉第九章渎职罪主体适用问题的解释》（现行有效）；

（7）2004年12月29日，全国人民代表大会常务委员会发布《关于〈中华人民共和国刑法〉有关信用卡规定的解释》（现行有效）；

（8）2005年12月29日，全国人民代表大会常务委员会发布《关于〈中华人民共和国刑法〉有关文物的规定适用于具有科学价值的古脊椎动物化石、古人类化石的解释》（现行有效）；

（9）2005年12月29日，全国人民代表大会常务委员会发布《关于〈中华人民共和国刑法〉有关出口退税、抵扣税款的其他发票规定的解释》（现行有效）；

（10）2009年08月27日，全国人民代表大会常务委员会发布《关于〈中华人民共和国刑法〉第二百二十八条、第三百四十二条、第四百一十条的解释（2009年修正）》（现行有效）；

（11）2009年08月27日，全国人民代表大会常务委员会发布《关于〈中华人民共和国刑法〉第九十三条第二款的解释（2009修正）》（现行有效）；

（12）2014年04月24日，全国人民代表大会常务委员会发布《关于〈中华人民共和国刑法〉第一百五十八条、第一百五十九条的解释》（现行有效）；

（13）2014年04月24日，全国人民代表大会常务委员会发布《关于〈中华人民共和国刑法〉第三百四十一条、第三百一十二条的解释》（现行有效）；

（14）2014年04月24日，全国人民代表大会常务委员会发布《关于〈中华人民共和国刑法〉第二百六十六条的解释》（现行有效）；

（15）2014年04月24日，全国人民代表大会常务委员会发布《关于〈中华人民共和国刑法〉第三十条的解释》（现行有效）；

严格意义上讲，我们认为只有第三种解释才属于真正意义上的立法解释。根据《宪法》《立法法》以及《全国人民代表大会常务委员会关于加强法律解释工作的决议》等的规定，立法解释的主体限于全国人民代表大会常务委员会，且立法解释必须遵循法定的程序。上述第一种在刑法中用条文对有关刑法术语所作的解释，即刑法中的解释性条文，本身属于刑法的组成部分，其产生是立法活动的结果，而非法律解释活动的结果。上述第二种在刑法的起草说明或者修订说明中所作的解释，是立法背景资料或者是立法性文件，不属于就某个刑法文本进行的解释。因此，上述第一种、第二种均应当排除在立法解释之外。

二、司法解释

司法解释是指最高司法机关对刑法文本的含义所作出的阐释和说明。在我国，有权进行司法解释的主体是最高人民法院和最高人民检察院。

（一）渊源

1.《全国人民代表大会常务委员会关于加强法律解释工作的决议》

1981年6月10日第五届全国人民代表大会常务委员会第十九次会议通过《全国人民代表大会常务委员会关于加强法律解释工作的决议》，其第二条规定："凡属于法院审判工作中具体应用法律、法令的问题,由最高人民法院进行解释。凡属于检察院检察工作中具体应用法律、法令的问题,由最高人民检察院进行解释。最高人民法院和最高人民检察院的解释如果有原则性的分歧,报请全国人民代表大会常务委员会解释或决定。"

2.《中华人民共和国人民法院组织法》

《人民法院组织法》第十八条规定:"最高人民法院可以对属于审判工作中具体应用法律的问题进行解释。　　最高人民法院可以发布指导性案例"。[①]

3.《中华人民共和国人民检察院组织法》

《人民检察院组织法》第二十三条规定:"最高人民检察院可以对属于检察工作中具体应用法律的问题进行解释。　　最高人民检察院可以发布指导性案例。"

4.《最高人民法院关于司法解释工作的规定》

1997年6月23日,最高人民法院首次发布了《最高人民法院关于司法解释工作的若干规定》(法发〔1997〕15号),明确了最高人民法院针对审判工作中具体应用法律的问题进行司法解释的程序、形式等内容。2006年12月11日最高人民法院审判委员会第1408次会议通过《最高人民法院关于司法解释工作的规定》(法发〔2007〕12号),全面规定了最高人民法院进行司法解释的相关问题,并同时废止了1997年发布的《最高人民法院关于司法解释工作的若干规定》。2021年6月8日最高人民法院审判委员会第1841次会议通过《最高人民法院关于修改〈最高人民法院关于司法解释工作的规定〉的决定》(法发〔2021〕20号),修订了部分内容。

5.《最高人民检察院司法解释工作规定》

2006年4月18日最高人民检察院第十届检察委员会第五十三次会议通过《最高人民检察院司法解释工作规定》(高检发研字〔2006〕4号),明确了最高人民检察院针对检察工作中具体应用法律的问题进行司法解释的主要来源、程序、形式、效力等内容。2015年12月16日最高人民检察院第十二届检察委员会第四十五次会议第一次修订《最高人民检察院司法解释工作规定》(高检发研字〔2015〕13号),全面规定了最高人民检察院进行司法解释的相关问题,并同时废止了《最高人民检察院司法解释工作规定》(高检发研字〔2006〕4号)。2019年3月20日最高人民检察院第十三届检察委员会第十六次会议第二次修订了《最高人民检察院司法解释工作规定》(高检发办字〔2019〕55号),明确了最高人民检察院进行司法解释时六个方面的问题,分别为:一般规定;司法解释的立项;司法解释的起草、审核;检察委员会审议;司法解释的发布、备案;其他相关工作。

(二) 程　序

1. 最高人民法院进行司法解释的程序

根据《最高人民法院关于司法解释工作的规定》,司法解释程序大致可以分为:立项、起草与审核、讨论、发布与备案。

[①] 本书中,所引用法律条文包含多个款项的,各款之间用两个字的空格隔开。各项之间不分行,也不空格。

（1）立　项

《最高人民法院关于司法解释工作的规定》第九条规定："制定司法解释，应当立项。"第十四条规定："司法解释立项计划应当包括以下内容：立项来源，立项的必要性，需要解释的主要事项，司法解释起草计划，承办部门以及其他必要事项。"

（2）起草与审核

《最高人民法院关于司法解释工作的规定》第十六条规定："司法解释起草工作由最高人民法院各审判业务部门负责。涉及不同审判业务部门职能范围的综合性司法解释，由最高人民法院研究室负责起草或者组织、协调相关部门起草。"第十八条规定："司法解释送审稿应当送全国人民代表大会相关专门委员会或者全国人民代表大会常务委员会相关工作部门征求意见。"第十九条第一款规定："司法解释送审稿在提交审判委员会讨论前，起草部门应当将送审稿及其说明送研究室审核。"

（3）讨　论

《最高人民法院关于司法解释工作的规定》第二十三条规定："最高人民法院审判委员会应当在司法解释草案报送之次日起三个月内进行讨论。逾期未讨论的，审判委员会办公室可以报常务副院长批准延长。"

（4）发布与备案

《最高人民法院关于司法解释工作的规定》第二十五条："司法解释以最高人民法院公告形式发布。司法解释应当在《最高人民法院公报》和《人民法院报》刊登。司法解释自公告发布之日起施行，但司法解释另有规定的除外。"第二十六条规定："司法解释应当自发布之日起三十日内报全国人民代表大会常务委员会备案。备案报送工作由办公厅负责，其他相关工作由研究室负责。"

2. 最高人民检察院进行司法解释的程序

根据《最高人民检察院司法解释工作规定》，司法解释程序大致可以分为：立项、起草与报送、审议、发布与备案。

（1）立　项

《最高人民检察院司法解释工作规定》第十条规定："最高人民检察院检察委员会决定制定司法解释或者最高人民检察院检察长批示制定司法解释的，由最高人民检察院法律政策研究室直接立项。其他制定司法解释的立项建议，由最高人民检察院法律政策研究室提出审查意见，报检察长决定。"

（2）起草与报送

《最高人民检察院司法解释工作规定》第十五条规定："司法解释意见稿应当报送全国人民代表大会相关专门委员会或者全国人民代表大会常务委员会相关工作机构征求意见。司法解释意见稿应当征求有关机关以及地方人民检察院、专门人民检察院的意见；根据情况，可以征求人大代表、政协委员以及专家学者等的意见。涉及广大人民群众切身利益的司法解释，经检察长决定，可以在报纸、互联网等媒体上公开征求意见。"第十六条规定："司法解释起草部门在征求意见和对司法解释意见稿进行修改完善后，认为可以提交检察委员会审议的，应当形成司法解释送审稿，撰写起草说明，附典型案例等相关材料，经分管副检察长同意，送法律政策研究室审核。"第十八条第一款规定："法律政策研究室应当对司法解释送审稿及其起草说明进行审核。认为需要进一步修改、补充、论证的，提出书面意见，退回起草部门。"

（3）审　议

《最高人民检察院司法解释工作规定》第十九条第二款规定："最高人民检察院发布的司法解释应当经最高人民检察院检察委员会审议通过。"

（4）发布与备案

《最高人民检察院司法解释工作规定》第二十二条："最高人民检察院的司法解释以最高人民检察院公告的形式，在《最高人民检察院公报》和最高人民检察院官方网站公布。"第二十四条规定："司法解释应当自公布之日起三十日以内报送全国人民代表大会常务委员会备案。"

（三）运　用

自1979年《刑法》颁布以来，最高人民法院和最高人民检察院分别就审判工作和检察工作中如何具体应用刑法的问题进行过多次司法解释，而且最高人民法院、最高人民检察院也联合作出多次司法解释。

示例：

1.《最高人民法院关于审理单位犯罪案件具体应用法律有关问题的解释》

1999年6月18日由最高人民法院审判委员会第1069次会议决定，为依法惩治单位犯罪活动，根据《中华人民共和国刑法》的有关规定，对审理单位犯罪过程中关于单位的定义予以解释。

2.《最高人民法院关于审理破坏森林资源刑事案件具体应用法律若干问题的解释》[①]

2000年11月17日最高人民法院审判委员会第1141次会议决定，为依法惩处破坏森林资源的犯罪活动，根据刑法的有关规定，对珍贵树木的定义、情节严重的种类、处罚程度进行解释。

3.《最高人民法院关于审理走私、非法经营、非法使用兴奋剂刑事案件适用法律若干问题的解释》

2019年11月12日由最高人民法院审判委员会第1781次会议决定，为依法惩治走私、非法经营、非法使用兴奋剂犯罪，维护体育竞赛的公平竞争，保护体育运动参加者的身心健康，根据《中华人民共和国刑法》《中华人民共和国刑事诉讼法》的规定，对非法经营、非法使用兴奋剂等规定进行解释。

4.《最高人民法院关于审理毒品犯罪案件适用法律若干问题的解释》

2016年1月25日由最高人民法院审判委员会第1676次会议决定，为依法惩治毒品犯罪，根据《中华人民共和国刑法》的有关规定，对走私、贩卖、运输、制造、非法持有毒品的数量和处罚情节进行解释。

[①] 该司法解释被2023年8月13日最高人民法院发布的《最高人民法院关于审理破坏森林资源刑事案件适用法律若干问题的解释》废止，现已失效。

5.《最高人民检察院关于渎职侵权犯罪案件立案标准的规定》

2005年12月29日由最高人民检察院第十届检察委员会第四十九次会议通过,根据《中华人民共和国刑法》《中华人民共和国刑事诉讼法》和其他法律的有关规定,对国家机关工作人员渎职和利用职权实施的侵犯公民人身权利、民主权利犯罪案件的立案标准予以规定。

6.《最高人民法院、最高人民检察院关于办理利用互联网、移动通讯终端、声讯台制作、复制、出版、贩卖、传播淫秽电子信息刑事案件具体应用法律若干问题的解释(二)》

2010年1月18日最高人民法院审判委员会第1483次会议、2010年1月14日最高人民检察院第十一届检察委员会第28次会议决定,为依法惩治利用互联网、移动通讯终端制作、复制、出版、贩卖、传播淫秽电子信息,通过声讯台传播淫秽语音信息等犯罪活动,维护社会秩序,保障公民权益,根据《中华人民共和国刑法》《全国人民代表大会常务委员会关于维护互联网安全的决定》的规定,对办理相关刑事案件中所适用的法律进行解释。

7.《最高人民法院、最高人民检察院关于办理组织、利用邪教组织破坏法律实施等刑事案件适用法律若干问题的解释》

2017年1月4日最高人民法院审判委员会第1706次会议、2016年12月8日由最高人民检察院第十二届检察委员会第58次会议决定,为依法惩治组织、利用邪教组织破坏法律实施等犯罪活动,根据《中华人民共和国刑法》《中华人民共和国刑事诉讼法》的有关规定,就办理此类刑事案件适用法律的若干问题进行解释。

8.《最高人民法院、最高人民检察院关于办理渎职刑事案件适用法律若干问题的解释(一)》

2012年7月9日最高人民法院审判委员会第1552次会议、2012年9月12日最高人民检察院第十一届检察委员会第79次会议决定,为依法惩治渎职犯罪,根据《中华人民共和国刑法》的有关规定,对其第三百九十七条规定的"致使公共财产、国家和人民利益遭受重大损失"进行具体的解释。

三、学理解释

学理解释是由国家宣传机构、社会组织、学者或专家等从学术理论上对刑法文本的含义所作出的阐释和说明。学理解释不同于立法解释和司法解释,学理解释属于无权解释,在法律上没有约束力。但是,学理解释往往是立法解释和司法解释的理论基础。[1]正确的学理解释有助于人们加深对刑法文本的理解程度,在一定程度上还可以作为立法解释和司法解释的理论前提,在司法实践中,正确适用学理解释也可以提高办案的准确率,满足人民对正义的追求。

---

[1]《刑法学》编写组(主编贾宇):《刑法学(上册·总论)》,高等教育出版社2019年版,第53页。

● 理论争鸣 ○

1. 立法解释有无存在必要？

学界对此有两种不同观点。肯定说认为："刑法立法解释是一类重要的刑法解释。"[①]刑法立法解释不仅有利于维护罪刑法定原则，而且还能解决刑法适用中的实际问题。[②]否定说认为，立法机关不宜对刑法作出立法解释。其理由主要是：第一，为了确保法治，最好将法的制定者与执行者相分离；第二，立法解释有使立法者介入司法活动之嫌；第三，法律条文的界限明确问题同具体应用法律的问题难以区分，为了贯彻罪刑法定原则，立法机关不宜进行立法解释。[③]当前，肯定说是我国刑法学界的通说观点。

请谈谈自己的看法。

2. 法官有无解释权？

关于法官是否具有法律解释权，学术界并没有广泛的讨论。但从诸多法学文献中来看，法官似乎并没有解释权。如前文所提及，刑法解释根据解释的效力分为立法解释、司法解释和学理解释，立法解释和司法解释被称为有权解释，学理解释被称为无权解释。法官所进行的刑法解释处于"非法"的境地。然而，在司法实务中，法官就个案进行解释的现象普遍存在。

比如，在刘某某盗窃案[④]中，法院认为，"公开窃取"逾越了刑法解释的边界。对刑法条文用语进行解释应当文理解释优先，只有文理解释的结论明显不合理或者产生难以调和的多种结论时，才需要进行论理解释。从文理解释角度出发，"公开窃取"超出了"盗窃"的文义范畴。我国刑法对"盗窃"的文义解释为"用不合法的手段秘密地取得"，"公开窃取"的观点与盗窃"秘密取得"的本义不符。在上述案例中，法官就"公开窃取"是否属于刑法意义上的盗窃行为进行了解释，并且对本案产生了直接的法律效力。

在理论上，刑法适用的过程就是刑法解释的过程，没有对刑法的理解和解释就没有刑法的适用。人们已经逐步接受加达默尔关于理解、解释和运用三位一体的观点，解释本身就是运用，运用也是解释的一种形式。[⑤]法官是刑法解释最重要的主体，也是刑法解释方法运用的最重要主体，这与法官在法律上无法定解释权相矛盾。

请谈谈自己的看法。

[①] 李希慧：《刑法解释论》，中国人民公安大学出版社1995年版，第134页。
[②] 参见李国如：《罪刑法定原则视野中的刑法解释》，中国方正出版社2001年版，第140-143页。
[③] 参见张明楷：《立法解释的疑问》，载《清华法学》，2007年第1期。
[④] 案号：江苏省安福县人民法院（2018）赣0829刑初7号，判决书内容参见中国裁判文书网。
[⑤] 参见陈金钊：《法律解释规则及其运用研究（下）——法律解释规则运用所遇到的难题》，载《政法论坛》2013年第5期。

● 典型例题 ○

1. 下列选项中,属于刑法立法解释的有( )。(2017年法律硕士考试真题)
A. 全国人大常委会《关于惩治骗购外汇、逃汇和非法买卖外汇犯罪的决定》
B. 全国人大常委会《关于〈中华人民共和国刑法〉有关信用卡规定的解释》
C. 全国人大常委会法制工作委员会刑法室《关于挪用资金罪有关问题的答复》
D. 全国人大常委会《关于〈中华人民共和国刑法〉第二百六十六条的解释》

解析：A项，属于单行刑法，系刑法的渊源之一；C项，全国人大常委会法制工作委员会刑法室系全国人大常委会的内设机构，不是刑法的立法机关，不具有立法解释的主体资格。因此，本题正确答案为BD。

2. 关于刑法解释，下列哪一选项是错误的?( )(2013年国家司法考试真题)
A. 学理解释中的类推解释结论，纳入司法解释后不属于类推解释。
B. 将大型拖拉机解释为《刑法》第一百一十六条破坏交通工具罪的"汽车"，至少是扩大解释乃至是类推解释。
C.《刑法》分则有不少条文并列规定了"伪造"与"变造"，但不排除在其他一些条文中将"变造"解释为"伪造"的一种表现形式。
D.《刑法》第六十五条规定，不满十八周岁的人不成立累犯；《刑法》第三百五十六条规定，因走私、贩卖、运输、制造、非法持有毒品罪被判过刑，又犯本节规定之罪的，从重处罚。根据当然解释的原理，对不满十八周岁的人不适用《刑法》第三百五十六条。

解析：A项，司法解释不能进行类推解释，本题答案为 A。

3. 1998年12月23日施行的《最高人民法院关于审理非法出版物刑事案件具体应用法律若干问题的解释》中规定，以营利为目的实施侵犯著作权行为，个人违法所得数额在五万元以上的，构成犯罪。2004年12月22日施行的《最高人民法院、最高人民检察院关于办理侵犯知识产权刑事案件具体应用法律若干问题的解释》中规定，以营利为目的侵犯著作权违法所得数额在三万元以上的，构成侵犯著作权罪。对这两个司法解释的适用，正确的是( )。(2011年法律硕士考试真题)
A. 2004年12月22日以后审理侵犯著作权刑事案件，一律适用2004年司法解释
B. 司法机关可以根据打击相关犯罪的需要，择一适用
C. 上述司法解释都只有参考价值，司法机关可以不受其约束
D. 上述2004年司法解释关于侵犯著作权犯罪的规定，不溯及既往

解析：A项，我国刑法关于溯及力的规定采取的是从旧兼从轻原则。B项，司法机关也应当遵守刑法规定，不能任意选择适用。C项，司法解释是有权解释，具有法律拘束力，司法机关应当严格遵循司法解释。综上，本题答案为D。

4. 全国人大常委会有关解释规定："刑法第二百二十八条、第三百四十二条、第四百一十条规定的'违反土地管理法规'，是指违反土地管理法、森林法、草原法等法律以及有关行政

法规中关于土地管理的规定。"这一解释属于（　　）。（2008年法律硕士考试真题）

A. 立法解释

B. 有权解释

C. 学理解释

D. 类推解释

解析：全国人大及其常委会的解释属于立法解释，立法解释系有权解释。故本题选AB。

5. 根据解释的效力，可以把刑法解释分为（　　）。（2014年法律硕士考试真题）

A. 立法解释、司法解释和学理解释

B. 当然解释、文理解释和论理解释

C. 当然解释、扩大解释和缩小解释

D. 文理解释、论理解释和学理解释

解析：根据解释的效力，刑法解释可划分为立法解释、司法解释和学理解释，因此本题选A。

● 案例讨论 ○

高某某交通肇事案[①]

基本案情： 2021年6月12日8时30分许，高某某驾驶未经年检的苏A××××牌号的小轿车，在344国道上行驶时，与前方同方向行驶的高某相撞，高某当即被送往医院，经抢救无效后于当日死亡。经过事实认定、法律适用，最终判处高某某交通肇事罪。

裁判理由： 根据《最高人民法院关于审理交通肇事刑事案件具体应用法律若干问题的解释》第二条，"交通肇事具有下列情形之一的，处三年以下有期徒刑或者拘役：（一）死亡一人或者重伤三人以上，负事故全部或者主要责任的……"。在本案中，高某某因为违反交通规则驾驶机动车，并造成路人高某死亡，符合司法解释中所规定的情形，应当以交通肇事罪判处。

请从刑法解释角度，围绕本案展开讨论。

---

① 案件来源于中国裁判文书网，案号为：江苏省金湖县人民法院（2021）苏0831刑初225号。

第二节 文理解释与论理解释

从解释方法角度，可以将刑法解释区分为文理解释和论理解释。①

一、文理解释

文理解释就是从语言学角度，对刑法文本的字、词、句予以阐释和说明，以明确刑法文本的语义。拉伦茨指出："解释程序的特征是：解释者只想谈论文字本身，并不想对它有何增减。"②文理解释的任务就是围绕"文字"，探求其语言学上的"语义"。比如，《最高人民法院关于审理拐卖妇女儿童犯罪案件具体应用法律若干问题的解释》第九条明确："刑法第二百四十条、第二百四十一条规定的儿童，是指不满十四周岁的人。其中，不满一周岁的为婴儿，一周岁以上不满六周岁的为幼儿。"《最高人民法院关于审理伪造货币等案件具体应用法律若干问题的解释》第七条第一款明确："本解释所称'货币'是指可在国内市场流通或者兑换的人民币和境外货币。"上述两个司法解释中，对"儿童""货币"概念的解释就运用了文理解释。

二、论理解释

论理解释是按照立法精神，结合相关情况，对刑法文本从法理意义上进行阐释和说明，以明确刑法文本的真实含义。依据所考虑的因素不同，论理解释又可以细分为体系解释、目的解释、历史解释、比较解释、当然解释、反对解释。

（一）体系解释

体系解释又称逻辑解释、语境解释、系统解释、结构解释、上下文解释、组织解释、整体解释等③，有广义与狭义之分。广义上的体系解释是指考虑刑法条文在整个法秩序的逻辑自洽，根据刑法条文在整个刑法中的地位，结合刑法中相关条文的含义，来阐释和说明刑法文本的真实意思。狭义上的体系解释是指仅在刑法内，根据刑法条文在整个刑法中的地位，结合刑法中相关条文的含义，来阐释和说明刑法文本的真实意思。体系解释的思维依据为：整体与部分之间的辩证关系。整体只能通过对其各部分的理解而理解，但是对其各部分的理解又只能通过对其整体的理解，体系解释的重点在于其具有一定的体系性，通过对其他章节、其他条文的含义的理解，从整体出发，做出最合适的法律解释。

在进行体系解释时，需注意以下几个问题：（1）刑法总则具有宏观指导性作用，因此在进行解释时必须坚持刑法总则指导刑法分则、刑法分则联系刑法总则的原则；（2）遵守同类解释规则，对于刑法分则条文在列举具体要素之后使用的"等""其他"用语，要按照所列举事项的内容、性质进行解释；（3）必要时承认刑法用语的相对性；（4）要以基础法条为中心，

---

① 需要特别说明的是，文理解释与论理解释实质上是刑法解释所需要的方法，即刑法解释方法。换言之，文理解释与论理解释是对刑法解释方法的分类。
② [德]卡尔·拉伦茨：《法学方法论》，陈爱娥译，商务印书馆2003年版，第194页。
③ 参见陈金钊、吴冬兴：《体系解释的逻辑展开及其方法论意义》，载《扬州大学学报（人文社会科学版）》2020年第1期。

而不能以补充法条为中心作出解释。

（二）目的解释

目的解释，顾名思义，就是从立法的初衷和所欲达到的目的角度去思考如何进行刑法条文的解释。目的解释一直深受学者青睐。德国学者耶林就曾强调目的解释是法律的最高准则。这是因为，任何法律都有一定的目的，解释者必须要了解法律要实现的目的是什么，这样才能真正地诠释法律的意义。[1]还有学者直言道："解释方法之桂冠当属于目的论之解释方法"。[2]

目的解释要求在解释刑法时，必须考虑刑法最终要实现何种目的，进而做出符合该目的的合理解释。目的解释并非仅仅考虑整体目的，而是既要考虑整体目的，也要考虑具体目的。这是因为：仅考虑整体目的，不一定能得出适当的结论；而仅考虑特殊目的，得出的结论可能略有欠缺，因此必须两者同时考虑。犯罪就是侵害法益的行为，刑罚法规就是为了保护法益而存在的，刑法中的目的解释，就是从以最适当的方式保护法益而应当怎么办的见地出发解释法律条文，即以保护法益为基准进行解释。

（三）历史解释

历史解释又称法意解释、沿革解释，是根据刑法规定产生时的历史背景以及刑法发展的沿革，以阐释和说明刑法文本的真实含义。在进行历史解释时，要考虑两个方面的因素：一是刑法规定产生时的历史背景，包括该规定产生的有关原因，该规定在产生过程中的刑法草案说明、审议结果报告、立法机关的审议意见或者有关部门的意见，以及起草、审议、审查、讨论草案过程中各方面的意见等。二是该规定在刑法历史发展中的沿革。比如，对《刑法》第二百二十五条第（四）项"其他严重扰乱市场秩序的非法经营行为"进行刑法解释，除了重点运用体系解释、目的解释等外，还需要借助历史解释，考虑非法经营罪的立法沿革，这就有必要从非法经营罪的前身"投机倒把罪"开始进行研究。

进行历史解释，目的就是从过往的历史材料中去寻求当时背景下立法的真正含义，而不是去主观揣测立法者的立法意图，从客观层面出发，最大程度地还原历史真相。

（四）比较解释

比较解释就是在解释刑法文本时，将国外法律规定及判例作为参照因素，从而阐释和说明本国刑法文本之含义。在运用比较解释时，不可忽视中外刑法在实质、内容、体例上的差异，不能只看表面文字的描述与犯罪的名称，而应该重视规定某种犯罪的条文规定在刑法体系中的位置，从而了解相同用语在不同国家的刑法中所具有的不同含义。比较解释在刑法解释中不具有主导和支配作用，原因在于比较解释对刑法解释的意义仅限于参考，且这种参考意义只有经过其他解释方法论证成立后，才具有价值。运用比较解释，需要注意三点：第一，比较解释参考的应当是外国比较成熟的制度经验。第二，比较解释的结论不可直接作为刑法解释的终局结论。第三，比较解释的结论只有经由其他独立解释方法论证成立后，才具有价值。

---

[1] 参见梁慧星：《民法解释学》，法律出版社2015年版，第228-229页。
[2] [德]汉斯·海因里希·耶塞克、托马斯·魏根特：《德国刑法教科书》，徐久生译，中国法制出版社2016年版，第215页。

(五) 当然解释

当然解释是指刑法文本虽未明示某一事项,但是依据刑法规范之目的,未明示事项较已明示事项更有适用之理由时,将该未明示事项也解释为该刑法文本适用范围的解释。例如,图书馆禁止衣冠不整人员入内,那么未着衣者显然更不能入内。这被作为运用当然解释的典型例子。

当然解释的核心内容可以概括为:入罪时,举轻以明重;出罪时,举重以明轻。"入罪时,举轻以明重",是指如果刑法文本对某一事项没有明示,但依据刑法规范的目的,该未明示事项与刑法文本已明示事项相比,其损害更为严重时,那么该未明示事项应当作入罪解释。"出罪时,举重以明轻",是指如果刑法文本对已明示事项排除犯罪,未明示事项与该事项相比,造成的损害更小,那么该未明示事项也应当作出罪解释。关于"出罪时,举重以明轻",在我国刑法文本中很难找到相对应的例子。[1]

(六) 反对解释

反对解释又称反面解释,是指通过理解刑法文本的正面表述,从反面意义上推导刑法文本的真实含义的解释。例如,《刑法》第五十条第一款前段规定,判处死缓在缓期执行期间没有故意犯罪的,"二年期满以后,减为无期徒刑",据此,没有满两年的不得减为无期徒刑。

反对解释并非任何法条都可以适用,必须要满足两个条件:其一,在刑法条文中列明的条件必须是法律适用的全部条件;其二,在刑法条文中列明的条件必须是法律适用的必要条件。[2]比如,《刑法》第十七条之一规定的"已满七十五周岁的人故意犯罪的,可以从轻或者减轻处罚",如果直接运用反对解释就会得出:"不满七十五周岁的人,不可以从轻或者减轻处罚",显然是非常荒谬的。这是因为,已满七十五周岁的人故意犯罪,并不是从轻或者减轻处罚的全部条件和必要条件,在刑法全文中,多个法条涉及从轻处罚和减轻处罚,不能直接依据《刑法》第十七条之一得出反面解释结论。

● 理论争鸣 ○

1. 扩大解释和缩小解释是否属于一种解释方法?

扩大解释,又称扩张解释、扩充解释,一般是指在刑法文本的字面含义小于立法原意时,解释者做出比刑法文本字面含义更广时的解释;缩小解释,又称限缩解释、限制解释等,是指在刑法文本的字面含义大于立法原意时,解释者作出比刑法文本字面含义更窄时的解释。[3] 在我国传统的文理解释、论理解释二分法分类模式中,扩大解释、缩小解释连同当然解释均为论理解释的下位方法。但近年来,将扩大解释和缩小解释作为形式上的解释方法,日益受到学者们的批判[4]。比如,苏力教授认为,扩大解释和缩小解释的区分依据是解释的后果,是对解释后果的分类。扩大解释和缩小解释也不能像其他解释方法一样指导解释活动。这是因

---

[1] 参见李希慧:《刑法解释论》,中国人民公安大学出版社1995年版,第119页。
[2] 参见张明楷:《罪刑法定与刑法解释》,北京大学出版社2009年版,第143页。
[3] 参见张志铭:《法律解释学》,中国人民大学出版社2015年版,第70页。
[4] 参见范彦英:《刑法解释方法及其运用规则研究》,西南财经大学2022年博士学位论文。

为,扩大解释和缩小解释在解释活动中告诉解释者,在何时针对何问题如何做出扩大解释或者缩小解释。扩大解释和缩小解释的运用必须基于文义解释、目的解释等其他方法得出结论。因此二者在本质上并不是一种解释方法。[1]杨艳霞教授也提出了同样的观点,她也认为扩大解释和缩小解释无法指导具体的解释。我们根本不可能根据扩大解释、缩小解释获得解释结论。在解释结束后,根据结果的不同,我们才将解释结论称之为扩大解释或者缩小解释。[2]赞同上述观点的学者不在少数。例如,我国台湾地区学者刘幸义也指出:扩张解释、限缩解释并非解释的方法,而是依据解释结果的意义涵盖范围大小,而产生的对应概念。[3]赵秉志教授、曾粤兴教授也指出,限制解释与扩张解释不是解释的方法,因为"限制"和"扩张"都不能告诉人们如何操作,不具备方法的特征。[4]

请谈谈自己的看法。

2. 刑法解释方法的运用是否具有位阶性?

围绕"刑法解释方法的位阶关系",存在肯定说、否定说和折中说三种观点。[5]

第一,肯定说。基本观点是:刑法解释方法之间存在一定的运用顺序。比如苏彩霞教授认为刑法解释方法符合人类的思维过程规律,因此方法之间存在位阶关系。[6]持肯定说观点的还有李希慧教授、梁根林教授、程红博士等人。但是在肯定说内部,各个学者对刑法解释方法的次序关系又有如下不同的观点:(1)李希慧教授认为应优先使用文理解释,后使用论理解释。[7](2)梁根林教授等人同样采用了先文理解释后论理解释的运用次序,除此以外,论理解释的下位方法运用次序依次为:体系解释→历史解释→目的解释→合宪性解释。[8](3)孙运梁教授认为各种解释方法总的位阶关系依次是:文义解释→逻辑解释→体系解释→历史解释→比较解释→目的论解释。[9](4)程红博士提出的顺序依次为:文义解释→体系解释→目的解释。[10](5)王海桥博士认为有次序关系,且为:文义解释→历史解释→体系解释→目的解释。[11](6)戚进松博士则认为体系解释应当优于历史解释,因此各方法的运用依次为:文义解释→体系解释→历史解释→目的解释。[12](7)孙晋琪博士等人也认为各方法有次序关系,且依次为:历史解释→文义解释→体系解释。[13]

第二,否定说。基本观点是:刑法解释方法之间不存在"位阶关系",代表人物有周光权教授、温登平博士等人。比如,周光权教授认为,文义解释具有优先性,但并不具有决定性;目的解释也不是绝对的最高准则;司法判断具有极高的复杂性,这就意味着在各个解释方法

---

[1] 参见苏力:《解释的难题:对几种法律文本解释方法的追问》,载《中国社会科学》1997年第4期。
[2] 参见杨艳霞:《刑法解释理论与方法——以哈贝马斯的沟通行动理论为视角》,法律出版社2007年版,第216页。
[3] 参见刘幸义:《法律推论与解释》,翰芦图书出版有限公司2015年版,第222页。
[4] 参见赵秉志、曾粤兴:《刑法解释方法研究》,载《中国刑法学年会文集》2003年第1卷。
[5] 参见范彦英:《刑法解释方法及其运用规则研究》,西南财经大学2022年博士学位论文。
[6] 参见苏彩霞:《刑法解释方法的位阶与运用》,载《中国法学》2008年第5期。
[7] 参见李希慧:《刑法解释论》,中国人民公安大学出版社1995年版,第133页。
[8] 参见梁根林主编:《刑法方法论》,北京大学出版社2006年版,第161-165页。
[9] 参见陈兴良主编:《刑法方法论研究》,清华大学出版社2006年版,第19-20、186-187页。
[10] 参见程红:《论刑法解释方法的位阶》,载《法学》2011年第1期。
[11] 参见王海桥:《刑法解释的基本原理——理念、方法及其运作规则》,法律出版社2012年版,第194页。
[12] 参见戚进松:《刑法解释方法的位阶与运用》,载《国家检察官学院学报》2015年第4期。
[13] 参见孙晋琪、蒋涛:《论刑法司法解释方法》,载《江苏警官学院学报》2009年第4期。

之间,并没有一个完全确定的、绝对的次序。①温登平博士也指出,刑法解释方法的位阶关系并不具有可操作性,至多具有借鉴意义。因此,刑法解释方法位阶关系论归根结底是一个假命题。②

第三,折中说。折中说相对于肯定说和否定说,观点比较居中,认为各刑法解释方法之间没有绝对固定的位阶关系,但也不能任由解释者随意选用。但是,总体上来看,折中说更倾向于肯定说观点。陈兴良教授是折中说的典型代表人物。陈兴良教授首先肯定了在刑法解释各个方法之间有位阶关系,但他又指出,这种位阶关系不是绝对的、固定不变的,更不能将位阶关系视为顺序关系。如果在解释中不遵守位阶关系,解释结论的合理性将大打折扣。③

请谈谈自己的看法。

● 典型例题

1. 关于刑法的解释,下列说法正确的是( )。(2019年国家统一法律职业资格考试真题)

A. 按照体系解释,传播淫秽物品罪与传播性病罪的"传播"含义一致。

B. 依据论理解释,倒卖文物罪中的"倒卖"是指以牟利为目的,出售或为出售而购买国家禁止经营的文物。

C. 招摇撞骗罪是指冒充国家机关工作人员招摇撞骗。将副乡长冒充市长招摇撞骗解释为"冒充"国家机关工作人员招摇撞骗,不符合文理解释。

D. 虐待被监管人罪是指殴打或体罚虐待被监管人。将其中的"体罚虐待"解释为"体罚或者虐待",符合文理解释。

解析:A项考查的是文理解释中的一词多义。"传播"一词具有多个含义,包括传送或散布、传染、广泛散布等。传播淫秽物品罪的"传播"是指广泛散布;传播性病罪中的"传播"则是指传染。C项招摇撞骗罪侵害的客体是特定国家机关工作人员的公众信赖感。将副乡长冒充市长招摇撞骗解释为"冒充"国家机关工作人员招摇撞骗,符合文理解释。故本题答案为BD。

2. 关于刑法解释,下列哪些选项是错误的?( )(2015年国家司法考试真题)

A.《刑法》规定"以暴力、胁迫或者其他手段强奸妇女的"构成强奸罪。按照文理解释,可将丈夫强行与妻子性交的行为解释为"强奸妇女"。

B.《刑法》对抢劫罪与强奸罪的手段行为均使用了"暴力、胁迫"的表述,且二罪的法定刑相同,故对二罪中的"暴力、胁迫"应作相同解释。

C. 既然将为了自己饲养而抢劫他人宠物的行为认定为抢劫罪,那么,根据当然解释,对为了自己收养而抢劫他人婴儿的行为更应认定为抢劫罪,否则会导致罪刑不均衡。

D. 对中止犯中的"自动有效地防止犯罪结果发生",既可解释为自动采取措施使得犯罪结果未发生;也可解释为自动采取防止犯罪结果发生的有效措施,而不管犯罪结果是否发生。

解析:A项,从文理解释角度,《刑法》第二百三十六条并没有排除婚内强奸,故将丈夫

---

① 参见周光权:《刑法解释方法位阶性的质疑》,载《法学研究》2014年第5期。
② 参见温登平:《刑法解释方法位阶关系否定论》,载《法律方法》2013年第1期。
③ 参见陈兴良:《刑法教义学方法论》,载《法学研究》2005年第2期。

强奸妻子解释为"强奸妇女",符合强奸罪的构成要件。B项,抢劫罪的"暴力"与强奸罪的"暴力"含义相同,都是足以压制反抗的手段。但是两罪中的"胁迫"含义并不完全相同。从文理解释角度,"胁迫"均含以恶害相通告,使对方产生恐惧心理之意,但结合体系解释、目的解释等方法,二者在恐惧心理的程度上有差异。抢劫罪要求胁迫的程度达到完全剥夺被害人意志自由,以致被害人没有任何选择;而强奸罪只需要胁迫的程度达到部分剥夺被害人意志自由即可。C项,当然解释的原理是依据刑法规范之目的,未明示事项较已明示事项更有适用之理由时,将该未明示事项也解释为该刑法文本适用范围的解释。但相比的两个事项通常是性质相同、程度不同的两个行为。D项,"自动有效地防止犯罪结果发生"是中止犯的"有效性"要件。这里的"有效性"要求防止措施既要有可能的有效性,又要有实际的有效性。综上所述,本题答案为BCD。

3. 某刑法教科书提出"盗窃行为并不限于秘密窃取"这种解释属于(　　)。(2021年法律硕士考试真题)

A. 类推解释

B. 论理解释

C. 无权解释

D. 文理解释

解析:刑法教科书的作者所进行的解释属于学理解释,即无权解释,C项正确。文理解释就是从语言学角度,对刑法文本的字、词、句予以阐释和说明;论理解释则是按照立法精神,结合相关情况,对刑法文本从法理意义上进行阐释和说明。显然,将盗窃行为解释为限于秘密窃取,并不是从语言角度,对刑法文本的字、词、句进行的阐释和说明。B选项正确。因此本题选BC。

● 案例讨论 ○

沈某文、罗某文引诱、容留、介绍卖淫罪[①]

基本案情: 被告人沈某文为某足浴店的法定代表人,罗某文为足浴店店长,负责店内日常运营、维修等工作。2020年7月起,二被告人招聘技师韩某、郝某等人从事手淫、口交等色情服务,其中口交服务价格为458元,技师可分得250元。2020年11月4日,韩某、郝某为嫖娼人员杨某、梁某进行服务时被公安局民警当场抓获。

辩护意见: 辩护人指出口交不能认定为刑法中所规定的卖淫,因此沈某文、罗某文不构成引诱、容留、介绍卖淫罪,但法院指出,口交的特征系以一方生殖器进入另一方体内,属于进入式性活动,与传统的卖淫行为具有共性。在现实情况下,口交已显然成为卖淫的一种方式,侵蚀了社会道德风尚,应当列为卖淫的一种。

请从刑法解释的角度,围绕本案展开讨论。

---

① 案件来源于中国裁判文书网,案号为:湖北省天门市人民法院(2021)鄂9006刑初127号。

第二章

刑法的基本原则

刑法基本原则是指刑法所特有的、贯穿全部刑法规范、对刑事立法和刑事司法均具有指导和制约意义的根本性准则。刑法的基本原则具有如下特征：一是必须贯穿全部刑法规范；二是对刑事立法和刑事司法均具有指导和制约意义；三是必须能够体现我国刑事法治的基本精神。

刑法基本原则是刑事立法和刑事司法中一个带有全局性、根本性的问题。1979年《刑法》总则第一章只规定了"刑法的指导思想、任务和适用范围"，并没有明确刑法的基本原则。但是，在1979年《刑法》颁布后，刑法的基本原则问题已经引起了理论界和实务界的重视，并开展了对刑法基本原则问题的研究与讨论。在广泛听取和归纳各界意见后，1997年全面修订后的《刑法》第3条至第5条明确了刑法的三大基本原则，分别为：罪刑法定原则、适用刑法人人平等原则以及罪责刑相适应原则。除了刑法明文规定的上述三项基本原则外，人权保障原则、罪责自负原则以及主客观相统一原则在刑法理论中也被视为刑法的基本原则，并受到广泛的研究与探讨。

第一节 罪刑法定原则

> •《刑法》
> 第三条：法律明文规定为犯罪行为的，依照法律定罪处刑；法律没有明文规定为犯罪行为的，不得定罪处刑。

一、罪刑法定原则的含义

我国《刑法》第三条规定了罪刑法定原则："法律明文规定为犯罪行为的，依照法律定罪处刑；法律没有明文规定为犯罪行为的，不得定罪处刑。"罪刑法定原则的基本含义为：什么是犯罪，有哪些犯罪，各种犯罪的构成条件是什么，有哪些刑种，各个刑种如何适用，以及各种具体罪的具体量刑幅度如何等，均由刑法加以规定。对于刑法分则没有明文规定为犯罪的行为，不得定罪处罚。[①] "法无明文规定不为罪，法无明文规定不处罚"，这一来自拉丁文

[①] 参见《刑法学》编写组：《刑法学（上册·总论）》，高等教育出版社2019年第1版，第27页；参见高铭暄、马克昌主编：《刑法学》（第十版），北京大学出版社、高等教育出版社2022年版，第23页。

中的法律格言，是对罪刑法定原则含义的高度概括。

二、罪刑法定原则的法律渊源和思想基础

（一）罪刑法定原则的法律渊源

罪刑法定原则的法律渊源可以追溯到 1215 年英王约翰签署的《自由大宪章》，其中第 39 条规定："凡是自由民除经贵族依法判决或遵照国内法律之规定不得加以拘留、监禁、没收财产、剥夺其法律保护权，或加以放逐、伤害、搜索或逮捕。"这一规定就蕴含了罪刑法定原则思想的萌芽。在欧洲资产阶级革命中，以贝卡里亚为主要代表的资产阶级古典刑法学家首次明确提出了罪刑法定的思想。罪刑法定原则诞生的标志是费尔巴哈在其《刑法教科书》中表述的三句脍炙人口的法谚：无法律即无犯罪、无法律即无刑罚、无刑罚即无犯罪。罪刑法定原则是以限制刑罚权，防止司法擅断，保障个人自由为价值内涵的，是对人权的绝对保护和对国家权力的绝对限制。

（二）思想基础

在西方刑法理论中，罪刑法定原则沿革意义上的思想渊源是三权分立思想和心理强制说。简单而言，三权分立是指国家的行政权、立法权、司法权各自分离，互相制约，达到权力结构的平衡，以避免某一项权力的肆意滥用和失控。心理强制说是"近代刑法学之父"费尔巴哈刑法理论的核心，其内容可以概括为：由法律事先规定刑罚，并通过执行刑罚对犯罪以及公民产生威吓的一种心理强制机制，从而达到预防犯罪的效果。心理强制说主张"刑罚法规绝对"，并要求法官绝对服从、遵循法律，这与三权分立思想中的司法权独立具有异曲同工之理。

将三权分立思想和心理强制说作为罪刑法定原则的思想基础，在国内受到了批判。比如，张明楷教授指出，三权分立思想比较僵硬，不符合大陆法系各国的法制现状，不能说明罪刑法定原则的现实，无法为罪刑法定的基本内容提供依据。而心理强制说的内容也不符合事实。因此，现在一般认为，民主主义和尊重人权才是罪刑法定主义的思想基础。[①]

我国《宪法》第二条规定："中华人民共和国的一切权力属于人民。 人民行使国家权力的机关是全国人民代表大会和地方各级人民代表大会。 人民依照法律规定，通过各种途径和形式，管理国家事务，管理经济和文化事业，管理社会事务。"民主主义要求国家的重大事项应当由国民自己决定，法律也属于国家重大事项，当然应当由国民制定。因此，刑法要体现民主主义，必须由国民制定，由国民决定哪些行为是犯罪，对犯罪应当科处何种刑罚。但是社会现实显示，不可能每个国民都能直接参与立法，妥当的做法是由国民选举其代表组成立法机关，由立法机关制定刑法。由于立法机关是由国民选举，立法机关代表了国民的意志，其制定的刑法当然也反映了民意。刑法适用的过程也是实现民意的过程，这就自然而言引导出成文法主义、禁止类推解释、禁止不当罚等隶属于罪刑法定原则基本内容的结论。

我国《宪法》第三十三条第三款明确规定了"国家尊重和保障人权"。尊重人权的核心涵义即是为了保障人权，不致妨碍国民的自由行动，又不致使国民产生不安全感，就要使国民事先能够预测自己行为的性质。

[①] 参见张明楷：《刑法学》，法律出版社 2021 年版，第 56 页。

三、罪刑法定原则的基本内容

罪刑法定原则是现代刑法的一条铁律，它的实现要求在理念上坚持罪刑法定原则，在立法上体现罪刑法定精神，在司法层面贯彻落实罪刑法定要求。由此，罪刑法定原则的基本内容包括以下几个方面：（一）法律主义：成文的罪刑法定；（二）禁止溯及既往：事前的罪刑法定；（三）禁止类推解释：严格的罪刑法定；（四）禁止不确定的刑法：明确的罪刑法定。

（一）法律主义：成文的罪刑法定

罪刑法定原则的首要内容就是要求坚持法律主义。所谓法律主义是指犯罪和刑罚必须是成文的法律事先加以明文规定，法官只能根据成文法律定罪量刑，不允许法官擅断。这又被称为成文的罪刑法定。

根据法律主义，习惯法不能作为刑法的渊源。习惯法是在人类社会生活中形成的一种约定俗成的不成文的社会规范，它独立于国家制定法之外。习惯法的典型特点包括：（1）不成文性，即习惯法并不是明文规定的社会规范。（2）约定俗成性，即习惯法是在长期的生产、生活中逐渐形成的共识性习惯。（3）地域性。由于习惯法是在人类长期的社会实践中形成的，不同区域的人们所形成的习惯可能不同，这就使得习惯法不可避免地带有地域性。正是基于习惯法的上述特点，它难以起到限制司法权、保障人权的作用。而刑法最需要的就是法的安定性，绝不容许习惯法作为其渊源。值得一提的是，尽管习惯法不能作为刑法的渊源，但习惯法在解释犯罪构成要件、进行违法性判断和有责性判断等方面，仍然可以发挥重要的参考作用。因此，不能将习惯法与刑法置于绝对对立。

（二）禁止溯及既往：事前的罪刑法定

所谓溯及既往是指新法生效以后，能够对于其生效以前未经审判或者判决尚未确定的行为具有溯及力。罪刑法定原则要求对行为人定罪处刑必须依照其行为当时生效的法律，因此刑法必须禁止溯及既往。

禁止溯及既往是保障国民自由的要求。因为国民总是根据现行有效的法律计划和实施自己的行为；在这种情况下，国民之所以是自由的，是因为能够知道现行有效的法律内容，完全可以在法律允许的范围内自由行事。国民绝不可能预见立法机关在其行为后会制定何种法律，故不可能根据行为后的法律安排现在的行为。如果现在的合法行为，会被将来的法律宣告为非法，进而给予制裁，国民就没有丝毫自由可言。正因为禁止事后法是为了保障国民自由，所以禁止事后法只是禁止不利于被告人的溯及既往，如果新法有利于被告人，则可以溯及既往适用新法。更有甚者，在新法处罚较轻或者不处罚的情况下，对原来根据旧法所作的判决也改判为较轻的刑罚或者宣告无罪。这是为了将刑罚的处罚范围降到最低限度，从而扩大国民的自由。

（三）禁止类推解释：严格的罪刑法定

类推解释是指需要判断的具体事实与法律规定的构成要件基本相似时，将后者的法律效果适用于前者。1979年《刑法》第七十九条规定："本法分则没有明文规定的犯罪，可以比照本法分则最相类似的条文定罪判刑，但是应当报请最高人民法院核准"。类推解释将刑法条文适用于相类似的事项，使得解释结论超出了刑法条文的原意范围，带有明显的补充法律漏洞的性质，从而形成补充性立法。改革开放初期，因我国地域广阔，人口众多，经济发展迅速，立法经验也存在一定的不足，作为新中国的第一部刑法，无法将形式多样、复杂多变的犯罪行为包罗无遗，也不可能把将来可能出现又必须处理的新型犯罪行为完全预见并加以规定。故在当时的历史背景下，确立类推制度，具有积极意义。

但伴随着社会发展，类推解释越来越受到反对，主要是因为类推解释的补充性立法属性，会导致国民无法根据当时的刑法预测自己行为的性质，致使原本不属于犯罪的行为受到刑罚制裁。1997年《刑法》删除了关于"类推"的规定，并确立了罪刑法定原则，禁止类推解释成为罪刑法定原则的应有之意。

（四）禁止不确定的刑法：明确的罪刑法定

罪刑法定原则还要求禁止不确定的刑法，禁止不确定的刑法又称为明确的罪刑法定，主要包括两层含义：

一是禁止犯罪构成不确定。犯罪构成是定罪的直接依据，如果犯罪构成规定不明确，那么犯罪成立的条件就模糊不定，刑法就不具备预测可能性的功能，从而侵害国民的自由和权利。

二是禁止刑罚效果不确定。所谓刑罚效果是指实现立法者所提出的刑罚目的的客观结果，刑法效果的确定主要是指法定刑的确定，故禁止刑法效果不确定就是禁止绝对不确定的法定刑。法定刑可以区分为三种：绝对确定的法定刑、绝对不确定的法定刑、相对确定的法定刑。绝对不确定的法定刑是指刑法对某种犯罪不规定具体的刑罚种类和量刑幅度，只规定对该种罪处以刑罚，具体如何处罚完全由法官自由裁量。绝对确定的法定刑是指刑法对某种犯罪或者具备某种情节的犯罪，只规定了单一的刑罚种类和量刑幅度，法官没有选择的余地。相对确定的法定刑是指刑法明确规定了对某种犯罪适用的刑罚种类和量刑幅度，并对最高刑和最低刑作出限制性的规定。罪刑法定原则反对刑罚效果不确定，主要禁止绝对不确定的法定刑，但并不要求绝对确定的法定刑，只要求相对确定的法定刑。

● 理论争鸣 ○

空白罪状是否有违罪刑法定原则？

空白罪状是指刑法条文没有直接规定某一犯罪构成的特征，而是指明和确定该罪构成需要参照的法律、法规的刑法规范。比如，我国《刑法》第一百二十八第一款规定："违反枪支管理规定，非法持有、私藏枪支、弹药的，处三年以下有期徒刑、拘役或者管制；情节严重的，处三年以上七年以下有期徒刑。"这就是典型的空白罪状。由于空白罪状没有指明成立犯罪所需要的条件，只说明需要参照的其他法律、法令，从形式上看，似与罪刑法定原则所要求的明确性相违背，因此，空白罪状是否有违罪刑法定原则成为一个研究课题。陈兴良教授认为："空白罪状并不违反罪刑法定主义原则。只不过在空白罪状的情况下，罪并非由刑法直接规定，而是一种间接规定，也在法定范围之内。但空白罪状还是应当有所限制，不可滥用。"[①]

请谈谈自己的看法。

---

① 陈兴良：《罪刑法定的当代命运》，载《法学研究》第18卷第2期。

典型例题

1. "过失犯罪，法律有规定的才负刑事责任。"刑法的这一规定体现的原则是（　　）。（2016年法律硕士考试真题）

　　A. 罪刑法定

　　B. 主客观相统一

　　C. 罪责刑相适应

　　D. 刑法适用平等

解析：A项，罪刑法定原则的基本含义为：什么是犯罪，有哪些犯罪，各种犯罪的构成条件是什么，有哪些刑种，各个刑种如何适用，以及各种具体罪的具体量刑幅度如何等，均由刑法加以规定。对于刑法分则没有明文规定为犯罪的行为，不得定罪处罚。B项，主客观相统一原则的基本含义是：对犯罪嫌疑人、被告人追究刑事责任，必须同时具备主客观两方面的条件。C项，罪责刑相适应原则的基本含义是：犯多大的罪，就应承担多大的刑事责任，法院亦应判处其相应轻重的刑罚，做到重罪重罚、轻罪轻罚、罚当其罪、罪刑相称，罪轻罪重应当考虑行为人的犯罪行为本身和其他各种影响刑事责任大小的因素。D项，刑法适用平等原则，即刑法面前人人平等原则，其含义是：任何人犯罪，不管其身份、性别、民族、社会地位、宗教信仰、财产状况等如何，都应当受到刑法的追究，在定罪、量刑和行刑方面，一律平等地适用刑法，任何人不得凌驾于刑法之上。综上，本题答案为A。

2. 关于罪刑法定原则有以下观点：

① 罪刑法定只约束立法者，不约束司法者；

② 罪刑法定只约束法官，不约束侦查人员；

③ 罪刑法定只禁止类推适用刑法，不禁止适用习惯法；

④ 罪刑法定只禁止不利于被告人的事后法，不禁止有利于被告人的事后法。

下列哪一选项是正确的？（2012年国家司法考试真题）

　　A. 第①句正确，第②③④句错误

　　B. 第①②句正确，第③④句错误

　　C. 第④句正确，第①②③句错误

　　D. 第①③句正确，第②④句错误

解析：第①句错误，罪刑法定原则既约束立法者，也约束司法者。第②句错误，罪刑法定原则约束司法人员，这里的司法人员包括法官、检察官和侦查人员。第③句错误，罪刑法定原则有四个基本内含：（1）法律主义：成文的罪刑法定；（2）禁止溯及既往：事前的罪刑法定；（3）禁止类推解释：严格的罪刑法定；（4）禁止不确定的刑法：明确的罪刑法定。因此，罪刑法定不仅禁止类推适用，也禁止适用习惯法。第④句正确，罪刑法定原则的主要任务是保障人权。为了保障人权，必须让国民能够事先预测自己行为的法律后果。基于此，应禁止不利于被告人的事后法，但是如果适用事后法有利于被告人，则不需要禁止，因为这种做法没有侵犯人权，符合保障人权的宗旨。综上所述，本题答案为C。

3. 下列关于我国刑法中罪刑法定原则的理解正确的是（　　）。（2019年法律硕士考试真题）

A. 简单罪状因缺乏明确性不符合罪刑法定原则

B. 将习惯法视为刑法的渊源不违反罪刑法定原则

C. 罪刑法定原则不允许有利于被告人的新法溯及既往

D. 罪刑法定原则中的"法"不包括行政法规

解析：A项，简单罪状尽管简单，但也是明确的，并不违反罪刑法定原则。B项，罪刑法定原则要求禁止适用习惯法。C项，罪刑法定原则的主要任务是保障人权。为了保障人权，必须让国民能够事先预测自己行为的法律后果。基于此，应禁止不利于被告人的事后法，但是如果适用事后法有利于被告人，则不需要禁止。D项，罪刑法定原则中的"法"，是指全国人民代表大会及其常委会制定的法律、法令，通常是行为当时有效的法律。但是新法不认为是犯罪或者处刑较轻的，适用新法。故罪刑法定原则中的"法"不包括行政法规。综上所述，本题答案为D。

4. 甲给机场打电话谎称"3架飞机上有炸弹"，机场立即紧急疏散乘客，对飞机进行地毯式安检，3小时后才恢复正常航班秩序。关于本案下列哪一选项是正确的？（　　）（2013年国家司法考试真题）

A. 为维护社会稳定，无论甲的行为是否严重扰乱社会秩序，都应追究甲的刑事责任。

B. 为防范危害航空安全行为的发生，保护人民群众，应以危害公共安全相关犯罪判处甲死刑。

C. 从事实和法律出发，甲的行为符合编造、故意传播虚假恐怖信息罪的犯罪构成，应追究其刑事责任。

D. 对于散布虚假信息，危及航空安全，造成国内国际重大影响的案件，可突破司法程序规定以高效办案取信社会。

解析：A项，根据罪刑法定原则，法律明文规定为犯罪行为的，依照法律定罪处刑；法律没有明文规定为犯罪行为的，不得定罪处刑。B项，危害公共安全相关犯罪的客体是公共安全，这里的公共安全是指特定或不特定的多数人的生命健康、重大公私财产或公共生活利益的安全，并非一般意义上的危害社会秩序的安定。D项，罪刑法定原则的主要目的在于保障人权。为了保障人权，不能为了打击犯罪而突破司法程序规定。综上所述，本题答案为C。

5. 甲怀疑医院救治不力致其母死亡，遂在医院设灵堂、烧纸钱，向医院讨说法。结合社会主义法治理念和刑法规定，下列哪一看法是错误的？（　　）（2014年国家司法考试真题）

A. 执法为民与服务大局的理念要求严厉打击涉医违法犯罪，对社会影响恶劣的涉医犯罪行为要依法从严惩处。

B. 甲属于起哄闹事，只有造成医院的秩序严重混乱的才构成寻衅滋事罪。

C. 如甲母的死亡确系医院救治不力所致，则不能轻易将甲的行为认定为寻衅滋事罪。

D. 如以寻衅滋事罪判处甲有期徒刑3年、缓刑3年，为有效维护医疗秩序，法院可同时发布禁止令，禁止甲1年内出入医疗机构。

解析：A项，涉医违法犯罪行为扰乱了医院的秩序，妨害其他患者的就医。从执法为民与服务大局角度看，对涉医犯罪行为应当依法严惩。B项，根据《刑法》第二百九十三条的规定，寻衅滋事罪的第四种行为类型是，"在公共场所起哄闹事，造成公共场所秩序严重混乱"。C项，如果行为人的合法权益受到侵犯，为了合法维权所采取的扰乱医院秩序的行为，不能轻易认定为寻衅滋事罪。D 项，对判处缓刑的，可以同时适用禁止令禁止犯罪分子在缓刑考验期间从事特定活动，进入特定区域、场所，接触特定的人。但是，禁止令不能禁止犯罪分子最基本的生活需要，比如，不能禁止犯罪分子上公共厕所，不能禁止犯罪分子去医院看病。D 项说法错误。综上所述，本题答案为 D。

● 案例讨论 ○

马某利用未公开信息交易案[①]

2011 年 3 月 9 日至 2013 年 5 月 30 日期间，马某担任博时基金管理有限公司旗下博时精选股票证券投资基金经理，全权负责投资基金、投资股票市场，掌握了博时精选股票证券投资基金交易的标的股票、交易时点和交易数量等未公开信息。马某在任职期间利用其掌控的上述未公开信息，操作自己控制的"金某""严某进""严某雯"三个股票账户，通过临时购买的不记名神州行电话卡下单，从事相关证券交易活动，先于、同期或稍晚于其管理的"博时精选"基金账户，买卖相同股票 76 只，累计成交金额人民币 10.5 亿余元，非法获利人民币 19 120 246.98 元。

2014 年 3 月 24 日，深圳市中级人民法院作出一审判决，认定马某构成利用未公开信息交易罪，判处其有期徒刑三年，缓刑五年，并处罚金 1 884 万元，同时对其违法所得 1 883 万余元予以追缴。深圳市人民检察院于 2014 年 4 月 4 日向广东省高级人民法院提出抗诉，广东省高级人民法院于 2014 年 10 月 20 日作出终审裁定，驳回抗诉，维持原判。2014 年 12 月 8 日，最高人民检察院按照审判监督程序向最高人民法院提出抗诉。2015 年 12 月 11 日，最高人民法院作出再审终审判决：维持原刑事判决中对被告人马某的定罪部分；撤销原刑事判决中对原审被告人马某的量刑及追缴违法所得部分；原审被告人马某犯利用未公开信息交易罪，判处有期徒刑三年，并处罚金人民币 1 913 万元；违法所得人民币 19 120 246.98 元依法予以追缴，上缴国库。

我国刑法分则"罪状+法定刑"的立法模式决定了在性质相近、危害相当罪名的法条规范上，基本采用援引法定刑的立法技术。本案对《刑法》第一百八十条第四款援引法定刑理解的争议是刑法解释的理论问题。正确理解刑法条文，应当以文义解释为起点，综合运用体系解释、目的解释等多种解释方法，按照罪刑法定原则和罪责刑相适应原则的要求，从整个刑法体系中把握立法目的，平衡法益保护。

请围绕本案展开讨论。

[①] 案件来源于中国裁判文书网，案号为：最高人民法院（2015）刑抗字第 1 号。

第二节　刑法面前人人平等原则

> •《刑法》
> 第四条：对任何人犯罪，在适用法律上一律平等。不允许任何人有超越法律的特权。

一、刑法面前人人平等原则的含义

法律面前人人平等原则是我国宪法确立的一项基本原则，既然是宪法原则，那么自然适用于各个部门法，并且是各个部门法都应当遵循的基本原则，刑法也不例外。我国《刑法》第四条规定："对任何人犯罪，在适用法律上一律平等。不允许任何人有超越法律的特权。"这就是"法律面前人人平等原则"在我国刑法中的具体体现，我们称之为"刑法面前人人平等原则"。

刑法面前人人平等原则的含义是：任何人犯罪，不管其身份、性别、民族、社会地位、宗教信仰、财产状况等如何，都应当受到刑法的追究，在定罪、量刑和行刑方面，一律平等地适用刑法，任何人不得凌驾于刑法之上。

确立刑法面前人人平等原则对促进司法公正，增强司法效果，加快实现依法治国、建设社会主义法治国家的目标，具有十分重大的意义。当然，我们也应当清醒地认识到，刑法面前人人平等，绝非空凭法律规定即可变为现实。这一原则的真正实现，需要一个相当长的时期和过程，需要法律工作者乃至全体人民为之付出艰巨的、不懈的努力。

二、刑法面前人人平等原则的法律渊源与思想基础

早在公元前五世纪，希腊政治家伯里克里斯就提出了"每个人在法律上都是平等"的口号，但其作为一种法律思想，则产生于资产阶级诞生之后。十七世纪初期，欧美封建统治逐渐走向腐朽，在封建制度内部产生出来的资本主义经济因素，越来越使封建统治者感到恐慌。为维护风雨飘摇的统治，各国封建王朝在政治上不断加强压迫，在经济上不断加剧压榨。统治者采取各种手段，当然最重要的是法律手段，来保护封建地主的财产所有制，维护封建等级特权，并利用残酷刑罚，镇压一切反抗封建专制的革命行为和革命运动。

在这一背景之下，要求法律面前人人平等成为资产阶级初期对抗封建统治有力的法律思想武器。以英国洛克和法国孟德斯鸠和卢梭等启蒙思想家为代表，提出了法律面前人人平等的法律思想。洛克提出天赋人权以反抗封建等级观念，强调自然状态下人人平等，并提出"法律面前人人平等""法无明文不为罪"等思想；孟德斯鸠提出三权分立，以限制权力集中造成的行政与司法专横；卢梭提出主权在民，主张建立法治国家。资产阶级以这些思想为指导，夺取政权后，在法制建设中，同样以这些思想为指导，确立了一系列法制原则和制度。1775年，北美十三州爆发了"独立战争"，并于次年发布了"独立宣言"，它庄严宣布"人类是生而平等的，天赋人权——生存、自由、追求幸福等权利是不可侵犯的。"接着，1787年美国宪法则在人类历史上首次将"法律面前人人平等"确立为一项宪法原则。1789年，法国的"独立宣言"第六条明确写下"在法律面前所有的公民都是平等的。"从此，法律面前人人平等原

则登上了历史舞台。

在我国的历史传统中，法律面前人人平等原则可以追溯至两千多年前春秋战国时期法家的政治主张和社会实践，比如"君臣上下贵贱皆缘法""刑无等级""法不阿贵"等。而近代意义上的法律面前人人平等原则是从资产阶级那里批判继承来的。1934年，我国江西瑞金中央革命根据地颁布的《中华苏维埃共和国宪法大纲》第四条明文规定，"在苏维埃政权领域内的工人，农民，红军兵士及一切劳苦民众和他们的家属……在苏维埃法律前一律平等"。1954年新中国第一部《宪法》也提出："中华人民共和国公民在法律上一律平等"。十一届三中全会第三次会议指出："要保证人民在自己的法律面前人人平等，不允许任何人有超于法律之上的特权。"1982年《宪法》再次郑重写下："中华人民共和国公民在法律面前一律平等"。法律面前人人平等原则成为一项宪法原则，并在各个部门法中明确体现，"刑法面前人人平等原则"就是这项宪法性原则在刑法领域的具体呈现。

三、刑法面前人人平等原则的基本内容

刑法面前人人平等原则的基本内容，包括以下三个方面：

第一，定罪上人人平等。任何人犯罪，都应当受到法律的追究，任何人不得享有超越法律规定的特权；对于一切犯罪行为，不论犯罪人的社会地位、家庭出身、民族、宗教信仰、职业状况、财产状况、政治面貌、才能业绩如何，都一律平等地适用刑法，在定罪时不应有所区别，而要一视同仁，依法惩处。

第二，量刑上人人平等。任何人犯相同的罪，且有相同的犯罪情节的，都应当做到同罪同罚。量刑面前人人平等，并不是说只要犯相同的罪，就必须绝对地同罪同罚，还应当结合具体犯罪情节、具体问题区别对待。例如立法上累犯从重处罚。在司法上，视犯罪人的主观恶性大小，也允许在适用刑法上有所区别和体现，关键在于犯罪人、被害人的身份等个人情况对犯罪的性质和危害程度有无影响，有影响的在定罪量刑上应有所区别，无影响的则不应有所区别。可见，适用刑法人人平等原则要求和罪责刑相适应原则等相互配合来合理地调节刑法的适用。但我们应当理解，对于具有上述特殊法定事项的当事人，在适用相关规定时也要追求一律平等。

第三，行刑上一律平等。对于判处刑罚的任何人，都必须严格按照法律的规定执行刑罚。绝不能考虑犯罪人的权势地位、社会地位、富裕程度等搞特殊对待。

综上，在刑事司法实务中贯彻刑法面前人人平等原则，实际上就是必须做到以下两点：一是做到刑事司法公正。刑事司法公正主要包括定罪公正、量刑公正和行刑公正。二是反对特权。反对特权本是司法公正应有之义，但是仍很有必要加以强调。坚持适用刑法面前人人平等原则，在刑事司法活动中就必须反对形形色色的特权思想，做到只要是犯罪，就平等地适用刑法，追究犯罪人刑事责任，予以惩处，不允许任何人有超越法律的特权。

● 理论争鸣 ○

刑法面前人人平等原则是否包括立法平等？

在理论界，就刑法面前人人平等原则是否包括立法平等存在争议。王作富教授等人认为，

刑法面前人人平等原则既包括立法上的平等，也包括司法上的平等，且这两方面是相辅相成，缺一不可。① 但何秉松教授认为，刑法面前人人平等原则，仅指司法上的平等，并不包括立法平等。原因在于立法上是否平等，并不影响在司法适用法律上一律平等。② 还有许多学者尽管没有明确刑法面前人人平等原则是否包括立法平等，但是在称谓上使用"适用刑法人人平等原则"，限定了该原则仅指司法适用中刑法人人平等。③

请谈谈自己的看法。

● 案例讨论 ○

艺人郑某逃税案④与张某某逃税案⑤

2021年4月初，上海市税务局第一稽查局依法受理了关于郑某涉嫌偷逃税问题的举报。2021年8月26日，上海市税务局第一稽查局已查明艺人郑某2019年至2020年未依法申报个人收入1.91亿元，偷税4526.96万元，其他少缴税款2652.07万元，并依法作出对郑某追缴税款、加收滞纳金并处罚款共计2.99亿元。郑某因在法定期限内缴清上述款项，最终没有受到刑事追究。

营口超卓科技开发有限公司实际经营者张某某在经营期间，从2012年1月1日起至2017年5月31日止，逃避缴纳税额为685 430.86元。2017年5月22日，老边区税务局对营口超卓科技开发有限公司在2012年1月1日至2017年5月31日期间进行税务检查，认定营口超卓科技开发有限公司欠缴税款675 812.86元，占应纳税款额度的比例为94.64%，并于2017年6月22日向该公司下达了限期缴纳税款通知书，于2017年8月7日下达了行政处罚决定书，该公司未缴纳欠税与罚款。营口市老边区人民法院认为，张某某逃避缴纳税款数额685 430.86元，占应纳税额百分之三十以上，经税务机关依法下达追缴通知后，不补缴应纳税款、不接受行政处罚，其行为已构成逃税罪。

郑某不构成逃税罪，张某某却被法院认定为构成逃税罪，是否违反刑法面前人人平等原则？如果违反了刑法面前人人平等原则，是如何违反的？如果没有违反，理由是什么？请围绕这两个案子展开讨论。

---

① 王作富、黄京平主编：《刑法》，中国人民大学出版社2021年版，第21页。
② 参见何秉松：《试论新刑法中法律面前人人平等原则》，载《法律科学》1997年第6期。
③ 参见高铭暄、马克昌主编：《刑法学》，北京大学出版社、高等教育出版社2022年版，第25-26页；《刑法学》编写组（主编贾宇）：《刑法学（上册·总论）》，高等教育出版社2019年第1版，第61-62页。
④ 国家税务总局：《依法严肃查处郑爽偷逃税案件》，2021年8月27日，http://www.chinatax.gov.cn/chinatax/n810219/n810724/c5168457/content.html，最后访问日期：2023年3月11日。
⑤ 案例来源于中国裁判文书网，案号为：营口市老边区人民法院（2021）辽0811刑初5号。

第三节 罪责刑相适应原则

> •《刑法》
> 第五条：刑罚的轻重，应当与犯罪分子所犯罪行和承担的刑事责任相适应。

一、罪责刑相适应原则的含义

罪责刑相适应，亦称为罪刑相适应、罪刑相当、罪刑相称、罪刑均衡。罪责刑相适应原则的基本含义是：犯多大的罪，就应承担多大的刑事责任，法院亦应判处其相应轻重的刑罚，做到重罪重罚、轻罪轻罚、罚当其罪、罪刑相称，罪轻罪重，应当考虑行为人的犯罪行为本身和其他各种影响刑事责任大小的因素。传统的罪责刑相适应原则，以报应主义刑罚观为基础，机械地强调刑罚与已然之罪、犯罪客观行为或曰犯罪客观危害相适应。从19世纪末期以来，随着刑事人类学派和刑事社会学派的崛起，传统的罪责刑相适应原则受到了有力的挑战。最为突出的表现，是行为人中心论和人身危险性论的出现，保安处分和不定期刑制度的推行，使传统的罪责刑相适应原则在刑事立法上受到削弱和排挤。从当今世界各国的刑事立法来看，罪责刑相适应原则作为刑法基本原则，其地位不容动摇，但与传统的罪责刑相适应原则相比，其内容已得到修正：罪责刑相适应，既注重刑罚与犯罪行为相适应，又注重刑罚与犯罪人个人情况（主观恶性与人身危险性）相适应。[①]

二、罪责刑相适应原则的法律渊源与思想基础

（一）法律渊源

罪刑相适应的观念，最早可以追溯到原始社会的同态复仇和奴隶社会的等量报复。如我国古代思想家墨子就曾经主张过"罚必当暴"，荀子也指出："刑称罪则治，不称罪则乱。"作为刑法的基本原则，罪刑相适应则是17至18世纪资产阶级启蒙思想家和法学家为反对封建专制制度和罪刑擅断主义而提出的。如法国启蒙思想家孟德斯鸠在其著名的《论法的精神》一书中就论述了"罪与刑间的适当比例问题"，他写道："惩罚总应当有程度之分，按罪行大小，定惩罚轻重"。意大利著名刑法学家、刑事古典学派创始人之一的贝卡里亚在其《论犯罪与刑罚》一书中指出："犯罪对公共利益的危害越大，促使人们犯罪的力量越强，制止人们犯罪的手段就应该越强有力。"这就需要刑罚与犯罪相对称。贝卡里亚还提出了罪刑阶梯论，试图确定一个与犯罪轻重相适应的刑罚阶梯，以实现罪刑均衡。

（二）思想基础

古希腊时期，"绝对论"和"相对论"的对立与争论，为罪刑相适应原则的确立提供了较早的思想基础。"绝对论"认为，刑罚是犯罪的逻辑结果，善有善报，恶有恶报，这是正义观

[①]《刑法学》编写组（主编贾宇）：《刑法学（上册·总论）》，高等教育出版社2019年版，第32页。

念的必然要求,是绝对的自然法则。因此,对杀人者处死,对盗窃者处以罚金,这些都是理所当然。亚里士多德是这种观念的首倡者。相反,"相对论"认为,刑罚是实现一定目的的工具,社会对刑罚的需要是相对的、有条件的,运用与否以及如何运用,均取决于国家的功利标准。柏拉图是这种理论的主要代表人。

三、罪责刑相适应原则的基本内容

罪责刑相适应原则的立法体现是,刑法之立法要依据罪责刑相适应的原则,设置体现区别对待的刑法制度和轻重有别的具体犯罪的法定刑幅度。这一原则在刑法上的具体体现有:

第一,刑法确立了科学严密的刑罚体系。我国刑法确定了一个科学的刑罚体系,此刑罚体系按照刑罚方法的轻重次序分别加以排列,各种刑罚方法相互区别又互相衔接,能够根据犯罪的各种情况灵活地运用,从而为刑事司法实现罪责刑相适应奠定了基础。

第二,刑法总则规定了区别对待的处罚原则与刑罚制度。我国刑法总则根据各种行为的社会危害性程度和人身危险性的大小,规定了轻重有别的处罚原则。例如对于防卫过当、避险过当而构成犯罪者应当减轻或者免除处罚;预备犯可以比照既遂犯从轻、减轻或者免除处罚;未遂犯可以比照既遂犯从轻或者减轻处罚;没有造成损害的中止犯应当免除处罚,造成损害的应当减轻处罚。在共同犯罪中,对首要分子应当按照集团所犯的全部罪行处罚;对从犯应当从轻、减轻处罚或者免除处罚;对胁从犯应当按照他的犯罪情节减轻处罚或者免除处罚;教唆犯应当按照他在共同犯罪中所起的作用处罚。此种种,都体现了罪责刑相适应原则。此外,刑法总则还有一系列刑罚裁量与执行制度,例如累犯制度、自首制度、立功制度、缓刑制度、减刑制度、假释制度等。

第三,刑法分则设立了轻重不同的各种具体犯罪的法定刑幅度。我国刑法分则不仅根据犯罪的性质和危害程度,建立了一个犯罪体系,而且还为各种具体犯罪规定了可以分割、能够伸缩、幅度较大、轻重有别的法定刑。这就使得司法机关可以根据犯罪的性质、罪行的轻重、犯罪人主观恶性的大小,对犯罪人判处适当的刑罚。

● 理论争鸣 ○

将"杀害被绑架人"理解为包含"杀人未遂"的情形是否符合罪责刑相适应原则?

《刑法修正案(九)》颁布前《刑法》第二百三十九条规定的绑架罪加重处罚的情节是"致使被绑架人死亡或者杀害被绑架人",如何理解这里的"杀害被绑架人"?"杀害"显然是指故意杀害,对此没有争议,但问题在于杀害是仅指既遂?还是也包含未遂?这是客观主义与主观主义的立场交锋,同时也是对刑法罪责刑相适应原则的理解准确与否的体现。在司法实践中,对于能否将"杀害被绑架人"理解为包含"杀人未遂",则存在两种截然不同的意见。第一种意见认为,杀害被绑架人,应限于故意杀人既遂,不包括故意杀人未遂情形。第二种意见认为,杀害被绑架人既包括杀人既遂,也包括杀人未遂。

请从罪责刑相适应角度,谈谈自己的看法。

典型例题

1. 下列选项中，体现罪责刑相适应原则的是（　　）。（2014年法律硕士考试真题）

　　A. 刑法关于空间效力范围的规定

　　B. 刑法关于怀孕的妇女不适用死刑的规定

　　C. 刑法关于享有外交特权的外国人刑事责任的规定

　　D. 刑法关于放火罪与失火罪构成要件及法定刑的不同规定

解析：罪责刑相适应原则的基本含义：犯多大的罪，就应承担多大的刑事责任，法院亦应判处其相应轻重的刑罚。B项和C项，是对具有特殊身份的人在刑罚适用中的规定，与罪责刑相适应无关。A项，也与罪责刑相适应无关。D项，则体现刑罚与犯罪人的主观恶性、再次犯罪危险性相适应，体现罪责刑相适应的原则。因此本题选D。

2. 原铁道部部长刘某某因受贿罪、滥用职权罪被追究刑事责任。有人认为，在对刘某量刑时"应考虑他对中国高铁建设的贡献"。这种说法违背了我国刑法中的（　　）。（2015年法律硕士考试真题）

　　A. 罪刑法定原则

　　B. 刑法适用平等原则

　　C. 罪责刑相适应原则

　　D. 主客观相统一原则

解析：罪责刑相适应原则的基本含义：犯多大的罪，就应承担多大的刑事责任，法院亦应判处其相应轻重的刑罚。刘某的量刑与其所犯之罪以及应当承担的责任相适应，其"对中国高铁建设的贡献"不是罪与责的影响因素，根据罪责刑相适应原则，量刑时不应考虑。如果予以考虑，则违反了罪责刑相适应原则。因此本题选C。

3. 甲在街头摆气球射击摊，因向顾客提供的六支枪形物被鉴定为枪支，被法院以非法持有枪支罪判处有期徒刑同时宣告缓刑。法院的做法符合（　　）。（2018年法律硕士考试真题）

　　A. 罪刑法定原则

　　B. 罪责刑相适应原则

　　C. 从旧兼从轻原则

　　D. 主客观相统一原则

解析：罪刑法定原则的基本含义为：什么是犯罪，有哪些犯罪，各种犯罪的构成条件是什么，有哪些刑种，各个刑种如何适用，以及各种具体罪的具体量刑幅度如何等，均由刑法加以规定。对于刑法分则没有明文规定为犯罪的行为，不得定罪处罚。罪责刑相适应原则的基本含义为：犯多大的罪，就应承担多大的刑事责任，法院亦应判处其相应轻重的刑罚。主客观相统一原则，就是对犯罪嫌疑人、被告人追究刑事责任，必须同时具备主客观两方面的条件，并且主客观相统一。

本案中，法院依据刑法判处甲非法持有枪支罪，体现了罪刑法定原则。但是甲的行为社会危害性很小，主观恶性也很小，法院对甲宣告缓刑，体现了罪责刑相适应原则。同时，甲的行为在客观上符合非法持有枪支的要件，主观上具有非法持有枪支的故意，主客观相统一，法院的判决符合主客观相统一原则。因此本题选ABD。

案例讨论

朱某某故意伤害（防卫过当）案[①]

朱某某之女朱某与齐某系夫妻，朱某于2016年1月提起离婚诉讼并与齐某分居，朱某带女儿与朱某某夫妇同住。齐某不同意离婚，为此经常到朱某某家吵闹。4月4日，齐某在吵闹过程中，将朱某某家门窗玻璃和朱某的汽车玻璃砸坏。朱某某为防止齐某再进入院子，将院子一侧的小门锁上并焊上铁窗。5月8日22时许，齐某酒后驾车到朱某某家，欲从小门进入院子，未得逞后在大门外叫骂。朱某不在家中，仅朱某某夫妇带外孙女在家。朱某某将情况告知齐某，齐某不肯作罢。朱某某又分别给邻居和齐某的哥哥打电话，请他们将齐某劝离。在邻居的劝说下，齐某驾车离开。23时许，齐某驾车返回，站在汽车引擎盖上摇晃、攀爬院子大门，欲强行进入，朱某某持铁叉阻拦后报警。齐某爬上院墙，在墙上用瓦片掷砸朱某某。朱某某躲到一边，并从屋内拿出宰羊刀防备。随后齐某跳入院内徒手与朱某某撕扯，朱某某刺中齐某胸部一刀。朱某某见齐某受伤把大门打开，民警随后到达。齐某因主动脉、右心房及肺脏被刺破致急性大失血死亡。朱某某在案发过程中报警，案发后在现场等待民警抓捕。

一审法院认定，根据朱某某与齐某的关系及具体案情，齐某的违法行为尚未达到朱某某必须通过持刀刺扎进行防卫制止的程度，朱某某的行为不具有防卫性质，不属于防卫过当；朱某某自动投案后如实供述主要犯罪事实，系自首，依法从轻处罚，朱某某犯故意伤害罪，判处有期徒刑十五年，剥夺政治权利五年。后朱某某以防卫过当为由提出上诉。河北省高级人民法院二审判决认定，朱某某持刀刺死被害人，属防卫过当，应当依法减轻处罚，判决撤销一审判决的量刑部分，改判朱某某有期徒刑七年。

请从罪责刑相适应原则角度，围绕本案展开讨论。

[①] 案件来源于最高人民检察院第十二批指导性案例：检例第46号。

第四节 刑法的其他原则

一、人权保障原则

(一)含 义

人权是指人依据其自然属性和社会本质所应平等享有的权利。每个人都应享有被尊重和被保护的权利。我国宪法在确认人民当家作主的基础上,通过各种途径和形式确保公民享受各种平等的权利和自由。

(二)历史渊源和思想基础

"人权"(human rights)这个字眼早在公元前四百多年希腊悲剧作家索福克斯的作品里就出现了。全世界各地自进入阶级社会之后,几乎都提出过一些体现人权的口号和主张。在古代历史条件下,人类对自己还没有充分的认识,被压迫人民还不可能把自己的权利要求概括为人权,那时只能具有一些有关人权的朦胧意识。人权思想的理论最初孕育于自然法理论之中。资产阶级人权思想自格劳秀斯始,经胡克、霍布斯、密尔顿等人的发展,并由洛克、卢梭而至完善。他们认为:人在自然状态中是自由、平等的,自然赋予人以人权,人权与生俱来,不可剥夺,不可让渡,甚至不可放弃。欧洲人权思想的发展与欧洲、美洲当时的一系列运动(自文艺复兴运动始,历经宗教改革运动、英国的光荣革命、启蒙运动,直至后来的北美独立战争和法国大革命)融合在一起。自然权利学说和天赋人权理论在 1776 年美国《独立宣言》和 1789 年法国《人权宣言》中得到了体现。1948 年以来,联合国通过了《世界人权宣言》等有关人权的宣言和公约,对人权的内容做了阐述,在某些方面超过了西方传统的人权概念。随着社会的发展,人权的主体越来越广泛,人权的内容越来越丰富,人权保障越来越具体,并从国内人权保障发展到国际人权保障。

(三)保障人权作为原则的意义

尊重与保障人权是当今世界各国的共同信念。伴随改革开放,我国先后共颁布两部刑法,即 1979 年刑法(旧刑法)和 1997 年刑法(新刑法)。1997 年 3 月修订的新刑法,从完善我国刑事法治,保障人权的需要出发,将罪刑法定原则明文规定在刑法典中,并废止类推制度,这项原则对内有利于保护公民的合法权益,对外也更能充分体现我国保护人权的形象,它标志着我国刑法有了重要的发展,是现代刑事法律制度的一大进步。

二、罪责自负原则

(一)含 义

关于"罪责自负"的概念,学术界大致有以下观点:

(1)"任何人不因他人的行为而受处罚"是对罪责自负的经典描述。这一格言表述了坚持个人责任(罪责自负)、禁止团体责任或集体责任(反对株连)的原则,只有实施了犯罪行为的犯罪分子才能承担刑事责任，也就是说任何人只对自己而不对他人的犯罪行为承担刑事责任。①

（2）"罪责自负"也就是"罪及个人，反对株连"，它是指刑事责任只能波及犯罪行为者本人。即谁犯罪，谁承受处罚，决不能惩罚和犯罪人有某种关系，而与犯罪行为没有关系的人。②

（3）个人责任的内涵较"罪责自负"更为丰富，用个人责任替代"罪责自负"的提法更好。现代刑法中，要求个人责任要达到质和量二者的统一，它包括两层含义：一是刑事责任要由犯罪者个人来承担，而不能牵连无辜；二是刑事责任的判处要考虑罪犯个人的具体情况。③

根据以上学者对"罪责自负"的界定，笔者认为第一、二两种观点的意思大致相同，都是要求犯罪分子仅对自己的犯罪行为承担刑事责任，反对刑事责任株连无辜的亲属和朋友。第三种观点认为"罪责自负"不如个人责任原则的内容丰富，但是个人责任原则只考虑了刑事责任，并没有考虑刑事责任的承担与行为人主观上具有的罪过的关联性，并且个人责任原则的表述也不如"罪责自负"更科学，"罪责自负"更能体现刑法所调整的对象——罪责关系。因此，"罪责自负"较"个人责任原则"更完整。另外"罪责自负，反对株连"中的"反对株连"可以删除，因为"罪责自负"本身就包含了"反对株连"的意思。

（二）历史渊源与思想基础

历史上无论在西方还是中国，罪责自负原则的形成都有一个漫长的过程。在相当长的时期内，与罪责自负原则相对的团体责任、罪责株连都曾大行其道。自17世纪英国资产阶级革命，西方社会进入近代资本主义社会之后，在孟德斯鸠、贝卡里亚、费尔巴哈等大批刑法学家的努力下，刑法面前人人平等、罪刑法定等一系列现代刑法理念与原则才得以确立。与之相应，在刑法中，责任牵连原则也受到背弃，罪责自负原则开始确立。围绕罪责自负原则，主观罪过、共同犯罪中刑事责任承担等许多问题开始受到刑法学家的重视并被深入研究，并最终得以在立法上体现。而在中国，直至1910年公布施行的《大清现行刑律》、1911年公布的《大清新刑律》中，对族诛、连坐等团体责任牵连的制度才明确予以废除。

（三）"罪责自负"作为原则的意义

笔者认为"罪责自负"体现了刑法的基本价值理念，遵循了刑法的基本指导思想，具备刑法本身的特殊性；无论是对刑事立法还是刑事司法，都能发挥全局性、根本性作用，同时顺应了国际社会的发展趋势。罪责自负具有成为刑法基本原则的必要性和可行性。

1."罪责自负"体现了刑法的指导思想、价值观念

我国《刑法》以马克思列宁主义、毛泽东思想、邓小平理论、"三个代表"重要思想、科学发展观、习近平新时代中国特色社会主义思想为指导，以惩罚犯罪、保护人民的刑法任务为出发点，追求公正、谦抑以及人道主义的刑法价值理念。一个人应对他的犯罪行为负责，在

---

① 张明楷：《刑法格言的展开》，法律出版社1999年版，第81页。
② 张文：《刑事责任要义》，北京大学出版社1997年版，第127页。
③ 詹红星：《个人责任原则再研究》，载《求索》2008年第3期。

他实施犯罪的时候,如果仅仅只有二分之一的意志自由,就只负二分之一的责任;如果仅有三分之一的意志自由,则仅仅承担三分之一的责任。因此,对在意志自由的情况下实施的犯罪行为,行为人应当承担刑事责任。

2."罪责自负"是正确定罪的需要

犯罪的主观方面是构成犯罪的四要件之一,缺乏犯罪的故意与过失,不能称其为犯罪。相同的犯罪行为,罪过形式不同,犯罪构成也就不同;故意或者过失的内容不同,也会构成不同犯罪行为。

3."罪责自负"是实现量刑个别化的需要

量刑,简言之,是司法机关依据刑事法律的相关规定,在定罪工作完成的基础上决定犯罪分子要承担何种程度的刑事责任。根据相关刑事法律的规定,刑事责任的裁量,要根据案件事实、情节和对社会造成的危害程度来决定。量刑并不是单纯地在案件中运用法律规范的简单过程,需要综合考虑各方面,需要案件事实与法律的动态结合,也就是要实现"量刑个别化"。"量刑个别化"是指针对每个案件,法院都要得出体现此案件个性化的量刑结果,量刑结果不仅要反映犯罪行为的社会危害性,而且也要体现犯罪分子的人身危险性,同时结合其他方面的事实来确定刑事责任的判处更合理。[1]只有这样才能更好地确保每个犯罪分子得到其应有的惩罚。

三、主客观相统一原则

(一)含 义

主客观相统一原则是中国刑法中的基础性原则,有学者甚至将其称为支撑中国刑法理论的"阿基米德支点"。传统刑法理论认为,主客观相统一原则即主观与客观相统一的刑事责任原则。它的基本含义是:对犯罪嫌疑人、被告人追究刑事责任,必须同时具备主客观两方面的条件。但在司法实践中它并不意味着在犯罪和刑罚方面要求面面俱到和平均主义,而是有偏重性的。主客观相统一的偏重性是在犯罪和刑罚方面要求主观恶性和社会危害性、报应和预防相统一的基础上的进一步追问。认为在犯罪问题上,行为及其实害(客观方面)起决定作用,强调社会危害性的本质特征;在刑罚的问题上,行为人及其人身危险性(主观方面)起决定作用,强调预防的正当性。

(二)历史渊源与思想基础

正确理解主客观相统一原则在我国刑法理论中的合理性以及在司法实践中的正确运用,必须先了解其理论和立论基础。针对刑法关于犯罪与刑罚的规定以及司法上关于犯罪的认定与刑罚的适用是应该重视行为还是行为人,旧派(刑事古典学派)和新派形成了行为刑法与行为人刑法的对立。客观主义和主观主义分别是旧派和新派在犯罪领域的基本立场。客观主义认为,刑事责任的基础是表现在外部的犯罪人的行为及其实害,可罚性及其刑罚量的根据

---

[1] 石经海:《量刑规范化解读》,载《现代法学》2009 年第 3 期。

是客观行为及其实害。主观主义认为,刑事责任的基础是犯罪人的危险性格即反复实施犯罪行为的危险性,可罚性及其刑罚量的根据是危险性格。客观主义将自由绝对化,认为人都是理性的自由人,人人都有平等的自由意志,而主观主义则以意思决定论为基础,认为行为只不过是行为人危险性的征表而已,不具有基础的意义,而行为的实害就更不具有实际的意义了。正是主、客观主义理论的局限性,使得主客观相统一的理论应运而生。

那么我国主客观相统一原则的立论基础究竟何在呢?正如有学者指出的,"主客观统一原则立论的基础,主要不是为了避免主观主义和客观主义在解决人的刑事责任问题时只强调主观或客观一个方面而否定另一个方面的方法论错误,而是为了避免主观主义和客观主义在对待犯罪的主观因素与客观因素相互关系上的认识论错误。主客观统一原则,基于犯罪的主观因素与客观因素可能相互分离而单独存在的客观真实,强调在解决人的刑事责任问题时必须同时考虑犯罪的客观因素与主观因素,并注意二者是否统一于犯罪行为之中,是否具有内在的一致性。这样就防止了在犯罪的主观因素与客观因素相分离的状态下只根据其中一个方面追究刑事责任的错误,使刑事责任的实际追究更趋合理。

马克思主义辩证唯物论是我国刑法中主客观相统一原则的理论基础。马克思主义辩证唯物论认为,物质决定意识,意识反作用于物质。人的认识并不是完全被动的,人的意识具有主观能动性。人可以根据对客观世界的规律的认识来指导自己的实践活动,不断地改造世界以达到自己的目的。犯罪行为也不外乎是一种实践活动,是在一定的意识和意志支配下进行的,即是一定的客观危害行为和主观罪过的统一。根据马克思主义的基本观点,人的犯罪活动是主客观相统一的反社会的实践活动,认识和判断犯罪的司法活动也是一种主客观相统一的社会实践活动,所以,主客观相统一原则在我国的刑事立法、司法中起指导作用,无疑应该成为我国刑法中的一项基本原则。

● 理论争鸣 ○

1. 罚金刑这种代为缴付的现象是否有违"罪责自负"?

肯定说认为,适用罚金刑替代缴付违背"罪责自负"。"可以由本人以外的人支付,犯罪人的家属、朋友代替其缴纳罚金,容易违反刑罚的专属性的本质。"[1]否定说认为,适用罚金刑,并不违背"罪责自负"。"对于未成年人犯罪适用罚金刑并不与罪责自负原则冲突,这一做法符合刑罚目的,同时也非常有利于对未成年人合法权益的保护,因此应扩大罚金刑的适用。"[2]

请谈谈自己的看法。

2. "赔钱减刑"是否违背"罪责自负"?

有学者认为按照"罪责自负"的原则,被告人家属、友人本来没有赔偿被害人损失的义务,但是如果家属、友人积极赔偿能获得被害人及其家属的谅解,并且取得法院甚至检察院

---

[1] 张明楷:《刑法学》,法律出版社 2011 年版,第 483 页。
[2] 邓文莉:《未成年人犯罪刑事责任的若干问题探析》,载《湖南省社会主义学院学报》2004 年第 6 期。

的认可,且这种赔偿系被告人本人没有支付能力的,被告人的家属或者友人,从亲情、友情角度出发,自愿地给予帮助,法院应当予以许可,并不违背"罪责自负"原则。因为"罪责自负"的立法初衷是为了防止罪行波及他人,所以,自愿地帮助被告人赔偿和非自愿地被刑事责任株连的情形是有本质区别的。[①]

请谈谈自己的看法。

[①] 刘仁文:《正视"赔钱减刑"中的价值冲突与协调》,载《法制日报》2007年2月2日,第003版。

一、刑法的生效时间

刑法的生效时间是指刑法自什么时间开始产生法律效力。关于刑法的生效时间，通常有两种处理方式：（1）公布之后间隔一段时间生效，如《刑法修正案（十一）》已由中华人民共和国第十三届全国人民代表大会常务委员会第二十四次会议于2020年12月26日通过，自2021年3月1日起施行。（2）自公布之日起生效，如《刑法修正案（三）》第九条规定："本修正案自公布之日起施行。"这两种生效情形均符合罪刑法定原则，但前一种适用相对更广泛。因为要使规范产生实效，需要给人们一定的时间学习和了解规范的存在与内容。

二、刑法的失效时间

刑法的失效时间是指刑法自什么时间不再产生法律效力。关于刑法的失效，通常也有两种方式：（1）由立法机关明确宣布原有法律在特定时间效力终止或废止。例如，《刑法》第四百五十二条第二款规定，"列于本法附件一的全国人民代表大会常务委员会制定的条例、补充规定和决定，已纳入本法或者已不适用，自本法施行之日起，予以废止。（2）新法施行后取代了旧法，旧法自然失效。

三、刑法的溯及力问题

刑法的溯及力问题，是解决刑法生效后，对于它生效前未经审判或判决未确定的行为是否适用的问题。关于刑法溯及力问题有如下学说：（1）从旧原则，即适用行为时的法律；（2）从旧兼从轻原则，即原则上适用行为时的旧法，但新法对行为人有利时适用新法；（3）从新原则，即适用裁判时的法律；（4）从新兼从轻原则，即原则上适用裁判时的新法，但旧法对行为人有利时适用旧法。

我国《刑法》第十二条关于溯及力的规定采取的是从旧兼从轻原则，即对于现行法生效以前未经审判或判决尚未确定的行为，适用行为当时有效的法律。但是按照现行有效的法律不认为犯罪或处刑较轻的，适用现行有效的法律。依据行为当时有效的法律已经作出的生效判决，继续有效。所谓"处刑较轻"，是指刑法对某种犯罪规定的刑罚即法定刑比修改前刑法轻。一般而言，法定刑较轻是指法定最高刑较轻；如果法定最高刑相同，则指法定最低刑较轻。如果刑法规定的某一犯罪只有一个法定刑幅度，法定最高刑或者最低刑是指该法定刑幅度的最高刑或者最低刑；如果刑法规定的某一犯罪有两个以上的法定刑幅度，法定最高刑或者最低刑是指具体犯罪行为应当适用的法定刑幅度的最高刑或者最低刑。

关于司法解释的效力问题，《最高人民法院、最高人民检察院关于适用刑事司法解释时间效力问题的规定》，对于行为时无司法解释，审判时有司法解释，应按照司法解释处理；对于行为时有司法解释，审判时有新司法解释，应按照"从旧兼从轻"处理。

● 典型例题 ○

1. 我国1997年刑法关于溯及力的规定采取的是（　　　）。（2011年法律硕士考试真题）
   A. 从旧原则　　　B. 从新原则　　　C. 从新兼从轻原则　　　D. 从旧兼从轻原则

第三章

刑法的效力范围

刑法的效力范围，又称刑法的适用范围，是指刑法在什么地域、对什么人以及在什么时间内具有效力。我国《刑法》第六、七、八、九、十、十一、九十条等对此进行了规定。刑法的效力范围又可以分为：空间效力范围和时间效力范围。

第一节 刑法的空间效力范围

刑法的空间效力范围，是指一国刑法在什么地域、对什么人具有效力。它要回答的是国家刑事管辖权的问题，并宣示着国家主权所及范围。总体而言，一国刑法不仅普遍适用于本国领域内的行为，而且在特定条件下还能适用于本国领域之外的行为。

> • 《刑法》
> 第六条：凡在中华人民共和国领域内犯罪的，除法律有特别规定的以外，都适用本法。
> 凡在中华人民共和国船舶或者航空器内犯罪的，也适用本法。
> 犯罪的行为或者结果有一项发生在中华人民共和国领域内的，就认为是在中华人民共和国领域内犯罪。
> 第七条：中华人民共和国公民在中华人民共和国领域外犯本法规定之罪的，适用本法，但是按本法规定的最高刑为三年以下有期徒刑的，可以不予追究。
> 中华人民共和国国家工作人员和军人在中华人民共和国领域外犯本法规定之罪的，适用本法。
> 第八条：外国人在中华人民共和国领域外对中华人民共和国国家或者公民犯罪，而按本法规定的最低刑为三年以上有期徒刑的，可以适用本法，但是按照犯罪地的法律不受处罚的除外。
> 第九条：对于中华人民共和国缔结或者参加的国际条约所规定的罪行，中华人民共和国在所承担条约义务的范围内行使刑事管辖权的，适用本法。
> 第十一条：享有外交特权和豁免权的外国人的刑事责任，通过外交途径解决。
> 第九十条：民族自治地方不能全部适用本法规定的，可以由自治区或者省的人民代表大会根据当地民族的政治、经济、文化的特点和本法规定的基本原则，制定变通或者补充的规定，报请全国人民代表大会常务委员会批准施行。
> • 《最高人民法院关于适用〈中华人民共和国刑事诉讼法〉的解释》

> 第二条：犯罪地包括犯罪行为地和犯罪结果地。
>
> 针对或者主要利用计算机网络实施的犯罪，犯罪地包括用于实施犯罪行为的网络服务使用的服务器所在地，网络服务提供者所在地，被侵害的信息网络系统及其管理者所在地，犯罪过程中被告人、被害人使用的信息网络系统所在地，以及被害人被侵害时所在地和被害人财产遭受损失地等。
>
> • 《最高人民法院、最高人民检察院、中国海警局关于海上刑事案件管辖等有关问题的通知》（海警〔2020〕1号）
>
> 一、对海上发生的刑事案件，按照下列原则确定管辖：
>
> （一）在中华人民共和国内水、领海发生的犯罪，由犯罪地或者被告人登陆地的人民法院管辖，如果由被告人居住地的人民法院审判更为适宜的，可以由被告人居住地的人民法院管辖；
>
> （二）在中华人民共和国领域外的中国船舶内的犯罪，由该船舶最初停泊的中国口岸所在地或者被告人登陆地、入境地的人民法院管辖；
>
> （三）中国公民在中华人民共和国领海以外的海域犯罪，由其登陆地、入境地、离境前居住地或者现居住地的人民法院管辖；被害人是中国公民的，也可以由被害人离境前居住地或者现居住地的人民法院管辖；
>
> （四）外国人在中华人民共和国领海以外的海域对中华人民共和国国家或者公民犯罪，根据《中华人民共和国刑法》应当受到处罚的，由该外国人登陆地、入境地、入境后居住地的人民法院管辖，也可以由被害人离境前居住地或者现居住地的人民法院管辖；
>
> （五）对中华人民共和国缔结或者参加的国际条约所规定的罪行，中华人民共和国在所承担的条约义务的范围内行使刑事管辖权的，由被告人被抓获地、登陆地或者入境地的人民法院管辖。
>
> 前款第一项规定的犯罪地包括犯罪行为发生地和犯罪结果发生地。前款第二项至第五项规定的入境地，包括进入我国陆地边境、领海以及航空器降落在我国境内的地点。

刑法的空间效力范围涉及对本国领域内的犯罪和本国领域外的犯罪。属地管辖原则和属人管辖原则是基本原则，保护管辖原则和普遍管辖原则都是对这二者的补充和发展。现代大多数国家都以采用属地管辖原则为基础，兼采其他原则为补充的综合性原则。

一、属地管辖原则

属地管辖原则，即单纯以地域为标准，来确定刑法的空间效力范围，凡是在本国领域内犯罪的，无论其国籍是本国还是外国，都适用本国刑法；反之，凡是在本国领域外犯罪的，无论其国籍是本国还是外国，都不适用本国刑法。属地管辖原则以国家主权和国家刑法权为依据，维护了国家主权和尊严，一个独立自主的国家，应当以属地管辖原则作为其刑法空间效力范围的基本原则。当然，单纯适用属地管辖原则也具有一定的局限性。比如，遇到本国人在本国领域以外犯罪，就不能适用本国刑法，这不利于督促本国人遵守本国刑法；遇到本国人或者外国人在本国领域外侵犯本国国家或者公民权利的犯罪，无法适用本国刑法，这将导致本国国家或者公民权利在本国领域以外得不到有效保护。因此，一个国家绝不能单纯使用属地管辖原则,还应当兼采其他原则作为补充。

我国《刑法》第六条确立了属地管辖原则,对该条的理解主要涉及三个问题:一是关于"中华人民共和国领域"的含义;二是关于犯罪地的认定;三是关于"法律有特别规定"的理解。

(一)关于"中华人民共和国领域"的含义

"中华人民共和国领域"是指中华人民共和国国境以内的全部区域,具体包括:(1)领陆,是指我国国境线范围内的陆地及其底土,既包括大陆部分,也包括所属岛屿。(2)领水,是指我国陆地疆界以内的水域和与陆地疆界邻接的一带海域,包括内水和领海两大部分。凡在我国领陆范围内的水域,包括河流、湖泊、运河、水库、海港、内海湾、内海峡、河口湾及领海基线向海岸一面的海域可称为内水。领海是指连接国家陆地领土及内水或群岛水域的一定宽度的海水带。根据《中华人民共和国领海及毗连区法》第三条的规定,我国领海的宽度从领海基线量起为十二海里,即从领海基线向外部延伸十二海里的水域,均属于我国的领海。(3)领空,是指我国领陆、领水的空气空间。1944年12月7日,国际民用航空组织在美国芝加哥通过了《国际民用航空公约》(俗称《芝加哥公约》),该公约第1条指出:"关于国家享有领空的主权;缔约各国承认每一国家对其领土之上的空气空间具有完全的和排他的主权。"随着人类对太空的不断探索,领空所指的"空气空间"暂没有一个明确的界定。但是,结合多数国际法学家的主张以及人类实践,多数国家默认"空气空间"只限于大气层的最高边缘区域,而不包括外层空间。

另外,根据国际条约与惯例,以下两个区域内的犯罪也适用我国刑法:

(1)中华人民共和国船舶与航空器。根据我国《刑法》第六条第二款的规定,凡是在中华人民共和国船舶或者航空器内犯罪的,也适用我国刑法。这里的"中华人民共和国船舶或者航空器",既可以是军用的,也可以是民用的;其状态,既可以是航行过程中,也可以处于停泊状态下;其所在位置,既可以是在公海,也可以是在他国的领域内。亦即,只要是发生在中华人民共和国船舶或者航空器(无论军用或民用)上的犯罪,不考虑行驶状态和所在地域,都适用我国刑法。

(2)中华人民共和国驻外使领馆。1961年4月18日,联合国外交往来和豁免会议在奥地利首都维也纳召开,并通过了《维也纳外交关系公约》,1975年11月25日,我国加入并承认该公约。根据《维也纳外交关系公约》之规定,各国驻外大使馆、领事馆及其外交人员不受驻在国的司法管辖而受本国的司法管辖。因此,凡是在我国驻外大使馆、领事馆发生的犯罪,也均适用我国刑法。

(二)关于"犯罪地"的认定

根据我国《刑法》第六条第三款的规定,只要犯罪的行为或者结果有一项发生在中华人民共和国领域内的,就认为是在中华人民共和国领域内犯罪。也就是说,"犯罪地"包括如下两种情况:(1)行为实行地,即犯罪行为的具体实行之地。只要在我国领域内实施犯罪行为,无论结果发生在国内还是国外,均适用我国刑法。比如,在我国境内开枪,射杀境外人员,适用我国刑法。(2)结果发生地,即危害结果产生地。只要在我国领域内发生了犯罪的危害后果,无论实行行为发生在国内还是国外,均适用我国刑法。比如,在国外伪造人民币,但在国内使用,适用我国刑法。行为实行地和结果发生地只要有一项是发生在我国领域,就都属于在中华人民共和国领域内犯罪。

(三) 关于"法律有特别规定"的理解

我国《刑法》第六条确立了属地管辖原则。根据属地管辖原则，无论是犯罪行为还是危害结果，只要有一项发生在我国领域内，都适用我国刑法。但是，法律有特别规定的，应依照法律的特别规定。具体而言，法律的特别规定包括三种情形：

（1）享有外交特权和豁免权的外国人的刑事责任，通过外交途径解决。依据属地管辖原则，外国人在我国领域犯罪的，应当适用我国刑法，并受到我国刑法的追究。但是，享有外交特权与豁免权的外国人例外。所谓外交特权与豁免权是指在国际交往中，根据互相尊重主权和平等互惠的原则，一国对驻在本国的他国外交代表及享有外交代表资格的人员给予一定的特殊权利和优惠待遇。外交特权与豁免权的法律基础是《维也纳外交关系公约》和我国于1986年9月5日通过的《中华人民共和国外交特权与豁免条例》，《中华人民共和国外交特权与豁免条例》详细地规定了外交特权和豁免权相关问题。根据该条例，外交特权与豁免权包括：代表的人身、馆舍和公文档案不受侵犯，享有刑事管辖豁免权、民事管辖豁免权、行政管辖豁免权，无作证的义务，享有通信自由、捐税豁免权以及其他权限。根据该条例第十二、十四条的规定，外交代表享有刑事管辖豁免，其人身不受侵犯，不受逮捕或者拘留。值得注意的是与外交代表共同生活的配偶和未成年子女，如果不具有中华人民共和国国籍，享有与外交代表相同的特权和豁免权。

尽管《中华人民共和国外交特权与豁免条例》规定了外交人员享有刑事豁免权，但是并不意味着外交人员在我国实施犯罪，我国就坐视不管、任其横行。根据我国《刑法》第十一条的规定，享有外交特权和豁免权的外国人的刑事责任，通过外交途径解决。也就是说，当享有外交特权和豁免权的外国人在我国领域犯罪的，我国可以要求派遣国召回、宣布其为不受欢迎的人、令其限期离境等。

（2）我国香港特别行政区、澳门特别行政区以及我国台湾地区关于适用《刑法》的特殊情况。根据《中华人民共和国香港特别行政区基本法》和《中华人民共和国澳门特别行政区基本法》的规定，香港特别行政区、澳门特别行政区依法享有行政管理权、立法权、独立的司法权和终审权，并保留了原有的法律、法令、行政法规和其他规范性文件（除与基本法相抵触或经澳门、香港特别行政区立法机关或其他有关机关依照法定程序作出修改的除外），有适用于当地的刑法，故全国性《刑法》并不适用于香港和澳门。我国台湾地区当前适用的有关规定，由于历史原因与大陆仍然存在着一定差异。依据"一国两制"的方针和思想，两岸统一以后，台湾地区的法律制度可以参照港澳模式实施。

（3）民族自治地方《刑法》适用的变通规定。根据我国《刑法》第九十条的规定，在我国民族自治地方不能全部适用刑法之规定的，可以由所属的自治区或者省的人民代表大会根据当地民族的政治、经济、文化的特点和本法规定的基本原则，制定变通或者补充的规定，报请全国人民代表大会常务委员会批准施行。《刑法》第九十条关于民族自治地方《刑法》适用的变通规定，可以追溯至1979年《刑法》第八十条。在1979年《刑法》中，依据宪法和民族区域自治制度的精神，确立了民族地区变通刑法的立法权限。但在四十多年的立法实践中，我国尚无适用于民族自治地方的刑法变通或补充规定。

二、属人管辖原则

在国际刑法中，有积极的属人管辖和消极的属人管辖。积极的属人管辖是指本国公民在本国领域外犯罪的，适用本国刑法。消极的属人管辖是指本国公民在本国领域外被本国外的公民实施犯罪行为的，适用本国刑法。消极的属人管辖属于保护管辖的范畴，因此这里的属人管辖仅指积极的属人管辖。我国《刑法》第七条规定，"中华人民共和国公民在中华人民共和国领域外犯本法规定之罪的，适用本法，但是按本法规定的最高刑为三年以下有期徒刑的，可以不予追究。中华人民共和国国家工作人员和军人在中华人民共和国领域外犯本法规定之罪的，适用本法"，体现了属人管辖原则。

理解属人管辖原则，应当注意三点：（1）我国公民在域外触犯我国刑法之规定，无论按照当地法律是否构成犯罪，也不管侵害的是哪国或哪国公民的利益，原则上都适用我国《刑法》。（2）我国公民触犯我国《刑法》之规定，如果我国《刑法》规定的最高法定刑为三年以下有期徒刑，那么就可以不予追究刑事责任。这里的"可以不予追究"并不是绝对的不予追究，而是保留了追究其刑事责任的权利。（3）中华人民共和国国家工作人员和军人在我国领域外触犯我国《刑法》的，一律适用我国《刑法》。国家工作人员和军人具有不同于普通公民的特殊身份，一旦在域外犯罪，可能会直接危害到国家安全和利益，也将直接影响到国家的形象和声誉。因此，对国家工作人员和军人在域外犯罪的，应当适用严格的属人管辖原则，而不考虑其所犯之罪的最高法定刑是否为三年以下有期徒刑。

三、保护管辖原则

保护管辖原则，是指外国人在本国领域外侵犯本国国家利益或本国公民利益，依据我国《刑法》规定构成犯罪的，应当适用我国《刑法》。而对于本国人在本国领域外侵犯本国国家利益或本国公民利益构成犯罪的，适用我国《刑法》，则是属人管辖原则的范围。根据我国《刑法》第八条的规定，"外国人在中华人民共和国领域外对中华人民共和国国家或者公民犯罪，而按本法规定的最低刑为三年以上有期徒刑的，可以适用本法，但是按照犯罪地的法律不受处罚的除外"，体现了保护管辖原则。

理解保护管辖原则，要注意以下三点：（1）保护管辖原则的实质是保护本国利益和本国公民利益在本国领域外不受侵犯。（2）保护管辖原则的适用需要满足四个条件：第一，外国人在我国领域外实施犯罪；第二，侵犯了我国国家或者公民的利益；第三，所犯之罪在犯罪地也应当受到刑罚处罚；第四，所犯之罪依据我国《刑法》，最低法定刑为三年以上有期徒刑。（3）行为人所实施的犯罪如果依据犯罪地的法律不构成犯罪，不应当接受刑事处罚的，则不能适用保护管辖原则。

四、普遍管辖原则

《刑法》第九条规定，"对于中华人民共和国缔结或者参加的国际条约所规定的罪行，中华人民共和国在所承担条约义务的范围内行使刑事管辖权的，适用本法"，这就是普遍管辖原则的体现。普遍管辖原则以保护各国共同利益为标准，其主要目的就是防止国际犯罪。根据普遍管辖原则，只要是属于我国缔结或者参加的国际公约所规定了的犯罪行为，不管行为人是何国籍，也无论犯罪地发生在何地，只要行为人进入我国领域被发现，我国就有权在承担的公约义务范围内行使刑事管辖权。

适用普遍管辖原则应满足以下条件：（1）行为人实施的是危害全人类共同利益的犯罪；（2）我国是相关公约的缔约国或参加国；（3）我国刑法也将该行为规定为犯罪；（4）原则上应要求行为人出现在我国领域内，并在我国领域内被发现。

理解刑法的空间效力，要理解各种管辖原则在适用时的顺序，依次为属地原则、属人原则、保护原则和普遍管辖原则，如果适用前面的原则，就不可以再适用后面的原则，一个犯罪只能有一种管辖原则。

● 理论争鸣 ○

在本国船舶或者航空器内或本国驻外使领馆犯罪的，适用本国刑法，这里的"本国船舶或者航空器内或本国驻外使领馆"是否是本国领土？

"在本国船舶或者航空器内或本国驻外使领馆犯罪的，适用本国刑法"，这是没有异议的。但"本国船舶或者航空器内或本国驻外使领馆"是否是本国领土，存在一定争议。

持肯定观点的学者认为，本国船舶或航空器内或本国驻外使领馆是本国领土。比如，有学者认为，根据国际条约和惯例，本国的船舶、飞机或其他航空器，以及本国驻外使领馆是本国领土的延伸。① 还有学者认为，作为一国代表机构的驻外使领馆、悬挂本国国旗的船舶或有本国国家归属标志和识别标志的航空器可依国际惯例推定为本国领土，称为"浮动领土"或"拟制领土"。② 还有学者认为，船舶和航空器在国际法上是拟制领土，但使领馆并不是派遣国领土的延伸部分。③

持否定观点的学者认为，本国船舶或者航空器内或本国驻外使领馆并非本国领土。例如，齐文远、刘代华教授认为，船舶、航空器并非一国领土，而仅属于旗籍国刑法空间效力所及范围之内。因为领土具有排他性，当船舶、航空器位于他国领土之上时，不可能认为存在"领土中的领土"。④ 陈忠林教授认为不宜将我国的船舶、航空器视为我国"领域"，理由如下：（1）将一国船舶视为旗籍国领域的延伸与我国参加的有关国际公约不符。（2）坚持一国船舶是旗籍国领域的延伸，与国际法基本原则不符。（3）对一国船舶内发生的犯罪适用旗籍国刑法，是国家对船舶的专属管辖权的体现。⑤ 于齐生教授认为把我国大使馆、领事馆视为我国领域是不正确的。因为它既缺乏国内法的根据，也缺乏国际法的根据。在国内法上，我国《刑法》第三条关于在我国领域内犯罪适用我国刑法的规定，只规定"凡在中华人民共和国船舶或者飞机内犯罪的，也适用本法"，并没有规定在我国使领馆内犯罪的，也适用中国刑法。在

---

① 王作富、黄京平主编：《刑法》，中国人民大学出版社2021年版，第25页。
② 参见齐文远、刘代华：《完善我国刑法空间效力立法的思考》，载《法商研究》2005年第1期。
③ 《刑法学》编写组：《刑法学》（上册·总论），高等教育出版社2019年版，第72-73页。
④ 齐文远、刘代华：《完善我国刑法空间效力立法的思考》，载《法商研究》2005年第1期，第109-117页。
⑤ 陈忠林：《关于我国刑法属地原则的理解、适用及立法完善》，载《现代法学》1998年第5期，第9-15页。

国际法上，这个问题属于外交特权和豁免的问题。①

请谈谈自己的看法。

● 典型例题 ○

1. 下列选项中，根据属人管辖原则应当适用我国刑法的是（　　）。（2010年法律硕士考试真题）

　　A. 中国公民甲在行驶于公海的中国船舶上失手致另一中国公民落水身亡

　　B. 外国公民乙在行驶于公海的中国船舶上向中国船员兜售毒品

　　C. 外国公民丙在其本国境内实施爆炸致两名中国公民身亡

　　D. 中国公民丁被某国有公司派往国外工作，因严重失职给国家利益造成重大损失

解析：A、B项，根据《刑法》第六条第二款的规定，凡在中华人民共和国船舶或者航空器内犯罪的，也适用我国刑法，此为属地管辖。C项，丙在其本国境内实施爆炸致两名中国公民身亡，侵害了我国公民利益，适用中国刑法，体现了保护管辖原则。D项，中国公民丁在国外犯罪，适用中国刑法，体现了属人管辖原则。因此，本题正确答案为D。

2. A国公民甲在我国境内抢劫A国公民乙后逃回A国，被A国法院判处监禁。甲刑满后来我国，我国法院对甲的上述抢劫行为行使管辖权，是基于（　　）。（2010年法律硕士考试真题）

　　A. 属人管辖原则

　　B. 属地管辖原则

　　C. 保护管辖原则

　　D. 普遍管辖原则

解析：根据《刑法》第六条第一、三款，凡在我国领域内犯罪，除法律有特别规定以外，适用我国刑法。犯罪的行为或者结果有一项发生在中华人民共和国领域内的，就认为是在中华人民共和国领域内犯罪。在我国领域内犯罪，就必须适用我国刑法，这是属地管辖原则的体现。因此，本题答案为B。

3. 对于中华人民共和国缔结或者参加的国际条约所规定的罪行，中华人民共和国在所承担条约义务的范围内行使刑事管辖权的，适用（　　）。（2011年法律硕士考试真题）

　　A. 犯罪地国家的刑法

　　B. 犯罪人国籍国的刑法

　　C. 中华人民共和国的刑法

　　D. 国际条约缔约地国家的刑法

解析：根据《刑法》第九条："对于中华人民共和国缔结或者参加的国际条约所规定的罪行，中华人民共和国在所承担条约义务的范围内行使刑事管辖权的，适用本法。"这里的"适用本法"是指适用中国刑法。因此，本题答案为C。

4. 我国公民甲在德国旅游时，盗窃了我国公民乙一部价值1万元的相机。对甲的行为适

---

① 于齐生：《关于我国刑法空间效力的几个问题》，载《中国法学》1994年第3期。

用我国刑法的依据是（　　）。（2012年法律硕士考试真题）

A. 属地管辖原则
B. 保护管辖原则
C. 属人管辖原则
D. 普遍管辖原则

解析：属地管辖原则，要求犯罪的行为或者结果发生在中国领域内。保护管辖原则要求犯罪人为外国人，且是针对我国国家或者公民犯罪的。普遍管辖原则要求行为人实施的是危害人类共同利益的犯罪，比如恐怖袭击、跨国贩毒等，并且是我国缔结或参加了公约，我国刑法也将该行为规定为犯罪，最终行为人出现在我国领域内。本案中，行为人是我国公民，犯罪行为发生在国外，适用我国刑法符合属人管辖原则要求，故本题答案为C。

5. 2012年5月，缅甸籍毒贩糯糠在泰国境内制造"湄公河惨案"，杀害了十余名我国船员，后被老挝移送到我国受审，我国司法机关对于糯糠进行刑事审判的依据是（　　）。（2013年法律硕士考试真题）

A. 属地管辖权
B. 保护管辖权
C. 普遍管辖权
D. 属人管辖权

解析：本案中，犯罪行为人是外国人，所实施的犯罪是针对我国公民的犯罪，且是重罪（最低刑为3年以上有期徒刑），故应当适用保护管辖。因此，本题答案为B。

6. 我国公民甲在某国杀害Z（无国籍人），被该国法院判处有期徒刑12年。如甲在该国服刑完毕回到我国，我国司法机关依照刑法对甲行使刑事管辖权的根据是（　　）。（2019年法律硕士考试真题）

A. 属地管辖原则
B. 属人管辖原则
C. 保护管辖原则
D. 普遍管辖原则

解析：本案中我国公民甲在某国杀害Z（无国籍人），应根据属人管辖原则适用我国刑法。根据我国《刑法》第十条，"凡在中华人民共和国领域外犯罪，依照本法应当负刑事责任的，虽然经过外国审判，仍然可以依照本法追究，但是在外国已经受过刑罚处罚的，可以免除或者减轻处罚。"因此，虽然甲在外国已经受到刑罚处罚，仍然可以根据我国刑法追究其刑事责任。因此，本题答案为B。

案例讨论

李某某故意杀人案[①]

基本案情：被告人李某某与被害人邵某2011年在北京相识，2012年两人赴美国留学，双

[①] 案件来源：最高人民检察院发布的第一批5件国际刑事司法协助典型案例。

方发展为恋爱关系。2014年9月7日凌晨,在美国艾奥瓦州艾奥瓦市一旅馆内,两人因感情问题发生争执,被告人李某某遂将邵某扼颈致死,事后李某某将尸体装入行李箱藏于其驾驶的轿车后备箱内并放入哑铃欲沉尸河中,后放弃沉尸,将车停放在其租住的公寓附近。9月8日,李某某乘坐事先订好的航班潜逃回国。案发后,我国驻芝加哥总领事馆向国内通报了相关情况,公安部指定温州市公安局立案侦查。2015年5月13日,李某某主动向温州市公安局投案。由于犯罪嫌疑人已逃回中国,我国通过外交途径向美国司法部提出刑事司法协助请求,请美方将相关记录和证据材料等移交我方,美方表示同意。2016年3月23日,温州市中级人民法院公开审理了本案。2016年6月14日,温州市中级人民法院作出一审判决,以故意杀人罪,依法判处被告人李某某无期徒刑,剥夺政治权利终身。被告人李某某以量刑过重为由提出上诉。2016年11月14日,浙江省高级人民法院二审裁定驳回上诉,维持原判。

请围绕本案展开讨论。

第二节 刑法的时间效力范围

刑法的时间效力范围，是指刑法从何时起至何时止具有适用效力，包括刑法的生效时间、失效时间以及刑法的溯及力问题。

> • 《刑法》
> 第十二条：中华人民共和国成立以后本法施行以前的行为，如果当时的法律不认为是犯罪的，适用当时的法律；如果当时的法律认为是犯罪的，依照本法总则第四章第八节的规定应当追诉的，按照当时的法律追究刑事责任，但是如果本法不认为是犯罪或者处刑较轻的，适用本法。
> 本法施行以前，依照当时的法律已经作出的生效判决，继续有效。
> • 《最高人民法院、最高人民检察院关于适用刑事司法解释时间效力问题的规定》
> 一、司法解释是最高人民法院对审判工作中具体应用法律问题和最高人民检察院对检察工作中具体应用法律问题所作的具有法律效力的解释，自发布或者规定之日起施行，效力适用于法律的施行期间。
> 二、对于司法解释实施前发生的行为，行为时没有相关司法解释，司法解释施行后尚未处理或者正在处理的案件，依照司法解释的规定办理。
> 三、对于新的司法解释实施前发生的行为，行为时已有相关司法解释，依照行为时的司法解释办理，但适用新的司法解释对犯罪嫌疑人、被告人有利的，适用新的司法解释。
> 四、对于在司法解释施行前已办结的案件，按照当时的法律和司法解释，认定事实和适用法律没有错误的，不再变动。
> • 《最高人民法院关于适用刑法时间效力规定若干问题的解释》
> 第二条：犯罪分子1997年9月30日以前犯罪，不具有法定减轻处罚情节，但是根据案件的具体情况需要在法定刑以下判处刑罚的，适用修订前的刑法第五十九条第二款的规定。
> 第三条：前罪判处的刑罚已经执行完毕或者赦免，在1997年9月30日以前又犯应当判处有期徒刑以上刑罚之罪，是否构成累犯，适用修订前的刑法第六十一条的规定；1997年10月1日以后又犯应当判处有期徒刑以上刑罚之罪的，是否构成累犯，适用刑法第六十五条的规定。
> 第六条：1997年9月30日以前犯罪被宣告缓刑的犯罪分子，在1997年10月1日以后的缓刑考验期间又犯新罪、被发现漏罪或者违反法律、行政法规或者国务院公安部门有关缓刑的监督管理规定，情节严重的，适用刑法第七十七条的规定，撤销缓刑。
> 第八条：1997年9月30日以前犯罪，1997年10月1日以后仍在服刑的累犯以及因杀人、爆炸、抢劫、强奸、绑架等暴力性犯罪被判处十年以上有期徒刑、无期徒刑的犯罪分子，适用修订前的刑法第七十三条的规定，可以假释。

解析：我国《刑法》第十二条关于溯及力的规定采取的是从旧兼从轻原则，本题答案为 D。

2. 关于我国刑法溯及力的适用，下列表述中正确的是（　　）。（2018年法律硕士考试真题）

A. 司法解释应适用从新兼从轻原则

B. 处刑较轻是指法院判处的宣告刑较轻

C. 应以"审判时"作为新旧法选择适用的判断基础

D. 按照审判监督程序重新审判的案件适用行为时的法律

解析：A 项，关于司法解释的效力问题，对于行为时无司法解释，审判时有司法解释，应按照司法解释处理；对于行为时有司法解释，审判时有新司法解释，应按照"从旧兼从轻"处理。B 项，"处刑较轻"是指法定刑而非宣告刑。应当先比较法定最高刑，再比较法定最低刑，低者就是处刑较轻。如果比较宣告刑，则意味着要进行两次宣告（宣判），这明显不合法理。C 项，新旧法选择适用的判断基础是"行为时法"，这是因为行为人只有义务遵守现行有效的法律，而不是未来的法律，任何人也无法预见未来法律的变化情况。D 项，从旧兼从轻原则适用的对象是未决犯，即未判决的案件。已决犯会产生既判力（发生效力），而既判力的效力又高于溯及力，因此已决犯不存在溯及既往的问题。而按照审判监督程序重新审判的案件，由于判决已生效，应当适用行为时的法律，不再适用溯及力的规定。因此，本题正确答案为 D。

3. 关于刑事司法解释的时间效力，下列哪一选项是正确的？（　　）（2017年国家司法考试真题）

A. 司法解释也是刑法的渊源，故其时间效力与《刑法》完全一样，适用从旧兼从轻原则。

B. 行为时无相关司法解释，新司法解释实施时正在审理的案件，应当依新司法解释办理。

C. 行为时有相关司法解释，新司法解释实施时正在审理的案件，仍须按旧司法解释办理。

D. 依行为时司法解释已审结的案件，若适用新司法解释有利于被告人的，应依新司法解释改判。

解析：关于司法解释的效力问题，对于行为时无司法解释，审判时有司法解释，应按照司法解释处理；对于行为时有司法解释，审判时有新司法解释，应按照"从旧兼从轻"处理。本题答案为 B。

4.《刑法修正案（八）》于 2011 年 5 月 1 日起施行。根据《刑法》第十二条关于时间效力的规定，下列哪一选项是错误的？（　　）（2013年国家司法考试真题）

A. 2011 年 4 月 30 日前犯罪，犯罪后自首又有重大立功表现的，适用修正前的刑法条文，应当减轻或免除处罚。

B. 2011 年 4 月 30 日前拖欠劳动者报酬，2011 年 5 月 1 日后以转移财产方式拒不支付劳动者报酬的，适用修正后的刑法条文。

C. 2011 年 4 月 30 日前组织出卖人体器官的，适用修正后的刑法条文。

D. 2011 年 4 月 30 日前扒窃财物数额未达到较大标准的，不得以盗窃罪论处。

解析：我国刑法关于时间效力的原则是：从旧兼从轻。这是指原则上适用旧法（行为时的法律），但适用新法（行为后的法律）有利于被告人时，适用新法。《刑法修正案（八）》于 2011 年 5 月 1 日生效。对于犯罪时在 5 月 1 日前，审理时在 5 月 1 日后的情形，应根据从旧兼从轻原则处理。A 项，旧法规定"犯罪后自首又有重大立功表现的，应当减轻或者免除处罚"，而新法删除了这项优待规定。题干中的案件发生在旧法时期，由于新法不利于被告人，因此应当按照原则,适用旧法。A项说法正确。B项,从旧兼从轻原则适用的对象是未决犯(未判决的案件),也即,案件发生在旧法时,审判发生在新法时。如果案件的实行行为发生在《刑法修正案(八)》后,则不存在是否溯及既往的时间效力问题,无疑应适用新法。拒不支付劳动报酬罪是《刑法修正案(八)》增设的罪名,该罪的实行行为是拒不支付劳动报酬的行为。题中的该行为发生在2011年5月1日后,因此适用新条文,可定该罪。虽然拖欠劳动报酬发生在2011年5月1日前,但这不是该罪的实行行为,故B项说法正确。C项,组织出卖人体器官罪是2011年5月1日生效的《刑法修正案(八)》增设的罪名。题干中的行为发生在《刑法修正案(八)》之前,原则上应从旧,适用旧法,不能定组织出卖人体器官罪。且由于适用新法定组织出卖人体器官罪不利于被告人,因此不能适用新法。C项说法错误。D项,《刑法修正案(八)》增设了扒窃这种盗窃罪行为类型,该类型成立盗窃罪,不要求数额达到较大标准。在《刑法修正案(八)》之前,没有专设扒窃,扒窃行为按照普通盗窃罪处理,扒窃行为要成立盗窃罪,要求盗窃数额较大。题干中的行为发生在旧法时期,原则应从旧,适用旧法。若适用新法,不利于被告人,因此不能适用新法。D项说法正确。综上所述,本题答案为C。

5. 2021年2月28日晚上11点,甲从自家三楼向下扔了4袋厨余垃圾,正好砸在自家车上。司法机关在2021年3月1日后处理本案。下列说法正确的是?（　　）（2021年国家统一法律职业资格考试真题）

　　A. 三楼不属于高空,即使甲的行为发生在《刑法修正案(十一)》实施之后,甲也不构成高空抛物罪。

　　B. 甲扔的垃圾砸在自家车上,没有危害公共安全,即使甲的行为发生在《刑法修正案(十一)》实施之后,甲也不构成以危险方法危害公共安全罪。

　　C. 甲的行为发生在《刑法修正案(十一)》实施之前,甲成立以危险方法危害公共安全罪,根据从旧兼从轻原则,甲构成高空抛物罪。

　　D. 甲的行为发生在《刑法修正案(十一)》实施之前,甲不成立以危险方法危害公共安全罪,根据从旧兼从轻原则,甲无罪。

解析：A项,2021年3月1日生效的《刑法修正案(十一)》增设高空抛物罪（第二百九十一条之二）规定:"从建筑物或者其他高空抛掷物品,情节严重的",构成高空抛物罪。三楼属于高空,如果甲的行为发生在《刑法修正案(十一)》实施之后,构成高空抛物罪。所以,A项说法错误。B项,在《刑法修正案(十一)》实施前,根据《最高人民法院关于妥善审理高空抛物、坠物案件的意见》甲的行为构成以危险方法危害公共安全罪。但是,危害公共安全是指,所制造危险的危及范围无法预料,具有危及多数人的可能性,《刑法修正案(十一)》实施后,将高空抛物行为规定为高空抛物罪,属于扰乱公共秩序的犯罪,刑法修正案的效力大于司法解释的效力。B项说法正确。D项,本案在《刑法修正案(十一)》实施后进行审理,由前述可知甲不成立以危险方法危害公共安全罪。所以,若根据从旧原则,甲无罪；若根据从新原则,则甲构成高空抛物罪。根据从旧兼从轻原则,对甲应作无罪处理。所以,C项说法错误,D项说法正确。综上所述,本题答案为BD。

第四章

犯罪与犯罪构成概述

第一节 犯罪概说

一、犯罪的概念与特征

犯罪概念是刑法科学的根基和重要组成部分，它是犯罪内在特征与外在形式的高度抽象与概括。我国《刑法》第十三条界定了犯罪的概念，即一切危害国家主权、领土完整和安全，分裂国家、颠覆人民民主专政的政权和推翻社会主义制度，破坏社会秩序和经济秩序，侵犯国有财产或者劳动群众集体所有的财产，侵犯公民私人所有的财产，侵犯公民的人身权利、民主权利和其他权利，以及其他危害社会的行为，依照法律应当受刑罚处罚的，都是犯罪，但是情节显著轻微危害不大的，不认为是犯罪。这一概念是对各种犯罪现象的理论抽象与概括，不仅揭示了犯罪的法律特征，而且也阐明了犯罪的实质内容。

根据犯罪概念，可以看出犯罪具有社会危害性、刑事违法性与应受刑罚处罚性三个基本特征。

第一，社会危害性。行为具有一定的危害性，是犯罪的基本特征。所谓社会危害性是指犯罪对刑法所保护的国家、社会和人民利益所造成的这样或那样的危害。犯罪的本质特征在于犯罪行为危害了国家、社会和人民的利益，危害了社会主义社会。如果一个行为不可能给社会带来危害，法律就不可能将其规定为犯罪。某些行为虽然具有社会危害性，但如果情节显著轻微危害不大的，也不能规定为犯罪。由此可以看出，只有具有一定的社会危害性的行为，才可能构成犯罪。社会危害性是犯罪最本质、最基本的特征。

第二，刑事违法性。违法行为即违反法律的行为，其方式多种多样，包括民事违法行为、行政违法行为、经济违法行为、刑事违法行为。但犯罪行为不是一般意义上的违法行为，只能是刑事违法行为。任何犯罪行为都是违反刑法的行为，是刑法所禁止的行为。因此，违法行为并不一定是犯罪行为，但犯罪行为一定是违法行为。

第三，应受刑罚处罚性。任何违法行为，都应当承担相应的法律后果。民事违法行为应当承担民事责任，比如停止侵害、排除妨碍、消除危险、返还财产、恢复原状、赔偿损失、支付违约金等。行政违法行为应当承担行政责任，即接受行政处罚，比如警告、通报批评、罚款、暂扣许可证等。对于违反刑法的犯罪行为，也应当承担刑事责任，刑罚是犯罪行为的法律后果。因此，任何犯罪行为都应当受到刑罚的处罚。需要注意的是，不应受刑罚处罚与不需受刑罚处罚是两个概念。不应受刑罚处罚，是指行为不构成犯罪，行为人自然不应当接受刑罚处罚。不需受刑罚处罚，是指行为已经构成犯罪，本应当进行处罚，但由于法定原因，从而免除对行为人进行刑事处分。虽然免除刑事处分，但行为人已经构成犯罪。

二、犯罪的分类

依据不同的标准，可以对犯罪进行不同的分类。主要的分类有三种：一是自然犯与法定犯；二是亲告罪与非亲告罪；三是基本犯、加重犯与减轻犯。

（一）自然犯与法定犯

根据刑法与社会伦理的社会关系，可以将犯罪分为自然犯与法定犯。一般来说，自然犯是明显违反伦理道德并受到社会伦理非难的传统型犯罪。比如，故意杀人罪、盗窃罪、强奸罪等。法定犯是指虽然没有明显违反伦理道德，但是对于行为的犯罪性质，只有根据刑法的规定才能加以确定并进行非难的现代型犯罪。比如，赌博罪、逃税罪、串通投标罪等。正因为如此，自然犯的社会危害性的变易性较小，而法定犯的社会危害性的变易性较大。当然，由于伦理道德规范内容的不断变化，自然犯与法定犯的区分也具有相对性。

（二）亲告罪与非亲告罪

根据告诉权归谁享有，可以将犯罪分成亲告罪与非亲告罪。亲告罪是指对于犯罪是否要追究刑事责任，取决于个人的意思，在追诉时必须经过告诉权者告诉的犯罪，即告诉才处理的犯罪。根据我国《刑法》第九十八条的规定，告诉才处理，是指被害人告诉才处理，如果被害人因受强制、威吓无法告诉的，人民检察院和被害人的近亲属也可以告诉。告诉才处理的犯罪，由刑法明文规定。非亲告罪是指由国家司法机关直接推动，起诉权利由检察院享有，个人不能决定是否提出公诉的犯罪，即刑法没有明文规定为告诉才处理的犯罪，均属于非亲告罪。

在我国刑法中，绝大部分犯罪都是非亲告罪，只有侮辱、诽谤、暴力干涉婚姻自由、虐待、侵占等罪是亲告罪。刑法将这些犯罪规定为亲告罪，主要是综合考虑了以下三个因素：首先，这些犯罪比较轻微，不属于严重犯罪；其次，这些犯罪往往发生在亲属、邻居、同事之间，被害人与行为人之间一般存在较为密切的关系；最后，这些犯罪涉及被害人的名誉，任意提起诉讼可能损害被害人的名誉。

（三）基本犯、加重犯与减轻犯

依据刑法分则条文是否规定了加重或减轻情节，可以将犯罪分为基本犯、加重犯与减轻犯。基本犯是指刑法分则条文规定的不具有法定加重或者减轻情节的犯罪。比如，我国《刑法》第二百三十四条第一款的规定，就成立故意伤害罪的基本犯。加重犯是指刑法分则条文以基本犯为基础规定了加重情节与较重法定刑的犯罪，其中又可以分为结果加重犯与情节加重犯，实施基本犯罪因发生严重结果，刑法加重了法定刑的犯罪，称为结果加重犯。比如，我国《刑法》第二百三十四条第二款所规定的致人重伤或死亡，就成立故意伤害罪的加重犯。实施基本犯罪因具有其他严重情节而加重了法定刑的犯罪，称为情节加重犯。比如，我国《刑法》第二百三十六条第三款中第一至五项，就成立强奸罪的情节加重犯。减轻犯是指刑法分则条文以基本犯为基础规定了减轻情节与较轻法定刑的犯罪。

● 理论争鸣 ○

我国犯罪混合概念的存与废

各国刑法典对犯罪概念采用不同的方法界定，可以分为三种犯罪概念，即犯罪的形式概念、犯罪的实质概念与犯罪的混合概念。犯罪的形式概念就是从犯罪的法律特征定义犯罪，即违反刑法规定的行为就是犯罪。犯罪的实质概念是由犯罪的本质引申而来的问题，它回答的是为什么刑法要将某些行为规定为犯罪。

我国采用的是犯罪的混合概念，是形式与实质相统一的犯罪概念，在犯罪概念的规定中既解释犯罪的实质内容，又强调犯罪的法律特征。我国刑法对于犯罪概念的规定采用的是混合模式，对于该规定，学界反对者有之，赞同、维护者亦有之。

樊文教授认为，《刑法》第十三条关于犯罪的定义使用了社会危害性标准和规范标准，所谓规范标准，即是否犯罪以法律规定为标准，而社会危害性标准，是以其行为的社会危害程度来判断罪与非罪的标准，这两种标准相互冲突却同时出现，既影响了罪刑法定原则在犯罪概念中的体现，也使得对于犯罪概念的定义的科学性大打折扣。①

陈兴良教授认为在我国刑法确定罪刑法定原则的情形下，形式特征与实质特征相统一的犯罪概念会受到多方面的诘难。这样的犯罪概念实际选择的实质合理性，而罪刑法定原则要求的是形式合理性。在确立刑法中的犯罪概念的时候，应当以刑事违法性为出发点，将刑事违法性作为犯罪的唯一特征，只有法律规定的才是犯罪，法律没有规定的不是犯罪。②

林亚刚教授和贾宇教授认为，犯罪的混合概念看起来比单一的形式概念或是实质概念都有优势，但它存在逻辑上的错误。他们认为，研究犯罪概念，首先应该搞清楚立场问题，站在立法者的角度，要先于刑法规定，界定社会成员的某些行为构成犯罪，确定该类行为所具有的共同本质和特性，此时的犯罪概念，就是对这类行为共同本质和特性的描述。如果站在司法者或者守法者的角度，就必须存在明确的规范，以帮助其识别是否已经构成犯罪，此时的犯罪概念就不能排斥法律的规定。犯罪混合概念的逻辑缺陷，正在于它弄混了两个不同层次上的问题，使得本已清楚的实质概念和形式概念反而都模糊起来，它对于立法者和司法者而言都不再是一个科学而明确的概念。基于以上认识，两位教授认为，应当在刑事立法和刑法理论中采纳并立的形式概念和实质概念，即在立法政策的意义上，犯罪是指应受刑罚惩罚的危害社会的行为，在司法准则的意义上，犯罪是指刑法规定为应受刑罚惩罚的行为。③

针对同一问题，黎宏教授有着不一样的看法。他认为《刑法》第十三条的规定并没有将两个层次的问题混为一谈，其中有关犯罪的本质的描述即犯罪的实质概念，实际上是为犯罪的形式概念的得出提供判断依据或判断材料。我国的犯罪构成体系中，犯罪的实质判断和形式判断是合为一体的，犯罪的形式概念中必然包含实质判断的内容，司法机关在认定犯罪的过程中也是采用了经过实质分析之后，得出是不是违反刑法分则中具体条文规定的行为形式上的结论。因此对条文的正确理解应为，首先依照刑法应当受到刑罚处罚的行为是犯罪，这

---

① 樊文：《罪刑法定与社会危害性的冲突》，载《法律科学》1998 年第 1 期。
② 陈兴良：《社会危害性理论——一个反思性检讨》，载《法学研究》2000 年第 1 期。
③ 林亚刚、贾宇：《犯罪概念与特征新论》，载《法商研究》1996 年第 4 期。

是有关犯罪的形式定义,其次,在判断某种行为是否是依法应当受到刑罚处罚的行为的时候,应从该行为的情节是否显著轻微危害不大等实质方面来进行判断。《刑法》第十三条的规定一方面是有关犯罪的概念,另一方面也是有关犯罪认定的指导性规定,它意味着在判断某一行为是不是符合刑法分则的某一条文的规定的时候,不能仅从形式上观察,必须从该行为的社会危害性的实质方面来考量①。

刘艳红教授认为混合犯罪概念具备存在的一般合理性,社会危害性是犯罪的本质,回答的正是犯罪"是什么"的问题,之所以有论者认为社会危害性回答的是"为什么"的问题,是因为其将社会危害性这一犯罪本质所回答的问题与它所具备的功能混淆了。当社会危害性作为犯罪本质被规定在犯罪概念中时,它就会发挥指引和预防的功能,既告知民众何为犯罪,又说明立法者为何将它们规定为犯罪,在后一层面上社会危害性起着回答"为什么"的作用,但并不能认为社会危害性回答的是犯罪"为什么"是犯罪的问题,否则,就是将犯罪的本质与本质所具有的作用混为一谈。②

苏彩霞教授和刘志伟教授认为混合的犯罪概念值得提倡,形式的犯罪概念单纯强调犯罪的法律属性,只能满足形式的法治国限制司法权的要求,是大陆法系国家特定历史时期的产物,而混合犯罪概念既强调犯罪的法律属性以限制法官,又强调犯罪的社会属性以限制立法者,符合我国当前的发展定位。同时两位教授均认为混合犯罪概念并不必然与罪刑法定产生矛盾,我国的罪刑法定是形式合理性优先,兼顾实质合理性,混合的犯罪概念在面对形式合理性和实质合理性发生冲突的时候,其价值立场是与形式侧面优先、兼顾实质侧面的罪刑法定原则一致的。③

请谈谈自己的看法。

典型例题

1. 犯罪的本质特征是（   ）。（2001年法律硕士考试真题）
A. 犯罪是应受刑罚惩罚的行为,具有应受刑罚惩罚性
B. 犯罪是触犯刑律的行为,具有刑事违法性
C. 犯罪是严重危害社会的行为,具有严重的社会危害性
D. 犯罪是触犯法律的行为,具有违法性

解析:犯罪具有社会危害性、刑事违法性与应受刑罚处罚性三个基本特征。社会危害性是犯罪最本质、最基本的特征。所以,本题选择C。

2. 下列情形中,告诉才处理的有（   ）。（2004年国家司法考试真题）
A. 捏造事实,诽谤国家领导人,严重危害社会秩序和国家利益。
B. 虐待家庭成员,致使被害人重伤。
C. 遗弃被抚养人,情节恶劣的。
D. 暴力干涉他人婚姻自由的。

---
① 黎宏:《罪刑法定原则下犯罪的概念及其特征》,载《法学评论》2002年第4期。
② 刘艳红:《社会危害性理论之辩正》,载《中国法学》2002年第2期。
③ 苏彩霞、刘志伟:《混合的犯罪概念之提倡——兼与陈兴良教授商榷》,载《法学》2006年第3期。

解析：根据告诉权归谁享有，可以将犯罪分成亲告罪与非亲告罪。在我国刑法中，绝大部分犯罪都是非亲告罪，只有侮辱、诽谤、暴力干涉婚姻自由、虐待、侵占等罪是亲告罪。侮辱罪、诽谤罪若严重危害社会秩序和国家利益的可转为公诉，暴力干涉婚姻自由罪一般告诉才处理，但若导致被害人死亡则公诉，虐待罪同理。纯正的亲告罪只有侵占罪。因此，正确答案为 D。

3. 关于"告诉才处理"的案件与自诉案件，下列哪一选项是正确的？（　　）（2008 年国家司法考试真题）

　　A. 自诉案件是告诉才处理的案件。
　　B. 告诉才处理的案件是自诉案件。
　　C. 告诉才处理的案件与自诉案件，只是说法不同，含义相同。
　　D. 告诉才处理的案件与自诉案件二者之间没有关系。

解析：自诉案件包括告诉才处理的案件、被害人有证据证明的轻微刑事案件和被害人有证据证明对被告人侵犯自己人身、财产权利的行为应当依法追究刑事责任，且有证据证明曾经提出控告，而公安机关或者人民检察院不予追究被告人刑事责任的案件。因此，本题选择 B。

4. 《刑法》第十三条规定："……但是情节显著轻微危害不大的，不认为是犯罪。"该"但书"规定的目的主要在于（　　）。（2009 年法律硕士考试真题）

　　A. 对已经构成犯罪的行为免予刑罚处罚
　　B. 对已经构成犯罪的行为予以非刑罚处罚
　　C. 给予司法机关确定行为是否构成犯罪的自由裁量权
　　D. 避免轻微的违法行为犯罪化

解析：我国《刑法》第十三条设定了"但书"，如果行为符合"但书"规定就不构成犯罪，其刑事政策意义在于：可以缩小犯罪或刑事处罚的范围，从而避免给一些轻微的危害行为（或违法行为）打上犯罪的标记。因此，本题选 D。

5. 依照我国《刑法》第十三条的"但书"规定，"不认为是犯罪"的条件是（　　）。（2014 年法律硕士考试真题）

　　A. 情节轻微的
　　B. 危害不大的
　　C. 情节轻微危害不大的
　　D. 情节显著轻微危害不大的

解析：该题考察我国《刑法》第十三条的"但书"规定，即"情节显著轻微危害不大的，不认为是犯罪"，故选 D。

● 案例讨论 ○

文某盗窃案[①]

案情简介：文某，男，1982 年生，无业。王某系文某之母，且是其唯一的法定监护人。

[①] 案件来源于《刑事审判参考》2001 年第 2 辑，总第 13 辑。

1999年7月至8月，文某因谈恋爱遭到王某反对，被王某赶出家门。之后，王某换了家里的门锁。数日后，文某得知其母回外婆家，便带着女友撬锁开门入住。过了几天，因没钱吃饭，文某便同女友先后三次将家中彩电一台、洗衣机一台、冰箱一台、分体空调四台变卖，共得款 31 500 元。案发后，公安机关将空调一台和洗衣机一台追回并发还其母，其余物品获得退赔 14 500 元。法院认为，被告人文某尚未成年，是家中财物的共有人，偷拿自己家中的财物予以变卖不属于非法占有，对于公诉机关指控的盗窃罪不能成立。

请围绕本案展开讨论。

第二节 犯罪构成概述

一、犯罪构成的概念与特征

我国刑法理论上认为，犯罪构成是刑法规定的，决定某一行为的社会危害性及其程度，及该行为成立犯罪必须具备的一切主观要件与客观要件的有机整体。犯罪构成与犯罪概念既有联系，又有区别。犯罪概念回答的是：什么是犯罪？犯罪都有哪些基本特征？犯罪概念从宏观上揭示了犯罪的本质与基本特征。犯罪构成则在犯罪概念的基础上进一步回答：犯罪是如何成立的？成立犯罪需要具备哪些法定条件？犯罪构成是认定犯罪的具体法律标准。由此可见，犯罪概念是犯罪构成的基础，犯罪构成又是犯罪概念的进一步具体化。

基于犯罪构成的概念，犯罪构成具有如下特征：

（1）犯罪构成是一系列主观要件与客观要件的有机整体。任何一个犯罪构成都是由一系列要件所组成。这些要件分成两大类，分别是主观要件与客观要件。同时，犯罪构成不是众多要件的简单相加，而是各个要件的有机统一。

（2）成立犯罪所要求的所有构成要件，均是由我国刑法所规定或者包含的。只有刑法规定的案件事实特征才能成为犯罪构成要件。在我国，刑法对构成要件的规定，是由刑法总则与刑法分则共同实现的。其中，刑法总则规定了一切犯罪都必须具备的构成要件，刑法分则只规定了具体犯罪所特别需要具备的要件。因此，在认定具体犯罪时，应当将刑法总则与刑法分则的规定结合起来，以刑法总则的规定为指导，并根据刑法分则对案件事实逐一认定，以便得出正确结论。

（3）犯罪构成与社会危害性具有统一性。从犯罪概念可以看出，是否具有严重社会危害性是构成犯罪的实质标准。由于是否具有严重社会危害性比较抽象，直接以此作为判断标准，容易造成罪刑擅断。因此，刑法必须规定犯罪的具体标准，这些标准说明行为具有严重的社会危害性。犯罪构成就是要说明行为在何种情况下具有犯罪的社会危害性而构成犯罪。可见犯罪构成与社会危害性是一致、统一的。

二、犯罪构成的分类

依据不同的标准，对犯罪构成可以进行不同的分类：

（一）基本的犯罪构成与修正的犯罪构成

以犯罪构成的形态为标准，可以将犯罪构成分为基本的犯罪构成与修正的犯罪构成。基本的犯罪构成，是指刑法分则条文就某一犯罪的基本形态所规定的犯罪构成。修正的犯罪构成，是指刑法总则条文以基本的犯罪构成为前提，适应犯罪行为的不同形态，对基本的犯罪构成加以某些修改变更的犯罪构成。比如，故意杀人既遂符合基本的犯罪构成要件；故意杀人预备、未遂、中止的行为则符合修正的犯罪构成要件。

（二）单一的犯罪构成与复杂的犯罪构成

以犯罪构成要件组成的繁简程度，可以将犯罪构成分为单一的犯罪构成与复杂的犯罪构成。单一的犯罪构成，是指刑法条文所规定的各个要素均属单一的犯罪构成，即当刑法规定的犯罪构成中只含单一行为、单一主体、单一罪过形式时，便是单一的犯罪构成。例如，非法搜查罪的犯罪构成，其客体是他人的隐私权，客观方面表现为非法搜查他人身体和住宅的行为，主体是一般主体，主观要件为故意。复杂的犯罪构成，是指刑法条文所规定的要件内容包含多种选择性行为、对象要素的犯罪构成。例如，《刑法》第三百四十七条规定的走私、贩卖、运输、制造毒品罪的犯罪构成，包含"走私、贩卖、运输、制造"四种行为，这四种行为都是独立的犯罪行为要素，都可以单独成立犯罪。

（三）关闭的犯罪构成与开放的犯罪构成

关闭的犯罪构成，又称完结的犯罪构成，是指刑法完整地规定了所有要件的犯罪构成。开放的犯罪构成，也称待补充的犯罪构成，指刑法仅规定了部分要件，其他要件需要法官适用时进行补充的犯罪构成。这一分类最先由德国学者威尔采尔所倡导，具有一定意义。当刑法规定了完结的犯罪构成时，司法工作人员应严格依法适用，不得附加或减少要件；当刑法规定了待补充的犯罪构成时，司法工作人员应依照法律的相关规定补充构成要件。至于刑法规定的犯罪构成究竟是完结的犯罪构成还是待补充的犯罪构成，则需要根据犯罪行为的性质、犯罪之间的关系等进行识别。

三、犯罪构成要件

犯罪构成要件是犯罪构成的组成要素，包括具体要件与共同要件。所谓犯罪构成的具体要件是指具体犯罪的成立所必须具备的要件。所谓犯罪构成的共同要件是指任何犯罪的成立都必须具备的要件。具体要件与共同要件之间是个别与一般、具体与抽象的关系。共同要件是从具体要件中抽象出来的，具有一般性、抽象性特征；具体要件则形形色色、千姿百态，是共同要件的具体体现，具有特殊性、个别性特征。

根据传统刑法理论，犯罪构成具有四个方面的共同要件，分别为犯罪客体、犯罪客观方面、犯罪主体与犯罪主观方面。犯罪客体是指我国刑法所保护而为犯罪行为所侵害的社会关系；犯罪客观方面是指刑法规定的成立犯罪所必须具备的客观事实特征；犯罪主体是指实施危害社会的行为、依法应当负刑事责任的自然人和单位；犯罪主观方面是指犯罪主体对其所实施的行为及其危害社会的结果所持有的心理状态。

● **理论争鸣** ○

犯罪构成四要件与三阶层之争

根据传统刑法理论，我国犯罪构成由犯罪客体、犯罪客观方面、犯罪主体和犯罪主观方面组成，即四要件体系。德日多数学者采取构成要件符合性、违法性和有责性的三阶层体系。我国刑法理论深受苏联影响，来源于苏联的四要件理论在我国可谓是根深蒂固。20世纪90年代以后，德日刑法学理论逐渐为中国刑法学界所了解与熟悉，因此引发了学界对于传统刑法学理论的思考与质疑。

早期学者对于犯罪构成的研究多以比较研究的角度进行。例如姜伟教授认为我国的犯罪构成实际上就是犯罪成立的要件，可称之为一体化构成，满足犯罪构成即成立犯罪，大陆法系的犯罪构成仅记述行为的事实特征，可称为异体化构成，满足某罪的构成要件也不一定成立犯罪。①赵秉志教授认为我国犯罪构成理论为"齐合填充式"，表现出要件的同时性和横向联系性，大陆法系犯罪构成理论为"递进排除式"，表现出要件之间的序列性和纵向贯穿性，两种犯罪构成体系均有其利弊。②

进入21世纪，犯罪论体系成为国内学术界的热点问题。2002年全国刑法学术年会在西安召开，并将"犯罪构成与犯罪成立基本理论"作为三大议题之一。与会者对于传统四要件的批评归纳起来主要有三点：一是传统犯罪构成理论结构上有同义反复的错误，犯罪构成与社会危害性到底谁是决定性的，谁是被决定的，无法明确；二是正当行为游离于犯罪构成体系之外，对两者的关系难以科学解释；三是司法实践中存在行为符合犯罪构成但不成立犯罪的情况，通说无法解释这种现象，这也正说明通说存在缺陷。对于传统犯罪构成理论存在的缺陷，多数论者认为应该对其进行改造，并就此提出方案，当然也有论者认为传统犯罪构成理论是合理的，符合国情的。③2003年，由陈兴良教授主编的《刑法学》一书出版，该书是我国刑法教科书第一次采用德日三阶层的犯罪论体系。陈兴良教授将三大法系犯罪论体系比较后认为，传统的四要件体系将犯罪客体纳入其中会引起混乱，犯罪客体的功能在于揭示犯罪的本质特征，这一功能应是犯罪概念承担的，而非犯罪构成要件。四要件体系中犯罪主体和犯罪构成要件的关系纠缠不清，应当将主体与责任能力剥离，同时将违法性纳入犯罪构成要件。④

2003年以后，学者对于犯罪论体系的争论愈发激烈，由此形成四要件的犯罪论体系和三阶层的犯罪论体系之争。支持三阶层犯罪论体系的学者主要有陈兴良教授、周光权教授、刘艳红教授、付立庆教授等人，张明楷教授主张二阶层犯罪论体系，虽然陈兴良教授认为"张明楷教授从三要件到二阶层，在犯罪论体系上并非量的增减，而是存在质的变化"⑤，但在反对四要件的问题上，他们的立场是一致的，这些学者在接下来的几年中频频抛出论作，不遗余力地倡导阶层式的犯罪论体系。例如，周光权教授认为，我国的四要件体系将对行为的违法性判断隐含或者从属于对构成要件的判断，但这二者的判断是性质上存在差异的刑法评价，且将性质不同的事物在思维上一次性完成评价会增加出错的概率，因此应当在理论上赋予违法性判断独立于构成要件的意义，将构成要件塑造成与事实有关的概念，在构成要件之外，强调违法性评价的重要性，最终将我国的犯罪评价改变为阶层式体系，构成要件符合性、违法性、责任之间的逻辑顺序就得以确立⑥。

在主张维持四要件的犯罪论体系的观点中，高铭暄教授认为四要件犯罪构成理论体系逻辑严密，符合认识规律，反映了犯罪本质，相比德日三阶层理论体系更适合中国的诉讼模式⑦。

---

① 姜伟：《犯罪构成比较研究》，载《法学研究》1989年第3期。
② 赵秉志、肖中华：《我国与大陆法系犯罪构成理论的宏观比较》，载《浙江社会科学》1999年第2期。
③ 高铭暄、赵秉志、袁彬：《新中国刑法学研究70年》，中国人民大学出版社2019年版。
④ 陈兴良主编：《刑法学》，复旦大学出版社2003年版。
⑤ 陈兴良：《刑法的知识转型（学术史）》，中国人民大学出版社2017年版。
⑥ 周光权：《违法性判断的独立性——兼及我国犯罪构成理论的改造》，载《中外法学》2007年第6期。
⑦ 高铭暄：《论四要件犯罪构成理论的合理性暨对中国刑法学体系的坚持》，载《中国法学》2009年第2期。

赵秉志教授认为四要件模式在我国沿用已久，此时如果改用三阶层理论体系，好比是"离婚再嫁"，因此犯罪构成理论的转换应当谨慎为之①。

时至今日，关于阶层论和四要件论的争论仍未休止，有学者认为这样的学术论战有力地推动了刑法知识论的转型。②

请谈谈自己的看法。

● 典型例题 ○

1. 故意杀人罪（未遂）的犯罪构成属于（　　）。（2008年法律硕士考试真题）
   A. 基本的犯罪构成
   B. 修正的犯罪构成
   C. 派生的犯罪构成
   D. 减轻的犯罪构成

解析：基本的犯罪构成，是指刑法分则条文就某一犯罪的基本形态所规定的犯罪构成。修正的犯罪构成，是指刑法总则条文以基本的犯罪构成为前提，适应犯罪行为的不同形态，对基本的犯罪构成加以某些修改变更的犯罪构成。派生的犯罪构成，是指以标准的犯罪构成为基础，因为具有较轻或较重的法益侵害程度而从标准的犯罪构成中派生出来的犯罪构成。派生的犯罪构成相对于标准的犯罪构成的处罚而言属于处罚减轻或加重的形态，包括减轻的犯罪构成与加重的犯罪构成。故正确答案为B。

2. 甲想杀死乙，从远处向乙开枪射击，致乙重伤。甲的行为符合（　　）。（2010年法律硕士考试真题）
   A. 标准的犯罪构成
   B. 修正的犯罪构成
   C. 基本的犯罪构成
   D. 派生的犯罪构成

解析：标准的犯罪构成，又称普通的犯罪构成，是指刑法条文对具有通常社会危害程度的行为规定的犯罪构成。本案中，甲的行为构成故意杀人未遂，符合修正的犯罪构成。故正确答案为B。

3. 我国《刑法》第三百零三条第一款规定："以营利为目的，聚众赌博或者以赌博为业的，处三年以下有期徒刑、拘役或者管制，并处罚金。"甲长期通过网络纠集他人进行赌博，人民法院认定其聚众赌博，对其单独定赌博罪。甲的罪行符合赌博罪的（　　）。（2014年法律硕士考试真题）
   A. 基本的犯罪构成
   B. 修正的犯罪构成
   C. 加重的犯罪构成

---

① 赵斌志、陈志军：《社会危害性理论之当代中国命运》，载《法学家》2011年第6期。
② 劳东燕：《刑法学知识论的发展走向与基本问题》，载《法学研究》2013年第1期。

D. 派生的犯罪构成

解析：基本的犯罪构成，是指刑法分则条文就某一犯罪的基本形态所规定的犯罪构成。本案中，甲的行为不存在未完成形态，也不存在其他加重或者减轻情形，因此符合基本的犯罪构成。故本题正确答案是 A。

4. 下列关于犯罪地点在刑法中作用的表述，正确的有（　　）。（2014 年法律硕士考试真题）

A. 犯罪地点是犯罪的共同构成要件
B. 犯罪地点是犯罪的选择构成要件
C. 犯罪地点是某些犯罪的法定量刑情节
D. 犯罪地点是某些犯罪的酌定量刑情节

解析：犯罪的共同构成要件，是指一切犯罪都必须具备的要件，包括：犯罪客体、犯罪客观方面、犯罪主体、犯罪主观方面。犯罪的选择构成要件，是仅部分犯罪必须具备的要件，如犯罪对象、时间、地点、方法等。犯罪地点可能成为某些犯罪的法定量刑情节，例如公共场所强奸、入户抢劫等。再例如，在偏僻路段和繁华路段伤害他人，后者更容易引起公众恐慌，量刑时可能较前者重，此时犯罪地点就是酌定量刑情节。故本题正确答案为 BCD。

5. 我国刑法规定，故意杀人，情节较轻的，处三年以上十年以下有期徒刑。本条规定属于故意杀人罪的（　　）。（2018 年法律硕士考试真题）

A. 修正的犯罪构成
B. 标准的犯罪构成
C. 加重的犯罪构成
D. 减轻的犯罪构成

解析：本题存在减轻处罚情节，故正确答案为 D。

● 案例讨论 ○

邵某某故意杀人案[①]

案情简介：被告人邵某某系派出所民警，1990 年 4 月 30 日，被告人邵某某与同事及联防队员沈某某（女），应邀到苏某某家喝酒，返回途中，与妻子王某相遇。王某原来就怀疑邵某某与沈某某关系暧昧，见此情景，更加怀疑两人关系不正常，便负气回家。当晚 7 时许，二人在家中为此事争吵不休。争吵中王某声称要自杀，邵某某拿出手枪表示愿意一起自杀。王某只想自己自杀，不让邵某某也自杀，怕其儿子没爹没妈。王某两次上前与邵夺枪没有夺到手，邵即持枪进入卧室。王某跟进去说："要死我先死。"邵说："我不会让你先死的，要死一块死，你有什么要说的，给你们家写个话。"王某便去写遗书，邵在王快写完时自己也写了遗书。随后，王对邵说："你把枪给我，我先打，我死后你再打。"邵从枪套上取下一颗子弹上了膛，使手枪处于一触即发的状态。王某想从邵手中夺枪，邵把枪放在地上踩住。此时，王某提出一起上床躺一会，邵同意，但没有把地上的枪捡起。大约晚 10 点，王某声称下床做饭，

---

① 案件来源于最高人民法院中国应用法学研究所编：《人民法院案例选》刑事卷，人民法院出版社 1997 年版。

邵某某坐起不让王捡枪，王说把枪捡起来交给邵，邵便放手。王某捡起枪后，即对准自己的胸部击发。邵见王开枪自击后，立即喊后院邻居贾某某等人前来查看，王某被送到医院，经检查已经死亡。

法院认为，被告人邵某某身为公安人员，明知其妻王某有轻生念头而为王某提供枪支，并将子弹上膛，对王某的自杀在客观上起了诱发和帮助的作用，在主观上持放任的态度，其行为已构成故意杀人罪，应负刑事责任。以故意杀人罪判处被告人邵某某有期徒刑7年。

当事人上诉后，二审法院认为邵某某夫妻二人发生争执，王某流露出轻生念头，邵某某并没有采取适当的措施缓解家庭矛盾，反而以"一起死"和写遗书等言辞举动刺激她。邵某某将子弹上膛，使手枪处于一触即发的状态，对王某的自杀起了诱发和帮助作用。邵某某明知自己的行为可能发生王某自杀的结果，但他对这种结果持放任态度，以致发生了王某持枪自杀身亡的严重后果。故邵某某犯故意杀人罪，二审维持原刑事判决。

本案引发了一些学者的思考，并借此讨论四要件与三阶层犯罪论体系。陈兴良教授认为该案在我国现行刑法理论下，不能说是错判，但这种诱发和帮助他人自杀的行为，不能等同于故意杀人，以犯罪构成四要件说分析时，邵某某的行为构成故意杀人罪，而以德日犯罪三阶层论分析时，邵某某的行为无罪。因此在司法实践中，耦合式犯罪构成体系比递进式犯罪构成体系出错的概率要大一些。[1]当然也有论者认为无论是采用四要件还是三阶层，得出的结论都是一样的，按德日犯罪三阶层论分析时，因邵某某的行为不符合故意杀人罪构成该当性中的杀人行为，因此，不构成故意杀人罪。同样，若按犯罪构成四要件说分析，因邵某某之行为不符合故意杀人罪客观构成要件中的杀人行为，因此，同样也不构成故意杀人罪，在这里，不存在以不同犯罪构成理论分析得出不同结果的情况。[2]

请围绕本案展开讨论。

---

[1] 陈兴良：《犯罪论体系：比较、阐述与讨论》，载《刑事法评论》（第14卷），中国政法大学出版社2004年版。
[2] 欧锦雄：《复杂疑难案件下犯罪构成理论的优劣对决——犯罪构成四要件说与德日犯罪三阶层论的对决》，载《中国刑事法杂志》2011年第3期。

第五章

犯罪客体

> • 《刑法》
> 第二条：中华人民共和国刑法的任务，是用刑罚同一切犯罪行为作斗争，以保卫国家安全，保卫人民民主专政的政权和社会主义制度，保护国有财产和劳动群众集体所有的财产，保护公民私人所有的财产，保护公民的人身权利、民主权利和其他权利，维护社会秩序、经济秩序，保障社会主义建设事业的顺利进行。
>
> 第十三条：一切危害国家主权、领土完整和安全，分裂国家、颠覆人民民主专政的政权和推翻社会主义制度，破坏社会秩序和经济秩序，侵犯国有财产或者劳动群众集体所有的财产，侵犯公民私人所有的财产，侵犯公民的人身权利、民主权利和其他权利，以及其他危害社会的行为，依照法律应当受刑罚处罚的，都是犯罪，但是情节显著轻微危害不大的，不认为是犯罪。

第一节　犯罪客体概述

一、犯罪客体的概念

"客体"并非专门的法律术语，而是一个哲学概念。在哲学上，"客体"是相对于"主体"的存在，系指主体以外的客观事物，是主体认识和实践的对象。一般认为，"犯罪客体"这一概念是在1875年由沙俄时代学者季斯甲科夫斯基引入到刑法领域。在引入之初，"犯罪客体"与"犯罪对象"所指内容相同。但随着刑法理论的不断发展，"犯罪客体"被赋予了不同的内涵，包括至少六种学说：（1）社会关系说，认为犯罪客体就是指刑法所保护的而为犯罪行为所侵害的社会关系。（2）法益说，认为犯罪客体是刑法所保护的而为犯罪行为所侵害的法益。（3）对象说，认为犯罪客体是刑法所保护的而为危害行为所指向或影响的对象。（4）法律秩序说，认为犯罪客体就是我国刑法所保护的法律秩序。（5）法律关系说，认为犯罪客体就是犯罪行为对刑法所保护的法律关系的一种破坏。（6）利益说，认为犯罪客体的实质内容就是利益。当前，社会关系说逐渐成为通说。根据通说，犯罪客体是指我国刑法所保护而为犯罪行为所侵害的社会关系，是犯罪构成的必备要件之一。任何犯罪行为都必然侵犯刑法所保护的社会关系。这是因为，犯罪之所以具有社会危害性，首先是由其所侵犯的犯罪客体来决定。如果未侵犯刑法所保护的社会关系，就意味着该行为不具有社会危害性，那么该行为就必然不构成犯罪。

社会关系是人们在社会交往和活动中形成的相互关系的总称，即人与人之间的关系，最基本的可以分为物质的社会关系和精神的社会关系两大类。从关系的双方来看，社会关系包括个人之间的关系、个人与群体之间的关系、个人与国家之间的关系、群体与群体之间的关系、群体与国家之间的关系。从关系的领域来看，社会关系范围广泛，涉及经济关系、政治关系、法律关系、宗教关系、军事关系等。随着人类改造自然的实践活动持续深入，社会关系越来越错综复杂，但并非任何社会关系都受刑法保护，我国刑法保护的社会关系包括：国家安全，公共安全，社会主义经济基础，公民的人身权利、民主权利和其他权利，社会主义社会管理秩序，国防利益，军事利益等。我国《刑法》分则即是根据犯罪行为所侵犯的社会关系不同，分为十章内容。研究犯罪客体，对于认识犯罪本质特征和正确定罪量刑均具有重要意义。

二、犯罪客体与犯罪对象

通说观点认为，犯罪客体与犯罪对象既有联系，又有本质区别。犯罪对象是指刑法分则条文规定的受犯罪行为直接作用或影响的具体的人或物，犯罪对象决定了某些犯罪是否成立。特定的犯罪对象也影响此罪与彼罪的区分，以及对于罪行轻重的判定，进而影响量刑。

犯罪客体与犯罪对象既有区别又有联系，它们的区别在于：（1）犯罪客体决定犯罪性质，犯罪对象则未必。犯罪对象本身不是社会关系，而是具体物或者具体人。犯罪对象只有通过其所体现的犯罪客体才能确定某种行为构成什么罪。（2）犯罪客体是任何犯罪构成的必备要件，犯罪对象则不一定是任何犯罪都不可缺少的，它仅仅是某些犯罪的必要要件。（3）任何犯罪都会使犯罪客体受到危害，而犯罪对象却不一定受到损害。（4）犯罪客体是犯罪分类的基础，犯罪对象则不是。刑法分则规定的十类犯罪是根据犯罪客体来划分的，如果按犯罪对象则无法分类，因为同样的对象可能分属于不同类别的犯罪。

犯罪客体与犯罪对象的联系在于：犯罪客体是抽象的，它总是通过一定的载体表现出来，这一载体就是犯罪对象。犯罪对象是指犯罪行为直接作用的物或者人。物是一定社会关系的物质表现；而人则是一定社会关系的主体或者承担者。犯罪分子的行为作用于犯罪对象，就是通过犯罪对象来侵犯一定社会关系的。如果只看到犯罪行为对之起作用的人或物，而看不到它的背后所体现的具体的社会关系，就不能正确地定罪量刑。

第二节 犯罪客体的分类

在刑法学中，通常把犯罪客体分为三种，即一般客体、同类客体、直接客体。这三者是按照犯罪所侵犯的社会关系的范围所做的不同层次的概括，是一般与特殊、整体与部分的关系。

一、一般客体

一般客体，是指一切犯罪所共同侵犯的客体，即我国刑法所保护的整个社会主义社会关系。犯罪的一般客体体现了一切犯罪的共性，据此，可以把犯罪视为一个整体，提出犯罪的共同本质，阐明犯罪的社会危害性以及我国刑法同犯罪作斗争的社会政治意义。比如，我国《刑法》第二条、第十三条指明了我国刑法所保护的社会关系，概括了犯罪一般客体的主要内容。

二、同类客体

同类客体，是指某一类犯罪所共同侵犯的客体，即刑法所保护的社会主义社会关系的某一部分或者某一方面。例如，危害国家安全罪的同类客体是国家主权、领土完整和安全等；侵犯财产罪的同类客体是公、私财产关系；破坏社会主义市场经济秩序罪的同类客体是社会主义市场的经济秩序，如此等等。我国刑法正是按照犯罪的同类客体把社会上形形色色的犯罪分为十大类。

三、直接客体

直接客体，是指某一种犯罪所直接侵犯的具体的社会主义社会关系，即刑法所保护的社会主义社会关系的某个具体部分。例如，杀人罪的直接客体是他人的生命权利；伤害罪的直接客体是他人的健康权利；等等。

直接客体在理论上又可以进一步分类，根据客体的单复性可分为简单客体和复杂客体，根据客体是否具备物质性可分为物质性客体和非物质性客体。

简单客体，又称单一客体，是指某一种犯罪只直接侵害一种具体社会关系，例如，盗窃罪只侵害公私财产所有权，故意伤害罪只侵害他人健康权。复杂客体，是指一种犯罪行为同时侵害的客体包括两种以上的具体社会关系，例如抢劫罪，不仅直接侵犯公私财产所有权，还侵犯他人的人身权利。

在犯罪的直接客体中，对物质性客体侵害的标志是产生物质性的损害或威胁，可能成为物质性客体的社会关系有经济关系、财产关系以及人的生命、健康权利等；对非物质性客体侵害的标志是不具有直接的物质损害的形式，可能成为非物质性客体的社会关系有政治制度、社会秩序、人格、名誉等。

● 理论争鸣 ○

犯罪客体存废之争

伴随着我国学者对四要件犯罪构成体系的批评与反思，作为构成要件之一的犯罪客体也受到一定的冲击。目前，我国刑法学界对犯罪构成是否应该包括犯罪客体，主要存在否定论和改善论两种观点。

我国的四要件犯罪论体系引自苏联，而苏联学者论述犯罪客体的理论依据主要来源于马克思《关于林木盗窃法的辩论》一文。因此关于犯罪客体的反思最早也就伴随着该文而展开。早在 20 世纪 80 年代，张文教授就指出，马克思在区别盗窃（林木）的罪与非罪的界限时，并没有用"犯罪客体"，而只是提到了"对象""行为""意图"等概念，马克思在论文中虽然提到了"客体"，但该"客体"实际上就是林木看守人保护的对象（即林木），而不是"社会关系"。另外把"客体"解释成"社会关系"与其他学科关于"客体"的概念相矛盾，例如，在民法中客体是指民事法律关系中权利和义务所共同指向的对象。[①]

在张明楷教授的早期论述中，他也否认犯罪客体是犯罪构成要件。我国的犯罪客体是刑法保护而为犯罪行为所侵犯的社会关系，而犯罪概念揭示了犯罪的本质特征是社会危害性，社会危害性是指犯罪行为侵犯了我国刑法所保护的社会关系，因此犯罪客体的意义已经被包含在犯罪概念之中，这一点从刑法条文中也可以得到说明，我国的犯罪客体正是犯罪概念的条文中显示的。没有了犯罪客体的犯罪构成并不会给犯罪定性带来困难，犯罪行为侵犯了什么样的社会关系，是由犯罪客观要件、犯罪主体和主观要件综合决定的。[②]朱建华教授又指出，犯罪客体说明的是立法者为什么要将某种行为规定为犯罪，是犯罪的本质问题，而犯罪构成说明的是具备怎样的条件才构成犯罪，是反映犯罪本质的现象，将本质与现象放在同一层次考虑，企图依靠本质来说明本质，违背了辩证法关系。[③]

陈兴良教授认为，从功能性的角度来看，刑法法益完全可以取代犯罪客体。犯罪一般客体揭示了犯罪的本质属性，但这属于犯罪概念的功能，并不需要犯罪构成要件来承担。犯罪的同类客体对于刑法分类具有重要意义，而实际上犯罪分类并不取决于犯罪所侵害的社会关系，而取决于犯罪所侵害的法益。法益分为个人法益、社会法益和国家法益，在刑法分则体系根据上述三种法益排列不仅逻辑脉络清晰，而且具有事实根据。犯罪直接客体的功能在于确定具体犯罪的性质，而某一犯罪的性质其实是由构成要件决定的，并非简单地由社会关系决定，例如过失杀人罪和故意杀人罪都是侵犯了人的生命法益，却并不是同一性质的犯罪。[④]

持改善观点的学者之间也是各有看法。何秉松教授认为社会关系并不能涵盖所有刑法所保护的客体，并没有包括生产力，而生产力在很多情况下都是犯罪侵犯的客体。基于这一立场，何秉松教授认为，犯罪客体是指犯罪主体的犯罪活动侵害的、为刑法所保护的社会主义

---

① 张文：《犯罪构成初探》，载《北京大学学报（哲学社会科学版）》1984 年第 5 期。
② 张明楷：《论犯罪构成要件》，载《中南政法学院学报》1987 年第 4 期。
③ 朱建华：《论犯罪客体不是犯罪构成要件》，载《广东社会科学》2005 年第 3 期。
④ 陈兴良：《社会危害性理论——一个反思性检讨》，载《法学研究》2000 年第 1 期。

社会利益。①冯亚东教授提出了法益说，将犯罪客体仍然置于犯罪构成体系之内，但对于犯罪客体中的"社会关系"应以"法益"相取代。社会关系既然称为"关系"，便当然有双方主体，在有被侵害人的场合，犯罪一方是对整体关系的侵害，还是置身于关系之中给对方主体或者权利造成侵害，难以确定，在无被害人的场合，犯罪人与"所侵害的社会关系"之间是否又形成新的社会关系，也有疑虑。而"法益"一词有着极强的针对性和涵射力，可兼容"社会关系""制度""权利""秩序"等犯罪所侵犯的不同内容，它既能与国外刑法理论说法一致，又能与普通中国大众的语境相沟通。②

请谈谈自己的看法。

典型例题

1. 对犯罪客体按照其范围大小可划分为（   ）。（2009年法律硕士考试真题）

   A. 一般客体

   B. 同类客体

   C. 直接客体

   D. 复杂客体

   解析：在刑法学中，通常把犯罪客体分为三种，即一般客体、同类客体、直接客体。这三者是按照犯罪所侵犯的社会关系的范围所作的不同层次的概括。本题正确答案为ABC。

2. 下列关于犯罪客体的表述中，错误的是（   ）。（2009年法律硕士考试真题）

   A. 犯罪同类客体是建立刑法分则体系的主要依据

   B. 犯罪直接客体就是犯罪行为直接指向的人或物

   C. 犯罪直接客体是刑法所保护而被犯罪侵犯的具体社会关系

   D. 一个犯罪可以同时侵犯数个直接客体

   解析：同类客体，是指某一类犯罪所共同侵犯的客体，即刑法所保护的社会主义社会关系的某一部分或者某一方面。我国刑法正是按照犯罪的同类客体把社会上形形色色的犯罪分为十大类。所以，A正确。直接客体，是指某一种犯罪所直接侵犯的具体的社会主义社会关系，即刑法所保护的社会主义社会关系的某个具体部分。直接客体不是犯罪对象，所以，B错误，C正确。最后，一个犯罪可以同时侵犯数个直接客体，例如抢劫罪既侵犯了他人人身权，又侵犯了他人财产权。所以，D正确。故本题选B。

3. 下列关于犯罪直接客体的说法，正确的是（   ）。（2012年法律硕士考试真题）

   A. 一个犯罪只侵犯一个直接客体

   B. 直接客体是对犯罪进行分类的标准

   C. 在犯罪未遂的情况下不存在直接客体

   D. 直接客体是指某一犯罪行为直接侵害的特定社会关系

   解析：直接客体，是指某一种犯罪所直接侵犯的具体的社会主义社会关系，即刑法所保

---

① 何秉松：《关于犯罪客体的再认识》，载《政法论坛》1988年第3期。
② 冯亚东：《对我国犯罪构成体系的完善性分析》，载《现代法学》2009年第4期。

护的社会主义社会关系的某个具体部分。直接客体在理论上又可以进一步分类，根据客体的单复性可分为简单客体和复杂客体。简单客体，又称单一客体，是指某一种犯罪只直接侵害一种具体社会关系。复杂客体，是指一种犯罪行为同时侵害的客体包括两种以上的具体社会关系。故正确答案为D。

4. 下列关于犯罪对象的说法中，正确的是（　　）。（2014年法律硕士考试真题）
　　A. 犯罪对象是犯罪客体的载体
　　B. 犯罪对象的功能是区分此罪与彼罪
　　C. 犯罪对象是一切犯罪都必须具备的构成要件
　　D. 犯罪对象是刑法所保护的、为犯罪行为所侵犯的社会关系

解析：犯罪客体与犯罪对象的区别在于：（1）犯罪客体决定犯罪性质，犯罪对象则未必。犯罪对象本身不是社会关系，而是具体物或者具体人。犯罪对象只有通过其所体现的犯罪客体才能确定某种行为构成什么罪。（2）犯罪客体是任何犯罪构成的必备要件，犯罪对象则不一定是任何犯罪都不可缺少的，它仅仅是某些犯罪的必要要件。（3）任何犯罪都会使犯罪客体受到危害，而犯罪对象却不一定受到损害。（4）犯罪客体是犯罪分类的基础，犯罪对象则不是。刑法分则规定的十类犯罪是根据犯罪客体来划分的，如果按犯罪对象则无法分类，因为同样的对象可能分属于不同类别的犯罪。故本题选A。

5. 下列关于犯罪客体的理解中正确的有（　　）。（2021年法律硕士考试真题）
　　A. 一般客体是指社会主义社会关系的整体
　　B. 重婚罪侵害的直接客体是婚姻自由权利
　　C. 犯罪客体与犯罪对象之间是本质与现象的关系
　　D. 我国刑法分则体系主要以同类客体为基础加以构建

解析：A项，一般客体，是指一切犯罪所共同侵犯的客体，即我国刑法所保护的整个社会主义社会关系，所以A正确。B项，重婚罪侵犯的直接客体是一夫一妻制度，所以B错误。C项，犯罪客体与犯罪对象的联系在于：犯罪客体是抽象的，它总是通过一定的载体表现出来，这一载体就是犯罪对象。犯罪对象是指犯罪行为直接作用的物或者人。物是一定社会关系的物质表现；而人则是一定社会关系的主体或者承担者。犯罪分子的行为作用于犯罪对象，就是通过犯罪对象来侵犯一定社会关系的。如果只看到犯罪行为对之起作用的人或物，而看不到它背后所体现的具体社会关系，就不能正确地定罪量刑。所以C正确。D项，同类客体，是指某一类犯罪所共同侵犯的客体，即刑法所保护的社会主义社会关系的某一部分或者某一方面。同类客体，是指某一类犯罪所共同侵犯的客体，即刑法所保护的社会主义社会关系的某一部分或者某一方面。所以D正确。故本题选ACD。

第六章

犯罪客观方面

犯罪客观方面是刑法规定的成立犯罪所必须具备的客观事实特征。它说明某种犯罪是通过什么行为、在什么情况下对刑法所保护的社会关系造成了什么后果。犯罪客观方面一般包括危害行为、危害结果、因果关系、行为对象以及犯罪的时间、地点和方法等要素。

第一节 危害行为

一、危害行为的概念与特征

刑法评价的犯罪是人的行为，不管人的主观思想有多邪恶，只要没有外化为行为，就不能对外界产生影响，没有实施任何行为就不可能危害社会，所以"无行为即无犯罪"。危害行为是指行为人在意识和意志支配下的危害社会的身体举止。在不同情况下，危害行为的进展程度不同，对客体的侵害程度是不同的。犯罪客观方面中危害行为是一切犯罪构成客观方面的必要要素。危害行为具有三个基本特征：

（1）危害行为是有体性的行为。所谓有体性是指危害行为是行为人对客观世界产生影响的身体活动，既包括举动也包括静止。这是因为，人的身体举止不仅限于躯体的举动，还包括以语言教唆、默示、目视等有意义的动作。有体性是危害行为的外在特征，这一特征将"思想犯罪"排除在犯罪之外。

（2）危害行为是有意性的行为。所谓有意性是指危害行为是行为人在意识和意志支配下的身体举止。如果不是在行为人意识和意志支配下实施的，就不是刑法意义上的危害行为。比如梦游、身体无意识的反射举动等，都不属于危害行为。

（3）危害行为是有害性的行为。所谓有害性是指危害行为具有法益侵害性。这是危害行为的实质特征。危害行为的有害性，表明行为人的行为必须是在客观上侵犯或者威胁了某种刑法所保护的法益，并产生了社会危害性。因此，像迷信犯等就不具有客观有害性，不属于刑法意义上的危害行为。

二、危害行为的基本形式

危害行为的表现方式多种多样，概括起来可以分为两种：作为与不作为。

（一）作为

作为是指积极的行为，即行为人以积极的身体活动实施某种被刑法禁止的行为。简而言之，作为就是不应为而为。从表现形式看，作为是积极的身体动作；从违反法律规范的性质上看，作为直接违反了禁止性的罪刑规范。由于刑法绝大多数是禁止性规范，如不许杀人、强奸、抢劫、盗窃等，所以最常见的犯罪行为形式就是作为。比如，甲将乙殴打致死，甲是作为的杀人。

（二）不作为

不作为是指消极的行为，即行为人消极地不履行法律义务而危害社会的行为。从表现形式看，不作为是消极的身体动作；从违反法律规范的性质看，不作为直接违反某种命令性规范。不作为的核心是"不履行义务"，可以消极静止不履行义务，也可以积极动作不履行义务。如遗弃罪的行为，表现为不抚养无独立生活能力的人，没有按法律的要求尽抚养义务。作为与不作为的区别，关键在于是否负有特定法律义务，而不是身体是静止的，还是行动的。

成立不作为犯罪，需要具备以下三个条件：一是行为人负有积极实施某种行为的义务，行为人应当履行特定义务。二是行为人具有履行该特定义务的能力。三是行为人没有履行该特定义务，从而造成或者可能造成危害结果。比如，甲有90岁的老母亲乙需要赡养，甲是乙的独生子。老母亲乙因生活不能自理，饥饿致死。作为儿子的甲，对老母亲乙并没有实施任何打骂行为，也无其他积极的伤害举动，甲是否对乙的死亡承担刑事责任？很显然，尽管甲对乙无积极的伤害行为，但由于甲对乙负有积极的赡养义务，甲有能力而不履行该赡养义务，甲对乙的死亡应当负刑事责任。

之所以要求行为人对某种不作为行为负刑事责任，最关键的在于行为人此时负有积极履行积极作为行为的义务。根据我国刑法理论，不作为犯罪的作为义务来源主要有以下四个方面：

（1）法律、法规明文规定的积极作为义务。比如我国《民法典》第二十六条规定，父母对未成年子女负有抚养、教育和保护的义务。成年子女对父母负有赡养、扶助和保护的义务。因此，如果父母拒绝抚养子女，成年子女拒绝赡养父母，则有可能构成不作为犯罪。

（2）业务上和职务上所要求的积极作为义务。例如，执勤的消防人员有消除火灾的义务，正在手术中的医生具有救治病人的义务等。该积极作为义务是基于职务、职责上的要求，是由工作岗位、身份等因素决定的。

（3）法律行为引起的积极作为行为。合同行为、自愿接受行为等可能会使得行为人负有某种积极作为义务，行为人应当积极履行。比如，保姆甲对照顾的小孩具有照看的义务。如果保姆由于疏忽大意导致被照看的小孩死亡的，那么保姆甲对小孩的死亡应当负刑事责任。这是因为，根据保姆甲与雇主之间的雇佣合同，保姆甲对被照看的小孩具有积极的照看义务，该义务系其签署雇佣合同这一法律行为自我设定的。

（4）先行行为引起的积极作为义务。即由于行为人的某种行为使得刑法所保护的合法权益处于危险状态，此时行为人负有排除危险或者防止危害结果发生的特定积极义务。如果行为人有能力履行，而未履行该特定积极义务，那么行为人应当负刑事责任。比如，6岁的乙想学游泳，邻居大哥哥（20岁）甲主动要求带乙前往游泳池游泳，乙的父亲将乙托付给甲，甲在游泳池并没有照看好乙，导致乙溺水死亡。这个作为义务就来自甲的先行行为，即将无行为能力人独自一人带出来游泳，致使乙脱离了监护人，且让乙处于危险状态。此时，甲对乙就应当负起监护义务。但甲疏于对乙的照看，导致乙溺水死亡，那么甲对乙的死亡应当负刑事责任。

在刑法理论上，不作为犯可以分为真正不作为犯和不真正不作为犯。真正不作为犯，又称纯正不作为犯，是指刑法明文规定只能由不作为才构成的犯罪。比如《刑法》第三百一十一条规定的拒绝提供间谍犯罪、恐怖主义犯罪、极端主义犯罪证据罪，第四百一十六条规定的不解救被拐卖、绑架妇女、儿童罪等。不真正不作为犯，又称不纯正不作为犯，是指既可以由作为构成，也可以由不作为构成的犯罪，当由不作为构成犯罪时，则称之为不真正不作为犯。比如，故意杀人罪，既可以由作为方式杀人，也可以由不作为方式杀人，当行为人以不作为方式导致他人死亡的，则是不真正不作为犯。

理论争鸣

关于不作为犯罪的作为义务来源争议

根据传统观点，不作为犯罪的作为义务来源有四个方面：法律、法规明文规定的积极作为义务；业务上和职务上所要求的积极作为义务；法律行为引起的积极作为行为；先行行为引起的积极作为义务。这被称为"形式的四分说"。

但有学者认为，不作为犯罪的作为义务来源不是"形式的四分说"，而应当采用"实质的二分说"。比如张明楷教授认为，"形式的四分说"由于过于简单和形式化应予以摒弃。原因在于：第一，该学说会导致本没有刑法上的作为义务，却认定为有。例如，按照形式的四分说，只要是法律规定的义务，就是刑法上的作为义务。《中华人民共和国消防法》规定，"任何人发现火灾都应当立即报警"。过路人甲发现火灾后没有及时报警，导致火灾蔓延。甲的行为是否成立不作为的放火罪？答案是不成立。这是因为，不是一切法律规定的义务都能成为刑法的义务。《消防法》是行政法，行政法上的义务不能当然地上升为刑法的作为义务。第二，该学说可能会导致本来有刑法上的作为义务，却认定为没有。例如，甲请钟点工乙照顾婴儿，到了工作结束时间，甲还未回家。乙看到婴儿有危险，但认为到了合同约定的下班时间，便离去。婴儿受伤。按照形式的四分说，根据合同约定，乙没有作为义务。然而，这种看法有误。根据实际情况，婴儿对乙产生了依赖关系。乙有救助义务。

根据"实质的二分说"，刑法上的作为义务是指某个危险源对法益对象产生了危险流，刑法要行为人去阻断危险流、保护法益对象。要求行为人承担这种作为义务的实质根据有二：一是对危险源的监管义务；二是对法益对象的保护义务，这种学说称为实质的二分说。

请谈谈自己的看法。

典型例题

1. 下列犯罪行为中，属于不作为行为方式的是（　　）。（2008年法律硕士考试真题）
A. 甲因高兴将3岁儿子抛接但因失手致其死亡
B. 乙分娩婴儿后为掩盖未婚先孕真相将婴儿扔出窗外致婴儿死亡
C. 丙分娩女婴后不愿抚养，遂以2万元价格将其卖给他人
D. 丁分娩婴儿后将婴儿弃置于火车站致其冻成重伤

解析：成立不作为犯罪，需要具备以下三个条件：一是行为人负有积极实施某种行为的义务，行为人应当履行特定义务。二是行为人具有履行该特定义务的能力。三是行为人没有履行该特定义务，从而造成或者可能造成的危害结果。A项，甲的行为是作为，构成过失致人死亡罪。B项，乙的行为方式是积极的作为，构成故意杀人罪。C项，丙将分娩后的女婴出卖，其行为方式是作为，构成拐卖儿童罪。D项，丁具有抚养婴儿的法定义务和能力，将分娩后的婴儿弃置于火车站是不履行义务的行为，构成遗弃罪，是纯正的不作为犯罪。故本题选D。

2. 下列选项中，属于犯罪构成必备要素的有（　　）。（2011年法律硕士考试真题）

　　A. 罪过

　　B. 犯罪动机

　　C. 危害结果

　　D. 危害行为

解析：犯罪构成的必备要素包括客体、客观方面、主体和主观方面。A项，罪过包括犯罪故意和犯罪过失，是犯罪构成必备要素中的主观方面，A项当选。B项，犯罪动机是指刺激、促使犯罪人实施犯罪行为的内心起因或思想活动，它只存在于故意犯罪当中。在过失犯罪中，不存在动机，故犯罪动机不是犯罪构成的必备要素，B项不当选。C项，危害结果是指危害行为对刑法所保护的社会关系所造成的实际损害或现实危险，是某些犯罪构成的必备要件之一，不是所有犯罪构成的必备要素，C项不当选。D项，危害行为是指行为人在意识和意志支配下的危害社会的身体举止。危害行为是一切犯罪构成客观方面的必要要素。无行为即无犯罪，无行为即无刑罚，D项当选。因此，本题选择AD。

3. 下列有关犯罪行为方式与罪过关系的表述，正确的是（　　）。（2011年法律硕士考试真题）

　　A. 作为是故意的，不作为是过失的

　　B. 作为是故意的或过失的，不作为是过失的

　　C. 作为是直接故意的，不作为是间接故意的或过失的

　　D. 作为、不作为与故意、过失之间没有绝对的对应关系

解析：犯罪行为包括作为与不作为两种形式，属于犯罪客观方面的内容；故意、过失属于犯罪主观方面的内容，二者并无绝对的对应关系。作为既能构成故意犯罪也能构成过失犯罪，不作为也是如此。综上，本题答案为D。

4. 下列选项中，既可以由作为实行，也可以由不作为实行的是（　　）。（2018年法律硕士考试真题）

　　A. 洗钱罪

　　B. 遗弃罪

　　C. 玩忽职守罪

　　D. 拒不履行信息网络安全管理义务罪

解析：不作为犯可以分为真正不作为犯和不真正不作为犯。真正不作为犯，又称纯正不作为犯，是指刑法明文规定只能由不作为才构成的犯罪。不真正不作为犯，又称不纯正不作为犯，是指既可以由作为构成、也可以由不作为构成的犯罪，当由不作为构成犯罪时，则称之为不真正不作为犯。本题中，洗钱罪只能以作为形式实施，遗弃罪、拒不履行信息网络安

071

全管理义务罪是纯正不作为犯，玩忽职守罪既可以作为形式实施，也可以不作为形式实施。因此，本题选 C。

5. 下列情形中，成立不作为犯罪的是（　　）。（2019 年法律硕士考试真题）

A. 某县法院院长甲目睹身为县财政局局长的妻子收受其下属的巨额贿赂，不予阻止
B. 乙见室友在门口遭遇持刀抢劫，因害怕将房门反锁导致室友无处躲藏被刺成重伤
C. 收养人丙发现所收养的两岁小孩患有先天性心脏病，将孩子独自留在家中致其饿死
D. 丁在妻子难产时拒绝在剖宫产手术同意书上签字，妻子难忍疼痛从病房楼跳下身亡

解析：需结合不作为犯罪成立条件。A 项，甲虽然是某县法院院长，但并没有对妻子的受贿行为进行制止的法定义务，故甲的行为不构成不作为犯罪。B 项，乙对室友没有法律上的救助义务，同时也不能认定乙有救助室友的能力。C 项，丙收养孩子后，在法律上就具有了抚养孩子的义务，其在对孩子有抚养能力的情况下将 2 岁的孩子独自留在家中饿死，构成遗弃罪，属于不作为犯罪。D 项，丁虽然对难产的妻子有救助义务，但是妻子跳楼自杀过于异常，阻断了丁的行为与妻子的死亡结果之间的因果关系，丁不构成犯罪。因此，本题答案为 C。

● 案例讨论 ○

米某某故意杀人案[①]

被告人米某某与被害人赵某某均已结婚成家，二人于 2018 年左右相识，存在感情纠葛和经济纠纷。2020 年 7 月 31 日 1 时许，在襄城县某 KTV，米某某与同在此喝酒娱乐的赵某某相遇后，赵某某因米某某与其他女性在一起而不满，二人遂发生争吵，其间米某某对赵某某多次进行殴打。后米某某开车将赵某某带到襄城县南关大桥上，途中，赵某某说如果米某某不愿意继续跟她好，她就不如死了，准备跳河去。到达南关大桥后，赵某某仍以跳河自杀恐吓米某某，米某某将赵某某抱至大桥护栏外，以要将赵某某扔进河里恐吓赵某某，其间还曾对赵某某喊"你跳吧，你跳吧"以刺激赵某某。最终，情绪激动的赵某某跳河身亡。经襄城县公安局法医鉴定中心鉴定，死者赵某某系溺水死亡。

河南省许昌市襄城县人民法院于 2021 年 3 月 2 日作出（2020）豫 1025 刑初 367 号刑事附带民事判决：一、被告人米某某犯故意杀人罪，判处有期徒刑五年。二、被告人米某某于判决生效之日起十日内赔偿附带民事诉讼原告人经济损失人民币 34 152.5 元。宣判后，在上诉期内，被告人米某某及附带民事诉讼原告人均未提出上诉，检察机关亦未抗诉，判决已发生法律效力。

请围绕本案展开讨论。

[①] 案件来源于中国裁判文书网，案号：河南省许昌市襄城县人民法院一审（2020）豫 1025 刑初 367 号。

第二节 危害结果

一、危害结果的概念与特征

犯罪行为引起的危害社会结果，是决定行为社会危害性的最根本因素，关系到对行为人的定罪与量刑问题。对于危害结果在定罪量刑上的重要价值，我国刑法学界没有分歧，但谈及危害结果的概念，刑法理论上存在着不尽一致的论述。比如，有人认为，危害结果作为犯罪行为对客体的损害，是构成任何犯罪在客观方面的必备要件之一，它既包括客观上已经造成的危害结果，也包括可能造成的危害结果。有人认为，危害结果是指犯罪行为已经造成的实际损害。有人则认为，有些行为一经实施即构成完整的犯罪（如侮辱罪、诽谤罪等），没有危害结果或者说没有物质性危害结果；有些犯罪情况，像犯罪的预备、未遂和中止，也没有作为构成要件的危害结果，这样就产生了一些问题。诸如：危害结果是否为犯罪构成的必备要件？如果危害结果与犯罪客体密不可分，伴随着危害行为同时产生，那么它作为犯罪构成要件在认定犯罪时是否还有实质和独立的意义？侮辱罪等到底有无危害结果？犯罪的预备、未遂和中止不具备的是何危害结果？刑法上的因果关系研究的是什么性质的危害结果。可以说，危害结果是刑法学中使用较为混乱的一个概念，人们通常在不同意义上使用这一概念。

我们认为，危害结果是指危害行为对刑法所保护的社会关系所造成的实际损害或现实危险，是某些犯罪构成的必备要件之一。此为危害行为狭义上的概念，其特征有三点：

一是危害结果是由刑法明文规定的。比如，《刑法》第二百三十三条，过失致人死亡的，构成过失致人死亡罪。"致人死亡"就是过失致人死亡罪构成要件中的危害结果。

二是行为的危害结果是使直接客体遭受损害的事实。危害结果表明刑法所保护的社会关系遭受侵害的事实特征，反映的是行为的社会危害性属性。而社会危害性的产生即来源于直接客体所遭受的损害。间接危害结果不可能作为犯罪构成的基本要件，不决定犯罪的构成，因而不是该意义上的结果。

三是危害结果是由实行行为所造成的。作为刑法明文规定的某些犯罪的构成要件，危害结果对于定罪的意义重大。只有实行行为才会导致刑法所保护的社会关系产生实际损害，才能构成犯罪。比如过失致人死亡，只有行为人的实行行为才能导致他人死亡这一危害结果，才可能构成犯罪。在破坏交通工具案件中，只有行为人实施了破坏交通工具的行为，并产生了足以使火车、汽车、电车、船只、航空器发生倾覆、毁坏的现实危险，才可能构成犯罪。

二、危害结果的分类

根据所造成的结果是实害还是现实危险，危害结果可以分为实害结果与危险结果。

（一）实害结果

实害结果是指行为对刑法所保护的社会关系所造成的现实侵害事实。比如，死亡是故意杀人罪的实害结果。财物被窃取是盗窃罪的实害结果。刑法规定某个犯罪的成立需要具备实害结果，这种犯罪称为实害犯，也称为结果犯。比如，过失致人重伤罪、过失致人死亡罪要求必须有导致他人重伤、死亡的现实侵害事实，才能构成犯罪。我国刑法中也存在一些关于加重结果的规定。一个行为构成基本犯（A情形），同时制造了加重结果（B情形），B情形称为A情形的法定刑升格条件，加重处罚。比如，故意伤害罪中，如果发生了导致他人重伤、死亡的加重结果，则在基本法定刑的基础上加重处罚。

（二）危险结果

危险结果是指行为人对刑法所保护的社会关系所造成的现实危险状态。比如在破坏交通工具案件中，以破坏交通工具的故意，导致火车足以发生倾覆的危险，《刑法》第一百一十六条中的"足以使火车、汽车、电车、船只、航空器发生倾覆、毁坏危险"，就是破坏交通工具罪构成要件中的危险结果。

根据所造成的危险是具体的还是抽象的，又可以将危险结果划分为具体危险和抽象危险。所谓具体危险是指危害行为对刑法所保护的社会关系的侵害要求达到具体现实程度的结果。比如，放火罪的危害结果是具体危险，成立放火罪不仅要求有放火行为，还要求放火行为足以危害公共安全。刑法规定某个犯罪成立只需要具备具体危险，这种犯罪称为具体危险犯。例如，放火罪、投放危险物质罪。所谓抽象危险，是指危害行为对刑法所保护的社会关系的侵害只要求达到一种抽象的危险感即可的结果。是否达到抽象的危险感，由刑法预先规定。刑法规定某个犯罪的成立只需要具备抽象危险，这种犯罪称为抽象危险犯。例如生产、销售假药罪。

● 典型例题 ○

1. 下列关于危害结果在犯罪构成中的地位的表述，正确的有（　　）。（2009年法律硕士考试真题）

A. 危害结果是某些犯罪成立的必备要件

B. 危害结果是某些犯罪既遂的必备要件

C. 行为犯的既遂不要求危害结果的实际发生

D. 危险犯的既遂不要求实际危害结果的发生

解析：危害结果是指危害行为对刑法所保护的社会关系所造成的实际损害或现实危险，是某些犯罪构成的必备要件之一。立法者规定，某个犯罪的成立需要具备实害结果，这种犯罪称为实害犯，也称为结果犯。行为犯只要实施了刑法分则规定的某种基本构成要件行为就既遂，而无需发生特定的危害结果。以对法益发生侵害的危险作为处罚根据的犯罪，是危险犯，其既遂并不要求实害结果的发生。综上，正确答案为ABCD。

2. 关于危害结果的相关说法，下列哪一选项是错误的？（　　）（2008年国家司法考试真题）

A. 甲男（25岁）明知孙某（女）只有13岁而追求她，在征得孙某同意后，与其发生性行为。甲的行为没有造成危害后果。

B. 警察乙丢失枪支后未及时报告，清洁工王某捡拾该枪支后立即上交。乙的行为没有造成严重后果。

C. 丙诱骗5岁的孤儿离开福利院后，将其作为养子，使之过上了丰衣足食的生活。丙的行为造成了危害后果。

D. 丁透支 3 万元，但经发卡银行催收后立即归还。丁的行为没有造成危害后果。

解析：A 项，甲男明知孙某是幼女与其发生性行为，无论幼女是否同意，均构成强奸罪，侵犯了幼女的法益，A 项说法错误。B 项，成立丢失枪支不报罪要求造成严重后果，该"严重后果"是指被不法分子捡到后用来实施犯罪。因此警察乙不构成丢失枪支不报罪，B 项说法正确。C 项，丙的行为侵害了福利院的监护权，造成了危害结果，C 项说法正确。D 项，恶意透支是指持卡人以非法占有为目的，超过规定限额或规定期限透支，并且经发卡银行催收后仍不归还的行为。丁的行为不构成恶意透支，不构成信用卡诈骗罪，D 项说法正确。综上，正确答案为 A。

3. 关于危害结果，下列哪一选项是正确的？（　　）（2017 年国家司法考试真题）
A. 危害结果是所有具体犯罪的构成要件要素。
B. 抽象危险是具体犯罪构成要件的危害结果。
C. 以杀死被害人的方法当场劫取财物的，构成抢劫罪的结果加重犯。
D. 骗取他人财物致使被害人自杀身亡的，成立诈骗罪的结果加重犯。

解析：A 项，行为犯并不要求危害结果的发生。B 项，立法者规定，实害犯成立需要具备实害结果，抽象危险犯的成立只需要具备抽象危险。故 B 项说法错误。C 项，为劫取财物而杀人构成抢劫致人死亡，该说法正确。D 项，成立结果加重犯要求法律明确规定，故 D 项说法错误。综上所述，本题答案为 C。

● 案例讨论 ○

盛某某、王某某贩卖毒品案[①]

被告人王某某与被告人盛某某二人经人介绍认识，多次共谋购买盐酸二氢埃托啡。后达川地区医药站职工王某某（另案处理）给被告人盛某某打电话，请求盛去催问达川医药站与北京医药站之间关于盐酸二氢埃托啡的合同执行一事。被告人盛某某借机要求谋取几件盐酸二氢埃托啡。被告人盛某某即给原工作单位（指北京医药站）同事朱某谈到此事，并以四川攀西制药厂驻京办事处的名义给北京医药站一张 5 万元的转账支票。

达川医药站收到 5 件即 4 万片（每片剂量为 20 微克）盐酸二氢埃托啡后，王某某电话告知被告人盛某某，盛从王某某处拿走 3 件并放在好友家。被告人盛某某以 9 万元价格将 3 件盐酸二氢埃托啡卖给王某某，王某某分 3 次提走交给其兄王某（在逃）。

一审法院审理认为，被告人盛某某、王某某二人构成贩卖毒品罪。鉴于本案购买该药的王某在逃，无法查清药品的去向，其危害结果不明，且二被告人认罪态度良好，判处有期徒刑 5 年。

检察院抗诉认为：一审量刑畸轻，毒品犯罪是行为犯罪，不以后果而论，故毒品去向不明，危害后果不明，并不影响定罪量刑。二审法院审理认为抗诉理由成立，改判盛某某、王某某犯贩卖毒品罪，均判处有期徒刑 10 年。

请围绕本案展开讨论。

---
① 案件来源于《最高人民检察院公报》1998 年第 5 号。

第三节　刑法上的因果关系

一、因果关系的概念

因果关系是哲学上的一个重要范畴，它是指一种现象在一定条件下引起另一种现象。引起其他现象的现象是原因，被引起的现象是结果，两种现象之间引起与被引起的联系，即因果关系。辩证唯物主义因果关系的理论与刑法上因果关系的理论，是一般与个别、普遍与特殊的关系。

我国刑法要求，一个人只能对自己实施的危害行为及其造成的危害结果承担刑事责任。因此，当危害结果发生时，要使某人对该结果负责，就必须查明他所实施的危害行为与该结果之间具有因果关系。这种因果关系，是在危害结果发生时使行为人负刑事责任的必要条件。刑法学是研究犯罪及人的刑事责任的，它研究的是人的危害行为与危害结果之间的因果关系。我国刑法总则虽然没有对查明因果关系问题作出一般规定，但是，查明某人的行为与危害结果有无因果关系，是正确判定某些犯罪（例如结果犯）刑事责任的必要条件。

据此，本书认为，所谓刑法上的因果关系，是指人的危害行为合乎规律性地引起某种危害结果的内在联系。

二、因果关系的认定

关于因果关系的认定，在刑法理论上一直存在争议，主要有必然因果关系说、偶然因果关系说、条件说以及相当因果关系说四种观点。

（一）必然因果关系说

必然因果关系说认为，当危害行为中包含着危害结果产生的依据，并合乎规律地产生危害结果，危害行为与危害结果就是必然因果关系，即行为与结果之间有着内在的、必然的、合乎规律的引起与被引起的联系。比如，甲要杀死乙，于是在夜晚把乙灌醉后，将其拖到零下30摄氏度的雪地中，乙于次日凌晨被冻死。显然，甲的行为与乙的死亡之间具有必然的因果关系。

必然因果关系说具有以下几个特点：一是作为某种原因的行为必须具有危害结果发生的实在可能性，此为该行为与危害结果之间具有因果关系的必要前提。二是具有上述可能还不足以说明行为与结果之间具有因果关系，只有当具有结果发生的实在可能性的某一现象已经合乎规律地引起某一结果的发生时，才能确定某一现象与所发生的结果之间具有因果关系。三是因果关系只能是在一定条件下的因果关系。正是基于上述特点，必然因果关系不能合理地解释所有因果关系的成立情形，比如对于偶然存在的介入因素，必然因果关系就显得无能为力。

（二）偶然因果关系说

偶然因果关系说区别于必然因果关系说，认为在必然因果关系之外，还存在一种偶然因果关系。具体而言，偶然因果关系说认为，即便危害行为本身并不具有能够合乎客观规律地引起危害结果发生的属性，只要危害行为在实施的过程中，因为偶然原因介入了某些因素，该因素合乎客观规律地（也就是并不异常地）引起危害结果发生的，此时危害行为与危害结果之间便成立偶然的因果关系。

比如：甲要把乙打一顿，于是一直拿着棍子追打乙。乙慌不择路跑上了快速路，被快速驶过的车辆撞死。这个案件中甲的危害行为仅仅是持械追打乙，不具有使乙受撞击而死的属性。但是在甲追打过程中，乙逃至快速路后，快速驶过的车辆作为一种并不异常的介入因素，合乎客观规律地撞死了乙，导致危害结果发生。因此应认为，此处乙被撞身亡这一结果与甲的追打行为之间成立偶然的因果关系。甲应成立故意伤害罪既遂，致人死亡的结果加重犯。

（三）条件说

条件说是由奥地利刑法学家格拉塞于1858年提出的。条件说认为，引起损害发生的条件都是损害结果的原因，即"没有行为，就没有结果"。比如，没有甲的故意砍杀行为，乙就不会死。因此，甲的行为与乙的死亡之间就具有因果关系。需要进一步说明的是，此处的行为特指"实行行为"。这是因为，如果犯罪预备阶段实施的行为就导致了犯罪结果的发生，应认定该故意犯罪成立预备（通说认为过失犯罪不存在预备和未遂）和相关的过失犯罪。

"条件说"对受害人的保护是最为有利的，但其带有明显的结果归责原则的烙印，因为每个损害结果的发生都会和很多因素有关，可以称之为条件的行为会因事物之间存在着普遍联系而漫无边际，无限扩大了归责的范围。

（四）相当因果关系说

相当因果关系说，是以条件说作为理论基础，认为作为刑法上的因果关系，必须是立足于社会经验法则的考虑，具有相当性伦理的因果关系。如果某一种行为置于正常的社会环境下，对于引起结果发生而言具有相当性（可以认为是常见、合乎客观规律而不异常）的，行为与结果之间就具有相当因果关系。由于因果关系本身具有客观性，因此应当紧密结合客观事实判断相当因果关系是否存在，而不以案中行为人的主观意志为转移。这里的"相当"是指行为"通常会发生"结果，行为合法则（或符合客观规律）必然地造成结果。相当性的判断依据客观规律和经验法则，考虑行为发生结果的规律性、通常性。

在没有介入因素的情况下，运用条件说很容易判断行为与结果之间是否具有因果关系。但是如果存在介入因素的情况，运用条件说则会遇到麻烦。因此，相对于条件说，相当因果关系说的优点在于针对介入因素等复杂情况，构建了因果关系的具体判断规则。对于介入因素案件中因果关系的认定可以从"介入因素两步走"来进行判断：

第一步：判断介入因素是否异常？

（1）介入因素不异常，表明先前行为与介入因素具有引发关系。结论：先前行为与结果有因果关系。例如甲欲烧伤乙，将乙的衣服点燃，乙情急之下为了灭火而跳进河里溺亡，介入因素是乙跳河，乙为了灭火而跳河不异常，是甲的点燃行为引发的，跳河导致的死亡结果应由甲负责。

（2）介入因素异常，表明先前行为与介入因素是独立关系。

第二步：谁的危险导致了结果？

（1）先前行为单独导致了结果。这是指，先前行为的危险起到了决定性作用，而介入因素的危险作用较小。例如，甲欲杀丙，将丙打成重伤昏迷，甲离开，乙路过，为了泄愤，向丙的屁股踹了两脚。后丙死亡。死亡结果归属于甲，不归属于乙。

（2）介入因素导致了结果。第一，先前行为的危险较小或者没有危险，介入因素的危险起到决定性作用。第二，先前行为的危险作用较大，但介入因素阻断了先前行为的危险，由介入因素单独导致结果发生。二者是阻断关系。

三、刑法上的因果关系与刑事责任

因果关系是犯罪构成要件客观方面的内容之一，认定行为与结果之间具有刑法意义上的因果关系，并不等于行为人就构成犯罪。认定因果关系只是确立了行为人的行为造成了特定的危害结果，还要看行为人是否符合其他犯罪构成要件。比如，甲看到数年未见的老同学乙，激动地打了乙一拳，结果一拳过后，乙死亡。如果甲根本没有认识到也不可能认识到老同学乙患有心脏病，那么即使甲的行为与乙的死亡之间具有因果关系，也不能认定甲构成犯罪。

● 理论争鸣 ○

存在介入因素的案件中，如何判断因果关系？

存在介入因素的案件中，如何判断因果关系是否存在，在司法实践中是一个极为复杂的问题，学者的观点也大不相同。所谓介入因素，是指一个危害行为引起某一危害结果的过程中，介入的第三个因素。

在刑法学界，主张条件说的学者提出了各种各样的"中断"理论，认为介入因素在一定情况下可能中断原来的因果关系。但是对于什么样的因素具有这种中断作用，各种观点看法也不尽相同。比如，德国刑法学者柏尔认为，只要介入了不能预料到的异常情况时，就可以中断原行为与结果之间的因果关系。德国刑法学者李斯特等人则认为，在自己的行为和结果之间介入他人出于自由意志的行为时，就能中断因果关系。德国刑法学者巴海费尔则主张，第三者利用故意干涉或作为因果系列的支配者亲自行动，给以决定性的方向，以及自然现象介入因果系列之中的情况，都可能中断因果关系。在英美普通法理论中，有学者认为介入因素可以分为独立介入和非独立介入两种情况。独立原因可能中断因果关系，非独立原因不能中断因果关系。[1]

在我国刑法学者中，研究"中断"问题的不多。《犯罪通论》[2]采用的观点是，介入因素符合三个条件时，可以中断原来的因果关系：一是必须介入了另一个原因，即这一原因中确实存在与危害结果质的同一性，本身包含结果产生的实在可能性；二是介入因素必须是异常的；三是介入因素必须是合规律地引起了危害结果的产生。[3]

请谈谈自己的看法。

---

[1] 张绍谦：《论刑法因果关系的介入和中断》，载《郑州大学学报（哲学社会科学版）》1999年第5期。
[2] 马克昌主编：《犯罪通论》，武汉大学出版社1991年版，第227-228页。
[3] 张绍谦：《论刑法因果关系的介入和中断》，载《郑州大学学报（哲学社会科学版）》1999年第5期。

典型例题

1. 下列选项中，危害行为和死亡结果之间存在刑法上的因果关系的有（　　）。（2014年法律硕士考试真题）

　　A. 甲为索取债务，将邹某关押在一居民楼里，邹某在逃跑时不慎摔死
　　B. 乙在菜场卖菜时辱骂顾客王某，致王某情绪激动，心脏病突发而猝死
　　C. 丙违章驾车，将行人赵某撞成重伤后逃跑，赵某因未得到及时救助而死亡
　　D. 丁将陶某打晕后以为其已经死亡，就将陶某抛掷到水库中，陶某溺水死亡

　　解析：当存在介入因素时，犯罪行为的发展过程表现为：危害行为→介入因素→危害结果。A项，邹某在逃跑时不慎摔死，该介入因素是正常的，并不能中断因果关系，A项说法正确。B项，被害人体质不是介入因素，故乙的侮辱行为与王某的死亡结果之间具有因果关系，但乙不可能预见到王某患有心脏病，故乙的行为属于意外事件，不构成犯罪。C项，丙有履行救助的义务和能力，但其不履行救助义务致赵某死亡，丙的行为与赵某的死亡之间有因果关系。D项，丁将陶某抛入水中致其溺死，犯罪后毁尸灭迹、破坏现场是正常的介入因素，故丁的伤害行为与陶某的死亡结果之间有因果关系。综上，本题答案为ABCD。

2. 甲基于杀人故意实施的下列行为，与乙的死亡之间具有刑法上因果关系的是（　　）。（2017年法律硕士考试真题）

　　A. 甲劝乙乘坐长途汽车去山区旅行，乙旅行时因汽车坠崖死亡
　　B. 甲在家中"作法"诅咒与其有矛盾的乙，后乙突发急病死亡
　　C. 甲殴打乙致其轻伤，乙在去医院途中被高楼上坠落的花盆砸中死亡
　　D. 甲持木棍对乙穷追不舍，乙迫不得已跳入冰冷的河中因痉挛而溺水死亡

　　解析：A项，甲劝人旅行是生活行为，并未创设法律不允许的危险，甲的行为不属于危害行为，与乙的死亡结果之间也没有因果关系。B项，迷信的手段不可能侵害乙的生命法益，不是危害行为，甲的诅咒行为与乙的死亡结果之间没有因果关系。C项，乙被花盆砸死，这一介入因素过于异常且独立导致乙死亡，中断了甲的行为与乙的死亡结果之间的因果关系。D项，乙为逃过追杀跳河溺亡，乙迫不得已跳入冰冷的河中这一介入因素是正常的，不能中断杀人行为与死亡结果之间的因果关系。综上，本题答案为D。

3. 下列关于刑法因果关系的说法中，正确的是（　　）。（2020年法律硕士考试真题）

　　A. 因果关系的认定必须考虑行为人的主观认识
　　B. 因果关系的存在是行为人承担刑事责任的充分条件
　　C. 危害行为与危害结果之间存在条件关系即可认定因果关系存在
　　D. 不作为犯罪中不作为与危害结果之间的因果关系是客观存在的

　　解析：A项，因果关系具有客观性，是不以人的主观意志为转移的客观存在，A项不当选。B项，具有因果关系并不导致行为人一定承担刑事责任，还要考虑行为人的主观罪过方面，B项不当选。C项，如果存在介入因素，且介入因素独立导致危害结果发生时，结果应当归属于介入因素，而非先前的危害行为。C项不当选。D项，不作为与危害结果之间也存在因果关系，如母亲故意饿死自己的婴儿，其不履行抚养义务的行为与死亡结果具有因果关系，这种因果关系也是客观存在的。D项当选。综上，本题答案为D。

4. 关于刑法上因果关系的判断，下列哪一选项是正确的？（   ）（2007 年国家司法考试真题）

A. 甲为抢劫而殴打章某，章某逃跑，甲随后追赶。章某在逃跑时钱包不慎从身上掉下，甲拾得钱包后离开。甲的暴力行为和取得财物之间存在因果关系。

B. 乙基于杀害的意思用刀砍程某，见程某受伤后十分痛苦，便将其送到医院，但医生的治疗存在重大失误，导致程某死亡。乙的行为和程某的死亡之间没有因果关系。

C. 丙经过铁路道口时，遇见正在值班的熟人项某，便与其聊天，导致项某未及时放下栏杆，火车通过时将黄某轧死。丙的行为与黄某的死亡之间存在因果关系。

D. 丁为杀害李某而打其头部，使其受到致命伤，2 小时之后必死无疑。在李某哀求下，丁开车送其去医院。20 分钟后，高某驾驶卡车超速行驶，撞向丁的汽车致李某当场死亡。丁的行为和李某的死亡之间存在因果关系。

解析：A 项，本题中，章某并非因为无法反抗而交付财物，而是财物不慎从身上掉落被甲拾得，所以甲的暴力行为与取得财物无因果关系。B 项，医生治疗失误，该介入因素异常，与乙的行为相互独立，且对程某死亡的作用更大，因此乙的行为与程某死亡之间没有因果关系，B 项说法正确。C 项，丙的聊天行为属于日常行为，没有创设法律禁止的危险，与黄某的死亡没有因果关系。D 项，题中介入因素是高某的肇事行为，该介入因素异常，与丁的行为相互独立，且对李某死亡的作用更大，因此阻断了丁的行为与李某死亡结果之间的因果关系。综上，正确答案为 B。

5. 关于刑法上的因果关系，下列哪一判断是正确的？（   ）（2010 年国家司法考试真题）

A. 甲开枪射击乙，乙迅速躲闪，子弹击中乙身后的丙。甲的行为与丙的死亡之间不具有因果关系。

B. 甲追赶小偷乙，乙慌忙中撞上疾驶汽车身亡。甲的行为与乙的死亡之间具有因果关系。

C. 甲、乙没有意思联络，碰巧同时向丙开枪，且均打中了丙的心脏。甲、乙的行为与丙的死亡之间不具有因果关系。

D. 甲以杀人故意向乙的食物中投放了足以致死的毒药，但在该毒药起作用前，丙开枪杀死了乙。甲的行为与乙的死亡之间不具有因果关系。

解析：A 项，介入因素是乙闪躲过子弹，该介入因素正常，因此，先前行为与死亡结果有因果关系，A 项说法错误。B 项，甲追赶小偷的行为并非刑法上的危害行为，与小偷的死亡没有因果关系，B 项说法错误。C 项，甲、乙同时开枪且打中心脏，二者行为与丙的死亡均有因果关系。D 项，现实发生的死亡结果是丙开枪导致的，与丙有因果关系，与甲没有因果关系。综上所述，本题答案为 D。

● 案例讨论 ○

韩某过失致人死亡案[①]

被害人余某饮酒后在其楼下无故殴打其妻，并闯进理发店拿走理发剪，与多名路人发生

[①] 案件来源于《刑事审判参考》案例第 440 号。

拉扯、抓打。被告人韩某路过看热闹时，被余某用理发剪刺伤手指，韩某见状拿起水果摊旁的方木凳反击。双方追赶过程中，余某肩背部被砸了两三下，随后倒地，韩某上前夺走理发剪。后余某经医院抢救无效死亡。

当地法医学司法鉴定中心对送检的余某脏器进行了法医病理学检查得出结论，死者余某比较符合在心脏肥大的基础上，因身体多处损伤、饮酒及纠纷中情绪激动等多因素作用下致急性心功能衰竭而死亡。后法医学司法鉴定中心作出了补充鉴定书，认为其头部损伤在其死亡过程中的参与度为25%～30%。当地公安局法医鉴定认为余某头面部所受之伤为轻微伤。

一审法院认为，并无证据显示韩某用钝器击打了余某的头部，韩某的行为与余某的死亡之间无刑法上的因果关系。韩某持木凳追打余某，并砸了余背部二三下的行为并未达到犯罪标准。

一审后检察院抗诉，二审法院认为，余某酒后行为失常，连续与多人发生纠纷，韩某在与之纠纷的过程中，持木凳砸了余某的背部和肩部属实，但该行为与被害人余某死亡结果的发生缺乏因果关系，且情节显著轻微，依法不认为是犯罪。余某在和韩某发生纠纷之前，先后与多人发生过纠纷，并且几次倒地，不能排除其前额创伤是倒地所致或者被其他人殴伤的可能。故不能认定韩某的伤害行为与被害人的死亡间有因果关系，最终维持原判。

第四节　犯罪客观方面的其他要件

犯罪客观方面的其他要件，是指实施危害行为的特定时间、地点和方法。对于大多数犯罪而言，刑法并没有要求行为人在特定的时间、地点以特定方法实施，因此，行为的时间、地点、方法不是犯罪构成的必备要素。例如，无论在何时、何地、以何种方式放火、杀人、强奸、抢劫，均与犯罪构成无关。但是，在刑法有明文规定的某些犯罪里，行为时间、地点等则具有必要要件的意义。

一、行为的时间

所谓行为的时间，通常是指犯罪行为实施的时间。任何犯罪行为都是在一定的时间实施的。在一般情况下，该时间并非犯罪成立所必需。即犯罪行为是在白天、黑夜，还是在战时、平时实施的，对于定罪不起决定性作用，也不影响犯罪的性质。但是，在法律明文规定把特定时间作为某罪构成要件时，特定时间对于危害行为是否为罪、构成何罪，则起着决定性的作用。例如，《刑法》第三百四十条和第三百四十一条第二款把"禁渔期""禁猎期"规定为犯罪构成的必要要件，只有在这个法定的时间内进行捕捞和狩猎，情节严重的，才构成犯罪，可见，是否在法定的禁期内实施捕捞和狩猎，是区分罪与非罪的重要标志。

另外，在没有把时间作为犯罪构成要件的情形里，犯罪行为实行的时间，对于正确评判行为的社会危害程度也有一定的意义。例如，在战时、社会治安状况不好时、自然灾害期间，某些犯罪行为的社会危害性会相对增加，如杀人、放火、抢劫、强奸、盗窃等。社会危害程度增大了，刑事责任自然也就相应地更重了，量刑当然应适当从重考虑。

二、行为的地点

所谓行为的地点，一般是指犯罪行为实施的场所或地理位置，即危害行为发生的空间区域。在通常情况下，犯罪行为的地点并非犯罪构成要件，不影响犯罪的成立。譬如，只要是以暴力、胁迫或者其他方法抢劫公私财物的，不管在什么地方，均构成抢劫罪，具体的地点不影响抢劫罪的成立。但是，在刑法明文规定把特定地点作为某罪构成要件时，地点对该行为是否为罪就具有决定性作用。譬如，《刑法》第三百四十条和第三百四十一条第二款规定的"禁渔区""禁猎区"，以及破坏公共场所秩序罪所限定的地点——"车站、码头、民用航空站、商场、公园、影剧院、展览会、运动场或者其他公共场所"等等，就属于这种情况。

在不把地点作为犯罪构成要件时，危害行为的地点对于我们正确评定行为的社会危害程度，从而正确地追究刑事责任也具有一定的意义。

三、行为的方法

所谓行为的方法，是指实施犯罪行为所采用的具体方式。在一般情况下，犯罪人用何种方法实施危害行为，对于构成犯罪并没有影响。比如，故意杀人罪的方法很多，有枪杀、刀杀、毒杀、勒死、饿毙等。只要是非法剥夺了他人的生命，都构成故意杀人罪。但是，对某些犯罪来说，刑法也将特定的方法规定为犯罪构成的必要条件。比如，刑法规定"以暴力、胁迫或者其他手段强奸妇女的"构成强奸罪；"以暴力、胁迫或者其他方法抢劫公私财物的"构成抢劫罪；"以暴力干涉他人婚姻自由的"构成暴力干涉婚姻自由罪；等等。因此，在这类案件中，查明行为人所具体使用的方法，对于分清罪与非罪，以及此罪与彼罪的界限有重要意义。

另外，行为的方法也能够反映出行为的社会危害程度以及行为人的人身危险程度。比如，使用极其残忍的方法杀害他人的，往往是酌情从重处罚的情节。因此，行为的方法在量刑中也是一个不可忽视的因素。

四、需要注意的问题

在理解时间、地点、方法时，需要注意以下三点：

第一，时间、地点、方法是某些犯罪的构成要素。有的刑法条文明确要求行为必须在特定的时间、地点或以特定的方法实施。在这些犯罪中时间、地点、方法等要素，是构成该罪不可缺少的条件。《刑法》第三百四十条与第三百四十一条规定的非法捕捞水产品罪与非法狩猎罪，就将禁渔期、禁猎区、禁用的工具及方法等作为构成要素。再比如，《刑法》第三百零九条规定的扰乱法庭秩序罪，将开庭时间、开庭地点作为构成要件

第二，时间、地点、方法是某些犯罪的法定刑升格条件或者从重处罚情节。有的刑法条文明确将特定的时间、地点、方法作为法定刑升格的条件或从重处罚的情节。根据《刑法》第二百三十七条，在通常情形下犯强制猥亵、侮辱罪的处5年以下有期徒刑或者拘役。在公共场所当众犯强制猥亵、侮辱罪的，处5年以上有期徒刑。

第三，时间、地点、方法是某些犯罪的量刑情节。即使刑法没有明文将行为的时间、地点、方法规定为影响定罪与量刑的因素，但行为的时间、地点方法也会影响行为本身的社会危害程度，因而成为量刑的酌定情节。

● 典型例题 ○

1. 下列关于犯罪地点在刑法中的作用的表述中，正确的有（　　）。（2014法律硕士考试真题）

A. 犯罪地点是犯罪的共同构成要件
B. 犯罪地点是犯罪的选择构成要件
C. 犯罪地点是某些犯罪的法定量刑情节
D. 犯罪地点是某些犯罪的酌定量刑情节

解析：对于大多数犯罪，刑法并没有要求行为人在特定的地点实施，因此，行为地点不是犯罪构成的必备要素，但个别犯罪会对犯罪的地点有要求，例如非法捕捞水产品罪就将"禁渔区"（地点）规定为非法捕捞水产品罪的客观构成要件。对于某些犯罪而言，一些犯罪地点可能属于法定的量刑情节，例如在公共场所当众强奸妇女的，这里的"公共场所"就是犯罪地点，属于法定的量刑情节。犯罪地点是某些犯罪的酌定量刑情节，例如在偏僻之地伤害他人与在繁华的路段伤害他人相比，后者不仅侵犯人的生命权，而且还会引起不特定人的心理

恐慌，在量刑时后者可能重于前者。综上，本题答案为 BCD。

2. 在抢劫犯罪中，犯罪时间（　　）。（2009年法律硕士考试真题）
   A. 是抢劫罪的必要要件
   B. 是抢劫罪的选择要件
   C. 是抢劫罪的加重情节
   D. 与抢劫罪的犯罪构成要件无关

解析：A 项，成立抢劫罪并不要求特定的时间条件。A 项不当选。B 项，抢劫罪的 8 种加重的法定刑不包含犯罪时间。C 项，特定的犯罪时间既不影响抢劫罪的成立，也不影响其量刑，因此犯罪时间与抢劫罪的犯罪构成要件无关。综上所述，本题答案为 D。

● 案例讨论 ○

梅某某强奸案[①]

被害人杨某某与被告人梅某某在同一家公司上班。一日下班后，被告人梅某某用自己的电动自行车搭载被害人杨某某，途中，梅某某利用杨某某不熟悉路况而将其搭载至一僻静处并将其按倒，采用按手、强行扒裤等暴力手段对杨某某实施奸淫。

案发后，被告人梅某某在庭审中辩称，被害人自愿与其发生性关系，且二人发生性关系的地点在某路边的一处草坪上，并非被害人所指认的一处山路边。

法院根据证据对被告人的奸淫事实予以认定。而就本案犯罪地点的确定，存在三种意见：第一种意见认为，犯罪地点作为案件基本事实应当确定，否则本案仍处于案件事实不清的状态，应当就有利于被告人原则的角度出发，按照被告人指认的地点在判决书中表述。第二种意见认为，当被告人指认的犯罪地点根本不存在其实施强奸犯罪行为可能的情况下，应当采信被害人指认的作案现场。第三种意见认为，双方指认的地点均存在合理排除性，为了案件事实的真实性，可以采用"择一僻静处"这一概括的表述方法。

最终法院采用第三种意见，判决被告人梅某某犯强奸罪，判处有期徒刑四年六个月。

请围绕本案展开讨论。

---

① 案件来源于中国裁判文书网，案号为：浙江省慈溪市人民法院（2009）甬慈刑初字第 455 号。

第七章

犯罪主体

> •《刑法》
>
> 第十七条：已满十六周岁的人犯罪，应当负刑事责任。
>
> 已满十四周岁不满十六周岁的人，犯故意杀人、故意伤害致人重伤或者死亡、强奸、抢劫、贩卖毒品、放火、爆炸、投放危险物质罪的，应当负刑事责任。
>
> 已满十二周岁不满十四周岁的人，犯故意杀人、故意伤害罪，致人死亡或者以特别残忍手段致人重伤造成严重残疾，情节恶劣，经最高人民检察院核准追诉的，应当负刑事责任。
>
> 对依照前三款规定追究刑事责任的不满十八周岁的人，应当从轻或者减轻处罚。
>
> 因不满十六周岁不予刑事处罚的，责令其父母或者其他监护人加以管教；在必要的时候，依法进行专门矫治教育。
>
> 第十七条之一：已满七十五周岁的人故意犯罪的，可以从轻或者减轻处罚；过失犯罪的，应当从轻或者减轻处罚。
>
> 第十八条：精神病人在不能辨认或者不能控制自己行为的时候造成危害结果，经法定程序鉴定确认的，不负刑事责任，但是应当责令他的家属或者监护人严加看管和医疗；在必要的时候，由政府强制医疗。
>
> 间歇性的精神病人在精神正常的时候犯罪，应当负刑事责任。
>
> 尚未完全丧失辨认或者控制自己行为能力的精神病人犯罪的，应当负刑事责任，但是可以从轻或减轻处罚。
>
> 醉酒的人犯罪，应当负刑事责任。
>
> 第十九条：又聋又哑的人或者盲人犯罪，可以从轻、减轻或者免除处罚。

犯罪主体是由刑法明文规定的犯罪构成要件，刑法总则规定了犯罪主体的一般要件，比如《刑法》第十七条对犯罪主体的刑事责任年龄作了规定，第十八条、第十九条对刑事责任能力作了规定。《刑法》分则的部分条文则规定了犯罪主体的特殊要件，比如第一百零九条规定了叛逃罪的犯罪主体必须是国家工作人员，第三百一十六条规定了脱逃罪的犯罪主体必须是依法被关押的罪犯、被告人、犯罪嫌疑人。根据我国刑法规定，犯罪主体是指实施危害社会的行为、依法应当负刑事责任的自然人和单位。因此，犯罪主体包括自然人犯罪主体和单位犯罪主体。自然人犯罪主体是指达到刑事责任年龄、具有刑事责任能力的自然人；单位犯罪主体是指具有独立承担刑事责任能力的企事业单位、国家机关、社会团体等。

第一节　自然人犯罪主体

自然人主体是指达到刑事责任年龄、具备刑事责任能力的自然人。自然人犯罪主体的一般要件包括两个：一是达到刑事责任年龄；二是具有刑事责任能力。对于一些特殊的犯罪，除了具备上述两个一般要件外，还必须具备特殊身份。

一、刑事责任年龄

刑事责任年龄是指刑法规定的，行为人承担刑事责任必须达到的年龄。刑事责任年龄实质上就是犯罪年龄。如果没有达到法定年龄，即使客观上实施了某种法益侵害行为，主观上具有故意或者过失，也不承担刑事责任。故，达到刑事责任年龄是自然人犯罪必须具备的主体条件之一。

（一）我国刑法关于刑事责任年龄的规定

根据我国《刑法》的规定，刑事责任年龄可以理解为以 12 周岁、14 周岁、16 周岁三个界点所形成的四个时期：

第一个时期：不满 12 周岁。根据刑法规定，不满 12 周岁的人，一律不负刑事责任。即不满 12 周岁的人所实施的任何行为，都不构成犯罪。在刑法理论上，不满 12 周岁被称为绝对无刑事责任时期或完全无刑事责任时期。

第二个时期：已满 12 周岁不满 14 周岁。根据《刑法》第十七条第三款规定，已满 12 周岁不满 14 周岁的人，犯故意杀人、故意伤害罪，致人死亡或者以特别残忍手段致人重伤造成严重残疾，情节恶劣，经最高人民检察院核准追诉的，应当负刑事责任。在刑法理论上，已满 12 周岁不满 14 周岁被称为相对负刑事责任时期。需要特别注意的是，《刑法》第十七条第三款所提及的"故意杀人、故意伤害罪"是指犯罪行为而不是仅限于这两种罪名，同时要求造成"致人死亡或以特别残忍手段致人重伤造成严重残疾，情节恶劣"的实害结果，且要经过最高检核准追诉的程序。

第三个时期：已满 14 周岁不满 16 周岁。根据《刑法》第十七条第二款规定，已满 14 周岁不满 16 周岁的人，犯故意杀人、故意伤害致人重伤或者死亡、强奸、抢劫、贩卖毒品、放火、爆炸、投放危险物质罪的，应当负刑事责任。在刑法理论上，已满 14 周岁不满 16 周岁也被称为相对负刑事责任时期。只要实施了 8 种行为（不仅仅是实行行为，还包括预备行为、教唆行为、帮助行为）即可，所定的罪名也仅为 8 种罪名，即：故意杀人罪、故意伤害罪、强奸罪、抢劫罪、贩卖毒品罪、放火罪、爆炸罪、投放危险物质罪。这 8 种犯罪行为包括法律拟制（法律特别规定）的犯罪行为。例如，《刑法》第二百六十七条第二款规定，携带凶器抢夺的，以抢劫罪论处，这一规定将"抢夺"行为拟制为"抢劫"罪，14 至 16 周岁的人仍应对此"抢劫"承担责任。

第四个时期：已满 16 周岁。根据《刑法》第十七条第一款规定，已满十六周岁的人犯罪，应当负刑事责任。即已满 16 周岁的人对一切犯罪承担刑事责任，这就是刑法理论上的完全负刑事责任时期。

除了上述四个时期外，我国还规定了减轻刑事责任年龄。《刑法》第十七条第四款规定，对依照前三款规定追究刑事责任不满十八周岁的人，应当从轻或者减轻处罚。因不满16周岁不予刑事处罚应责令其父母或监护人加以管教，必要时可依法进行矫治教育。已满75周岁的人故意犯罪的，可以从轻或者减轻处罚；过失犯罪的，应当从轻或者减轻处罚。

（二）司法解释中对未成年人刑事责任的规定

自2006年1月23日起施行的《最高人民法院关于审理未成年人刑事案件具体应用法律若干问题的解释》对未成年人有诸多特殊宽大的规定：

（1）已满14周岁不满16周岁的人偶尔与幼女发生性行为，情节轻微，未造成严重后果的，不认为是犯罪。

（2）已满14周岁不满16周岁的人使用轻微暴力或者威胁，强行索要其他未成年人随身携带的生活、学习用品或者钱财数量不大，且未造成被害人轻微伤以上或者不敢正常到校学习、生活等危害后果的，不认为是犯罪。

已满16周岁不满18周岁的人具有前款规定情形的，一般也不认为是犯罪。

（3）已满16周岁不满18周岁的人出于以大欺小、以强凌弱或者寻求精神刺激，随意殴打其他未成年人、多次对其他未成年人强拿硬要或者任意损毁公私财物，扰乱学校及其他公共场所秩序，情节严重的，以寻衅滋事罪定罪处罚。

（4）已满16周岁不满18周岁的人实施盗窃行为未超过3次，盗窃数额虽已达到"数额较大"标准，但案发后能如实供述全部盗窃事实并积极退赃，且具有下列情形之一的，可以认定为"情节显著轻微危害不大"，不认为是犯罪：① 系又聋又哑的人或者盲人；② 在共同盗窃中起次要或者辅助作用，或者被胁迫；③ 具有其他轻微情节的。

已满16周岁不满18周岁的人盗窃未遂或者中止的，可不认为是犯罪。

已满16周岁不满18周岁的人盗窃自己家庭或者近亲属财物，或者盗窃其他亲属财物但其他亲属要求不予追究的，可不按犯罪处理。

（5）已满14周岁不满16周岁的人盗窃、诈骗、抢夺他人财物，为窝藏赃物、抗拒抓捕或者毁灭罪证，当场使用暴力，故意伤害致人重伤或者死亡，或者故意杀人的，应当分别以故意伤害罪或者故意杀人罪定罪处罚。

已满16周岁不满18周岁的人犯盗窃、诈骗、抢夺罪，为窝藏赃物、抗拒抓捕或者毁灭罪证而当场使用暴力或者以暴力相威胁的，应当依照《刑法》第二百六十九条的规定定罪处罚；情节轻微的，可不以抢劫罪定罪处罚。

（6）对未成年罪犯适用刑罚应当充分考虑是否有利于未成年罪犯的教育和矫正。

对未成年罪犯量刑应当依照《刑法》第六十一条的规定，并充分考虑未成年人实施犯罪行为的动机和目的、犯罪时的年龄、是否初次犯罪、犯罪后的悔罪表现、个人成长经历和一贯表现等因素。对符合管制、缓刑、单处罚金或者免予刑事处罚适用条件的未成年罪犯，应当依法适用管制、缓刑、单处罚金或者免予刑事处罚。

未成年人犯罪只有罪行极其严重的，才可以适用无期徒刑。对已满14周岁不满16周岁的人犯罪一般不判处无期徒刑。除刑法规定"应当"附加剥夺政治权利外，对未成年罪犯一般不判处附加剥夺政治权利。如果对未成年罪犯判处附加剥夺政治权利的，应当依法从轻判处。对未成年罪犯实施刑法规定的"并处"没收财产或者罚金的犯罪，应当依法判处相应的财产刑；对未成年罪犯实施刑法规定的"可以并处"没收财产或者罚金的犯罪，一般不判处财产刑。对未成年罪犯判处罚金刑时，应当依法从轻或者减轻处罚，并根据犯罪情节，综合考虑其缴纳罚金的能力，确定罚金数额，但罚金的最低数额不得少于500元人民币。

二、刑事责任能力

刑事责任能力是指行为人对自己行为的辨认能力与控制能力。所谓辨认能力是指行为人认识自己特定行为的性质、结果与意义的能力；所谓控制能力是指行为人支配自己实施或不实施特定行为的能力。辨认能力是控制能力的基础与前提，没有辨认能力就谈不上控制能力；控制能力又反映行为人的辨认能力，有控制能力则表明行为人具有辨认能力，但有辨认能力不一定就必然有控制能力，比如身体受到强制的情形下按照胁迫人意志所实施的行为。

影响刑事责任能力的有无及程度的主要因素有：年龄、精神障碍以及生理机能正常与否。结合人的年龄、精神障碍以及生理机能等因素，我们可以将刑事责任能力划分为完全刑事责任能力、完全无刑事责任能力、相对有刑事责任能力、减轻刑事责任能力。

（一）完全刑事责任能力

完全刑事责任能力，即行为人达到法定刑事责任年龄并且精神正常而具有辨认和控制自己行为的能力。根据我国刑法规定，凡是年满18周岁、精神和生理功能健全，且智力与知识发展正常的人都是完全刑事责任能力人。完全刑事责任能力人，应当对自己的犯罪行为，负刑事责任。

（二）完全无刑事责任能力

完全无刑事责任能力，即行为人没有刑法意义上的辨认和控制自己行为的能力。完全无刑事责任能力人包括两类：一类是不满12周岁的人；一类是行为时因精神病而完全不能辨认或者不能控制自己行为的人。完全无刑事责任能力人即使实施了客观上危害社会的行为，也不能成为犯罪主体，不能被追究刑事责任。

关于醉酒及吸毒人员是否属于因精神病而完全不能辨认或者不能控制自己的人，需要注意：（1）病理性醉酒属于完全无刑事责任能力人，不负刑事责任。病理性醉酒是由于酒精中毒导致行为紊乱，记忆缺失，并且伴有幻觉、妄想等精神病症状，是精神病的一种，属于完全无刑事责任能力，不负刑事责任。（2）生理性醉酒不属于完全无刑事责任能力人。生理性醉酒是指因饮酒过量而致精神过度兴奋甚至神志不清的情况，应当负刑事责任。主要原因在于：医学证明，生理醉酒只是导致人的辨认和控制自己行为的能力有所减弱，并不导致人的辨认和控制能力丧失；生理醉酒的人在醉酒前应当预见甚至已经预见到自己醉酒后可能实施的危害行为，即行为人对自己醉酒后实施的危害行为在主观上存在过错；醉酒是人为的，而且是完全可以戒除的。（3）吸毒的人不属于完全无刑事责任能力人。我国刑法没有将吸毒状态认定为丧失或者减轻责任能力的情形，因此吸毒的人具有完全刑事责任能力。对于吸毒后第一次产生的幻觉，在幻觉中实施犯罪的，由于缺乏犯罪故意，可认定为过失犯罪；对于明知自己吸毒后会产生幻觉，利用这一特点实施犯罪的，应认定为故意犯罪。

（三）相对有刑事责任能力

相对有刑事责任能力，又称相对无刑事责任能力。即行为人仅限于对刑法所明确规定的某些严重犯罪具有刑事责任能力，而对未明确限定的其他危害行为无刑事责任能力的状况。相对无刑事责任能力人都是超过了12周岁，但是又不满16周岁的人。在我国，相对有刑事责任能力包括两种情况：一是已满12周岁不满14周岁的人，犯故意杀人、故意伤害罪，致人死亡或者以特别残忍手段致人重伤造成严重残疾，情节恶劣，经最高人民检察院核准追诉的，应当负刑事责任。二是已满14周岁不满16周岁的人，犯故意杀人、故意伤害致人重伤或者死亡、强奸、抢劫、贩卖毒品、放火、爆炸、投放危险物质罪的，应当负刑事责任。

（四）减轻刑事责任能力

减轻刑事责任能力，又称限定刑事责任能力。即因年龄、精神状况、生理功能缺陷等原因，而使行为人实施刑法所禁止的危害行为时，虽然具有责任能力，但其辨认或控制自己行为的能力较完全责任能力有一定程度的减弱或降低的情况。根据我国刑法规定，有以下几类人属于减轻刑事责任能力人：

一是不满18周岁的未成年人。根据《刑法》第十七条第四款的规定，对于不满18周岁的人犯罪，应当从轻或者减轻处罚。

二是尚未完全丧失辨认或者控制自己行为能力的精神病人。根据《刑法》第十八条第三款的规定，尚未完全丧失辨认或者控制自己行为能力的精神病人犯罪时，应当负刑事责任，但是可以从轻或者减轻处罚。对于间歇性精神病人在精神正常时的犯罪行为，因为在精神正常时具有完全的辨认和控制能力，因此不能从宽处罚；尚未完全丧失辨认或控制能力的精神病人应当负刑事责任，但可以从轻或减轻处罚；完全性精神病人在不能辨认或不能控制自己行为的时候造成危害结果，经法定程序鉴定确认的，不负刑事责任，但是应当责令他的家属或者监护人严加看管和医疗；在必要的时候，由政府强制医疗。

三是又聋又哑的人或者盲人。对于这一部分人由于没有丧失辨认或控制能力，仍然具有责任能力，但由于生理缺陷会造成辨认或控制能力的减弱，因此可能会使得责任能力减弱。具体而言，当生理缺陷对责任能力有影响时，可以从轻、减轻或者免除处罚；反之，不可以从宽处罚。

四是已满75周岁的老年人。根据《刑法》第十七条之一的规定，对于已满75周岁的人故意犯罪的，可以从轻或者减轻处罚；过失犯罪的，应当从轻或者减轻处罚。

三、特殊身份

（一）特殊身份的概念与意义

特殊身份是指刑法规定的影响行为人刑事责任的行为人人身方面特定的资格、地位或状态。这些特殊身份不是自然人犯罪主体的一般要件，而是某些犯罪的自然人主体必须具备的要件。例如，贪污罪、受贿罪的主体，除要求具备一般主体的条件之外，还必须具有"国家工作人员"的身份。

是否具有特殊身份对定罪与量刑均具有重要意义。在定罪方面，是否具有特殊身份是区分罪与非罪、此罪与彼罪的重要标准。首先，具有特定身份是区分罪与非罪的标准之一，如非法经营同类营业罪、签订履行合同失职被骗罪等。其次，具有特定身份是区分此罪与彼罪的重要标准，如区分公司、企业人员受贿罪与受贿罪的关键，为是否国家工作人员。在量刑方面，是否具有特殊身份影响量刑。具有特定的身份是从重处罚的条件，如司法工作人员犯妨害作证罪、帮助毁灭、伪造证据罪等要从重处罚。通常情况下，对特殊身份主体规定的刑罚较一般主体更重。

（二）身份犯的类型

在刑法理论上，通常将以特殊身份作为主体构成要件或刑罚加减依据的犯罪称为身份犯。身份犯可以划分为真正身份犯与不真正身份犯。

真正身份犯，又称纯正身份犯，是指以特殊身份作为主体要件，无此特殊身份则根本不成立的犯罪。例如，我国《刑法》第二百四十七条刑讯逼供罪的主体必须是司法工作人员。因此，如果行为人不是司法工作人员，其行为就不可能成立刑讯逼供罪。真正身份犯的特殊身份必须在开始犯罪时就具有，如果是在犯罪过程中形成的身份则不属于定罪身份。此外，成立犯罪的特殊身份只是针对实行犯所要求的，不具有成立犯罪的特殊身份的人可以作为帮助犯、教唆犯等，与具有构成犯罪的特殊身份者构成共同犯罪。

不真正身份犯，又称为不纯正身份犯，是指特殊身份不影响定罪，但影响量刑的犯罪。在这种情况下，如果行为人不具有特殊身份，犯罪也成立，如果行为人具有这种身份，则刑罚的科处就比不具有这种身份的人要重或轻一些。例如，《刑法》第二百四十三条规定的诬告陷害罪，其主体是一般主体，但是国家工作人员犯该罪的，要从重处罚。

● 理论争鸣 ○

人工智能是否具有刑事责任能力？

人工智能技术的发展给法律系统带来诸多挑战，刑事责任能力议题便是其中之一。近年来，国内外诸多刑法学者关于人工智能是否具有刑事责任能力展开了激烈的讨论。

有学者提出，人工智能应当根据行为类型判定是否承担刑事责任，可从两个方面考虑：一是在设计和编制程序范围内实施行为时，智能机器人不承担刑事责任。原因在于：智能机器人在人类设计和编制的程序范围内的行为体现的是人类的意志，如果智能机器人做出了严重危害社会的犯罪行为本质上是为了实现研发者或者使用者的犯罪意志，应当将该智能机器人看作研发者的"工具"，智能机器人本身不应当承担刑事责任，需要承担刑事责任的是该智能机器人的研发者或者使用者。如果研发者和使用者为不同自然人或单位，他们之间可能成立共同犯罪，但无论如何研发者或者使用者都不可能和实施行为的智能机器人成立共同犯罪。二是，设计和编制程序范围外实施行为时，智能机器人需要承担刑事责任。原因在于：首先，在设计和编制的程序范围外实施行为时，智能机器人的行为实现的是自主意志而非他人意志，因而可以成为刑事责任主体。智能机器人是介于普通机器人与人之间且是由人所创造出的"人工人"，从法律属性上看，智能机器人比单位更接近于法律意义上的人，我们应当关注智能机器人的自由意志并赋予其法律上的主体资格。即智能机器人一旦符合刑事责任主体资格，那么其实施了严重危害社会的犯罪行为，当然就可以承担刑事责任。[①]

也有学者完全否定人工智能的刑事责任能力。原因在于：智能不是刑事责任能力的充分条件，即从智能无法推导出自由意志，而自由意志是刑事责任能力的必要不充分条件，刑罚只能对人类起作用。如果假设人工智能应当承担刑事责任，那么就意味着人工智能具有自由意志和道德情感，且刑罚对其有效，那么人类也不应允许可能对自己造成巨大威胁的人工智能技术自由发展。如果技术规制是必然的选项，那么人类实际上就不会允许人工智能发展到具有刑事责任能力的程度。[②]

请谈谈自己的看法。

典型例题

1. 甲患抑郁症欲自杀，但无自杀勇气。某晚，甲用事前准备的刀猛刺路人乙胸部，致乙当场死亡。随后，甲向司法机关自首，要求司法机关判处其死刑立即执行。对于甲责任能力的认定，下列哪一选项是正确的？（　　）（2010年国家司法考试真题）
   A. 抑郁症属于严重精神病，甲没有责任能力，不承担故意杀人罪的责任。
   B. 抑郁症不是严重精神病，但甲的想法表明其没有责任能力，不承担故意杀人罪的责任。
   C. 甲虽患有抑郁症，但具有责任能力，应当承担故意杀人罪的责任。
   D. 甲具有责任能力，但患有抑郁症，应当对其从轻或者减轻处罚。

   解析：抑郁症原则上不认为是精神病。尽管抑郁症患者可能会受到精神疾病的影响，但其仍然能够分辨和控制自身的行为。所以，有抑郁症的人实施犯罪行为应当承担刑事责任，并且也不适用精神病人犯罪后的从宽待遇。

2. 甲（十五周岁）的下列哪一行为成立犯罪？（　　）（2010年国家司法考试真题）
   A. 春节期间放鞭炮，导致邻居失火，造成十多万元财产损失。
   B. 骗取他人数额巨大财物，为抗拒抓捕，当场使用暴力将他人打成重伤。
   C. 受意图骗取保险金的张某指使，将张某的汽车推到悬崖下毁坏。
   D. 因偷拿苹果遭摊主喝骂，遂掏出水果刀将其刺成轻伤。

   解析：A 题干已经告诉我们是"失火"，14 至 16 周岁的人对放火罪而非失火罪承担刑事责任。B 从形式上看是成立《刑法》第二百六十九条转化型抢劫，但最高人民法院《关于审理未成年人刑事案件具体应用法律若干问题的解释》第 10 条规定，已满 14 周岁不满 16 周岁的人盗窃、诈骗、抢夺他人财物，为窝藏赃物、抗拒抓捕或者毁灭罪证，当场使用暴力，故意伤害致人重伤或者死亡，或者故意杀人的，应当分别以故意伤害罪或者故意杀人罪定罪处罚。根据该规定，本案中的甲某应对故意伤害罪承担刑事责任。C 选项中，甲实施了一个行为，即"将张某的汽车推到悬崖下毁坏"，这是得到被害人承诺的故意毁坏财物行为，即使甲已满 16 周岁，也不对此行为承担刑事责任。再者，本案的行为也涉及保险诈骗罪，14 至 16 周岁的人也不对保险诈骗罪承担刑事责任。故甲的行为不构成犯罪。D 选项中，14 至 16 周岁

---

① 刘宪权、胡荷佳：《论人工智能时代智能机器人的刑事责任能力》，载《法学》2018 年第 1 期。
② 郭研、沙涛：《人工智能刑事责任能力之否定》，载《法学研究》2022 年第 1 期。

的人将被害人刺成轻伤的行为不成立故意伤害罪,其仅对故意伤害致人重伤承担刑事责任。此外,本案中14至16周岁的人是不对转化型抢劫罪承担刑事责任的。再者,本案中的行为也不符合转化型抢劫罪的前提,转化型抢劫的前提是先前行为属于盗窃、诈骗、抢夺的犯罪行为,本选项中先前行为仅属于小偷小摸的行为。

3. 关于责任年龄与责任能力,下列哪一选项是正确的?(　　)(2015年国家司法考试真题)

A. 甲在不满14周岁时安放定时炸弹,炸弹于甲已满14周岁后爆炸,导致多人伤亡。甲对此不负刑事责任。

B. 乙在精神正常时着手实行故意伤害犯罪。伤害过程中精神病突然发作,在丧失责任能力时抢走被害人财物。对乙应以抢劫罪论处。

C. 丙将毒药投入丁的茶杯后精神病突然发作,丁在丙丧失责任能力时喝下毒药死亡。对丙应以故意杀人罪既遂论处。

D. 戊为给自己杀人壮胆而喝酒,大醉后杀害他人。戊不承担故意杀人罪的刑事责任。

解析:A项,责任年龄的计算应以行为时为标准。但是,发生结果时负有防止结果发生义务的,则有可能构成不作为犯罪。例如,甲安装炸弹时只有13周岁,炸弹爆炸时已经14周岁。甲在14周岁时对13周岁时安装的炸弹负有拆除义务,也即防止结果发生的义务。甲不履行该义务,构成不作为的爆炸罪。因此A项说法错误。

BC项,间歇性精神病人在精神正常时着手实行犯罪,在实行过程中精神病发作丧失责任能力的,该如何处理?根据行为与责任能力同时存在原则,第一,应符合"同时"的要求。仅要求行为与责任能力同时存在,不要求结果与责任能力同时存在。也即,只要求实施行为时有责任能力,不要求发生结果时有责任能力。第二,既遂条件,具有责任能力时的犯罪行为是否既遂,关键看该行为与最终结果有无因果关系。B项中乙构成故意伤害罪,对抢劫行为不负刑事责任。C项,丙在实施行为时具有责任能力,且该行为与死亡结果有因果关系,因此,丙构成故意杀人罪既遂。因此,B项说法错误,C项说法正确。

D项,没有特别交代戊是病理性醉酒,那么就按照生理性醉酒对待。生理性醉酒的人应负刑事责任。D项说法错误。

综上所述,本题答案为C。

4. 关于刑事责任能力的认定,下列哪一选项是正确的?(　　)(2017年国家司法考试真题)

A. 甲先天双目失明,在大学读书期间因琐事致室友重伤。甲具有限定刑事责任能力。

B. 乙是聋哑人,长期组织数名聋哑人在公共场所扒窃。乙属于相对有刑事责任能力。

C. 丙服用安眠药陷入熟睡,致同床的婴儿被压迫窒息死亡。丙不具有刑事责任能力。

D. 丁大醉后步行回家,嫌他人小汽车挡路将车砸坏,事后毫无记忆。丁具有完全刑事责任能力。

解析:AB项,又聋又哑的人和盲人虽然视觉、听觉、口语能力丧失,但是精神正常,属于完全有责任能力,应当负刑事责任。但是考虑到是残疾人,可以从轻、减轻或者免除处罚。《刑法》第十九条规定:"又聋又哑的人或者盲人犯罪,可以从轻、减轻或者免除处罚。"因此,又聋又哑的人和盲人不能被称为限定责任能力或相对有责任能力。限定责任能力或相对有责任能力,是指尚未完全丧失辨认或者控制自己行为能力的精神病人。故AB项说法错误。

C 项，完全无责任能力，是指完全丧失辨认能力和控制能力，是指严重的精神病人。精神正常的人在熟睡状态下并没有丧失辨认能力和控制能力，只是此时没有启动发挥辨认能力和控制能力。因此，熟睡的人完全有责任能力。故 C 项说法错误。

D 项，醉酒的人分两种。第一种为生理性醉酒，即日常生活中的醉酒，属于完全有刑事责任能力，应当负刑事责任（《刑法》第十八条第四款）。第二种为病理性醉酒，是指因酒精中毒导致幻觉妄想等精神病症状，是精神病的一种。这属于完全无刑事责任能力，不负刑事责任。D 项表达的是生理性醉酒，完全有责任能力。D 项说法正确。

综上所述，本题答案为 D。

● 案例讨论 ○

黄某寻衅滋事案[①]

案情：2018 年 7 月 30 日 13 时许，被告人黄某到公司院内上班，因怀疑被害人袁某某之前在自己杯子里吐过痰、尿过尿，遂持管钳将被害人袁某某的一辆蓝色飞野牌两轮电动车的仪表盘和后壳砸坏（不予价格鉴定），接着又感觉被害人乔某某伤害过自己家人，用管钳将被害人乔某某停放在院内的一辆白色越野车的左右车门挡风玻璃、后挡风玻璃、左右尾灯砸坏（经鉴定价格为人民币 3 466 元），被害人乔某某看见后上前制止，黄某又用随身携带的匕首在被害人乔某某的肚子处捅了一刀（被害人乔某某不做伤情鉴定）。经宁夏精神疾病鉴定所鉴定，被告人黄某案发时处于妄想状态，系限定刑事责任能力。

当地县人民法院于 2019 年 11 月 8 日判处被告人黄某犯寻衅滋事罪，处有期徒刑六个月。一审宣判后，被告人黄某以量刑过重，要求判处缓刑为由提起上诉。2019 年 12 月 16 日市中级人民法院作出（2019）宁 01 刑终 423 号刑事裁定书，准予被告人黄某撤回上诉。

请围绕本案展开讨论。

[①] 案件来源于中国裁判文书网，案号为：宁夏回族自治区银川市中级人民法院（2019）宁 01 刑终 423 号。

第二节　单位犯罪主体

> • 《刑法》
> 第三十条：公司、企业、事业单位、机关、团体实施的危害社会的行为，法律规定为单位犯罪的，应当负刑事责任。
> 第三十一条：单位犯罪的，对单位判处罚金，并对其直接负责的主管人员和其他直接责任人员判处刑罚。本法分则和其他法律另有规定的，依照规定。
> • 《全国人民代表大会常务委员会关于〈中华人民共和国刑法〉第三十条的解释》
> 全国人民代表大会常务委员会根据司法实践中遇到的情况，讨论了刑法第三十条的含义及公司、企业、事业单位、机关、团体等单位实施刑法规定的危害社会的行为，法律未规定追究单位的刑事责任的，如何适用刑法有关规定的问题，解释如下：
> 公司、企业、事业单位、机关、团体等单位实施刑法规定的危害社会的行为，刑法分则和其他法律未规定追究单位的刑事责任的，对组织、策划、实施该危害社会行为的人依法追究刑事责任。
> • 《最高人民法院关于审理单位犯罪案件具体应用法律有关问题的解释》
> 第一条：刑法第三十条规定的"公司、企业、事业单位"，既包括国有、集体所有的公司、企业、事业单位，也包括依法设立的合资经营、合作经营企业和具有法人资格的独资、私营等公司、企业、事业单位。
> 第二条：个人为进行违法犯罪活动而设立的公司、企业、事业单位实施犯罪的，或者公司、企业、事业单位设立后，以实施犯罪为主要活动的，不以单位犯罪论处。
> 第三条：盗用单位名义实施犯罪，违法所得由实施犯罪的个人私分的，依照刑法有关自然人犯罪的规定定罪处罚。

一、单位犯罪的概念及条件

我国《刑法》第三十条、第三十一条规定了单位犯罪。单位犯罪，是指公司、企业、事业单位、机关、团体为本单位谋取非法利益或者以单位名义为本单位全体成员或多数成员谋取非法利益，由单位的决策机构按照单位的决策程序决定，由直接责任人员具体实施，且刑法明文规定单位应受刑罚处罚的犯罪。成立单位犯罪，应当具备如下法定条件：

第一，主体条件。单位犯罪的主体包括公司、企业、事业单位、机关与团体。其中，公司是指全部资本由股东出资构成，以营利为目的而依法设立的一种企业组织形式。在我国，公司是指依照《中华人民共和国公司法》在中国境内设立的以营利为目的社团法人，包括有限责任公司和股份有限公司。企业是指从事生产、流通、服务等经济活动，以生产或服务满足社会需要，实行自主经营、独立核算、依法设立、具有经济法人资格的一种营利性的经济组织。事业单位是指为了社会公益目的，由国家机关举办或者其他组织利用国有资产举办的，从事教育、科技、文化、卫生等为国民经济和社会发展服务的社会组织。机关是指从事国家管理和行使国家权力的机构，包括各级权力机关、行政机关、司法机关、监察机关和军队。在我国，中国共产党的组织也被视为机关。团体是指两个或两个以上互相影响、互相依赖的人为了完成特定的目标而结合在一起的集合体。成立单位犯罪，原则上不要求具有法人资格，但根据司法解释规定，私营企业构成单位犯罪要求必须有法人资格。单位的分支机构或内部机构可以构成单位犯罪，但有两个条件：一是以自己的名义犯罪；二是违法所得归该机构所有。外国公司、企业、事业单位在我国领域内的犯罪，适用我国单位犯罪的规定。

第二，主观条件。成立单位犯罪，要求具有单位的整体意志。单位犯罪的犯罪意志不是内部某个成员的意志，而是单位的整体意志。单位整体意志的产生来源有二：一是由单位决策机构形成；二是单位主要领导出于为单位谋取利益的意图，根据其职权作出决策。需要注意的是，如果成立单位时，主要目的就是犯罪，或者成立单位后主要活动就是犯罪的，应以自然人犯罪论处，这是因为这种单位实际上是个人犯罪的工具和幌子。

第三，谋取利益条件。成立单位犯罪，要求为单位谋取非法利益。为单位全体成员谋取非法利益，可视为为单位谋取非法利益。为单位某些特定成员谋取非法利益，不属于为单位谋取非法利益。

第四，必须由刑法明文规定。某种单位行为是否构成单位犯罪，除了上述三个条件以外，还要看是否由刑法明文规定。这是因为，并非任何犯罪，单位都可以成为主体。在犯罪主体中，自然人主体是基础的、主要的犯罪主体。单位要成为犯罪主体，必须由刑法分则条文明文规定。单位不可能对一切犯罪承担刑事责任。比如，单位不可能成为盗窃罪、抢劫罪、抢夺罪、故意杀人罪、故意伤害罪、非法侵入他人住宅罪等犯罪的主体。

二、单位犯罪的处罚原则

世界各国在司法实践和刑法理论中，对单位犯罪的处罚主要有两种原则：一是双罚制，即单位犯罪的，对单位和单位直接负责人员（包括代表人、主管人员以及其他有关人员）均处以刑罚。二是单罚制，即单位犯罪的，只处罚单位或者只处罚单位的直接负责人员。因此，单罚制又可以分为转嫁制和代罚制两种。其中，转嫁制是指单位犯罪的，只处罚单位而不处罚单位的直接负责人员。代罚制则是指单位犯罪的，只处罚直接责任人员而不处罚单位。

根据《刑法》第三十一条前半段的规定，我国针对单位犯罪，一般采取双罚制，即对单位和单位直接负责人员均以刑罚处罚。关于刑种，对单位只能判处罚金，不能没收财产。单位没有可供执行罚金的财产，不能按照自然人犯罪处理。但是根据第三十一条后半段"本法分则和其他法律另有规定的，依照规定"则规定了例外情况，采取单罚原则，即对单位直接负责人员判处刑罚，不再处罚单位。这是因为单位犯罪通常是为单位或者单位大多数成员谋利。如果为单位谋利，当然要处罚单位；如果为单位大多数成员谋利，就不一定惩罚单位，因为单位也可能是受害者。比如，《刑法》第一百六十二条规定的妨害清算罪，只处罚直接负责人员；第二百五十条规定的出版歧视、侮辱少数民族作品罪，只处罚直接责任人员。另外，在涉案单位被撤销、注销、吊销营业执照或宣告破产时，也只追究直接责任人员的刑事责任。

● 理论争鸣 ○

村委会是否具有单位犯罪的主体资格？

近年来，村民委员会为了集体和村民的公益事业，筹集建设款、滥伐林木、非法转让土地和倒卖土地使用权等情况屡见不鲜。审判实践中，对村民委员会是否构成单位犯罪很难界定，理论界和实务界对此也各有其词。

第一种观点认为，村民委员会不属于刑法意义上的单位范畴。我国《刑法》第三十条以列举的形式明确规定"公司、企业、事业单位、机关、团体"五类为刑法所规定的单位犯罪。从该条规定中不难看出，村民委员会不属于刑法所规定的单位犯罪主体五种类型之一，同时《最高人民法院关于审理单位犯罪案件具体应用法律有关问题的解释》中也没有讲到村民委员会可作为单位犯罪主体追究其刑事责任，且《公安部关于村民委员会可否构成单位犯罪主体问题的批复》中明确规定了"对以村民委员会名义实施犯罪的，不应以单位犯罪论"，因而村民委员会不是法律意义上的单位犯罪主体，不能对其予以刑事处罚。

第二种观点认为，村民委员会符合作为单位犯罪主体的要件和特征，应作为单位犯罪主体并可追究其刑事责任。

第三种观点认为，村民委员会虽然符合作为单位犯罪主体的法律特征，但由于目前刑法规定不明确，根据罪刑法定原则，不能将其作为单位犯罪主体追究其刑事责任。

请谈谈自己的看法。

● 典型例题 ○

1. 关于单位犯罪的主体，下列哪一项是错误的？（　　）（2006年国家司法考试真题）

A. 不具有法人资格的私营企业，也可以成为单位犯罪的主体。

B. 刑法分则规定的只能由单位构成的犯罪，不可能由自然人单独实施。

C. 单位的分支机构或者内设机构，可以成为单位犯罪的主体。

D. 为进行违法犯罪活动而设立的公司、企业、事业单位，或者公司、企业、事业单位设立后，以实施犯罪为主要活动的，不能成为单位犯罪的主体。

解析：A 错误。根据当前司法解释，私营企业要构成单位犯罪，要求具有法人资格。私营公司可以成立单位犯罪。合伙企业由于不具有法人资格，不能成立犯罪，若实施犯罪，按照自然人（合伙人）犯罪处理。B 正确。关于单位犯罪与自然人犯罪的分类，包括以下三种：（1）纯正的单位犯罪，这是指只能由单位构成而不能由自然人构成的犯罪，如单位行贿罪、单位受贿罪；（2）不纯正的单位犯罪，指既可由单位构成又可由自然人构成的犯罪，如生产、销售伪劣产品罪；（3）纯正的自然人犯罪，是指只能由自然人构成而不能由单位构成的犯罪。金融诈骗罪的8个罪名中，只有3个罪名是纯正的自然人犯罪：贷款诈骗罪、信用卡诈骗罪、有价证券诈骗罪。C 正确。根据司法解释的规定，符合以自己的名义犯罪和违法所得归该机构这两个条件，单位的分支机构或内设机构可以成为单位犯罪的主体。D 正确。根据司法解释的规定，成立单位时主要目的就是犯罪，或者成立单位后主要活动就是犯罪的，应以自然人犯罪论处。因为，这种单位实际上是个人犯罪的工具和幌子。故本题选择 A。

2. 关于单位犯罪，下列哪些选项是错误的？（　　）（2010 年国家司法考试真题）

A. 单位只能成为故意犯罪的主体，不能成为过失犯罪的主体。

B. 单位犯罪时，单位本身与直接负责的主管人员、直接责任人员构成共同犯罪。

C. 对单位犯罪一般实行双罚制，但在实行单罚制时，只对单位处以罚金，不处罚直接负责的主管人员与直接责任人员。

D. 对单位犯罪只能适用财产刑，既可能判处罚金，也可能判处没收财产。

解析：A 项，单位犯罪既可以是故意犯罪，也可以是过失犯罪。B 项，成立单位犯罪，要求具有单位犯罪的意志。单位犯罪的犯罪意志不是内部某个成员的意志，而是单位的整体意志。因此，单位犯罪是单位本身的犯罪，不是各个成员的共同犯罪，也不是单位与成员（包括直接责任人员）的共同犯罪。C 项，根据法条规定，对单位犯罪例外地实行单罚时，只处罚直接责任人员，不处罚单位。这是因为，如果处罚单位，会损害无辜的普通职员的利益，有株连无辜之嫌，违背罪责自负原则。C 项说法错误。D 项，根据法条规定，对单位本身只能判处罚金，不能判处没收财产。对单位不判处没收财产，主要是考虑到没收财产是指没收合法的没有用于犯罪的财产，如果没收单位的财产如办公设备、生产资料等，会影响单位的正常经营。单位犯了罪，并不意味着该单位就必须被撤销。D 项说法错误。综上所述，本题答案为 ABCD。

3. 关于单位犯罪，下列哪些选项是正确的？（　　）（2015 年国家司法考试真题）

A. 就同一犯罪而言，单位犯罪与自然人犯罪的既遂标准完全相同。

B.《刑法》第一百七十条未将单位规定为伪造货币罪的主体，故单位伪造货币的，相关自然人不构成犯罪。

C. 经理赵某为维护公司利益，召集单位员工殴打法院执行工作人员，拒不执行生效判决，成立单位犯罪。

D. 公司被吊销营业执照后，发现其曾销售伪劣产品 20 万元。对此，应追究相关自然人销售伪劣产品罪的刑事责任。

解析：A 项，不纯正的单位犯罪，是指既可由单位构成也可由自然人构成的犯罪。例如，生产、销售伪劣产品罪。单位实施该犯罪与自然人实施该犯罪，在成立标准、既遂标准上应保持一致。例如，生产、销售伪劣产品罪的既遂标准是"销售金额五万元"。这个数额对单位和自然人同样适用，而不应有所区别。实务中有种错误观念，认为就同一个犯罪而言，单位犯罪的既遂数额应高于自然人犯罪的既遂数额，其理由是，单位的规模大、实力雄厚，所以既遂标准应当往上提高。但是，这种观点完全错误。若如此，就意味着，如果普通人杀一个人是故意杀人罪的既遂，那么职业杀手或犯罪集团杀多个人才是故意杀人罪的既遂。等于告诉犯罪人，不要单兵作战，可以组团作战。A 项说法正确。

B 项，单位实施纯正的自然人犯罪（只能由自然人构成的犯罪），如何处理？对此，相关立法解释规定："公司、企业、事业单位、机关、团体等单位实施刑法规定的危害社会的行为，刑法分则和其他法律未规定追究单位的刑事责任的，对组织、策划、实施该危害社会行为的人依法追究刑事责任。"换言之，此时追究直接责任人的自然人犯罪。

题干中，伪造货币罪是纯正的自然人犯罪，只能由自然人构成。单位实施该罪，可以追究单位的直接责任人员的伪造货币罪的刑事责任。B 项说法错误。

097

C项，《刑法》第三百一十三条规定的拒不执行判决、裁定罪，在2015年11月1日生效的《刑法修正案（九）》之前，只能由自然人构成，修正案生效后，才可以由单位构成。本题为2015年9月份的考题，所以C项说法错误。

D项，根据司法解释，涉嫌犯罪的单位被其主管部门、上级机构等吊销营业执照、宣告破产的，追究直接责任人的刑事责任，对该单位不再追究。D项说法正确。

综上所述，本题答案为AD。

4. 下列对于单位犯罪的理解中，正确的是（　　）。（2021年法律硕士考试真题）

A. 依法成立的一人公司，不能成为单位犯罪的主体

B. 以单位内设机构名义实施犯罪的，不应认定为单位犯罪

C. 个人为进行违法犯罪活动而设立的企业实施犯罪的，不以单位犯罪论处

D. 符合我国法人资格条件的外国企业犯罪的，不应按照单位犯罪的规定追究刑事责任

解析：A项，依法成立的一人公司也是单位犯罪中的公司，能成为单位犯罪的主体。A项错误。B项，单位的内设机构或者分支机构，可以成为单位犯罪的主体。根据司法解释，需要符合两个条件：（1）以自己名义犯罪；（2）违法所得归该机构。B项错误。C项，根据司法解释，个人为违法犯罪活动而设立的公司、企业、事业单位实施犯罪的，以自然人犯罪论处。C项正确。D项，外国的公司、企业、事业单位在我国领域内犯罪，适用我国单位犯罪的规定。D项错误。综上，本题答案为C。

5. 关于行为主体，下列说法正确的是（　　）。（2020年国家统一法律职业资格考试真题）

A. 单位分支机构或内设机构不是独立法人单位，不能成为单位犯罪的主体

B. 犯罪集团和聚众犯罪的首要分子是一种特殊的身份犯

C. 已满14周岁不满16周岁的人绑架杀人的，对杀人行为具备责任年龄，对绑架行为不具备责任年龄

D. 单位犯罪本质上是单位主管人员、直接责任人员构成的特殊的共同犯罪

解析：A项，第一，单位犯罪是否要求单位必须具有法人资格？一般情况下，不要求单位有法人资格，但是私营企业要构成单位犯罪，要求有法人资格。例如，私营公司可以，合伙不行。第二，单位的分支机构（分公司）或内设机构能否成为单位犯罪的主体？司法解释规定，符合两个条件便可以：（1）以自己名义犯罪；（2）违法所得归该机构所有。因此，A项说法错误。

B项，真正身份犯，是指行为人只有具备某种特殊身份，才能构成犯罪。这种特殊身份也称为定罪身份或构成身份。定罪身份必须在开始犯罪时就具有。如果是在犯罪过程中形成的身份，则不属于定罪身份。例如，组织、领导、参加黑社会性质组织罪的组织者，不属于定罪身份，不是真正身份犯。又如，犯罪集团、聚众犯罪中的首要分子，也不是定罪身份。这是因为，这些身份都是在犯罪过程中形成的。

C项，《刑法》第十七条第二款规定，已满14周岁不满16周岁的人，犯故意杀人、故意伤害致人重伤或者死亡、强奸、抢劫、贩卖毒品、放火、爆炸、投放危险物质罪的，应当负刑事责任。这8种罪中，包括杀人，但不包括绑架。

D项，单位犯罪是单位本身的犯罪，不是各个成员个人的共同犯罪，也不是单位与成员个人的共同犯罪。

综上所述，本题答案为C。

案例讨论

周某集资诈骗案[①]

被告人周某,男,原系浙江省衢州市中宝投资有限公司(以下简称中宝投资公司)法定代表人。2011年2月,被告人周某注册成立中宝投资公司,担任法定代表人。公司上线运营"中宝投资"网络平台,借款人(发标人)在网络平台注册、缴纳会费后,可发布各种招标信息,吸引投资人投资。投资人在网络平台注册成为会员后可参与投标,通过银行汇款、支付宝、财付通等方式将投资款汇至周某公布在网站上的8个其个人账户或第三方支付平台账户。借款人可直接从周某处取得所融资金。项目完成后,借款人返还资金,周某将收益给予投标人。

运行前期,周某通过网络平台为13个借款人提供总金额170万余元的融资服务,因部分借款人未能还清借款造成公司亏损。此后,周某除用本人真实身份信息在公司网络平台注册2个会员外,自2011年5月至2013年12月陆续虚构34个借款人,并利用上述虚假身份自行发布大量虚假抵押标、宝石标等,以支付投资人约20%的年化收益率及额外奖励等为诱饵,向社会不特定公众募集资金。所募资金未进入公司账户,全部由周某个人掌控和支配。除部分用于归还投资人到期的本金及收益外,其余主要用于购买房产、高档车辆、首饰等。这些资产绝大部分登记在周某名下或供周某个人使用。2011年5月至案发,周某通过中宝投资网络平台累计向全国1 586名不特定对象非法集资共计10.3亿余元,除支付本金及收益回报6.91亿余元外,尚有3.56亿余元无法归还。案发后,公安机关从周某控制的银行账户内扣押现金1.80亿余元。

一审中,辩护人提出:一是周某行为系单位行为;二是周某一直在偿还集资款,主观上不具有非法占有集资款的故意;三是周某利用互联网从事P2P借贷融资,不构成集资诈骗罪,构成非法吸收公众存款罪。法庭经审理,认为公诉人出示的证据能够相互印证,予以确认。对周某及其辩护人提出的不构成集资诈骗罪及本案属于单位犯罪的辩解、辩护意见,不予采纳。综合考虑犯罪事实和量刑情节,2015年8月14日,浙江省衢州市中级人民法院作出一审判决,以集资诈骗罪判处被告人周某有期徒刑十五年,并处罚金人民币50万元。继续追缴违法所得,返还各集资参与人。

一审宣判后,浙江省衢州市人民检察院认为,被告人周某非法集资10.3亿余元,属于刑法规定的集资诈骗数额特别巨大并且给人民利益造成特别重大损失的情形,依法应处无期徒刑或者死刑,并处没收财产,一审判决量刑过轻。2015年8月24日,向浙江省高级人民法院提出抗诉。被告人周某不服一审判决,提出上诉。其上诉理由是量刑畸重,应判处缓刑。

本案二审期间,2015年8月29日,第十二届全国人大常委会第十六次会议审议通过了《中华人民共和国刑法修正案(九)》,删去《刑法》第一百九十九条关于犯集资诈骗罪"数额特别巨大并且给国家和人民利益造成特别重大损失的,处无期徒刑或者死刑,并处没收财产"的规定。刑法修正案(九)于2015年11月1日起施行。

浙江省高级人民法院经审理后认为,刑法修正案(九)取消了集资诈骗罪死刑的规定,

[①] 案件来源于中国裁判文书网,指导性案例:浙江省衢州市中级人民法院检例第40号。

根据从旧兼从轻原则，一审法院判处周某有期徒刑十五年符合修订后的法律规定。上诉人周某具有集资诈骗的主观故意及客观行为，原审定性准确。2016年4月29日，二审法院作出裁定，维持原判。终审判决作出后，周某及其父亲不服判决提出申诉，浙江省高级人民法院受理申诉并经审查后，认为原判事实清楚，证据确实充分，定性准确，量刑适当，于2017年12月22日驳回申诉，维持原裁判。

请围绕本案展开讨论。

第八章

犯罪主观方面

犯罪主观方面，亦即犯罪构成的主观要件，是指犯罪主体对其所实施的行为及其危害社会的结果所持有的心理状态。犯罪主观方面包括犯罪故意和犯罪过失、犯罪目的以及犯罪动机等要素。其中，犯罪故意和犯罪过失又称为行为人的罪过，是一切犯罪都必须具备的主观构成要素。而犯罪目的只是某些犯罪构成所必须具备的主观构成要素，因此犯罪目的又被称为选择性主观要素。犯罪动机则不是犯罪构成的必备主观要素，且只影响量刑不影响定罪。

犯罪主观方面的基本特征有四：其一，犯罪主观方面是支配行为人实施犯罪行为的心理态度，其本质是一种主观意识形态。其二，犯罪主观方面是对自己一定的行为及危害结果所持有的心理状态。其三，犯罪主观方面必须是刑法明文规定的心理状态，亦即犯罪主观方面具有法定性。其四，犯罪主观方面是一切犯罪都必须具备的构成要件。

第一节 犯罪故意

> •《刑法》
> 第十四条：明知自己的行为会发生危害社会的结果，并且希望或者放任这种结果发生，因而构成犯罪的，是故意犯罪。
> 故意犯罪，应当负刑事责任。

一、犯罪故意的概念

《刑法》第十四条规定："明知自己的行为会发生危害社会的结果，并且希望或者放任这种结果发生，因而构成犯罪的，是故意犯罪。 故意犯罪，应当负刑事责任。"依据该条规定，犯罪故意的概念可以概括为：行为人明知自己的行为会发生危害社会的结果，并且希望或者放任这种结果发生的一种心理状态。

理解犯罪故意这一概念，应当注意以下两点：

其一，犯罪故意不等同于故意犯罪，二者既有联系又具有本质的区别。依据《刑法》第十四条第一款规定，持有犯罪故意，因而构成犯罪的，是故意犯罪。亦即，犯罪故意是故意犯罪所持有的主观心理状态。因此，没有犯罪故意就没有故意犯罪。但是，犯罪故意与故意犯罪又具有本质区别，前者是构成犯罪的一种罪过形式，后者则是在罪过形式支配下的一种犯罪类型。

其二，刑法意义上的犯罪故意不同于一般生活中的"故意"。在刑法意义上，犯罪故意具有特殊的内涵，特指行为人明知自己的行为会发生危害社会的结果，并且希望或者放任这种结果发生的一种心理状态。而一般生活意义上的"故意"通常解释为有意识、存心，即对行为本身所持有的心理态度，并不必然包含对行为结果的认识。比如，在打架斗殴中，如果行为人只具有一般殴打的故意并无伤害对方的故意，但由于特殊原因或者条件导致受害人重伤或死亡的，不能认定为故意犯罪。若行为人对重伤或死亡的危害结果具有过失，则认定为过失犯罪；若行为人对重伤或死亡的危害结果也不具有过失，则不认定为犯罪。

二、犯罪故意的构成要素

从犯罪故意的概念可以看出，犯罪故意包括两个方面的因素，分别是认识因素和意志因素。认识因素，即行为人明知自己的行为会发生危害社会的结果，这里的"明知"就是一种认识。意志因素，即行为人希望或放任这种危害社会的结果发生，这里的"希望""放任"就是一种意志。认识因素和意志因素必须做到统一，是认定成立故意犯罪的前提。因此，认识犯罪故意应当从认识因素和意志因素两个角度加以解读。

（一）犯罪故意的认识因素

认识因素，即行为人明确知道自己将要实施的行为将会造成危害社会的结果，认识到自己的行为具有一定的危险性。认识因素是一切故意犯罪主观方面所需具备的特征。该因素也是区别犯罪故意与一般心理活动故意的本质所在，可以从以下三个方面加以认识：

1. 对"明知"的理解

行为人在实施犯罪时认识的范围大小，目前在刑法理论界主要存在以下几种争议：第一种，全部认识说。全部认识说认为，行为人应当认识到构成犯罪的全面要素，包括行为的性质、方式，行为侵害的法益，行为与结果之间的因果关系。第二种，部分认识说。部分认识说认为，应当认识到自己行为的性质以及可能造成的结果。[①]我们认为，一般从三个角度来考虑对内容的认识：其一，对行为本身的认识，即行为人首先要明确知晓自己正在实施危险行为，才有进一步讨论的意义，行为人明确认识到自己实施的行为将会为刑法保护的法益带来危险；其二，对行为将要带来的结果有认识，比如犯罪嫌疑人实施诈骗行为，肯定可以认识到自己将要获得财物，被害人将要损失财物；其三，要对犯罪对象、犯罪的特定时间有认识，比如贩卖淫秽物品罪，行为人需要认识到自己在贩卖的物品系刑法所禁止的具有露骨内容的淫秽物品。比如非法捕捞水产品罪，要求犯罪嫌疑人知道自己在禁捕期实施了捕捞行为。

2. 对"行为"的理解

根据通说，犯罪行为要求具备有体性、有意性、有害性，具体来说即要求在行为人意识支配之下实施，外化于肉眼可见的行为并对法益具有一定的侵害性。行为人在实施任何犯罪时需要知晓自己正在实施的行为具有以上三个特征，如果缺乏任何一个要素将导致认识因素的缺乏。比如精神病人实施了杀人行为，但是由于智力或精神状况等原因，杀人行为并不是在意识支配下所实施的，缺乏有意性将导致认识因素不完整，进而不成立犯罪。

[①] 周光权：《刑法总论（第四版）》，北京：中国人民大学出版社2021年版，第153页。

3. 对"会发生结果"的认识

对结果的认识可以分为两类，一类是明确知道自己行为将造成特定的损害结果，比如高某欲杀死赵某，用菜刀疯狂砍其脖颈，最终导致了赵某失血过多死亡，在此情形中，高某明确知道自己的菜刀砍下去将会导致赵某死亡结果的发生。第二类是已经知道自己的行为可能导致损害结果的发生，也可能不会导致结果发生，但是听之任之，不采取积极行动制止，也不追求结果发生，比如高某欲开枪射杀远方的赵某，赵某正在与李某亲切交谈，高某认识到自己一枪下去可能会打死赵某，也有可能打死李某，但杀人心切，直接开枪，最终导致了李某死亡，此情形也可以认为对结果有认识。

（二）犯罪故意的意志因素

意志因素是在认识因素基础上，对犯罪结果的发生持有追求或放任的心理态度。从我国刑法对犯罪故意的界定来看，意志因素分为两种情形：

第一种，是希望危害结果发生的心理，即行为人对危害结果的发生持有积极追求、努力争取的主观心态。在这种意志因素支配之下，行为人在实施行为时已经认识到将要发生危害社会的结果，但仍然追求或希望该结果发生。比如，高某明知自己使用暴力劫取他人财物将会导致他人受伤以及财物损失的结果，但是仍然持刀对财物所有人加以劫持，此种情形便是对犯罪结果持有追求发生的态度。

第二种，是放任危害结果发生的心理，即行为人对结果的发生持有放任的主观心态。在这种意志因素支配之下，行为人虽然不希望也未追求危害结果的发生，但是对该结果既不采取积极行为加以避免，又不主动追求，而是听之任之，发生也好，不发生也罢，都在行为人接受范围内。比如，果园主人为了防止果园水果被偷，私拉电网。果园主人虽然已经认识到私拉电网可能会导致他人死亡，仍然放任这种危害结果的发生，最终导致前来偷水果的李某触电身亡。果园主人对危害结果的发生持有的就是一种放任的心理。

二、犯罪故意的分类

依据行为人对犯罪结果所持有的心理态度不同，一般我们可以将犯罪故意分为直接故意和间接故意：

（一）直接故意

直接故意指行为人明知自己的行为会发生危害社会的结果，并且希望这种结果发生的心理态度。在认识因素方面，行为人认识到自己的行为将会导致危害结果；在意志因素方面，行为人希望该结果的发生。进一步细分又可以分为两种情形：一种是行为人明知自己的行为必然发生危害社会的结果，并且希望这种结果发生的心理态度，比如高某明知开枪射击将要打死远方的李某，但为了杀死李某仍然实施射击行为，最终导致死亡结果的发生；另一种是明知自己的行为可能会发生危害社会的结果，并且希望该结果发生，比如，高某欲杀死赵某，某天，赵某和李某在乘坐缆车，高某欲剪断缆车线，但高某内心十分不愿杀死李某，但杀人心切，直接剪断缆车线，导致李某、赵某死亡。高某内心看似对李某死亡持有否定心理并一直在忏悔，但是只要高某实施剪断绳索的行为，必然会导致死亡结果的发生，此时不能认定为间接故意，而应当以直接故意论处，直接故意具有较深的主观恶性。

（二）间接故意

间接故意指行为人明知自己的行为可能发生危害社会的结果，并且有意放任，以致发生这种结果的心理态度。在认识因素方面表现为行为人知道自己的行为可能会造成损害结果，在意志因素方面表现为对该行为持放任心态，即听之任之，不阻止也不追求。间接故意情形下的行为人，对危害结果的认识只能是可能性认知，而不可能是必然性认知，如果行为人对危害结果的发生已经持有确定性的认识，此时已经超过间接故意的范围，应视为直接故意。用一句话来概括间接故意，行为人对危害结果的发生已经认识到可能实现，但没有积极地追求危害结果的实现，也没有采取措施避免，而是放任由之，发生了也不违背自己的意愿；没有发生，也不违背自己的意愿。

直接故意与间接故意的分类是根据立法划分的。除立法之外，在学理上还将故意划分为确定故意和不确定故意。确定故意，顾名思义，即行为人对自己将要实施何种犯罪，针对何种对象，造成何种结果均了如指掌。不确定故意是指行为人对自己的行为将会带来何种结果不能明确，或者仅有大致的认识，无法加以特定化、具体化，但结果的发生并未超过行为人的预期。为了准确全面地认定犯罪故意，除了掌握上文所提及的故意的种类与特征外，还应当从其他几个角度考虑犯罪故意的认定。首先应当注意犯罪故意与犯罪行为同时并存原则，该原则在认定是否构成犯罪时尤为重要，即行为人是否对犯罪结果的发生持故意心态，需要以行为人行为时的主观心理为准，而不能以行为前或行为后的心理为参考。其次应当注意区分犯罪的故意和日常生活的目的、单纯的认识，在认定犯罪故意时，要严守认识因素和意志因素，既不能用意志因素代替认识因素，也不能混淆认识因素和意志因素。最后应当区分刑法总则中的犯罪故意和刑法分则中的犯罪故意，刑法总则的犯罪故意是一种抽象、宽泛的故意，而刑法分则的犯罪故意是一种特定、具体的故意。

综上，直接故意与间接故意均属于故意的范畴。在认识因素上，他们都已经认识到自己的行为将会带来危害社会的结果；在意志因素上，均不排斥、反对结果的发生。从目前刑法条文来看，我国大多数犯罪均为直接故意类型的犯罪，间接故意可以构成的犯罪是少数，但直接故意也好，间接故意也罢，都是故意犯罪，只是间接故意主观恶性较低，在定罪量刑时可以予以从宽考虑。

● 理论争鸣 ○

共同犯罪故意的特征

对共同犯罪故意的特征，现有研究资料较少，缺乏深入研究，陈兴良教授的《共同犯罪论》中对其总结、归纳如下[①]：

（1）一特征说。这种观点认为行为人必须对共同的犯罪具有共同的认识，即共同的犯罪故意可以与同一的故意画等号，但忽视了犯罪的意志因素，存在缺陷。

---

① 陈兴良：《共同犯罪论》（第三版），中国人民大学出版社2017年版，第92页。

（2）认识因素的二特征说。首先，该观点认为各个共同犯罪人自己认识到他本身是在故意地参加犯罪的实施；其次，共同犯罪人认识到并非单独犯罪，而是与其他人在共同实施犯罪。

（3）认识因素与意志因素相统一的二特征说。首先，各个共同犯罪人都认识到自己不是孤立地实施某一犯罪行为，而是同其他人共同实施这一犯罪的行为；其次，各个共同犯罪人对于共同犯罪行为所引起的危害结果都抱着故意的态度。

（4）三特征说。首先，该观点认为共同犯罪人认识到二人以上共同实施犯罪；其次，共同犯罪人预见到共同犯罪行为的性质以及共同犯罪行为所引起的社会危害结果；最后，共同犯罪人一般是希望共同犯罪行为所引起的社会危害结果发生，但在个别情况下，也可能其中有人是放任社会危害结果发生。

请学生谈谈自己的看法。

● 典型例题 ○

1. 甲喜新厌旧，欲杀害妻子乙后与情妇结婚，虽然明知其儿子丙有与乙在同一饭碗里吃饭的习惯，由于杀乙心切而不顾丙的死活，仍在乙的饭碗里投放毒药。结果乙、丙均中毒身亡。本案中甲对丙死亡的心理态度是（　　　）。（2011年法律硕士考试真题）

　　A. 直接故意

　　B. 间接故意

　　C. 过于自信的过失

　　D. 疏忽大意的过失

解析：本案中，甲明知丙和乙在一个碗里吃饭而不顾丙的危险，属于明知危险而放任的态度，因此甲对丙的死亡持有间接故意心态。从认识因素上看，甲是明知丙可能会被毒死而不是预见，该意识已经超过过失达到故意的范畴，故不属于过失。因此，本题答案为B。

2. 下列哪一个行为构成故意犯罪？（　　　）（2022年国家统一法律职业资格考试真题）

　　A. 他人欲跳楼自杀，围观者大喊"怎么还不跳"，他人跳楼而亡。

　　B. 司机急于回家，行驶时闯红灯，把马路上的行人撞死。

　　C. 误将熟睡的孪生妻妹当成妻子，与其发生性关系。

　　D. 做客的朋友在家中吸毒，主人装作没见。

解析：选项 A 错误。从选项所给出条件来看，不足以判断为犯罪，也就无所谓故意或过失了。选项 B 错误。司机违反交通法规发生重大交通事故，构成交通肇事罪，属于过失犯罪，而非故意犯罪。选项 C 错误。从该项给出的信息来看，行为人主观上误认为是妻子，缺乏违背妇女意志强奸的明知，不存在强奸的故意。且我国《刑法》没有过失强奸罪的规定，故认定为意外事件比较合适。选项 D 正确。吸毒行为发生的场合是在行为人自己家中，主人对场所具有支配管理地位，有阻止场所内危险发生的义务，其不履行该义务，构成不作为的犯罪。

3. 下列有关犯罪行为方式与罪过关系的表述，正确的是（　　　）。（2011年法律硕士考试真题）

　　A. 作为是故意的，不作为是过失的

　　B. 作为是故意的或过失的，不作为是过失的

C. 作为是直接故意的，不作为是间接故意的或过失的

D. 作为、不作为与故意、过失之间没有绝对的对应关系

解析：危害行为可以划分为作为与不作为两种形式。罪过，即故意和过失，是犯罪构成主观方面的必要要素。作为、不作为与故意、过失之间不存在绝对的对应关系。故意可以表现为作为或者不作为，过失也可以表现为作为或者不作为。答案选 D。

4. 不作为犯罪的主观方面（　　）。（2020 年法律硕士考试真题）

A. 只能是过失

B. 只能是故意

C. 不要求故意及过失

D. 可以是故意也可以是过失

解析：作为犯罪与故意犯罪没有必然的对应关系，不作为犯罪与过失犯罪也没有必然的对应关系，D 项正确。

5. 行为人因不能抗拒的原因而引起损害结果的，不是犯罪，这是由于行为人（　　）。（2010 年法律硕士考试真题）

A. 对危害结果的发生没有认识

B. 对危害结果的发生没有预见

C. 对危害结果的发生不存在故意或者过失

D. 不具备犯罪的主体条件

解析：无罪过事件之所以不认为是犯罪，是因为其欠缺犯罪构成的主观要件，即行为人没有故意也没有过失，所以无法构成犯罪，C 项正确。行为人对危害结果的发生没有认识或没有预见而在疏忽大意的过失的情况下依然有构成犯罪的可能，A、B 项错误。无罪过事件与犯罪主体资格无关，D 项错误。因此本题选 C。

● 案例讨论 ○

上海云瀛复合材料有限公司、乔某某等污染环境案[①]

案情：被告单位上海云瀛复合材料有限公司（以下简称云瀛公司）在生产过程中产生了危险废物，应当委托具有专门资质的机构加以处理。云瀛公司总经理，即被告人乔某某，在公司主要负责日常管理工作。云瀛公司工作人员，即被告人陶某某，负责涉案钢板清洗液的采购和钢板清洗废液的处置。2016 年 3 月至 2017 年 12 月，被告人乔某某、陶某某在明知被告人贡某某无危险废物经营许可资质的情况下，未经有关部门批准以及备案，经常多次要求贡某某将公司生产的危险废料拉回常州市并加以处置。2017 年 2 月至 2017 年 12 月，被告人贡某某多次驾驶卡车将云瀛公司的钢板清洗废液非法倾倒于常州市新北区春江路与辽河路交叉口附近污水井、常州市新北区罗溪镇黄河西路等处；2017 年 12 月 30 日，被告人贡某某驾驶卡车从云瀛公司运载钢板清洗废液至常州市新北区黄河西路 685 号附近，利用塑料管引流将钢板清洗废液非法倾倒至下水道，造成兰陵河水体被严重污染。经抽样检测，兰陵河增光

[①] 案件来源于中国裁判文书网，案号为：（2018）苏 0412 刑初 1057 号。

桥断面河水超过 IV 类地表水环境质量标准。被告人贡某某非法倾倒涉案钢板清洗废液共计 67.33 吨。

法院判决：在环境污染刑事案件中，由于环境犯罪的特殊性，准确认定犯罪嫌疑人、被告人的主观过错成为重点问题。在实践层面，判断犯罪嫌疑人、被告人是否具有污染环境的故意，应当依据犯罪嫌疑人、被告人的任职情况、职业经历、专业背景、培训经历、本人因同类行为受到行政处罚或刑事追究情况及污染物种类、污染方式、资金流向等证据，结合犯罪嫌疑人对犯罪事实的供述进行综合判断。本案中，被告人乔某某、陶某某明知本单位产生的危险废物需要有资质的单位来处理，且跨省、市区域转移需填写危险废物转移联单并经相关部门批准，仍通过与有资质的单位签订合同但不实际处理的方式，多次要求被告人贡某某将云瀛公司产生的钢板清洗废液拉回常州市并处置，放任对环境造成危害。被告人贡某某在无危险废物经营许可资质的情况下，跨省、市区域运输危险废物并非法倾倒于常州市内污水井、下水道中，严重污染环境。上述 3 名被告人均具有环境污染犯罪的故意。本案在准确认定犯罪嫌疑人、被告人的主观过错方面具有典型意义。

请围绕本案展开讨论。

第二节 犯罪过失

> • 《刑法》
> 第十五条：应当预见自己的行为可能发生危害社会的结果，因为疏忽大意而没有预见，或者已经预见而轻信能够避免，以致发生这种结果的，是过失犯罪。
> 过失犯罪，法律有规定的才负刑事责任。

一、犯罪过失的概念

犯罪过失是行为人在实施犯罪行为时所持有的一种心理态度，与犯罪故意同属于罪过形式。我国《刑法》第十五条第一款规定："应当预见自己的行为可能发生危害社会的结果，因为疏忽大意而没有预见，或者已经预见而轻信能够避免，以致发生这种结果的，是过失犯罪。"据此，犯罪过失是指行为人应当预见自己的行为可能发生危害社会的结果，因疏忽大意而没有预见，或因已经预见而轻信能够避免，以致发生危害社会结果的一种心理态度。概括来说，犯罪过失是由于欠缺应有的注意，进而导致危害结果的出现。犯罪过失与犯罪故意共同成为犯罪构成的主观构成要件。目前我国刑法共计483个罪名，但只有38个罪名是可以以过失心态为构成要件，其余445个罪名均以故意为构成要件，由此也不难看出我国刑法仍以处罚故意犯罪为主，过失犯罪为辅。

理解犯罪过失这一概念，应当注意犯罪过失不等同于过失犯罪，二者既有联系又具有本质的区别。依据《刑法》第十五条第一款的规定，持有犯罪过失，因而构成犯罪的，是过失犯罪。亦即，犯罪过失是过失犯罪所持有的主观心理状态。因此，没有犯罪过失，就没有过失犯罪。但是，犯罪过失与过失犯罪又具有本质区别，前者是构成犯罪的一种罪过形式，后者则是在罪过形式支配下的一种犯罪类型。

从犯罪过失的概念可以看出，犯罪过失同犯罪故意一样，也包括两个方面的因素，分别是认识因素和意志因素。其特点为：（1）犯罪过失的认识因素，体现为：对可能发生危害社会的结果应当预见而没有预见，或者已经预见而轻信能够避免，这是行为人对自己行为是否有可能造成危害结果的认识。（2）犯罪过失的意志因素，体现为：行为人对自己行为所发生的危害结果持有否定态度。具体而言，行为人并不追求也不希望自己的行为会发生危害社会的结果，其主观愿望与客观效果完全相悖。但由于行为人疏忽大意，没有尽到足够的认识义务，或者虽然已经认识到可能发生危害结果，但轻信能够避免，因此行为人的主观认识与客观效果之间并不一致。

二、犯罪过失的类型

根据行为人对犯罪结果的认识程度，犯罪过失的类型在刑法理论上可以分为两类：一是疏忽大意的过失；二是过于自信的过失。

（一）疏忽大意的过失

依据《刑法》第十五条第一款的规定，疏忽大意的过失，是指行为人应当预见自己的行为可能会发生危害社会的结果，但由于疏忽大意没有预见到，以致发生危害结果。例如，李某误将自家放置的"空调清洗剂"当作"米酒"倒给客人赵某饮用，导致赵某中毒死亡。李某对赵某中毒身亡的心理态度就是典型的疏忽大意的过失。我们可以从两个方面对疏忽大意的过失进行解构：

1. 行为人应当预见自己的行为可能会发生危害的结果

这里的"应当预见"是指行为人对自己的行为可能会发生危害结果所具有的预见义务和预见能力，亦即预见义务、预见能力是"应当预见"的两个缺一不可的必备要件。

所谓预见义务是指行为人对自己的行为可能发生危害结果具有预见的责任，如果行为人对可能发生的危害结果没有预见责任，即使发生了危害结果，也不构成疏忽大意的过失。这里预见义务的依据一般来源于两个方面：一方面是由法律或规章制度的规定。当前，我国各行各业一般都有相应的法律规定或者规章制度，确保"有法可依"，以避免危害社会的结果的发生，从而保障民众的基本利益。如《中华人民共和国道路交通安全法》为了维护道路交通秩序，预防和减少交通事故，保护人身安全，保护公民、法人和其他组织的财产安全及其他合法权益，对有关主体设定了各种义务，这些义务就是相应行为人的"预见义务"。另一方面是来源于社会共同生活准则，这是现实生活中作为一般人实施行为时所应遵守的注意义务。

所谓预见能力是指行为人在行为时具有预见并避免危害结果可能产生的能力。法律不强人所难，如果行为人缺乏预见能力，即使他有预见义务，也不能要求他去做不可能做到的事情。那么，如何判断行为人是否具有预见能力呢？刑法学界对此存在一定争议，有主观说、客观说、折中说三种不同观点。主观说（又称为"个人标准说"）认为，行为人是否具有预见能力，应站在行为人的角度进行判断，即以当时的具体条件下行为人本身的认知状况和认知能力为标准。客观说（又称为"社会标准说"）认为，行为人是否具有预见能力，应站在社会上一般人的角度进行判断，即以当时的具体条件下社会上一般人的认知状况和认知能力为标准。折中说（又称"综合说"）则是以主观说为主，客观说为辅的综合标准，实质上是侧重于主观说。本书赞同折中说，即认为判断行为人是否具有预见能力，既要考虑行为人自身的智力水平、生活经验、文化水平、年龄状况、业务技能等因素，也应当充分考虑社会上一般人在普通条件下的认知条件和能力。

2. 行为人由于疏忽大意而没有预见到自己的行为可能会发生危害结果

主观上对危害结果的无认识状态，是疏忽大意过失心理的重要特征。正是由于这种心理，才导致行为人在没有认识到危害结果发生的情形下，盲目实施了危害社会的行为，导致了危害结果的出现。行为人主观上存在过错，但该种过错与故意犯罪又具有一定的差别，因此在量刑时也比故意犯罪要轻一些。

（二）过于自信的过失

依据《刑法》第十五条第一款规定，过于自信的过失是指行为人已经预见自己的行为可能发生危害社会的结果，但轻信能够避免，以致发生这种结果的心理态度。比如，行为人李某驾驶机动车，明知在弯道上强行超车可能会发生交通事故，但认为自己驾驶技术高超，于是强行超车，导致车祸，造成人员伤亡。李某的这种心理就是典型的过于自信的过失。我们可以从两个方面对过于自信的过失进行解构：

1. 行为人已经预见到自己的行为可能发生危害社会的结果

这是过于自信的过失与疏忽大意的过失最典型的区别。在过于自信的过失中，行为人已经预见到自己的行为可能会发生危害结果，这是行为人的认识因素。因此，过于自信的过失，又被称为"有认识的过失"。在过于自信的过失中，"已经预见"的内容包含行为人能够预见结果可能发生、行为人曾预见过结果的发生。已经预见的范围有时容易与其他概念相混淆，如果行为人在犯罪时根本没有预见到自己行为会发生危害结果，则可能会归纳入疏忽大意的过失或意外事件；如果行为人在行为时已经明确认识到危害结果的发生，那可能归纳入故意犯罪。

2. 行为人轻信能够避免危害结果的发生

这是行为人的意志因素的体现。在过于自信的过失中，行为人对危害结果的发生持有反对、否定、排斥的心理态度，既不希望危害结果发生，又不放任危害结果发生。行为人一方面预见到可能会发生危害结果，但另一方面凭借自己的主观心态和客观经验，相信自己能够避免该结果的发生。但所凭借的条件往往不牢靠，最终还是违反自己的意志导致危害结果的发生。这里的"轻信能够避免"，往往是由于行为人盲目自信，错误地预估了能够避免危害结果发生的根据，从而草率地支配自己的行为。

三、认定犯罪过失应当注意的几个问题

（一）正确区分疏忽大意的过失与过于自信的过失

疏忽大意的过失与过于自信的过失都属于犯罪过失，二者的共同点在于：行为人对危害结果的发生都持有反对、否定、排斥的心理态度，危害结果的出现严重违背行为人的心理预期。但二者也具有明显的区别，可以从以下两个方面进行判断：

1. 行为人对行为当时是否可能发生危害结果的认识因素不同

疏忽大意的过失的行为人在行为当时应当预见可能会导致某种结果的发生，但因疏忽大意没有预见，即行为人对危害结果的可能发生没有认识。而过于自信的过失的行为人在行为当时已经认识到自己的行为可能导致某种结果，即行为人对危害结果的可能发生有认识。

2. 行为人对危害结果的认知产生原因不同

疏忽大意的过失的行为人之所以没有认识到自己的行为可能会导致某种结果，主要是由于行为人没有注意或者注意力不集中等疏忽大意导致。而过于自信的过失的行为人之所以对危害结果的发生与否产生错误认识，是由于行为人过于自信，而误以为能够通过一定的措施或者借助特殊的有利条件避免。

（二）正确区分间接故意与过于自信的过失

间接故意和过于自信的过失的区分历来是一个困难的论题，因为间接故意和过于自信的过失的区分过于强调行为人的主观认知，但主观认知只能尽量去描述，却往往难以具体量化，

更无法准确定义。间接故意是指行为人已经意识到自己的行为可能会发生危害结果,但是仍然放任该危害结果的出现。所谓放任是指既不采取积极的措施去阻止,也不采取措施去追求,而是听之任之,任凭结果的自然发展。过于自信的过失是指行为人已经预见到自己的行为可能发生危害结果,但轻信能够避免,对结果的发生持一种否定的态度。两者之间具体的区分可以从以下几个方面进行判断:

1. 行为人的意志因素不同

这也是间接故意与过于自信的过失最为根本和重要的区分。间接故意与过于自信的过失对结果发生持有的心理态度是不同的,间接故意的行为人对危害结果的发生持无所谓的态度,即放任,听之任之。也就是说,行为人自己已经发现结果可能这样,也可能那样,但发生这样的结果也好,发生那样的结果也好,都会实施行为。而过于自信的过失的行为人对危害结果的发生持有反对、排斥的态度。也就是说,行为人虽然预见了自己的行为可能发生危害结果,但是行为人由于过于自信,认为通过自身努力或者客观方面的某些有利因素能够避免发生危害结果,行为人并不追求发生危害结果,并对危害结果的发生持有反对、排斥态度。

2. 行为人对发生危害结果的认识程度不同

间接故意的行为人对危害社会结果的发生是"明知",而过于自信的过失对危害社会结果的发生则是"预见"。也就是说,在对危害结果的发生的认识程度上,间接故意要高于过于自信的过失。具体而言,间接故意的行为人在大脑中经过仔细地计算,甚至对危害结果的发生进行过预演,认为结果的发生不能阻碍其继续实施危险行为,容忍结果的发生,并且行为人对危害结果自始至终未发生过认识错误。而过于自信的过失的行为人尚未经过认真仔细的计算,虽然认识到危险,但他要么不认真对待这种危险,行为人因为违反注意义务而否定对行为客体的具体危险;要么认真对待危险,但仍然违背义务地相信危害结果可以避免,最终对危害结果是否发生产生了认识错误。

3. 行为人的外在表征不同,即行为人是否采取了积极的措施

间接故意的行为人由于对危害结果的发生持有放任的态度,因此他不会采取任何积极措施避免危害结果的发生。而过于自信的过失的行为人由于对危害结果的发生持有否定态度,因此他往往会采取一定的措施来避免危害结果的发生,即已经尽到了真挚的努力。

● 理论争鸣 ○

犯罪过失中注意义务的实质判断标准是什么?

第一种观点:社会一般标准说。该观点认为应从社会中一般人的角度出发,以一般人的标准来判断行为人是否具有作为义务。如木村龟二曾说"法是社会的规范,注意义务是法的义务,作为其前提的能力,应当以社会一般人的能力为标准。"[1][2]

---

[1] 方蔚然:《论犯罪过失中的结果预见义务》,湘潭大学2015年硕士学位论文。
[2] 高铭暄、赵秉志:《过失犯罪的基础理论》,法律出版社2002年版,第26页。

第二种观点，主观标准说。该观点认为应以社会中的个体是否具有预见能力来判断。因为犯罪行为是个体实施的，因此应当从个体角度出发，处罚个体。

第三种观点，修正的一般标准说。该说既不赞成社会一般标准说，也不同意主观标准说，而是自成一派，因为社会人群既具有共性，也具有个性，应当具体情况具体看待。

第四种观点，以主观标准为基础，一般标准为参考。该观点认为应当先针对社会一般大众的认知能力，再结合个人细化的认识能力，进行综合判断。该观点与李希慧、刘期湘教授主张客观注意的主观化标准相类似，是指以一般人的注意能力为基准，综合行为当时的具体条件，从实际出发，实事求是地根据行为人个人的具体主观特征判断他在当时的具体情况下有无注意能力。[①]

第五种观点，折中说。该观点认为判断行为人行为时是否具有预见义务，应当分情况，即如果行为人的认知能力比社会一般人的认知能力高，那么就以社会一般人的认知能力为标准；如果行为人的认知能力相比于社会一般人的认知能力低，那么就以行为人的认知能力作为标准。

请谈谈自己的看法。

● 典型例题 ○

1. 甲女得知男友乙移情，怨恨中送其一双滚轴旱冰鞋，企盼其运动时摔伤。乙穿此鞋运动时，果真摔成重伤。关于本案的分析，下列哪一选项是正确的？（　　）（2013年国家司法考试真题）

　　A. 甲的行为属于作为的危害行为。
　　B. 甲的行为与乙的重伤之间存在刑法上的因果关系。
　　C. 甲具有伤害乙的故意，但不构成故意伤害罪。
　　D. 甲的行为构成过失致人重伤罪。

解析：A项，刑法中的危害行为不同于一般生活中的危害行为，其要求必须同时满足有体性、有意性、有害性三个特征，甲送旱冰鞋的行为并不符合危害行为的特征，不属于危害行为。B项，刑法上的因果关系是指危害行为与损害结果之间存在因果关系，本案中，甲送旱冰鞋的行为不属于危害行为，所以与乙受伤之间没有因果关系。C项，甲虽有伤害乙的主观故意，但是甲外化的行为不属于危害行为，因此甲不构成故意伤害罪。D项，甲的行为没有过失，不符合过失致人重伤罪的构成要件。本题选C。

2. 下列关于过失犯罪的说法，符合我国刑法规定的有（　　）。（2013年国家司法考试真题）

　　A. 过失犯罪可以成立未遂犯
　　B. 过失犯罪不能成立共同犯罪
　　C. 过失犯罪法律有规定的才负刑事责任
　　D. 不满16周岁的人对过失犯罪不负刑事责任

解析：我国刑法明确规定，只有故意犯罪才有未完成形态，而过失犯罪没有未遂之说。

[①] 李希慧、刘期湘：《论犯罪过失中注意义务的实质标准》，载《现代法学》2007年第1期。

同时，过失不能构成共同犯罪。因此，A、B项错误。行为人过失犯罪的，只有《刑法》明确规定才可以处罚，《刑法》没有规定则不能处罚，C项正确。刑法规定的16周岁以下可以构成的犯罪均属于故意犯罪，D项错误。故本题正确答案为C。

3. 甲误将苏打当毒药投入赵某的水杯中，赵某饮用后安然无恙。这一情形属于（　　）。（2013年法律硕士考试真题）

　　A. 意外事件

　　B. 过失犯罪

　　C. 对象错误

　　D. 手段错误

解析：行为人对犯罪手段发生误用属于手段错误，甲本预想使用毒药杀害赵某，但因为发生错误认识而用了苏打是手段错误，D项正确。手段错误不影响罪过的性质。甲想毒杀的人和实际毒杀的人都是赵某，没有发生对象错误，C项错误。甲不是过失犯罪，主观上具有杀人的故意，属于故意犯罪，AB项错误。因此本题选D。

4. 下列关于过失犯罪的说法，符合我国刑法规定的有（　　）。（2013年法律硕士考试真题）

　　A. 过失犯罪可以成立未遂犯

　　B. 过失犯罪不能成立共同犯罪

　　C. 过失犯罪法律有规定的才负刑事责任

　　D. 不满16周岁的人对过失犯罪不负刑事责任

解析：根据《刑法》明确规定，过失犯罪不存在未完成形态，A项错误。同时，《刑法》规定过失犯罪无法构成共同犯罪，B项正确。《刑法》明确规定，过失犯罪，法律有规定的才负刑事责任，C项正确。不满16周岁的人对过失犯罪不负刑事责任，D项正确。因此本题选BCD。

5. 下列关于过失犯罪的说法中，正确的是（　　）。（2011年法律硕士考试真题）

　　A. 过失犯罪是指行为人对于危害结果的发生没有预见的犯罪

　　B. 过失犯罪既可以由不作为方式构成，也可以由作为方式构成

　　C. 过失犯罪未造成严重结果的，可以按照犯罪未遂从轻或者减轻处罚

　　D. 对具有高度危险的过失行为，即使未造成法律规定的实害结果，也应当定罪处罚

解析：过于自信的过失中行为人对危害结果的发生是有预见的，A项错误。过失行为必须造成法律规定的实害结果才负刑事责任，过失犯罪不处罚也不存在预备、未遂和中止的形态，C、D项错误。过失犯罪与作为或不作为之间没有必然联系，故答案选B。

● 案例讨论 ○

王某过失致人死亡案[①]

2016年7月5日17时许，被害人寇某甲及其家人在厦门市某小区门口的桥面上，因购买的西瓜质量问题与西瓜摊主刘某某发生口角。被害人寇某甲摔碎西瓜摊上的西瓜，引发肢体

[①] 案件来源于中国裁判文书网，案号为：（2018）闽02刑终687号。

冲突，刘某某抓、挠寇某甲手臂，寇某甲等人则对刘某某进行殴打，并摔碎刘某某的电子秤和数个西瓜。刘某某被打后随即打电话叫来其丈夫王某。被告人王某到场后先打了被害人寇某甲脸部一巴掌，接着两人徒手扭打在一起。打斗中，被告人王某拳击被害人寇某甲头部等处。在此过程中，刘某某与被害人寇某甲的家人万某某、廖某某也在一旁扭打。之后被告人王某与被害人寇某甲被路人劝开，被害人寇某甲独自走到路边人行道上并缓慢倒地，后经送医抢救无效死亡。

　　法院评判：司法机关收集的证据表明，寇某甲摔刘某某贩卖的西瓜，进而引发肢体冲突，双方开始进行殴打。后刘某某喊来同伙王某前来帮助，王某与寇某甲徒手打斗，王某击打寇某甲的头部、腹部、胸部等部位。该殴打过程有万某某、廖某某的证人证言作证。经过专门司法机关的鉴定，寇某甲仅头部就存在三处伤情，分别是左侧颞部帽状腱膜下出血、右侧颞部帽状腱膜下出血、右颞肌中部出血，系受两次钝性外力形成，该头部皮下出血损伤多处构成轻微伤，上述证据可以认定被告人王某在与被害人寇某甲徒手互殴期间，已造成被害人轻微伤的后果。王某虽不知被害人寇某甲患有心脏病，也无法预见到寇某甲患有心脏病，但应当预见击打他人头部可能导致他人伤亡的危害结果而没有预见，在主观方面属于疏忽大意的过失。经司法机关鉴定，被害人寇某甲系因外伤、情绪激动等因素诱发其所患冠状动脉粥样硬化性心脏病急性发作致急性心功能不全死亡，王某与被害人寇某甲短暂互殴即造成被害人轻微伤，外伤系被害人死亡的诱因之一，王某的行为与被害人的死亡结果之间具有刑法上的因果关系，其行为构成过失致人死亡罪。

　　请围绕本案展开讨论。

第三节　犯罪目的与犯罪动机

一、犯罪目的

犯罪目的是犯罪人希望通过实施犯罪行为达到某种危害社会结果的心理态度。比如，行为人在实施盗窃行为时，就具有占有公私财物的目的；在实施非法拘禁行为时就具有限制他人人身自由的目的。犯罪目的作为行为人实施行为前而存在于头脑中的观念的危害结果，也是行为人希望通过行为的实施能够变为现实的危害结果。在我国刑法中，一部分犯罪规定了宽泛的、抽象的目的，比如侵犯财产罪一章，行为人之所以实施行为是为了非法占有公私财物，即非法占有是行为人的主要目的；另一部分规定了特定的、具体的目的，行为人构成犯罪以具备特定的目的为基础和前提。比如，我国《刑法》第一百五十二条、第一百七十五条第一款、第一百九十二条、第二百一十八条等规定了犯罪目的，依次为："以牟利或者传播为目的""以转贷牟利为目的""以非法占有为目的""以营利为目的"。

> •《刑法》
> 第一百五十二条：以牟利或者传播为目的，走私淫秽的影片、录像带、录音带、图片、书刊或者其他淫秽物品的，处三年以上十年以下有期徒刑，并处罚金；情节严重的，处十年以上有期徒刑或者无期徒刑，并处罚金或者没收财产；情节较轻的，处三年以下有期徒刑、拘役或者管制，并处罚金。
> 第一百七十五条第一款：以转贷牟利为目的，套取金融机构信贷资金高利转贷他人，违法所得数额较大的，处三年以下有期徒刑或者拘役，并处违法所得一倍以上五倍以下罚金；数额巨大的，处三年以上七年以下有期徒刑，并处违法所得一倍以上五倍以下罚金。
> 第一百九十二条：以非法占有为目的，使用诈骗方法非法集资，数额较大的，处三年以上七年以下有期徒刑，并处罚金；数额巨大或者有其他严重情节的，处七年以上有期徒刑或者无期徒刑，并处罚金或者没收财产。
> 第二百一十八条：以营利为目的，销售明知是本法第二百一十七条规定的侵权复制品，违法所得数额巨大或者有其他严重情节的，处五年以下有期徒刑，并处或者单处罚金。

二、犯罪动机

犯罪动机是指刺激、促使犯罪人实施犯罪行为的内心起因或思想活动，它回答行为人基于何种心理原因实施犯罪行为，故动机的作用是发动犯罪行为；行为人某种犯罪目的的确定，绝不是没有原因的、毫无缘由的，而是以一定的犯罪动机为内心指引的，说明实施犯罪行为对行为人的心理愿望具有什么意义。比如对于盗窃罪，有的行为人实施盗窃行为是出于家庭拮据、生活贫困；有的行为实施盗窃行为是出于挥霍享乐、贪财。不同的犯罪动机可以表明行为人的主观恶性不同。

三、犯罪动机与犯罪目的的联系和区别

犯罪目的和犯罪动机都是行为人在实施犯罪过程中存在的主观心理活动，可以在一定程度上反映出行为人所持的主观恶性程度和犯罪行为对社会的危害程度。但犯罪动机与犯罪目的相互区别，主要表现在以下几个方面：

（1）犯罪动机产生在前，犯罪目的产生在后。犯罪动机是行为人意识的某种需要，犯罪目的是在犯罪动机的基础上形成的。

（2）犯罪动机比较抽象、宽泛，它表明行为人犯罪的内心原因；而犯罪目的是实施犯罪行为所追求的危害结果在主观层面的反映，比较具体。

（3）一种犯罪动机可以导致几个或者不同的犯罪目的。例如，出于报复的动机，可以导致行为人去追求伤害他人健康、剥夺他人生命或者毁坏他人财产等不同的犯罪目的；一种犯罪目的也可以同时为多种犯罪动机所推动。例如，故意杀人而追求剥夺他人生命的目的，可以基于仇恨与图财两种犯罪动机的结合。

（4）两者对定罪量刑的意义不同。实践中，犯罪目的一般不仅影响量刑，还影响定罪，侧重于影响定罪，而犯罪动机侧重于影响量刑。

四、犯意转化及另起犯意

（一）犯意转化

犯意转化是指在故意犯罪过程中，犯罪故意发生转化的情况。犯意转化会导致行为人的行为方式、性质产生变化，因而影响犯罪故意内容的认定。犯意转化主要分为两种：第一种情况是，行为人以此犯意实施犯罪的预备行为，却以彼犯意实施犯罪的实行行为。根据重行为吸收轻行为的原则认定犯罪。例如，行为人在预备阶段具有盗窃的故意，但进入现场以后实施了抢劫行为。第二种情况是，在实行犯罪的过程中犯意改变，导致此罪与彼罪的转化。例如，甲在故意伤害他人的过程中，改变犯意，意图杀死他人。又如，乙见他人携带装有现金的提包，起抢夺之念，在抢夺过程中转化为使用暴力，将他人打倒在地，抢走提包。再如，丙本欲杀死他人，在杀害过程中，由于某种原因改变犯意，认为造成伤害即可，没有致人死亡。

（二）另起犯意

另起犯意是指在实施犯罪行为过程中，因某种原因的出现，停止原犯罪行为而另起其他的犯罪故意，实施另外一个犯罪行为。另起犯意的特点如下：（1）在前一行为停止（既遂、中止或未遂状态）后，行为人又另起犯意，一般为数罪并罚。（2）前一行为已经由于某种原因停止，又开始另一行为。（3）侵犯的法益多为不同种法益。

（三）犯意转化和另起犯意的区别

犯意转化是由此罪转化为彼罪，因而仍然是一罪，而另起犯意是在前一犯罪已经既遂、未遂或中止后，又另起犯意实施另一犯罪行为，因而成立数罪。两者区别如下：

（1）行为在继续过程中，才有犯意转化问题；如果行为已经终了，则只能是另起犯意。例如，甲以强奸故意对乙实施暴力之后，因为妇女正值月经期而放弃奸淫，便另起犯意实施

抢劫行为。

（2）同一被害对象才有犯意转化问题；如果针对另一不同对象，则只能是另起犯意，例如，A 以伤害故意举刀砍 B，仇人 C 出现在现场，A 转而将 C 杀死。A 的行为针对不同对象，应成立故意伤害与故意杀人二罪。

● 理论争鸣 ○

犯罪目的与犯罪动机是否只存在于直接故意犯罪之中？

理论界对于犯罪目的与犯罪动机是否只能存在于直接故意犯罪中，存在不同看法。

通说认为，犯罪目的和犯罪动机只存在于直接故意犯罪中，间接故意犯罪和过失犯罪不可能存在犯罪目的和犯罪动机。这主要因为犯罪目的具有明确的指向，必然要有为了实现这一既定目标的积极追求行为，而间接故意和过失犯罪都不具备犯罪目的所需求的行为的鲜明的目标性。[1]

也有学者认为，犯罪目的与犯罪动机也可以存在于间接故意中。该观点认为，在间接故意犯罪中，行为人对于他所面临的情况，也是可以凭借自己的主观能动作用，实行判断选择的。要么对可能发生的危害结果，采取积极防止的态度，决意不实施某种活动，从而避免因这种活动而可能承担的刑事责任；要么对可能发生的危害结果，抱听之任之的放任态度，决意实施某种活动，甘冒可能承担刑事责任的风险。在这种进退两可的场合，行为人终于舍弃前者，而选择了后者，如果说他不是出于某种内心起因的推动，那就只会导致这样的结论，行为人是莫名其妙地为了放任而放任，为了实施而实施，为了冒承担刑事责任的风险而冒这种风险。[2]

请学生谈谈自己的看法。

● 典型例题 ○

1. 甲想用水果刀伤害张三，却失手将张三旁的李四捅伤。这种情形在我国刑法中属于（　　）。（2017 年法律硕士考试真题）

　　A. 因果关系错误　　　　　　B. 打击错误
　　C. 行为性质错误　　　　　　D. 意外事件

解析：打击错误是指行为人预想侵害的对象与实际侵害的对象不一致，本案中，甲预想侵害张三，但是失手将李四捅伤，属于打击错误，B 项正确。张三和李四属于性质相同的"人物"，甲无论捅伤张三或李四，都成立故意伤害罪，不属于行为性质错误，C 项错误。甲对自己的行为与乙的受伤结果之间的因果关系没有发生认识错误，不是因果关系错误，A 项错误。甲主观上具有伤害他人的故意，李四受伤不是意外事件，D 项错误。因此本题选 B。

2. 甲和乙意图置常某于死地，甲持匕首向常某刺去，常某急忙躲闪，匕首刺中了乙，乙

---

[1] 高铭暄、马克昌：《刑法学（第九版）》，北京大学出版社 2019 年版，118 页。
[2] 江任天：《论间接故意与犯罪动机》，载《法学研究》1983 年第 2 期，第 18-20 页。

流血过多死亡。甲的行为应认定为（　　）。(2014年法律硕士考试真题)

A. 故意杀人罪（既遂）
B. 过失致人死亡罪
C. 故意杀人罪（未遂）
D. 故意杀人罪（未遂）与过失致人死亡罪

解析：常某和乙都属于性质相同的对象，甲由于行为偏差误将乙当作常某而杀死，但无论常某死亡或乙死亡，都没有超过故意杀人罪的构成范围，也没有使犯罪客体的性质发生变化，总之甲构成故意杀人罪既遂，本题选 A。

● 案例讨论 ○

李某某故意杀人、放火、盗窃案[①]

案情：被告人李某某于 2010 年在浙江省绍兴市某酒吧当招待期间认识被害人李某（女，19岁）。同年 3 月 28 日 23 时许，李某某来到李某在浙江省绍兴市的租住处。李某开门请李某某进屋。李某某因其女友患病需要手术治疗向李某借钱，遭到李某拒绝。李某某掐住李某的脖子将其按倒在床上，李某认为李某某要与其发生性关系，就自称来月经了，李某某随即让李某为其提供口交服务，后从卫生间取出一张布条勒住李某的脖子，并用双手掐住李某的脖子致其窒息死亡。李某某从现场窃取两台笔记本电脑、一部手机、一部数码相机和一条黄金挂件等财物（共计价值 7 174 元），后为毁尸灭迹而点燃床单放火焚烧现场，致房屋门窗和家具等财物被烧毁。

法院评论：犯罪目的应立足于在案证据和经验法则。

一般来说，犯罪目的是行为人主观上意欲通过犯罪行为所达到的目的，在目的犯的场合，目的是指行为人对某种结果、利益、状态等的内在意向。因此准确地认定行为人的犯罪目的，是确保定罪准确、量刑适当的前提条件，但由于犯罪目的属于主观意识层面的内容，很难予以证明。本案中，被告人李某某辩称其缺乏杀人动机，放火的目的并非意欲烧毁被害人尸体，但综合所有在案证据表明，李某某采用扼颈手段杀死被害人，后又点燃床单放火焚烧现场，导致被害人尸体烧毁严重，且导致现场房屋门窗和家具等财物被烧毁，可以认定其具有故意杀人和放火（焚尸灭迹）的犯罪目的。李某某此后又对案件起因提出辩解，称是被害人要求其提供性服务但事后不支付报酬而引发争执，被害人后又持刀威胁被告人，导致被告人情绪失控，矛盾升级，请求从轻处罚。结合在案证据与经验法则不难发现，李某某有关案件起因的这一辩解没有任何证据证实，且与其在先供述相矛盾。本案被害人作为一年轻女子，经济不宽裕且在月经期间，不可能要求李某某为其提供性服务并给予报酬，尸体鉴定结论也证实被害人阴道内无精斑，因此李某某的这一辩解并不成立。二审法院在认定案件起因时采信了李某某最初的供述并否定了李某某此后的辩解，是正确的。

请围绕本案展开讨论。

[①] 案件来源于 2012 人民法院公报案例。

第四节　无罪过事件

> •《刑法》
> 第十六条：行为在客观上虽然造成了损害结果，但是不是出于故意或者过失，而是由于不能抗拒或者不能预见的原因所引起的，不是犯罪。

根据《刑法》第十六条的规定，无罪过事件可以分为意外事件和不可抗力两种情况。

一、意外事件

意外事件是指行为人因无法预见而没有预见到会发生危害结果，以致发生了危害结果。意外事件一般的结构为"无法预见—没有预见—发生危害结果"。意外事件之所以无罪，是因为行为人没有预见的可能性，即意外事件发生的原因是无法预见的，而没有预见是意外事件的客观事实。因此，意外事件具有三个特征：

（1）行为人的行为在客观上造成了损害结果。客观表现即行为人确实实施了行为，且也发生了危害结果，如果没有行为人的行为，就不会有结果的发生。

（2）行为人对自己行为所造成的结果既无故意也无过失。虽然客观结果上造成了危害结果的发生，但行为人既不是出于故意也不是出于过失，而是由于无法预见、无法预料的原因。

（3）这种损害结果的发生是由于不能预见的原因引起的。所谓不能预见的原因，是指行为人没有预见，而且根据当时客观情况和行为人的主观认识能力，也不可能预见的原因。

意外事件与疏忽大意的过失容易产生混淆。二者都是没有预见到危害结果可能会发生。但二者没有预见危害结果的原因具有本质不同。意外事件是因无法预见而没有预见，疏忽大意的过失则是应当预见而没有预见。判断的核心点在于是否具有结果预见可能性，即意外事件中无法预见是因缺乏结果预见可能性。如何判断是否具有结果预见可能性，主要考察两点：一是考察行为人在主观上是否具有认识和预见能力；二是考察行为发生时的客观认识条件和环境。

二、不可抗力

不可抗力指行为在客观上虽然造成了损害结果，但不是出于行为人的故意或者过失，而是由于不能抗拒的原因所引起的，不是犯罪。所谓不能抗拒的原因，是指行为人遭遇到集全部智慧和力量都无法抗衡、不可能阻止危害结果发生的力量。不可抗力行为人已经预见会发生危害结果，但是无法抗拒，以致发生危害结果。不可抗力的一般结构为"已经预见—无法抗拒—发生危害结果"。

不可抗力可以分为两类：一是行为人已经预见，但是无法采取补救措施进而无法避免危害结果的发生。二是行为人虽然采取了相应的措施，但是仍无法避免危害结果的发生。不可抗力之所以无罪，是因为行为人缺乏结果避免可能性。有无结果避免可能性应当从主客观两个角度考虑：一是看行为人主观上是否预见到以及是否有可能预见到；二是看客观上有无避免的条件和环境。

无罪过事件之所以不构成犯罪，主要是因为行为人根本无法预见到危险行为的发生以及危害结果的发生，从主观上看行为人没有认识到的可能性，从客观上看行为人不具备认识到的客观能力和水平。在判断是否属于无罪过事件中，也应当秉持主客观相一致的原则，从两个角度去分析并加以判断。

● 理论争鸣 ○

不可抗力属于缺乏期待可能性的责任阻却事由还是属于缺乏本体构成之客观要素或主观要素的事由？

德日刑法理论主张：身体受到绝对强制（物理强制）的行为，由于缺乏意识与意志支配而非刑法上的行为，进而也就不存在犯罪成立第三阶段的责任阻却问题，由此，不可抗拒的绝对强制行为与仅限心理强制的"被强制行为受胁迫行为"有着不同的理论地位。

意大利刑法理论主张：将身体受到不能抗拒或回避的绝对强制行为，作为排除行为人主观罪过的"可原谅理由"的一种情形，在此，身体受到绝对强制系属不可抗力的情形之一，不可抗力也有来自自然力的因素而使行为受到绝对强制。

我国的刑法理论主张：《刑法》第十六条对不可抗力的非罪特性作了规定，不过其并未明确不可抗力的客观责任阻却意义，相反却强调不可抗力行为的非罪须是缺乏责任意思。

请谈谈自己的看法。

● 典型例题 ○

1. 司机在一封闭高速公路上正常行驶，突遇一人窜出，司机躲闪不及将其撞死，请问司机对该人死亡的心态？（　　）（2022年法律硕士考试真题）

　　A. 疏忽大意的过失。
　　B. 间接故意。
　　C. 无罪过（意外事件）。
　　D. 过于自信的过失。

解析：意外事件一般的结构为"无法预见—没有预见—发生危害结果"。意外事件之所以无罪，是因为行为人没有预见可能性。司机在封闭高速公路上正常行驶，根本无法预见会有人突然窜出，最终因为没有预见而躲闪不及撞死行人，因此司机主观上没有罪过，该事件属于意外事件。因此，本题正确答案为C。

2. 消防队员甲在执行灭火任务中，担心被大火毁容，逃离火灾现场。甲的行为（　　）。（2008年法律硕士考试真题）

　　A. 属于紧急避险
　　B. 属于紧急避险过当
　　C. 不成立紧急避险
　　D. 属于假想避险

解析：紧急避险，指为了使公共利益、本人或者他人的人身和其他权利免受正在发生的危险，不得已而采取的损害另一较小合法利益的行为。紧急避险不适用于职务上、业务上负有特定责任的人。甲身为消防员，负有灭火义务，因此其逃离现场的行为不构成紧急避险。正确答案为 C。

3. 下列关于紧急避险的表述中，正确的是（　　）。（2009 年法律硕士考试真题）

   A. 紧急避险的前提条件是出现了不法侵害以外的危险

   B. 紧急避险必须在迫不得已的情况下才能实施

   C. 紧急避险所造成的损害可以小于或者等于所保护的利益

   D. 紧急避险与正当防卫的主体范围一致

   解析：紧急避险的起因是有危险的发生，包括人的不法侵害、自然灾害和动物侵袭等，A 错误。紧急避险要求行为人必须在迫不得已的情况下才能实施，即除此以外别无他法，B 正确。紧急避险所造成的损害必须小于所保护的利益，C 错误。任何人都可以实施正当防卫，但职务和业务上负有特定责任的人不适用紧急避险，D 错误。因此，本题正确答案为 B。

4. 犯罪分子为日后向甲勒索财物，用枪威逼甲杀死一名路人并录像。甲的杀人行为属于（　　）。（2018 年法律硕士考试真题）

   A. 正当防卫

   B. 紧急避险

   C. 自救行为

   D. 犯罪行为

   解析：正当防卫的对象是不法侵害人，甲杀死一名路人，不属于正当防卫，A 错误。紧急避险要求损害的利益小于所保护的利益，甲为了保护自己财产而侵害他人的生命，不属于紧急避险，B 错误。自救行为是合法权益受到侵害的人，依靠自己力量及时恢复权益，以防止其权益今后难以恢复的情况，甲以侵害他人的方式避免自己权益受到侵害，不属于自救行为，C 错误。甲实施杀人行为，且无违法阻却事由，构成故意杀人罪，D 正确。因此，本题正确答案为 D。

5. 甲约乙一起吃烧烤，甲骂乙是 200 斤的肥猪，身材高大的乙大怒，把甲推倒在地掐他脖子，甲身材瘦小呼吸困难，拿酒瓶打乙，乙仍不撒手。甲将酒瓶打破，用玻璃碴扎乙，致乙重伤。关于甲的行为，下列说法正确的是？（　　）（2023 年国家统一法律职业资格考试真题）

   A. 甲虽造成乙重伤，但其是出于正当防卫，不具有犯罪故意，仅构成过失致人重伤。

   B. 甲虽由自己过错引起纠纷，但仍可进行正当防卫，并未超过明显必要限度，为正当防卫。

   C. 甲对自己挑拨引起的不法侵害不能进行正当防卫，构成故意伤害致人重伤。

   D. 甲虽由自己过错引起纠纷，但仍可正当防卫，但造成重大损害，为防卫过当。

   解析：在本案中，甲骂乙是 200 斤的肥猪，对乙实施了语言侮辱，在通常情况下，甲最多能够预见到乙将对自己实施一般的暴力行为，而非本案中乙对甲实施的严重暴力。乙将甲推倒在地掐他脖子，致使甲呼吸困难，并且甲、乙之间的身材差距较大，说明乙的不法侵害具有致甲死亡的危险，乙的行为属于杀人行为而非一般的暴力行为。甲在自己有死亡危险的情况下用酒瓶打乙，乙仍不撒手的情况下，甲继续用碎玻璃碴扎乙，虽然致乙重伤，但没有超出防卫的必要限度。因此，甲的行为应当成立正当防卫。

   综上，本题正确答案为 B。

案例讨论

万某某过失致人死亡案[①]

案情：2017年2月8日6时35分左右，在陈某某经营的鱼塘内，被告人万某某在无专业驾驶资格的情况下驾驶陈某的挖掘机作业时，疏忽大意，忽视瞭望，将配合作业的自卸车司机陈某某碾压致死。另查明，案发时天色较黑，被告人万某某驾驶的挖掘机右前大灯处于损坏状态。案件审理过程中，被害方家属表示另行提起民事诉讼。

法院判决：万某某构成过失致人死亡罪没有异议。关于万某某的辩护人提出被告人万某某对本案结果的发生没有应当预见的义务，属于意外事件，不构成犯罪的辩护意见，经过现有证据审理查明，案发时天色已经渐入黑暗，万某某在无专业驾驶资格的情况下，驾驶右前大灯属于损坏状态的挖掘机，仍然进行挖掘作业，其应当具有安全作业的义务，并根据当时客观环境来讲，天色较黑，视线较为模糊，万某某已认识到继续作业可能会造成他人人身或财产损害后果的发生。但因为疏忽大意、没有尽到合理注意的义务，在未确定前方是否有人的情形下操纵挖掘机作业致人死亡，万某某未尽到义务与损害结果的发生具有因果关系，符合过失致人死亡罪的构成要件，不属于意外事件。

请围绕本案展开讨论。

[①] 案件来源于中国裁判文书网，案号为：（2017）辽0181刑初189号。

第五节　刑法上的认识错误

刑法中的认识错误，是指行为人对自己行为的法律性质、后果和有关的事实情况发生了误解。刑法中的认识错误可分为两种，分别是法律认识错误和事实认识错误。认识错误可能会影响行为人的主观心理态度，并有可能对刑事责任产生影响，所以是犯罪主观方面中需要研究的一个重要问题。

一、法律认识错误

法律认识错误，即违法性错误，是指行为人对自己的行为在法律上是否构成犯罪、构成何种犯罪或者应当受到何种处罚的错误认识。这种错误一般是行为人不知法律和误解法律造成的。法律认识错误可以分为假想非罪、假想犯罪、行为人对自己行为的定性以及处罚轻重发生误解共三类。

（一）假想非罪

假想非罪是指行为人的行为在法律上来看已经构成犯罪，但行为人由于对自己行为性质的误解或者对法律的误解而误以为其不构成犯罪。简而言之，假想非罪就是将有罪行为误认为无罪行为。在这种情况下，根据刑法的罪刑法定原则，行为人的行为构成犯罪。

早在西周时期，我国的《周礼》中就提出了"三宥"的概念：一宥曰"不识"，即因不知法而犯罪（一说不识即不审，即因错认而犯，例如将乙当作甲而误杀之），二宥曰"过失"，即因疏忽大意而犯罪；三宥曰"遗忘"，即因忘记法律的规定而犯罪。对于上述三种情况，可以给予赦宥，减轻或不追究刑事责任，其中蕴含着最早的认识错误论原则。在国外，认识错误论最早可以起源于公元 2 至 3 世纪罗马法学家帕鲁乌斯提出的"不知法律不赦"原则，这一原则到了 13 世纪逐渐演化出了"不知事实可赦，不知法律不赦"的原则，即不知道事实可以阻却犯罪故意，但不知道法律不阻却犯罪故意。

在现实生活中，常见的假想无罪有：（1）行为人盗猎受保护野生动物、盗伐珍贵树木但误认为是普通动物、树木，因而行为人不认为是犯罪的；（2）行为人在家庭生活中误认为自己对子女或妻子有"管教"的权利而进行虐待、非法拘禁等，情节恶劣的；（3）国家工作人员误认为自己不具有国家工作人员的身份而利用职务上的便利，索取他人财物或者非法收受他人财物，为他人谋取利益数额较大的；（4）行为人误认为只要不满 14 周岁的幼女自愿与其发生性行为就不构成犯罪，而与不满 14 周岁且自愿的幼女发生性行为的。假想非罪的行为不影响成立犯罪，但是可根据主观恶意的大小适当从轻处罚。

不过，在以下三种特殊情况下，行为人的法律认识错误是不可避免的，不宜认定行为人的行为构成犯罪并追究刑事责任：（1）某种原来并非法律所禁止的行为，后来国家以特别法的形式规定为犯罪，在该法律刚实施之际，行为人确实不知道新的法律颁行并已经禁止此行为，而仍然认为自己的行为是合法的。（2）对法的状况产生疑问，因信赖主管机关等的见解而产生了违法性的错误时，属于不可避免的错误。（3）当上位法和下位法发生矛盾时，行为人因信赖下位法而违背上位法的，属于不可避免的错误。

(二)假想犯罪

假想犯罪是指行为人的行为在法律规定上来看不构成犯罪，但行为人却因为对法律存在误解而误认为其行为构成了犯罪，即将无罪行为误认为有罪行为。这种行为在理论上被称为"幻觉犯"。对于假想犯罪，由于客观上实施的行为并不构成犯罪，故该行为不能认定为犯罪，这种错误认识并不影响法律对客观行为的评价。

在现实生活中，常见的假想犯罪有：(1) 行为人把自己盗猎非保护野生动物、盗伐非珍贵树木的行为误认为是犯罪；(2) 行为人把自己为保护合法权益而进行正当防卫、紧急避险的行为误认为是犯罪；(3) 行为人把自己婚外出轨、婚内出轨等违反道德的行为误认为是犯罪；(4) 行为人把自己卖淫、嫖娼等违反行政法规的行为误认为是犯罪；(5) 行为人由于年龄或精神状态不具备刑事责任能力，而把自己的行为误认为是犯罪。假想犯罪的行为由于罪刑法定原则和刑法对其并没有进行规定，所以即使行为人在主观上可能存在犯罪的故意，也不成立犯罪。

(三)行为人对自己行为的定性以及处罚轻重发生误解

行为人对自己行为的定性以及处罚轻重发生误解，即行为人认识到自己的行为已经构成犯罪，但对自己的行为构成何种罪名，以及应当如何处罚存在错误的理解。例如，行为人在公共场所引爆自制炸弹，将自己的情敌炸死，他以为自己构成故意杀人罪，但实际上因危及公共安全而构成爆炸罪。这种错误认识也不影响法律对客观行为的评价。

二、事实认识错误

事实认识错误是指行为人主观上对决定其行为性质及刑事责任的有关事实情况存在不正确的理解。事实认识错误主要有以下几种情形：客体错误、对象错误、工具错误、行为性质错误、因果关系错误等。

(一)客体错误

客体错误是指行为人对其行为所侵害的客体发生认识错误，即行为人意图侵犯的社会关系与其实际侵害的社会关系不一致。对于客体认识错误，应以行为人意欲侵害的客体定罪。比如，行为人甲意图偷一个装有普通财物的手提包，未意识到手提包里面装的是枪支。甲只有普通盗窃罪的故意，没有盗窃枪支的故意，亦即甲意图侵害的是公私财产权，无侵犯枪支管理制度的故意。故，甲的行为应认定为盗窃罪而非盗窃枪支罪。当然如果甲盗窃枪支后持有，则可能构成其他罪。

(二)对象错误

对象错误是指行为人主观上所认识的行为对象与其行为实际作用的对象不一致的情形。对象错误有三种不同的类型：

(1) 误认甲对象为乙对象予以侵害，但二者体现的社会关系相同。该种对象认识错误不影响定罪量刑。例如杀手 A 受人之托意欲暗杀 B，遂埋伏于 B 每日必经之路上，等到 C 出现时，A 误认 C 是暗杀对象 B，将 C 暗杀，这种情况下虽然 A 暗杀 B 未遂，但是由于 B 和 C 在刑法上属于同一性质，所以 A 对故意杀人罪（既遂）负责。

（2）行为人误将犯罪对象当作非犯罪对象予以侵害。这种情况下，不能认为是故意犯罪。同时，要看行为人是否具有预见的能力，如果有预见能力，则定过失犯罪，如果无预见能力则视为无罪（意外事件）。比如，在野外狩猎，误将远处的人看成了兔子，如果有预见能力，因疏忽大意的过失未预见，则定过失杀人罪；如无预见能力，不能预见、不应预见，则是意外事件。

（3）行为人意图侵犯的对象在行为当时不存在，行为人误认为其存在而实施犯罪行为，按照犯罪未遂处理。比如，A 在月黑风高夜意图枪杀 B，但是不曾想 B 已经被 C 下毒致死，A 所枪击的只是躺在床上的 B 尸体，这种情况下 B 之前就已经死亡，A 只需对故意杀人罪的未遂负责。

（三）工具错误

工具错误，又称为手段认识错误，是指行为人在实施危害行为时，对其使用的工具（手段）产生错误认识。主要有以下三种情形：

（1）行为人使用的工具（手段）本来会发生危害结果，但行为人误以为不会发生危害结果。此种情形下，要看其行为人在当时是否有预见能力，如果有预见能力，则定过失犯罪；如果无预见能力则定为无罪（意外事件），不能认为是故意犯罪。比如，错把砒霜当成白糖给他人吃。

（2）行为人意图使用某种会产生危害结果的工具（手段），但由于认识错误，实际使用的工具（手段）与意图使用的工具（手段）在性质或者作用上不符，以致犯罪未得逞。在这种情况下，由于工具错误，行为人不具备使犯罪进行到既遂的状态，所以处理方法是：按照犯罪未遂来追究行为人的刑事责任。比如，错把白糖当作砒霜去投毒杀人。

（3）行为人因愚昧而使用在任何情况下都不可能导致危害结果发生的迷信工具（手段）来实现自己的犯罪意图。这种情形下都视为无罪。

（四）打击错误

打击错误，也称方法错误或者行为误差，是指由于行为本身的误差，导致行为人所欲攻击的对象与实际受害的对象不一致，但这种不一致仍然没有超出同一构成要件。比如，A 举枪射击甲，但因没有瞄准而击中了乙，导致乙死亡。显然，A 的主观认识（对甲射击）与客观事实（乙死亡）并不一致。具体符合说认为，在打击错误的场合由于客观事实与行为人的主观认识没有形成具体的符合，所以，A 对甲承担杀人未遂的责任，对乙承担过失致人死亡的责任；由于只有一个行为，故二者属于想象竞合，从一重罪处罚。

（五）行为性质错误

行为性质错误，是指行为人对某种客观事实产生了误解，从而导致对自己行为的实际性质发生了错误的认识。发生行为性质认识错误时，不能直接认定为故意犯罪，要看行为人在当时是否有预见的能力。如果有预见能力，则定过失犯罪；如果无预见能力，则无罪（意外事件）。假想防卫、假想避险等都属于此种情况。比如，A 在街上看见一男子正在强行拉扯妇女的包，误以为是抢劫，遂冲过去将男子击倒致男子重伤。但其实男子和女子是夫妻，正因为家庭琐事而吵架，A 的行为就是事实认识错误里面的行为性质错误，属于假想防卫。行为性质错误与假想非罪的区别是，行为性质犯罪是对事实本身的误解，而假想非罪则是对法律产生误解，而对事实没有误解。

（六）因果关系错误

因果关系错误，是指行为人对其行为与某种危害结果之间的因果关系有不符合实际情况的错误认识。具体来说，因果关系错误又可以分为以下四种情况：

1. 对有无因果关系发生了认识错误

对有无因果关系发生了认识错误，是指行为人对其行为与危害结果之间是否具有因果关系产生了认识错误。具体又可分为三种情况：

（1）行为人误认为自己的行为已经产生了预期的犯罪结果，事实上并没有发生这种结果，按照犯罪未遂处理。比如，A把B推下山崖意图杀害B，A以为B从这么高的山崖坠落必死无疑，推下B后就立即离开，没曾想B被挂在山崖边的树枝上捡回一命。这种情况下，犯罪人错误认识并不影响其承担责任，还是以犯罪未遂论处。

（2）行为人误以为自己的行为没有发生危害结果，但客观上造成了危害结果的发生，按照犯罪既遂处理。比如，A把B推下山崖意图杀害B，可是山崖下有条河流，B落入其中，A以为B落入河中后捡回一命，可B在落入河中时头部遭遇重击当场就已经死亡。这种情况下，A的行为构成故意杀人既遂。

（3）行为人误认为预期的结果是自己的行为造成的，实际是由其他原因造成的，以犯罪未遂处理。比如，A意欲推B下山崖致其死亡，紧张之下推了B一把，B坠落山崖，但事实上A并没有推动B，B其实是自己脚滑坠落山崖致死。这种情况下，还是以犯罪未遂追究犯罪人的刑事责任。

2. 对因果关系发展方向发生了认识错误

对因果关系发展方向错误，是指行为人的行为没有按照其预期的方向发展，而是发生了行为人所追求的目标以外的其他结果。故意伤害致人死亡就属此情形。比如，某甲只想轻伤某乙，不料某乙因未能得到及时救治，失血过多而死。这种错误不影响行为人原有的故意心理，但对实际发生的超出故意范围的结果排除故意，只负过失的罪责。在实践处理中，一般是在按照原有的故意心理确定犯罪性质的同时，将超出故意范围的结果作为量刑时考虑的因素。

3. 对因果关系具体进程发生了认识错误

对因果关系具体进程发生了认识错误，是指行为人的行为已经引起预期的危害结果，但行为人对其行为与结果之间的因果关系的发展进程认识错误。通常表现为，行为人先后实施了甲、乙两个行为，危害结果实际是由乙行为直接造成的，行为人却认为是由甲行为造成的。例如，行为人欲杀害被害人并实施暴力攻击行为，造成被害人休克后，以为被害人已经死亡，为了隐匿罪迹将被害人扔入河中，实际上被害人是溺水而亡。这种情况下，行为人具备故意犯罪的主客观要件，危害结果的发生也确实是由其行为造成的，因而对因果关系具体进程的错误认识并不影响刑事责任，行为人仍构成故意杀人罪的既遂。

4. 犯罪结果的提前实现

犯罪结果的提前实现，是指行为人所追求的犯罪结果提前于行为人的预想实现。对犯罪结果提前实现的情况，有一个处理标准，在于行为人是否已经着手。如果已经着手，则认定为此罪的既遂。例如，大学宿舍里，甲欲将乙的笔记本电脑从阳台扔下，刚拿起没走到阳台时，失手掉地上摔坏了。如果没有着手，则认定为此罪的预备与过失行为的一个竞合。再例如，妻子为了杀害丈夫，中午将一瓶毒酒放在餐桌上，准备在丈夫第二天回家后给他喝，然后就出门办事。不料丈夫今天下午提前回家，喝了毒酒死亡。由于妻子的杀人行为属于准备工具的预备行为，尚未着手，丈夫提前死亡这个结果不属于既遂结果，就故意杀人罪而言只能成立犯罪预备。同时，妻子将毒酒放在家里餐桌上，存在过失，构成过失致人死亡罪。一个行为触犯两个罪名，按想象竞合犯择一重罪论处。

● 理论争鸣 ○

法律认识错误能否免责？或者说犯罪故意的成立是否以认识到违法性为前提？

第一种观点：严格维护"不知法律也不能免责"的原则。李光灿先生曾在其主编的《中华人民共和国刑法论》一书中提道："法律上认识的错误，也可以说是对构成犯罪与否毫无影响。法院不是根据行为人是否认为自己的行为构成犯罪来决定其是否犯罪，而是根据每一刑事案件的具体事实，按照刑法的规定衡量是否构成犯罪来决定。"[①]

第二种观点：彻底否认"不知法律也不能免责"的原则。赵秉志教授曾在其主编的《刑法新探索》一书中提道："要成立犯罪的故意，行为人不仅应认识行为的社会危害性，同时也应该包括认识行为的违法性。"[②]

第三种观点：在坚持"不知法律也不能免责"原则的同时，也肯定了特定的例外情形。高铭暄教授曾在其主编的《中国刑法学》一书中提道："认识行为的违法性一般说来并不是犯罪故意的内容。……但是在这个问题上，也不能绝对化，不能排除个别例外的情况。如果原来并非法律所禁止的行为，一旦用特别法规定为犯罪，在这个法律实施的初期，行为人不知道有这种法律，从而没有认识自己行为的违法性，是可能发生的。根据行为人的具体情况，如果行为人确实不知道有这种法律，而认为自己的行为是合法的，那就不应认为具有犯罪故意。"[③]

请谈谈自己的看法。

● 典型例题 ○

1. 甲为杀害仇人林某在偏僻处埋伏，见一黑影过来，以为是林某，便开枪射击。黑影倒

[①] 李光灿主编：《中华人民共和国刑法论》（上册），吉林人民出版社1984年版，第205页。
[②] 赵秉志主编：《刑法新探索》，群众出版社1993年版，第258页。
[③] 高铭暄主编：《中国刑法学》，中国人民大学出版社1989年版，第127页。

地后，甲发现死者竟然是自己的父亲。事后查明，甲的子弹并未击中父亲，其父亲患有严重心脏病，因听到枪声后过度惊吓死亡。关于甲的行为，下列哪一选项是正确的？（　　）（2007年国家司法考试真题）

　　A. 甲构成故意杀人罪既遂。
　　B. 甲构成故意杀人罪未遂。
　　C. 甲构成过失致人死亡罪。
　　D. 甲对林某构成故意杀人罪未遂，对自己的父亲构成过失致人死亡，应择一重罪处罚。

　　解析：因果关系错误，是指行为人对其行为与某种危害结果之间的因果关系有不符合实际情况的错误认识，包括对有无因果关系发生了认识错误、对因果关系发展方向发生了认识错误、对因果关系具体进程发生了认识错误、犯罪结果的提前实现。对象错误是指行为人主观上所认识的行为对象与其行为实际作用的对象不一致的情形。本案属于因果关系错误与对象错误相结合的情况。首先，甲想用子弹击打死对方，实际是枪声吓死对方，主观上对于杀死对方的原因错误属于对有无因果关系发生了认识错误。其次，甲以为暗杀的是仇人林某，其实暗杀的是其父亲，属于对象错误。根据法定符合说，甲构成故意杀人罪既遂，而根据具体符合说，甲对林某构成故意杀人罪未遂，对其父构成过失致人死亡罪。由于法考通说是法定符合说，因此认为甲构成故意杀人罪既遂。因此，本题正确答案为 A 项。

　　2. 刘某基于杀害潘某的意思将潘某勒昏，误以为其已死亡，为毁灭证据而将潘某扔下悬崖。事后查明，潘某不是被勒死而是从悬崖坠落致死。关于本案，下列哪些选项是正确的？（　　）（2007年国家司法考试真题）

　　A. 刘某在本案中存在因果关系的认识错误。
　　B. 刘某在本案中存在打击错误。
　　C. 刘某构成故意杀人罪未遂与过失致人死亡罪。
　　D. 刘某构成故意杀人罪既遂。

　　解析：因果关系错误，是指行为人对其行为与某种危害结果之间的因果关系有不符合实际情况的错误认识，包括对有无因果关系发生了认识错误、对因果关系发展方向发生了认识错误、对因果关系具体进程发生了认识错误、犯罪结果的提前实现。刘某对因果关系具体进程发生了认识错误，属于因果关系认识错误。A 项说法正确。

　　打击错误，也称方法错误或者行为误差，是指由于行为本身的误差，导致行为人所欲攻击的对象与实际受害的对象不一致，但这种不一致仍然没有超出同一构成要件。本题中刘某没有对攻击对象产生误解，不构成打击错误。B 项说法错误。

　　本案焦点问题为死亡结果与哪个行为有因果关系？多数说认为二因一果，刘某构成故意杀人罪既遂。少数说认为后因一果，刘某构成故意杀人罪未遂和过失致人死亡罪，并罚。C 项说法错误，D 项正确。

　　因此，本题选择 AD。

　　3. 甲与乙因情生仇。一日黄昏，甲持锄头路过乙家院子，见甲妻正在院内与一男子说话，以为是乙举锄就打，对方重伤倒地后遂发现是乙哥哥。甲心想，打伤乙哥哥也算解恨。关于甲的行为，下列哪些选项是错误的？（　　）（2010年国家司法考试真题）

　　A. 甲的行为属于对象错误，成立过失致人重伤罪。
　　B. 甲的行为属于方法错误，成立故意伤害罪。

C. 根据法定符合说，甲对乙成立故意伤害（未遂）罪，对乙哥哥成立过失致人重伤罪。

D. 甲的行为不存在任何认识错误，理所当然成立故意伤害罪。

解析：对象错误是指行为人主观上所认识的行为对象与其行为实际作用对象不一致的情形。本题乙和乙哥哥属于同一犯罪构成的对象，此时对象错误不影响定罪，因此定故意伤害罪既遂，A选项错误。方法错误是指由于行为本身的误差，导致行为人所欲攻击的对象与实际受害的对象不一致，但这种不一致仍然没有超出同一构成要件。本题属于对象错误，行为本身没有错误，不是方法错误（打击错误），因此，B选项错误。无论是具体符合说，还是法定符合说，均认为甲对实害对象构成故意伤害罪既遂重伤。由于乙不在现场，甲的伤害行为对乙不存在危险，因此甲对乙不构成犯罪。因此，C选项错误。甲将乙哥哥误认为乙，存在对象错误，因此D选项错误。综上所述，本题答案为ABCD。

4. 甲在乙骑摩托车必经的偏僻路段精心设置路障，欲让乙摔死。丙得知甲的杀人计划后，诱骗仇人丁骑车经过该路段，丁果真摔死。关于本案，下列哪些选项是正确的？（　　）（2015年国家司法考试真题）

A. 甲的行为和丁死亡之间有因果关系，甲有罪。

B. 甲的行为属对象错误，构成故意杀人罪既遂。

C. 丙对自己的行为无认识错误，构成故意杀人罪既遂。

D. 丙利用甲的行为造成丁死亡，可能成立间接正犯。

解析：甲设置路障和丙诱骗丁经过此路段的两个行为共同造成了丁摔死的结果，属于二因一果，因此甲的行为与丁的死亡有因果关系，甲有罪。A选项正确。甲对自己的行为本身并没有认识错误，而他在公共的道路上设置路障意欲摔死乙的行为属于间接的故意，即认识到有可能到伤害他人而放纵此结果的发生，因此构成故意杀人罪既遂，B选项错误。C选项正确。丙利用甲的行为和丁的不知情完成犯罪，形成支配力，构成间接正犯。D选项正确。因此本题答案为ACD。

5. 关于事实认识错误，下列哪一项是正确的？（　　）（2014年国家司法考试真题）

A. 甲本想电话诈骗乙，但拨错了号码，对接听电话的丙实施了诈骗，骗取丙大量财物。甲的行为属于对象错误，成立诈骗既遂。

B. 甲本想枪杀乙，但由于未能瞄准，将乙身旁的丙杀死。无论根据什么学说，甲的行为都成立故意杀人既遂。

C. 事前的故意属于抽象的事实认识错误，按照法定符合说，应按犯罪既遂处理。

D. 甲将吴某的照片交给乙，让乙杀吴某，但乙误将王某当成吴某予以杀害。乙是对象错误，按照教唆犯从属于实行犯的原理，甲也是对象错误。

解析：乙和丙属于同一犯罪构成内的法益，对象错误不影响定罪，甲构成诈骗罪既遂。A选项正确。甲成立打击错误，根据具体符合说，甲对乙构成故意杀人罪未遂，对丙构成过失致人死亡罪既遂，两个罪名择一重，甲构成故意杀人罪未遂，B选项错误。事前的故意属于因果关系的错误，因果关系的错误属于具体的事实错误中的一种，而非抽象的事实错误，C选项错误。教唆犯的共犯从属性不包括主观阶层的认识错误，因为共犯从属性属于责任阶层。D选项错误。因此，本题正确答案为A。

案例讨论

寇某故意伤害案[①]

基本案情： 2021年2月17日19时许，被告人寇某听见女儿和几个孩子在门口骂架，便从家里出来劝散那几个孩子，在劝散中与一男孩李某某发生争吵，寇某随手从地上捡起一块红色半截砖块（不规则形状）砸向李某某，李某某跑开后，该砖块砸到被害人周某某（女，2012年11月1日出生）头部，致周某某头部受伤。经蒲城县某某局司法鉴定中心鉴定，其伤情构成重伤二级，伤残等级为十级。

法院评判： 被告人寇某因琐事故意伤害他人身体，致人重伤，其行为已触犯刑法，构成故意伤害罪，该案中，被告人寇某向用半截砖块砸向李某某，砖块最终砸到了与李某某一起玩耍的被害人周某某，并致周某某重伤，被告人寇某主观上对李某某有犯罪故意，砸到周某某属事实认识错误中的打击错误，该打击错误并未阻断被告人寇某的犯罪故意。

请围绕本案展开讨论。

[①] 案件来源于中国裁判文书网，案号为：(2021) 陕0526刑初208号。

第九章

正当行为

正当行为是指虽然在客观上造成了一定损害结果，表面上符合某些犯罪的构成要件，但实际上不具备社会危害性，也不符合犯罪构成的行为。比如，正当防卫、紧急避险、依法执行公务等行为。

以刑法有无明文规定为标准，可以将正当行为分为法定的正当行为和非法定的正当行为。我国刑法明文规定了两种正当行为，分别是正当防卫和紧急避险。但事实上还存在诸如法令行为、正当业务行为、自救行为、经被害人承诺的行为等非法定的正当行为。

第一节 正当防卫

• 《刑法》

第二十条：为了使国家、公共利益、本人或者他人的人身、财产和其他权利免受正在进行的不法侵害，而采取的制止不法侵害的行为，对不法侵害人造成损害的，属于正当防卫，不负刑事责任。

正当防卫明显超过必要限度造成重大损害的，应当负刑事责任，但是应当减轻或者免除处罚。

对正在进行行凶、杀人、抢劫、强奸、绑架以及其他严重危及人身安全的暴力犯罪，采取防卫行为，造成不法侵害人伤亡的，不属于防卫过当，不负刑事责任。

• 《最高人民法院、最高人民检察院、公安部关于依法适用正当防卫制度的指导意见》

第五条：准确把握正当防卫的起因条件。正当防卫的前提是存在不法侵害。不法侵害既包括侵犯生命、健康权利的行为，也包括侵犯人身自由、公私财产等权利的行为；既包括犯罪行为，也包括违法行为。不应将不法侵害不当限缩为暴力侵害或者犯罪行为。对于非法限制他人人身自由、非法侵入他人住宅等不法侵害，可以实行防卫。不法侵害既包括针对本人的不法侵害，也包括危害国家、公共利益或者针对他人的不法侵害。对于正在进行的拉拽方向盘、殴打司机等妨害安全驾驶、危害公共安全的违法犯罪行为，可以实行防卫。成年人对于未成年人正在实施的针对其他未成年人的不法侵害，应当劝阻、制止；劝阻、制止无效的，可以实行防卫。

第六条：准确把握正当防卫的时间条件。正当防卫必须是针对正在进行的不法侵害。对于不法侵害已经形成现实、紧迫危险的，应当认定为不法侵害已经开始；对于不法侵害虽然暂时中断或者被暂时制止，但不法侵害人仍有继续实施侵害的现实可能性的，应当认定为不法侵害仍在进行;在财产犯罪中,不法侵害人虽已取得财物,但通过追赶、阻击等措施能够追回财物的,可以视为不法侵害仍在进行;对于不法侵害人确已失去侵害能力或者确已放弃侵害的,应当认定为不法侵害已经结束。对于不法侵害是否已经开始或者结束,应当立足防卫人在防卫时所处情境,按照社会公众的一般认知,依法作出合乎情理的判断,不能苛求防卫人。对于防卫人因为恐慌、紧张等心理,对不法侵害是否已经开始或者结束产生错误认识的,应当根据主客观相统一原则,依法作出妥当处理。

第七条:准确把握正当防卫的对象条件。正当防卫必须针对不法侵害人进行。对于多人共同实施不法侵害的,既可以针对直接实施不法侵害的人进行防卫,也可以针对在现场共同实施不法侵害的人进行防卫。明知侵害人是无刑事责任能力人或者限制刑事责任能力人的,应当尽量使用其他方式避免或者制止侵害;没有其他方式可以避免、制止不法侵害,或者不法侵害严重危及人身安全的,可以进行反击。

第八条:准确把握正当防卫的意图条件。正当防卫必须是为了使国家、公共利益、本人或者他人的人身、财产和其他权利免受不法侵害。对于故意以语言、行为等挑动对方侵害自己再予以反击的防卫挑拨,不应认定为防卫行为。

第九条:准确界分防卫行为与相互斗殴。防卫行为与相互斗殴具有外观上的相似性,准确区分两者要坚持主客观相统一原则,通过综合考量案发起因、对冲突升级是否有过错、是否使用或者准备使用凶器、是否采用明显不相当的暴力、是否纠集他人参与打斗等客观情节,准确判断行为人的主观意图和行为性质。

因琐事发生争执,双方均不能保持克制而引发打斗,对于有过错的一方先动手且手段明显过激,或者一方先动手,在对方努力避免冲突的情况下仍继续侵害的,还击一方的行为一般应当认定为防卫行为。

双方因琐事发生冲突,冲突结束后,一方又实施不法侵害,对方还击,包括使用工具还击的,一般应当认定为防卫行为。不能仅因行为人事先进行防卫准备,就影响对其防卫意图的认定。

第十条:防止将滥用防卫权的行为认定为防卫行为。对于显著轻微的不法侵害,行为人在可以辨识的情况下,直接使用足以致人重伤或者死亡的方式进行制止的,不应认定为防卫行为。不法侵害系因行为人的重大过错引发,行为人在可以使用其他手段避免侵害的情况下,仍故意使用足以致人重伤或者死亡的方式还击的,不应认定为防卫行为。

第十一条:准确把握防卫过当的认定条件。根据刑法第二十条第二款的规定,认定防卫过当应当同时具备"明显超过必要限度"和"造成重大损害"两个条件,缺一不可。

第十二条:准确认定"明显超过必要限度"。防卫是否"明显超过必要限度",应当综合不法侵害的性质、手段、强度、危害程度和防卫的时机、手段、强度、损害后果等情节,考虑双方力量对比,立足防卫人防卫时所处情境,结合社会公众的一般认知作出判断。在判断不法侵害的危害程度时,不仅要考虑已经造成的损害,还要考虑造成进一步损害的紧迫危险性和现实可能性。不应当苛求防卫人必须采取与不法侵害基本相当的反击方式和强度。通过综合考量,对于防卫行为与不法侵害相差悬殊、明显过激的,应当认定防卫明显超过必要限度。

第十三条:准确认定"造成重大损害"。"造成重大损害"是指造成不法侵害人重伤、死亡。造成轻伤及以下损害的，不属于重大损害。防卫行为虽然明显超过必要限度但没有造成重大损害的，不应认定为防卫过当。

第十四条：准确把握防卫过当的刑罚裁量。防卫过当应当负刑事责任，但是应当减轻或者免除处罚。要综合考虑案件情况，特别是不法侵害人的过错程度、不法侵害的严重程度以及防卫人面对不法侵害的恐慌、紧张等心理，确保刑罚裁量适当、公正。对于因侵害人实施严重贬损他人人格尊严、严重违反伦理道德的不法侵害，或者多次、长期实施不法侵害所引发的防卫过当行为，在量刑时应当充分考虑，以确保案件处理既经得起法律检验，又符合社会公平正义观念。

第十五条：准确理解和把握"行凶"。根据刑法第二十条第三款的规定，下列行为应当认定为"行凶"：（1）使用致命性凶器，严重危及他人人身安全的；（2）未使用凶器或者未使用致命性凶器，但是根据不法侵害的人数、打击部位和力度等情况，确已严重危及他人人身安全的。虽然尚未造成实际损害，但已对人身安全造成严重、紧迫危险的，可以认定为"行凶"。

第十六条：准确理解和把握"杀人、抢劫、强奸、绑架"。刑法第二十条第三款规定的"杀人、抢劫、强奸、绑架"，是指具体犯罪行为而不是具体罪名。在实施不法侵害过程中存在杀人、抢劫、强奸、绑架等严重危及人身安全的暴力犯罪行为的，如以暴力手段抢劫枪支、弹药、爆炸物或者以绑架手段拐卖妇女、儿童的，可以实行特殊防卫。有关行为没有严重危及人身安全的，应当适用一般防卫的法律规定。

第十七条：准确理解和把握"其他严重危及人身安全的暴力犯罪"。刑法第二十条第三款规定的"其他严重危及人身安全的暴力犯罪"，应当是与杀人、抢劫、强奸、绑架行为相当，并具有致人重伤或者死亡的紧迫危险和现实可能的暴力犯罪。

第十八条：准确把握一般防卫与特殊防卫的关系。对于不符合特殊防卫起因条件的防卫行为，致不法侵害人伤亡的，如果没有明显超过必要限度，也应当认定为正当防卫，不负刑事责任。

一、正当防卫的概念及条件

根据《刑法》第二十条第一款的规定，正当防卫是指为了使国家、公共利益、本人或者其他人的人身、财产和其他权利免受正在进行的不法侵害，而对不法侵害人实施的制止其不法侵害，并可能对不法侵害人造成人身损害的行为。要构成正当防卫，需要满足五个条件，即防卫起因条件、防卫时间条件、防卫意图条件、防卫对象条件、防卫限度条件。

（一）防卫起因条件

不法侵害是正当防卫的起因条件，没有不法侵害，就没有正当防卫。作为正当防卫的起因条件，不法侵害必须具有不法性、客观性、现实性三个基本特征。

1. 不法性

所谓不法性是指侵害行为属于违法行为或者犯罪行为等侵害国家、公共利益、本人或者他人的人身、财产等合法权利的行为。一般情况下，不法侵害主要是针对个人法益的侵害。

对侵害国家法益、社会法益的犯罪行为，原则上不能擅自进行正当防卫。不过，如果侵犯国家法益、社会法益的犯罪行为同时侵犯了个人法益，则公民可以正当防卫。不法侵害行为仅限于人的行为，因为只能针对人的行为进行合法和不法的评价。正当防卫、紧急避险的行为不属于不法侵害，所以对正当防卫、紧急避险本身不能进行正当防卫。对正当防卫的反击行为属于故意侵害行为，对紧急避险的反击行为属于紧急避险。防卫人不限于被害人本人。只要面临不法侵害，不管是被害人本人，还是无关第三人，都可以正当防卫，予以制止。

2. 客观性

所谓客观性是指不法侵害行为对我国刑法所保护的国家、公共利益和其他合法权利造成的侵害是客观存在的。也就是说，一个行为在客观上具有法益侵害性，至于行为人在主观上是否具有故意、过失，是否达到责任年龄、具有责任能力等，不影响不法侵害的客观性。精神病患者、未成年人实施的不法侵害，如果不是严重危及人身安全的不法侵害，对其应先采取其他避免措施、制止措施；若无法采取其他避免措施、制止措施，则可以反击，进行正当防卫。

3. 现实性

所谓现实性是指不法侵害必须是现实存在的。如果不存在现实的不法侵害，行为人误以为存在不法侵害，并进行所谓的防卫，就是假想防卫。

对于假想防卫：第一，假想防卫不可能是故意为之，否则就是故意犯罪而非假想防卫。第二，假想防卫，如果防卫人有过失，就是过失犯罪。第三，假想防卫，如果防卫人没有过失，就只能按照意外事件处理。

（二）防卫时间条件

正当防卫的时间是正当防卫的客观条件之一，它说明的是在什么情况下可以进行正当防卫。正当防卫制止的是正在进行的不法侵害，必须面临着正在进行的不法侵害。如果不法侵害尚未开始，便对其防卫，属于事前防卫；如果不法侵害已经结束，对其防卫属于事后防卫。二者都属于防卫不适时，不构成正当防卫。不法侵害正在进行，意味着不法侵害已经开始且尚未结束。因此判断不法侵害是否处于正在进行之中，需要把握不法侵害是否开始、不法侵害是否结束。

不法侵害已经开始，并且对法益危险比较紧迫的，便可对其实施正当防卫。设立防卫装置。设立防卫装置防卫将来的不法侵害，如果满足以下要求，成立正当防卫：一是防卫手段与不法侵害具有相当性；二是防卫手段不能侵害其他法益，如危害公共安全。由于防卫装置在不法侵害来临时才发挥作用，所以这种防卫在时间上不属于事前防卫。

如果不法侵害已经结束，也不能对其进行防卫。不法侵害的结束，不仅要求不法侵害的行为结束，而且要求不法侵害的危险（继续实施侵害的可能性）消除。有时，不法侵害行为结束了，但对法益的威胁并未解除。不法侵害虽然暂时中断、被暂时制止，但不法侵害人仍然有继续实施侵害的现实可能性，表明不法侵害仍在进行。

如何判断法益面临的危险是否彻底消除？标准通常有以下两点：其一，应当从行为时判断，而不应从事后的角度判断，从当时的情景判断，不应从事后查明的证据判断；其二，应当从一般人的视角判断，而不应从上帝视角判断。归纳言之，一般人在当时紧急情况下，认为不法侵害的危险尚未彻底消除，就应当认定不法侵害尚未结束。基于此，防卫时间便是适时的。即便事后查明，当时不法侵害的危险已经消除，也不能认为防卫人构成事后防卫，也不能认为防卫人是假想防卫。假想防卫是指实际上不存在不法侵害，而不法侵害尚未结束表明不法侵害的危险还是存在的。

如果防卫不适时，则应当结合行为人的主观过错进行处理。行为人故意为之，成立故意犯罪；行为人过失为之，成立过失犯罪；行为人无故意、过失，成立意外事件。有时候，防卫不适时也会带有假想防卫的特征。如果是故意为之，则认定为防卫不适时，而不认定为假想防卫，因为假想防卫不包括故意犯罪的情形。

（三）防卫意图条件

防卫意图条件讨论的是，成立正当防卫是否要求防卫人主观上具有防卫意图？由于正当防卫是与不法侵害作斗争的行为，这就要求防卫人主观上必须具有某种防卫意图。防卫意图包括防卫认识和防卫意志两个层面。所谓防卫认识是指防卫人认识到某项合法权利正在遭受不法侵害，认识到自己在制止不法侵害。没有防卫认识，就不可能有防卫意志，也就不可能有防卫意图。所谓防卫意志是指行为人对于制止正在进行的不法侵害的决意，也就是说防卫人制止不法侵害是出于正当意图、动机，是为了保护合法权利。

防卫意图作为正当防卫的主观条件，对正当防卫的成立具有重要意义。某些行为从形式上看，不具备防卫意图，因此就不能成立正当防卫。比如，相互斗殴、防卫挑拨、偶然防卫等行为。

相互斗殴，是指双方都出于侵害对方的意图而相互攻击，也即不法侵害对不法侵害。斗殴双方均不成立正当防卫。法谚有云：斗殴无防卫。其理由在于：第一，斗殴双方均没有防卫意图，而是具有不法侵害的意图。第二，双方都意识到斗殴会使自己受伤，仍自愿参与斗殴，表明对可能出现的伤害结果有预见、有承诺。基于被害人承诺原理，任何斗殴行为均属于得到承诺的行为，不具有法益侵害性。但是，被害人承诺中对承诺的事项有限定，轻伤害可以承诺放弃，重伤害及生命即使承诺放弃也无效。因此，相互斗殴中，一方将另一方打成轻伤，不构成故意伤害罪，但打成重伤或打死，则成立犯罪。当然，相互斗殴中也会出现正当防卫的情形。一方停止斗殴，一方突然猛烈攻击。

防卫挑拨，是指甲欲侵害乙，故意先挑衅乙（例如推搡乙，扇乙耳光），促使乙侵害自己（例如乙用拳头反击甲），然后以正当防卫为借口加害乙。结论：甲不成立正当防卫，属于故意犯罪。理由：第一，防卫认识必要说的理由是，甲没有防卫意思，只有犯罪故意。第二，防卫认识不要说的理由是，甲的挑衅行为属于不法侵害，乙的反击属于正当防卫，对正当防卫不能正当防卫。

偶然防卫，是指行为人在主观上故意或者过失侵害他人法益，但客观上起到了防卫的效果。成立正当防卫，要求具有防卫意图，即主客观相统一，也就是说正当防卫不仅要求客观上制止了不法侵害，还要求主观上认识到这一点。因此，偶然防卫不构成正当防卫。其背后理由是一个行为是好行为还是坏行为，不取决于其制造的结果，不能以成败论英雄，行为的好坏与结果的好坏应独立判断。行为成为好行为的条件是，客观上制止了不法侵害，并且主观上认识到这一点。因此，成立正当防卫，要求有防卫认识。

（四）防卫对象条件

防卫对象条件，是指防卫人必须针对不法侵害人本人进行防卫。正当防卫的性质决定了它只能通过对不法侵害人的人身或者财产造成一定损害的方法来实现防卫意图。不法侵害人是多人并且是共同犯罪，对哪些人能实行正当防卫？我们认为，对直接实行犯可以防卫；对幕后的教唆犯、间接正犯不能正当防卫；帮助犯如果具有攻击性帮助行为，则对其能够正当防卫。

（五）防卫限度条件

防卫限度条件是指防卫手段必须没有明显超过必要限度造成重大损害。

首先，防卫手段不能明显超过必要限度。这是必要性的要求。必要性是指只要是制止不法侵害的必要手段，就不过当。如果不必要，就有可能过当。这主要是从如何制止不法侵害的角度考虑问题。根据相关司法解释，判断必要性，应从行为时的情境，根据社会一般人的角度判断，不能从事后的、理性人或上帝视角去判断。要考虑造成进一步损害的紧迫危险性和现实可能性。不应当苛求防卫人必须采取与不法侵害基本相当的反击方式和强度。

其次，防卫手段没有造成重大损害。这是相当性的要求。根据法条规定，必要性的要求在先，相当性的要求在后。相当性是指比例原则。不法侵害越严重，则防卫级别可以越高。不法侵害越轻，则防卫级别也应越轻。这主要是从均衡性和比例原则考虑问题。根据相关司法解释"造成重大损害"是指造成不法侵害人重伤、死亡。造成轻伤及以下损害的，不属于重大损害。

如果明显超过必要限度，则构成防卫过当。根据《刑法》第二十条第二款的规定，防卫过当应当负刑事责任，但应当减轻或者免除处罚。防卫过当的成立条件有二：其一，从客观上看，要求发生防卫过当的结果。防卫过当的结果可以分解为两个部分，分别是应有的损害和不应有的损害。防卫人只对其不应有的损害承担刑事责任。（2）从主观上看，要求防卫人对防卫过当结果至少有过失。关于防卫过当的主观罪过形式，多数观点认为可以包括故意。虽然对于过当行为所造成的重大危害具有罪过，但和一般犯罪相比，其主观恶性要小得多。这也是防卫过当应当减轻或者免除处罚的重要原因。

二、特殊正当防卫

我国《刑法》第二十条第三款规定了特殊正当防卫，即对正在进行行凶、杀人、抢劫、强奸、绑架以及其他严重危及人身安全的暴力犯罪，采取防卫行为，造成不法侵害人伤亡的，不属于防卫过当，不负刑事责任。

特殊正当防卫并没有改变正当防卫的一般成立条件。要成立特殊正当防卫，也要符合一般正当防卫的成立条件。例如，要有不法侵害存在（起因条件）、要针对正在进行的不法侵害（时间条件）、要有防卫意图（意图条件）等。其特殊性仅体现在，面临的不法侵害是严重危及人身安全的暴力犯罪，所以防卫的程度级别相应提高，造成伤亡也是必要的、相当的。

把握特殊正当防卫，需要注意以下几点：

第一，第二十条第三款不是赋予防卫人无限防卫权。不能认为，只要是面对正在进行的行凶杀人、抢劫、强奸、绑架，就可以杀死侵害人。该款规定只是一种提示性的注意规定，提醒法官，由于防卫人面临的是严重危及人身安全的暴力犯罪，所以造成伤亡不算过当。

第二，由于该款是注意规定，不是特事特办。因此不能认为，只有针对该款规定的犯罪行为，防卫导致死亡才可能属于正当防卫，针对其他不法侵害，防卫导致死亡就必然构成防卫过当。针对其他不法侵害的防卫，只要符合限度条件，也可以构成正当防卫。

第三，对于非暴力犯罪、一般违法行为的暴力行为、轻微暴力行为或者一般暴力行为，不适用特殊正当防卫。即特殊正当防卫是针对"正在行凶、杀人、抢劫、强奸、绑架以及其他严重危及人身安全的暴力犯罪"的理解。这里的"行凶"是指严重危及人身安全的行为。"杀人、抢劫、强奸、绑架"这四项是指犯罪行为，而不是具体罪名。这四种犯罪行为必须是以暴力手段实施。"其他严重危及人身安全的暴力犯罪"，应当是与杀人、抢劫、强奸、绑架行为相当并具有致人重伤或者死亡的紧迫危险和现实可能的暴力犯罪。例如，劫持航空器罪、放火罪、爆炸罪、暴动越狱罪，对这些犯罪可以进行特殊正当防卫。

● 理论争鸣 ○

正当防卫的"正当化"根据争议

正当防卫的正当化根据是讨论正当防卫的首要问题，它直接解答了正当防卫虽然具有构成要件符合性，但为何又能被正当化的问题。关于这一问题，学界主要有以下三种观点[①]：

第一种为排除社会危害性说。该说是我国当前刑法学的通说，以高铭暄、马克昌教授为代表。主要观点为：正当防卫行为在形式上符合构成犯罪的客观要件，但不符合成立犯罪的全部要件，因而不具有社会危害性，而不具有社会危害性则自然不具有刑事违法性，因此不成立犯罪。

第二种为法益衡量说或优越利益说。我国学者张明楷教授基于结果无价值论的立场，坚持法益衡量说。该说认为，正当化事由不是基于规范的一般性例外，而是为了解决社会冲突状况，要求在具体的案件中进行价值衡量。因此，当存在损害某一法益与保护某一法益双方，而且损害法益为保护法益所必需时，就需要对保护法益与损害法益进行衡量，具有优越性利益的一方的行为阻却违法性。从本质上看，不法侵害所要获得的利益是不正当的，而正当防卫所要保护的利益是正当的，与不正当利益相比，正当利益当然具有本质的优越性。

第三种为社会相当性说。我国学者周光权教授基于新行为无价值论的立场，坚持社会相当性说。该说认为，只有违反行为规范（而非伦理规范）而且侵害或者指向法益的行为，才具有违法性；单纯侵害法益而不违反行为规范或者仅违反行为规范而不侵害法益的行为，都不具有违法性。

请谈谈自己的看法。

[①] 赵金伟：《正当防卫的正当化根据研究》，载《政法学刊》2017年第2期。

典型例题

1. 甲下夜班回家，目睹一男将一女强行拉进小巷，女子大叫："放开我！"甲以为该男子欲行不轨，遂冲上去，用砖头将男子打成轻伤。事后查明，该男女系夫妻关系，事发时男子阻止女子回娘家。甲的行为成立（　　）。（2017年法律硕士考试真题）

A. 事前防卫

B. 假想防卫

C. 正当防卫

D. 防卫过当

解析：A项，男子阻止女子回娘家的行为是一种日常行为，不是不法侵害，没有不法侵害的存在就不存在所谓的防卫行为，所以不是事前防卫。B项，甲误以为该男子正在实施不法侵害行为，但该男子没有实施不法侵害。该不法侵害是甲假想的，因此，甲成立假想防卫。C项，男子阻止女子回娘家的行为是一种日常行为，不是不法侵害。不存在正当防卫的起因条件，甲的行为不构成正当防卫。D项，因为根本不存在现实的不法侵害，故甲的行为不可能构成防卫过当。D项不当选。综上，本题答案为B。

2. 债权人王某伙同他人将债务人甲关在办公室中长达十几个小时并持续辱骂，甲求救未果后持水果刀将王某刺成重伤。甲的行为应认定为（　　）。（2019年法律硕士考试真题）

A. 防卫过当

B. 假想防卫

C. 偶然防卫

D. 正当防卫

解析：从防卫行为上看，王某实施非法拘禁的行为是一种不法侵害，但是王某并未对甲的人身进行侵害，甲的生命健康权未受到紧急侵害，甲可以针对王某非法拘禁的不法侵害行为进行正当防卫，但是甲用水果刀捅刺，该行为超过了必要限度。从防卫结果看，王某的行为没有对甲的人身安全造成紧迫危险，而甲的防卫行为造成了王某重伤。因此，甲的防卫行为造成了重大损害。综上，甲的行为明显超过了必要限度，造成重大损害。因此，甲的行为构成防卫过当。因此，本题选择A项。

3. 陈某抢劫出租车司机甲，用匕首刺甲一刀，强行抢走财物后下车逃跑。甲发动汽车追赶，在陈某往前跑了40米处将其撞成重伤并夺回财物。关于甲的行为性质，下列哪一选项是正确的？（　　）（2007年国家司法考试真题）

A. 法令行为。

B. 紧急避险。

C. 正当防卫。

D. 自救行为。

解析：本题中，陈某抢劫到财物后，甲在当场是可以挽回财物的，不法侵害还处于连续状态，因此，甲挽回财物的行为不能视为事后防卫。从防卫限度看，将抢劫犯撞成重伤，不算防卫过当。故本题选择C。

4. 张某深夜撬门进入甲家，被甲安装在保险柜上的防盗装置击中头部受轻伤。甲的行为属于（　　）。（2016年法律硕士考试真题）

A. 事先防卫
B. 正当防卫
C. 假想防卫
D. 防卫过当

解析：在不法侵害开始前可以安装防卫装置，防卫装置成立正当防卫有两项要求：一是手段相当；二是没有危害公共安全。张某深夜撬门进入甲家时，被甲安装的防盗装置击中头部受轻伤。防卫行为没有明显超过必要限度，也未造成重大损害；甲将防卫装置安装在自己家中并未危害公共安全。因此，甲的行为构成正当防卫。因此，本题答案为B。

5. 甲乙两家有仇。某晚，两拨人在歌厅发生斗殴，甲、乙恰巧在场并各属一方。打斗中乙持刀砍伤甲小臂，甲用木棒击中乙头部，致乙死亡。关于甲的行为，下列哪一选项是正确的？（　　）（2010年国家司法考试真题）

A. 属于正当防卫。
B. 属于紧急避险。
C. 属于防卫过当。
D. 属于故意杀人。

解析：相互斗殴，是指双方都出于侵害对方的意图而相互攻击，也即不法侵害对不法侵害。本题中，甲乙双方在进行相互斗殴，均不构成正当防卫。斗殴可以有承诺，但是承诺只能承诺轻伤。乙砍伤甲小臂，如果导致轻伤，乙不构成故意伤害罪；如果砍成重伤，已构成故意伤害罪。甲打死乙，构成故意杀人罪既遂。

因此，本题答案为D。

案例讨论

8·27昆山持刀砍人案（该案公安机关撤销案件，未进入审查起诉阶段）

2018年8月27日21时35分，江苏昆山市开发区震川路、顺帆路路口发生一起刑事案件，一轿车驶入非机动车车道与正常行驶的自行车发生轻微交通事故。双方争执时轿车车内一名男子刘某（系醉酒驾驶）拿出刀（系管制道具）砍向自行车车主于某，之后长刀不慎落地，于某捡起长刀反过来持刀追赶刘某，刘某被砍伤倒在草丛中，后经送医抢救无效死亡。

后昆山市检察院宣布提前介入此案调查。在案发后的供述中，于某表示："我以为会被砍死，脑子一下就空白了……在捡起刀后，对着他胡乱挥了两三下，砍在哪里不清楚。"随后，公安机关以涉嫌故意伤害罪对于某立案侦查。在江苏省检察院指导下，苏州、昆山两级检察院迅速启动重大敏感案件提前介入机制。

苏州市检察院有关部门负责人在接受记者采访时指出，该案发生时，附近路面监控记录了案发经过。根据监控内容，办案组确定，在夺刀过程中，双方的力量形成对冲，两方力量叠加导致刘某被捅刺的第一刀位于腹部。根据法医鉴定，刘某因腹部大静脉等破裂致失血性休克而死亡。这也意味着，其致命伤是在腹部。也就是说，于某捅刺的第一刀就是刘某的致命伤。

2018年9月1日，江苏省昆山市公安局对本案发布通报称，于某的行为属于正当防卫，不负刑事责任，公安机关依法撤销于某案件。

请围绕本案展开讨论。

第二节　紧急避险

> • 《刑法》
> 第二十一条：为了使国家、公共利益、本人或者他人的人身、财产和其他权利免受正在发生的危险，不得已采取的紧急避险行为，造成损害的，不负刑事责任。
> 紧急避险超过必要限度造成不应有的损害的，应当负刑事责任，但是应当减轻或者免除处罚。
> 第一款中关于避免本人危险的规定，不适用于职务上、业务上负有特定责任的人。
> • 《最高人民法院、最高人民检察院、公安部关于依法惩治妨害公共交通工具安全驾驶违法犯罪行为的指导意见》
> 第五条：正在驾驶公共交通工具的驾驶人员遭到妨害安全驾驶行为侵害时，为避免公共交通工具倾覆或者人员伤亡等危害后果发生，采取紧急制动或者躲避措施，造成公共交通工具、交通设施损坏或者人身损害，符合法定条件的，应当认定为紧急避险。

一、紧急避险的概念及条件

紧急避险是指在法律所保护的权益遇到危险而不可能采取其他措施加以避免时，不得已而采用的损害另一较小的权益以保护较大的权益免遭损害的行为。

紧急避险是采用损害一种合法权益的方法以保全另一种合法权益。因此，必须符合法定条件才能成立紧急避险。

（一）避险起因条件

紧急避险的起因条件是必须存在现实危险。一般来说，造成危险的原因主要有三种：一是来自自然界的力量，比如火灾、洪水、地震、暴雪等单纯的危险；二是人的不法侵害行为；三是来自动物的侵袭，比如猛兽袭击、家禽追咬等。人面对危险的应对措施有两种：一是为了躲避危险，不得已损害第三人，这是一种攻击型的紧急避险，具有攻击无辜第三人的特征。二是反击危险源。这是一种防御型紧急避险。当然，如果防御的对象是不法侵害人，那么就可能构成正当防卫，而不是紧急避险。

如果事实上不存在危险，行为人误以为存在危险而进行避险行为，属于假想避险。与假想防卫的处理办法相同，假想避险，如果存在过失，就是过失犯罪；如果没有过失，就是意外事件。

（二）避险时间条件

紧急避险的时间条件是危险正在发生。所谓正在发生，是指法益受到的危险已经产生但尚未消除。如果事前或事后避险，属于避险不适时，处理办法与防卫不适时相同。紧急避险的危险"正在发生"与正当防卫的不法侵犯"正在进行"，二者的紧迫性程度有所不同，前者的程度低些，后者的程度高些。

（三）避险意图条件

紧急避险意图条件讨论的是，成立紧急避险是否要求避险人主观上具有避险意图？通常认为，紧急避险应当具有避险意图，避险意图也是由避险认识和避险意志构成。避险认识，是指避险人认识到某项合法权利正在遭受危险，认识到自己在避免危险。避险意志，是指避险人实施避险行为是出于正当意图、动机，也即为了保护合法权利。由于紧急避险要求具备避险意图，因此偶然避险不成立紧急避险。

（四）避险补充性条件

避险补充性条件，是指避险手段只能是最后的补充手段，是在不得已即没有其他方法可以避免危险时，才允许实行紧急避险。根据《刑法》第二十一条第三款规定，关于避免本人危险的规定，不适用于职务上、业务上负有特定责任的人。这是因为在发生紧急危险的情况下，这些负有特定责任的人应当积极参加抢险救灾，履行特定义务，而不允许他们以避险为由临阵脱逃、玩忽职守。

（五）避险限度条件

避险限度条件，是指紧急避险行为不能超过必要限度，造成不应有的损害。那么，应当以什么标准来判断紧急避险行为是否超过了必要限度呢？我们认为，紧急避险行为引起的损害小于所避免的损害，就属于没有超过必要限度。具体到两个损害之间的比较，可以根据所侵害的法益种类进行衡量。比如，一般认为，生命法益大于身体健康法益，身体健康法益大于人身自由法益，人身自由法益大于财产法益。法益衡量上，不存在国家法益>公共法益（社会法益）>个人法益，也不存在个人法益>社会法益>国家法益。例如，为了保护个人法益，可以通过损害公共法益或国家法益来紧急避险。又如，为了保护国家法益，可以通过损害某些个人法益来紧急避险。需要注意的是，生命法益之间不能画等号。也即，不能为了保护一个人的生命，牺牲另一个人的生命。这是因为人的生命无价，不能成为被利用的手段。

就限度条件而言，正当防卫与攻击型紧急避险存在区别。正当防卫的限度条件更宽松。防卫明显超过必要限度造成重大损害的，才属于防卫过当，这是因为损害的是不法侵害者。紧急避险超过必要限度造成不应有的损害的，便属于避险过当，这是因为损害的是一无辜者。

二、避险过当的刑事责任

根据《刑法》第二十一条第二款的规定，紧急避险超过必要限度造成不应有的损害的，应当负刑事责任，但是应当减轻或者免除处罚。

● 理论争鸣 ○

对于紧急避免的限度标准争议

我国刑法第二十一条第二款规定，紧急避险超过必要限度造成不应有的损害时，应当承担刑事责任。但对于何谓"必要限度"并未进一步明确。学界在理解其含义时，主要有"小于说"和"不超过且必要说"两种不同观点。[①]

"小于说"认为，紧急避险的必要限度是紧急避险造成的损害小于所避免的损害。主要原因在于：在客观后果上，紧急避险虽然损害了一定的合法利益，但保护了更大的合法利益，对社会有益；在主观上，紧急避险造成较小的合法利益损害乃迫不得已，目的是保护更大的合法利益，动机和目的良好。

"不超过且必要说"认为，紧急避险的必要限度是指在所造成的损害不超过所避免的损害的前提下，足以排除危险所必要的限度。其主要理论依据为：零损害理论和期待可能性理论。根据零损害理论，在需要保护的两种利益完全等同且必然牺牲其中一种利益时，牺牲何种利益无实质区别，不能要求避险人对任何一种利益优先保护。因为从法益比较衡量的角度来看，保护法益和牺牲法益等价就意味着二者之间的冲突结果为零。既然为零，就意味着没有出现必须作为刑法处罚对象的法益受到严重侵害的负面结果。根据期待可能性理论，在保护的法益与牺牲的法益价值相同的情况下，应当考察是否存在期待可能性。

● 典型例题 ○

1. 甲遭乙追杀，情急之下夺过丙的摩托车骑上就跑，丙被摔骨折。乙开车继续追杀，甲为逃命飞身跳下疾驶的摩托车奔入树林，丙一万元的摩托车被毁。关于甲行为的说法，下列哪一选项是正确的？（　　）（2009年国家司法考试真题）

　A. 属于正当防卫。
　B. 属于紧急避险。
　C. 构成抢夺罪。
　D. 构成故意伤害罪、故意毁坏财物罪。

解析：本题主要考核正当防卫与紧急避险的区分。本案中甲的行为侵犯了丙的利益，而丙是无辜的第三者，不属于不法侵害人，所以甲的行为不可能是正当防卫。甲遭到乙追杀，面临正在发生的生命危险，为了避免这一危险，不得已损害了第三者丙的利益，该行为尽管夺走、毁坏了丙的财物并导致丙受伤，但却保护了甲的生命，即保护的法益大于牺牲的法益，所以属于紧急避险行为。既然甲的行为属于紧急避险行为，那么该行为就不具有违法性，也就不可能成立抢夺罪、故意伤害罪、故意毁坏财物罪。CD选项错误。本题正确答案为B。

2. 张某等五人劫持了甲与乙，然后命令甲杀死乙，否则将杀死甲。甲被逼无奈用绳子勒死了乙。根据刑法规定，甲的行为属于（　　）。（2012年全国法律硕士考试真题）

　A. 正当防卫
　B. 紧急避险
　C. 故意杀人罪
　D. 过失致人死亡罪

解析：紧急避险是指在法律所保护的权益遇到危险而不可能采取其他措施加以避免时，不得已而采用的损害另一较小的权益以保护较大的权益免遭损害的行为。甲尽管是不得已勒

[①] 彭文华：《紧急避险限度的适当性标准》，载《法学》2013年第3期。

死了乙，但甲所损害的权益（乙的生命权）与所要保护的权益（自己的生命权）具有等值性，不符合紧急避险的限度条件。甲尽管受胁迫，但其行为构成故意杀人罪。故本题选择 C。

3. 关于正当防卫与紧急避险的比较，下列哪一选项是正确的？（　　）（2017年国家司法考试真题）

A. 正当防卫中的不法"侵害"的范围，与紧急避险中的"危险"相同。

B. 对正当防卫中不法侵害是否"正在进行"的认定，与紧急避险中危险是否"正在发生"的认定相同。

C. 对正当防卫中防卫行为"必要限度"的认定，与紧急避险中避险行为"必要限度"的认定相同。

D. 若正当防卫需具有防卫意图，则紧急避险也须具有避险意图。

解析：A 项，正当防卫中的侵害是由人发动的不法侵害，紧急避险的前提则是一切能够引发法益侵害的现实危险。故 A 项错误。B 项，正当防卫中对不法侵害是否"正在进行"的判断，是由防卫必要性决定的，即再不防卫就会丧失防卫的机会，或者即使能够进行防卫也会承担太大的风险，此时就是正当防卫的开始时间，也就是不法侵害"正在进行"的开始时间；紧急避险中对危险是否"正在发生"的判断，自然是由避险必要性决定的，即以牺牲最小的利益保护最大的利益为目的，可以在危险迫近但尚未实现的前空间内，进行紧急避险，即此时可以被认定为危险"正在发生"。故 B 项错误。C 项，避险过当的必要限度仅需在算数关系上超过必要程度即可，而防卫过当则需明显超过必要限度，二者的认定并不相同。故 C 项错误。D 项，正当防卫与紧急避险均需具备相应的主观意图。故 D 项正确。

4. 关于正当防卫与紧急避险，下列哪一选项是正确的？（　　）（2016年国家司法考试真题）

A. 为保护国家利益实施的防卫行为，只有当防卫人是国家工作人员时，才成立正当防卫。

B. 为制止正在进行的不法侵害，使用第三者的财物反击不法侵害人，导致该财物被毁坏的，对不法侵害人不可能成立正当防卫。

C. 为摆脱合法追捕而侵入他人住宅的，考虑到人性弱点，可认定为紧急避险。

D. 为保护个人利益免受正在发生的危险，不得已也可通过损害公共利益的方法进行紧急避险。

解析：A 项，正当防卫人可以是任何人；B 项，正当防卫是指为了使国家、公共利益、本人或者其他人的人身、财产和其他权利免受正在进行的不法侵害，而对不法侵害人实施的制止其不法侵害，并可能对不法侵害人造成人身损害的行为。因此，即使使用第三人的财物进行反击，仍然可能成立正当防卫。C 项，紧急避险是指在法律所保护的权益遇到危险而不可能采取其他措施加以避免时，不得已而采用的损害另一较小的权益以保护较大的权益免遭损害的行为。成立紧急避险的前提是法律所保护的权益遇到危险，故 C 项错误。D 项正确。

5. 下列关于紧急避险的表述中，正确的是（　　）。（2009年法律硕士考试真题）

A. 紧急避险的前提条件是出现了不法侵害以外的危险

B. 紧急避险必须在迫不得已的情况下才能实施

C. 紧急避险所造成的损害可以小于或者等于所保护的利益

D. 紧急避险与正当防卫的主体范围一致

解析：A 项，紧急避险危险的来源多样，包括危害行为、自然力量、动物侵袭等。注意：

正当防卫的起因条件只能来自他人的不法侵害。A 项错误。B 项，紧急避险必须在迫不得已的情况下实施，这是限制条件的要求。所谓迫不得已，是指采取紧急避险是唯一的途径，别无选择。B 项正确。C 项，避险行为不能超过必要限度造成不应有的危害。紧急避险的必要限度，是指避险行为所造成的损害必须小于所保护的权益，而不能等于或大于所保护的权益。C 项错误。D 项，正当防卫是公民的权利，任何人均可实施；紧急避险不适用于职务上、业务上负有特定责任的人。D 项错误。综上，本题答案为 B。

● 案例讨论 ○

徐某某交通肇事[①]

2014 年 2 月 25 日 9 时 30 分许，被告人徐某某驾驶豫 PX××××号（事故发生时悬挂豫 LF××××车牌）重型自卸货车沿省道 20241 公路自东向西行驶至叶县水寨乡桃奉村路段时，与王某某驾驶的电动三轮车相撞。碰撞后，豫 PX××××号车失控，又与停放于路边的孙某驾驶的豫 D7××××号公交车相撞，造成被害人王某某当场死亡，李某某、李某受伤，车辆有损的交通事故。案发后，被告人徐某某逃离现场，于次日到该县交警大队事故中队投案。经交通事故认定书认定，徐某某负此事故的主要责任。辩护人认为，被告人徐某某的行为属于紧急避险。一审法院认为，被告人徐某某驾驶机动车违反道路交通运输管理法规，造成一人死亡的交通事故，负事故的主要责任，且肇事后逃逸，其行为已构成交通肇事罪。关于辩护人提出的被告人徐某某行为属紧急避险，且不属于肇事后逃逸的辩护意见，理由不足，不予采纳。一审法院认定被告人徐某某犯交通肇事罪，判处有期徒刑一年零六个月。二审法院维持原判。

请围绕本案展开讨论。

---

① 案件来源于中国裁判文书网，案号为：叶县人民法院（2014）叶刑初字第 117 号。

第三节　其他正当行为

一、法令行为

法令行为是指基于法律、法令或者法规的规定，以行使权利或者承担义务的方式实施的行为。职务行为和权利行为属于法令行为。职务行为是指公务人员根据法律行使职务或者履行职责的行为；权利行为是指在法律上规定为公民权利的行为。由于法令行为是法律本身所允许乃至鼓励的、形成法秩序的一部分的行为，因此是合法行为，不是犯罪行为。

二、正当业务行为

正当业务行为是指虽然没有法律、法令、法规的直接规定，但在社会生活中被认为是正当的业务上的行为。比如医疗手术的行为，只要是在正当的范围之内，也不会按照故意伤害罪处理。这里，并不是医师的业务上的权利允许了其对患者身体伤害，是患者的同意、医学的适应性和医术的正当性三点共同构成了违法性阻却。

三、被害人承诺

被害人承诺是指如果被害人同意他人对其实施加害行为，那么他人就不构成犯罪。一种行为虽然在形式上符合某个犯罪的构成要件，但可能由于在有权作出同意并且在自由意志支配下作出真实的意思表示，并且不涉及社会公众利益，不涉及个人的生命、重大健康等利益的场合，其符合被害人的意愿而阻却违法。具体而言，有效的被害人承诺需要符合以下构成要件：

第一，主体要件：被害人需具有承诺能力，即理解承诺的内容和意义并具备做出承诺的能力。基于此，幼儿、精神病患者的承诺无效。这样，一方面可以保障承诺人的自由支配权和处分权，另一方面也可以保护承诺人的权益免受他人非法侵害。

第二，权限要件：被害人只能对承诺的法益有处分权限的事项作出承诺。按照我国刑法理论，被害人承诺的范围仅限于自己可以支配和处分的个人法益，同时不得侵犯社会法益和国家法益。对其不具有处分权的事项进行承诺，则是无效的承诺。通常情况下，财产、名誉、自由可以承诺放弃，比如甲承诺让乙毁坏自己的车辆，甲承诺让乙诽谤自己，甲承诺让乙拘禁自己，上述三种情形下，乙实施了相应行为，乙也不构成犯罪。此外，身体权在轻伤的范围内可以放弃，但是超出轻伤范围，则不可放弃。比如，甲承诺让乙砍掉自己的小手指，乙便砍掉了甲的小手指，乙不构成犯罪；但如果甲承诺让乙砍掉自己的手臂，乙将甲的手臂砍掉，则乙构成故意伤害罪。生命不可以承诺放弃。比如，甲因无法忍受病痛的折磨，承诺让乙将自己杀死，乙也不忍心眼睁睁地看着甲受此折磨，于是杀死了甲，那么乙已然构成故意杀人罪。

第三，主观要件：承诺必须是出于被害人真实的意思表示。基于欺骗、胁迫、利诱等的承诺不阻却违法性。通常认为，承诺的意思必须通过语言、行动等方式向行为人表示出来。如果是基于有瑕疵的意思表示作出的承诺（比如受胁迫或者被欺骗），承诺则通常是无效的。

但是在被欺骗的场合，法益主体对于所处分的法益本身并无认识错误而只是对即将获得的报酬存在误认时，则承诺依然是有效的，且此时的承诺必须是针对结果的同意。

第四，时间要件：承诺发生在实行行为发生前或行为发生时，事后承诺无效。也就是说，被害人必须有现实的承诺，并且必须事前作出，事后承诺于事无补。这主要是因为事后承诺不能改变犯罪事实本身，同时国家的刑罚权属于公权力，被害人无权对公权作出处分。

第五，范围要件：行为人实施行为的内容与承诺的内容一致。对于超出承诺范围造成的损害，不能阻却行为的违法性。这是因为超出承诺范围的损害与未予承诺的损害一样，完全是行为人单方面作出的加害行为，对此应当以犯罪论处。

四、自救行为

自救行为是指权利受到违法侵害的人，在通过法定程序、依靠国家机关明显难以恢复权利的场合，依靠自身力量救济自己权利的行为。自力救济是民法明文认可的阻却违法的行为，规定在《民法典》第一千一百七十七条第一款。我国刑法上虽然没有规定自救行为，但其属于超法规的违法阻却事由。

五、自损行为

行为人与法益主体是重合的，故自损行为可视为是法益主体放弃了或自由处分了自己的合法利益，因法益的要保护性丧失从而不构成犯罪。是在特殊情况下构成犯罪，比如在自杀的时候烧毁自己财物可能构成危害公共安全类犯罪。从规范意义上来看自损行为不能被视作一种合法行为，因为无论是自杀还是损毁财物，对社会整体利益而言都是没有任何增益的。

典型例题

1. 经被害人承诺的行为要排除犯罪的成立，至少符合下列4个条件：①被害人对被侵害的_____具有处分权限；②被害人对所承诺_____的意义、范围具有理解能力；③承诺出于被害人的_____意志；④被害人必须有_____的承诺。下列哪一选项与题干空格内容相匹配？（　　）（2011年国家司法考试真题）

A. 法益——事项——现实——真实。
B. 事项——法益——现实——真实。
C. 事项——法益——真实——现实。
D. 法益——事项——真实——现实。

解析：被害人承诺，是指如果被害人同意他人对其加害，那么他人不构成犯罪。有效的被害人承诺需要具备一些成立要件，包括权限要件（被害人对承诺的法益具有处分权限）、主体要件（被害人对承诺事项的意义、范围有理解能力）、主观要件（被害人的承诺必须是其真实意思表示。因行为人欺骗、胁迫而作出的承诺无效）、时间要件（被害人必须有现实的承诺，并且必须事前作出，事后承诺于事无补）、范围要件（行为人实施行为的内容与承诺的内容一致）。综上所述，本题答案为D。

2. 关于被害人承诺，下列哪一选项是正确的？（   ）（2008年国家司法考试真题）

A. 儿童赵某生活在贫困家庭，甲征得赵某父母的同意，将赵某卖至富贵人家。甲的行为得到了赵某父母的有效承诺，并有利于儿童的成长，故不构成拐卖儿童罪。

B. 在钱某家发生火灾之际，乙独自闯入钱某的住宅搬出贵重物品。由于乙的行为事后并未得到钱某的认可，故应当成立非法侵入住宅罪。

C. 孙某为戒掉网瘾，让其妻子丙将其反锁在没有电脑的房间一星期。孙某对放弃自己人身自由的承诺是无效的，丙的行为依然成立非法拘禁罪。

D. 李某同意丁砍掉自己的一个小手指，而丁却砍掉了李某的大拇指。丁的行为成立故意伤害罪。

解析：被害人承诺，是指如果被害人同意他人对其加害，那么他人不构成犯罪。有效的被害人承诺需要具备一些成立要件，包括权限要件、主体要件、意思要件、时间要件、范围要件。A项，甲的行为构成拐卖儿童罪。这是因为，父母对儿童的行动自由和身体安全没有承诺权限，承诺无效，儿童作为被害人也没有承诺能力，因此，父母拐卖子女或者承诺出卖子女，侵犯了儿童的行动自由和身体安全，构成拐卖儿童罪，甲是共同犯罪。A项说法错误。B项，通常情况，有效的被害人承诺，要求被害人必须事前做出，事后承诺于事无补。但如果在现实中没有被害人的承诺，但是推定被害人得知真相后会作出承诺，基于这种推定承诺作为的行为不构成犯罪，这也叫作推定的被害人承诺。本题中，可以推定被害人钱某事后会承诺，符合推定的被害人承诺的条件，乙不构成非法侵入住宅罪。B项说法错误。C项，基于承诺能力和承诺权限，精神正常的成年人对其人身自由可以承诺放弃。因此，丙不构成非法拘禁罪。C项说法错误。D项，成立有效的被害人承诺，经承诺实施的行为不得超出承诺预设的范围。本题中，李某仅同意丁砍掉自己的一个小手指，而丁却砍掉了李某的大拇指。丁的行为超出了承诺预设的范围，成立故意伤害罪。D项说法正确。

综上所述，本题答案为D。

● 案例讨论 ○

许某某故意伤害案[①]

被告人许某某与被害人陈某系同居关系。其间，许某某得知陈某已经结婚，双方多次发生争吵。2019年5月30日凌晨4时至7时，两人因感情纠葛再次在微信上发生争吵，陈某表示要和许某某分手，并回住所收拾衣服准备离开。许某某对陈某称"一人捅一刀""让你走"等。当日早上7时30分许，二人先后回到共同居住的住所内，再次发生激烈的争吵与推搡。在争执过程中，许某某拿着水果刀对着坐在床上的陈某，陈某突然起身靠近许某某，水果刀刺中了陈某的左胸部。7时38分许，许某某拨打120急救电话，并将陈某送往医院抢救。7时55分许，许某某在医院拨打110报警，后被带回公安机关进一步调查。8时25分许，陈某经抢救无效后死亡。经鉴定，被害人陈某系单刃刺器刺伤左胸部致左肺上叶及左肺动脉破裂引起大出血而死亡。

[①] 案件来源于中国裁判文书网，案号为：（2019）浙0502刑初1118号。

吴兴区人民法院认为，被告人许某某故意伤害他人身体，致一人死亡，其行为已构成故意伤害罪。公诉机关指控的罪名成立，依法应予惩处。案发后，被告人许某某拨打120急救电话，并与医护人员一同将被害人送至医院抢救，其间拨打电话报警，警察到达医院后，其亦配合抓捕，如实供述了自己的犯罪事实，系自首，依法可以从轻或者减轻处罚。被告人许某某的家属积极赔偿被害人家属经济损失并取得谅解，可以酌情从轻处罚。被害人陈某在其婚姻关系存续期间仍与被告人许某某保持男女朋友关系，被害人对于案件的引发也有一定的责任。根据被告人许某某犯罪的事实，犯罪的性质、情节和对于社会的危害程度，以及案发后的表现，依照刑法第二百三十四条第二款、第六十七条第一款、第六十四条之规定，判决被告人许某某犯故意伤害罪，判处有期徒刑8年。一审宣判后，被告人未上诉，公诉机关未抗诉，判决已生效。

请围绕本案展开讨论。

第十章

故意犯罪的停止形态

故意犯罪的停止形态是指故意犯罪在发展过程中，行为因某些原因停顿后呈现的各种状态，可分为完成形态与未完成形态两大类。犯罪既遂是犯罪的完成形态，也是法律所确立的标准形态；犯罪预备、未遂、中止是犯罪的未完成形态。相对于既遂形态而言，它们是特殊形态或者犯罪既遂的修正形态。

通说认为犯罪的停止形态只存在于直接故意犯罪当中，过失犯罪与间接故意犯罪不存在犯罪预备、未遂和中止等停止形态。过失犯罪的行为人主观心理为过失，不存在积极追求的心理，且过失犯罪只有在发生危险结果的时候才构成犯罪，所以过失犯罪只存既遂情形，或者说过失犯罪只存在成立与否的问题，而不存在犯罪预备、未遂或中止形态。间接故意犯罪的主观心态是放任结果发生，不是积极追求，因而不可能有准备工具、制造条件等预备行为，如果没有结果发生，不可能认定行为人有间接故意。所以间接故意犯罪与过失犯罪一样只存在成立与否的问题，不存在其他停止形态。

有学者认为间接故意犯罪不存在犯罪预备，但存在犯罪中止和犯罪未遂等形态。一是司法层面上存在间接故意情况下，结果未发生却仍然值得处罚的情形，二是从规范意义上说，直接故意与间接故意没有质的区别，没有理由只处罚直接故意犯罪未遂，不处罚间接故意犯罪未遂，三是直接故意与间接故意存在共同犯罪情形，在共同犯罪未遂时，没有理由只处罚直接故意人而不处罚间接故意人[①]。

第一节 犯罪既遂

一、犯罪既遂概述

犯罪既遂，即故意犯罪的完成形态，是指发生了行为人希望或者放任的、行为性质决定的危害结果，犯罪最后得逞。

关于犯罪既遂的标准，目前刑法理论界有"结果说""目的说"和"构成要件说"三种观点。

1. 结果说

"结果说"认为，犯罪既遂是指犯罪的实行行为造成了刑法规定的犯罪结果，既遂与未遂的区别在于是否发生了犯罪结果。据此，故意犯罪的实行行为没有造成刑法规定的犯罪结果

[①] 参见张明楷：《刑法学》，法律出版社 2021 年版，第 429 页。

的，属于犯罪未遂。

2. 目的说

"目的说"认为，犯罪既遂是指行为人故意实施犯罪行为并达到了其犯罪目的情形。"目的说"主张认定犯罪既遂与否应当以犯罪人的犯罪目的是否达成为标准。

3. 构成要件说

"构成要件说"认为犯罪既遂是指犯罪行为完全具备了基本犯罪构成要件的情况。既遂与未遂的区别在于犯罪行为是否具备了犯罪构成的全部要件。据此，犯罪行为没有完全具备基本犯罪构成要件的，属于犯罪未遂。"构成要件说"是中外刑法理论中的通行观点。

二、犯罪既遂形态的类型

我国刑法理论中对犯罪既遂的形态一般分为四种类型：结果犯、行为犯、危险犯、举动犯。

（一）结果犯

结果犯是以法定结果的出现为既遂。这里的结果是指犯罪行为通过对犯罪对象的作用而给犯罪客体所造成的物质性的、可以具体测量确定的现实损害结果。一般认为在结果犯的场合不仅要实施符合具体构成要件的行为，而且必须发生法定的犯罪结果，才能构成既遂。换言之，结果犯是以法定的犯罪结果发生与否，作为犯罪既遂与未遂区别标志的犯罪。例如，刑法规定的故意杀人罪。可见，这里所谓法定的犯罪结果，是专指犯罪行为通过对犯罪对象的作用而给犯罪客体造成的物质性的、可以具体测量确定的、有形的损害结果。

（二）行为犯

行为犯是以犯罪行为实施到一定程度为既遂。我国刑法理论认为行为犯是以法定的犯罪行为的完成作为既遂标志的犯罪，如刑法的诬告陷害罪、传授犯罪方法罪等。当然，虽然称作行为犯，但是并不意味着该行为一经实施就构成既遂，还必须达到法律要求的程度。

（三）危险犯

危险犯是以行为人实施的危险行为造成法律规定的发生某种危害结果的危险状态作为既遂标志的犯罪。典型的如放火罪、决水罪、爆炸罪、投放危险物质罪和以危险方法危害公共安全罪。危险犯从主观方面看既可以是直接故意也可以是间接故意，对于由直接故意构成的这类犯罪来说，其既遂并不是造成物质性的有形的犯罪结果，而是法定的客观危险状态的具备。

（四）举动犯

举动犯是按照法律规定，行为人一着手犯罪实行行为即成立既遂的犯罪。举动犯分为两种情况，一种是原为预备性质的犯罪构成，如参加恐怖活动组织罪，另一种是教唆、煽动性质的犯罪构成，如煽动民族仇恨、民族歧视罪。这些犯罪的危害性大、危害面广，且实施之后不一定发生或不一定立即发生可以确定的有形危害结果，因而法律将之规定为举动犯。

理论争鸣

关于犯罪既遂标准的争议

"构成要件说"是我国犯罪既遂标准的通说理论,但这理论也因存在一些缺陷而遭人诟病。学者们对于"构成要件说"的质疑主要表现在四个方面。

一是与犯罪构成理论相矛盾。"构成要件说"把构成要件齐备作为既遂标准,只要构成要件不齐备就不构成既遂,然而按照我国刑法学界通说,构成要件是否全部齐备是区分罪与非罪的标准,"构成要件说"将其视为既遂与否的标准,无异于互相矛盾。[①]

二是犯罪构成不能用于指导犯罪停止情况。构成要件齐备则犯罪既遂,犯罪预备、犯罪中止、犯罪未遂则是构成要件不齐备,构成要件不同,罪名自然不同,同一犯罪行为在不同的犯罪阶段停止,呈现不同的犯罪停止形态,最终导致罪名不同,这显然是不合理的。[②]

三是危险犯既遂后行为人主动排除危险状态的行为无法得到合理解决。以放火罪为例,如果犯罪分子在火种撤掉之后被燃物能够独立燃烧但并未烧起的情况下又自动将火扑灭,有效地防止了严重后果的发生,这完全符合刑法关于犯罪中止的规定,理应按犯罪中止论。但按照"构成要件说",只要行为人点燃被燃物,且在撤去火种之后被燃物能够独立燃烧就构成既遂,即使行为人在被燃物刚刚独立燃烧尚未烧起的情况下又自动将火扑灭,也不是犯罪中止,因为既遂之后无中止可言。[③]

四是犯罪构成要件齐备说的理论前提不存在。通说的理论前提是我国刑法分则对各个罪的规定都是既遂模式,而事实上并非如此。例如,刑法第一百零五、一百零七、一百零八、一百零九条(现行刑法的第一百一十四、一百一十六、一百一十七、一百一十八条)规定的犯罪实际上只是犯罪未遂[④]。关于过失犯罪,没有危害结果,就没有犯罪可言,因此过失犯罪不存在未遂。而在过失犯罪成立情况下,也不能说既遂,因为过失犯罪的行为人对危害结果既不是希望其发生,也不是放任其发生,也就谈不上得逞与否。所以可以肯定我国刑法中的过失犯罪并非以既遂为模式。[⑤]

请谈谈自己的看法。

典型例题

1. 李某以出卖为目的偷盗一名男童,得手后因未找到买主,就产生了自己抚养的想法。在抚养过程中,因男童日夜啼哭,李某便将男童送回家中。关于李某的行为,下列哪些选项

[①] 参见侯国云:《对传统犯罪既遂定义的异议》,载《法律科学》1997年第3期。
[②] 参见侯国云:《"构成要件说"作为犯罪既遂判定标准的不合理性——与王志祥博士商榷》,载《河南师范大学学报(哲学社会科学版)》2006年第2期。
[③] 参见侯国云:《对传统犯罪既遂定义的异议》,载《法律科学》1997年第3期。
[④] 同上注。
[⑤] 参见刘明祥:《我国刑法规定的犯罪并非以既遂为模式》,载《中南政法学院学报》1990年第4期。

是错误的？（　　）（2007 年国家司法考试真题）

A. 构成拐卖儿童罪。
B. 构成拐骗儿童罪。
C. 属于拐卖儿童罪未遂。
D. 属于拐骗儿童罪中止。

解析：拐卖儿童罪与拐骗儿童罪最大的区别就是是否以出卖为目的，本题中，李某有出卖目的，从而去偷盗儿童，构成拐卖儿童罪。当李某将儿童实际控制到手时，就构成拐卖儿童罪既遂。尽管又产生收养目的，但是拐卖儿童罪已经既遂，不再定其他罪名，也不可能成立犯罪中止。故本题选项为 BCD。

2. 下列关于犯罪既遂的说法中，错误的是（　　）。（2009 年法律硕士考试真题）
A. 对犯罪既遂，按照刑法分则条文规定的法定刑处罚。
B. 犯罪既遂的法律标准是行为人的行为具备刑法分则所规定的基本犯罪构成的全部要件。
C. 行为人没有实现犯罪的预期目的，也可以成立犯罪既遂。
D. 只要出现犯罪结果就构成犯罪既遂。

解析：A 项，具体罪名犯罪既遂的认定是以刑法分则的相应规定为依据的，对于其处罚标准也应依照刑法分则的法定刑处理，A 项正确。B 项，我国对犯罪既遂的判定标准采取构成要件说，当行为完整地具备刑法分则规定的构成要件时，构成犯罪既遂，B 项正确。C 项，只要行为完整地具备刑法分则规定的构成要件，无论行为人主观目的是否实现，均构成犯罪既遂，C 项正确。D 项，只要行为完整地具备刑法分则规定的构成要件，无论是否出现犯罪结果，均构成犯罪既遂，D 项错误。因此，本题选择 D。

3. 某日深夜，甲突然从乙身后用仿真手枪顶住其头部，大喊一声，交出钱来。乙慌忙将钱包交给了甲。这时，甲、乙发现彼此是熟人，甲随即将钱包还给乙，并道歉说，对不起，没认出你来。甲的行为（　　）。（2013 年法律硕士考试真题）
A. 不构成犯罪
B. 构成抢劫罪中止
C. 构成抢劫罪未遂
D. 构成抢劫罪既遂

解析：甲以非法占有为目的，以仿真枪压制乙的反抗，乙因无法反抗被迫交出钱包，甲已经构成抢劫罪既遂，抢劫罪已经既遂，不属于犯罪未完成形态，交还钱包也不影响犯罪既遂。因此，本题选择 D。

4. 下列选项中，成立犯罪既遂的是（　　）。（2014 年法律硕士考试真题）
A. 甲违章驾驶运土车，不慎撞上一辆面包车，造成面包车上 2 人死亡
B. 乙购买货值金额为 30 万元的不符合卫生标准的化妆品，销售 3 万余元时被公安机关抓获
C. 丙在茶楼准备将国家秘密提供给境外人员时，被国家安全机关工作人员当场抓获
D. 丁趁为他人搬运行李之机，将他人背包（内有价值 3 万元的相机）放在一隐蔽地点，当丁回头取包时，背包已不见踪影

解析：A 项中甲成立过失犯罪，不涉及犯罪形态问题。构成生产、销售不符合卫生标准的化妆品罪要求造成严重后果，B 项中乙不构成此罪，乙的销售金额未达 5 万元，不构成销售伪劣产品罪既遂，同时根据司法解释的规定，伪劣商品尚未销售，但货值金额达到 15 万元

153

以上,以生产、销售伪劣商品罪未遂论处,故乙构成生产、销售伪劣商品罪未遂。为境外非法提供国家秘密罪的既遂标准是将国家秘密实际提供给境外机构、组织、人员,故 C 项丙不构成既遂。盗窃罪的既遂标准是实际取得财物,丁将背包放入隐蔽地点,这属于行为人控制且他人难以发现的区域,丁已构成既遂。故本题选 D。

5. 甲明知乙意图杀人,仍为其提供毒药。第二天,甲后悔,向乙索回毒药,遭乙拒绝,乙于当晚投毒杀人得逞。甲的行为应认定为(　　)。(2016 年法律硕士考试真题)

A. 犯罪预备
B. 犯罪未遂
C. 犯罪中止
D. 犯罪既遂

解析:甲虽然自己主动放弃了犯罪,但是在向乙要回毒药的时候被乙拒绝了,乙投毒杀人得逞,甲没有阻止犯罪结果的发生,甲不能成立犯罪中止,而是故意杀人罪既遂。因此本题选择 D。

● 案例讨论 ○

孟某、何某某网络盗窃案[①]

被告人孟某窃取被害单位茂立实业有限公司(以下简称茂立公司)的账号和密码后,提供给被告人何某某,二人密谋由孟某通过网上银行向买家收款,何某某入侵茂立公司的在线充值系统窃取 Q 币,然后为孟某通知的买家 QQ 号进行 Q 币充值。从 2005 年 7 月 22 日 18 时 32 分至次日 10 时 52 分,何某某从茂立公司的账户内共窃取价值人民币 24 869.46 元的 Q 币 32 298 只,窃取价值人民币 1079.5 元的游戏点卡 50 点 134 张、100 点 60 张。孟某、何某某以非法占有为目的,通过网络系统共同秘密窃取他人总计价值人民币 25 948.96 元的财物。上海市黄浦区人民法院于 2006 年 6 月 26 日判决如下:一、被告人孟某犯盗窃罪,判处有期徒刑三年,缓刑三年,并处罚金人民币三千元;二、被告人何某某犯盗窃罪,判处有期徒刑一年六个月,缓刑一年六个月,并处罚金人民币二千元;三、扣押在案的被告人孟某犯罪所用的电脑硬盘两块和 770 号牡丹卡,予以没收。

一审宣判后,被告人孟某、何某某在法定期限内未提出上诉,公诉机关也未抗诉,一审判决发生法律效力。

请围绕本案展开讨论。

[①] 案件来源于最高人民法院公报案例 659 号。

第二节 犯罪预备

> •《刑法》
> 第二十二条：为了犯罪，准备工具、制造条件的，是犯罪预备。
> 对于预备犯，可以比照既遂犯从轻、减轻处罚或者免除处罚。

一、犯罪预备的概念与特征

根据《刑法》第二十二条第一款的规定，犯罪预备是指为了实行犯罪，准备工具、制造条件，但由于行为人意志以外的原因未能着手实行犯罪的特殊形态。犯罪预备是犯罪的未完成形态。犯罪预备具有如下四个典型特征：

1. 客观上实施了犯罪预备行为

所谓预备行为是指为犯罪的实行创造便利条件，以便于犯罪结果顺利实现的行为。预备行为是整个犯罪行为中的一部分，它对法益已经造成一定的危险。许多预备行为单独来看并不能得出违法结论，必须结合行为人的主观意图才能判断其是否属于犯罪预备。

刑法将预备行为分为两大类，分别是：准备工具和制造条件。所谓准备工具，是指准备实行犯罪的工具，主要表现形式为：制造犯罪工具、购买犯罪工具、租借犯罪工具、盗窃犯罪工具等。所谓制造条件，是指除准备工具以外的一切为实行犯罪制造条件的预备行为，比如调查犯罪现场、调查被害人的行踪、查看犯罪现场、等候被害人出现、诱骗被害人到犯罪现场、商议犯罪计划、排除犯罪障碍等。相对于不同的犯罪，预备行为的表现形式各有不同。

2. 主观上为了实行犯罪

成立犯罪预备，要求行为人主观上为了犯罪。这里的"为了犯罪"是指"为了实行犯罪"。如果是为了预备犯罪所作的准备，则不是预备犯罪。比如，甲为了抢劫出租车购买凶器的行为，是预备行为。但甲为了购买凶器，乘坐地铁前往商店的行为，不是犯罪预备行为。此外，为了实行犯罪，既包括为了自己实行犯罪，也包括为了他人实行犯罪。比如，甲告知乙想要抢劫，让乙为自己购买凶器，乙将采购的凶器交于甲。后甲又自动放弃抢劫。那么，甲的行为成立犯罪中止，乙的行为成立犯罪预备。

3. 事实上未能着手实行犯罪

所谓未能着手实行犯罪，是指犯罪阶段行为没有进入实行阶段，就在预备阶段停顿下来。未能着手实行犯罪包括以下两种情形：一是预备行为没有完成，因而不可能着手实行犯罪。例如，甲携带凶器前往犯罪现场的途中，发生了交通事故。二是预备行为虽然完成了，但是因意外原因未能着手实行犯罪。例如，甲携带凶器到达犯罪现场，但意图杀害的人已经突发心脏病死亡。

4. 未能着手实行犯罪是由于行为人意志以外的原因

犯罪预备在预备阶段停顿下来，未能着手实行犯罪，必须是由于行为人意志以外的原因而不得不停止犯罪。如果行为人是自动放弃实行犯罪，则不成立犯罪预备，而成立犯罪中止。也就是说，犯罪预备与犯罪预备阶段犯罪中止的根本区别在于是否自动放弃犯罪。

二、犯罪预备与相关概念的区别

（一）犯罪预备与犯罪预备阶段

犯罪预备与犯罪预备阶段不同。犯罪预备只能存在于犯罪预备阶段，犯罪预备阶段是一个时间概念。将犯罪发生过程比作一条时间线，前面一段是犯罪预备阶段，后面一段是犯罪实行阶段，在犯罪发生过程中，行为人因为自身意志以外的原因在犯罪预备阶段停止，此时所呈现的犯罪形态就是犯罪预备，它是犯罪预备阶段的一个停顿状态。

（二）犯罪预备与犯意表示

犯罪预备与犯意表示不同。犯意表示是指以口头或书面等形式流露出犯罪意图。两者的区别在于，犯罪预备已经采取了一定的犯罪行为，对刑法所保护的社会关系构成了现实的威胁，因而需要刑法的制裁，犯意表示仅仅是意图的表露，并未对社会关系产生现实威胁。

三、预备犯的刑事责任

根据《刑法》第二十二条第二款的规定，对于预备犯，可以比照既遂犯从轻、减轻处罚或者免除处罚。由于预备犯还没有着手实行犯罪，也没有造成犯罪结果，在司法实践中，往往以处罚预备犯为例外，只对重罪才处罚预备犯。

● 理论争鸣 ○

犯罪预备的处罚范围

传统观点认为我国对于犯罪预备采用的是普遍处罚的立法模式，即原则上对所有犯罪的犯罪预备都予以处罚，但由于犯罪预备的社会危害性较小，只有少数极其严重犯罪的预备行为才值得处罚，实际司法实践中处罚犯罪预备是极其例外的情形。

关于犯罪预备的处罚原则，学界理论与司法实务的态度是一致的，即应当以不处罚为原则，以处罚为例外。目前的问题在于如何科学地限定犯罪预备的处罚范围，做到立法与司法上的有效衔接。

请谈谈自己的看法。

● 典型例题 ○

1. 下列情形中，属于犯罪预备的是（   ）。（2010年法律硕士考试真题）

A. 甲买回剧毒农药企图杀害妻子，后念及夫妻多年情分，悄悄把农药处理掉了。

B. 乙以出卖为目的买到一婴儿，但尚未出手即被抓获。

C. 丙尾随从银行取款出来的刘某，意图抢劫，在小区入口处被保安阻拦。

D. 丁趁某女不备，将其扑倒，意图强奸，却被该女制服。

解析：A项，甲在犯罪预备阶段自动停止犯罪，并有效防止危害行为发生，属于预备阶段的犯罪中止，A错误。B项，行为人基于出卖的目的收买儿童，既遂标准是对收买的儿童实现人身控制，乙的行为构成犯罪既遂，B错误。C项，行为人在犯罪预备阶段，由于意志以外的原因未能进入实行阶段，属于犯罪预备，C正确。D项，丁扑倒某女的行为属于着手行为，已经进入实行阶段，但由于意志以外的原因被该女制服，因此成立强奸未遂，D错误。因此，本题选择C。

2. 甲预谋拍摄乙与卖淫女的裸照，迫使乙交付财物。一日，甲请乙吃饭，叫卖淫女丙相陪。饭后，甲将乙、丙送上车。乙、丙刚到乙宅，乙便被老板电话叫走，丙亦离开。半小时后，甲持相机闯入乙宅发现无人，遂拿走了乙的3万元现金。关于甲的行为性质，下列哪一选项是正确的？（   ）（2011年国家司法考试真题）

A. 抢劫未遂与盗窃既遂。

B. 抢劫既遂与盗窃既遂的想象竞合。

C. 敲诈勒索预备与盗窃既遂。

D. 敲诈勒索未遂与盗窃既遂的想象竞合。

解析：敲诈勒索是指行为人以恶害相通告，使得对方产生恐惧心理，进而基于该恐惧心理被迫交付财物的行为，本案中，甲欲使用裸照威胁乙，使乙产生恐惧心理，该行为符合敲诈勒索的构成要件，属于敲诈勒索。甲拍摄裸照的行为是为了着手犯罪创造条件，但由于意志以外的原因未能进入着手状态，因此属于犯罪预备。盗窃罪是行为人基于非法占有目的将他人的财物转移为自己所有，本案中，甲进入乙宅，宅内无人，甲拿走乙的3万元现金的行为构成盗窃罪，同时实行行为吸收预备行为，最终只定盗窃罪既遂。因此，本题选择C。

3. 区别犯罪预备与犯罪未遂的关键在于行为人是否着手实施了（   ）。（2008年法律硕士考试真题）

A. 有助于犯罪既遂的行为

B. 有助于实现犯罪目的的行为

C. 有助于犯罪结果发生的行为

D. 刑法分则规定的犯罪实行行为

解析：犯罪预备和犯罪为最主要区别在于行为人是否开始着手实施犯罪行为，即是否对法益产生现实紧迫的危险。因此，本题选择D。

4. 甲与一女子有染，其妻乙生怨。某日，乙将毒药拌入菜中意图杀甲。因久等甲未归且又惧怕法律制裁，乙遂打消杀人恶念，将菜倒掉。关于乙的行为，下列哪一选项是正确的？（   ）（2010年国家司法考试真题）

A. 犯罪预备。

B. 犯罪预备阶段的犯罪中止。

C. 犯罪未遂。

D. 犯罪实行阶段的犯罪中止。

解析：行为人开始着手实施犯罪是指对被害人的法益产生现实紧迫的危险，本案中，乙在甲回来之前又将放毒的菜倒掉，乙的行为尚未对甲产生现实、紧迫的危险，属于预备阶段，

157

此时乙自动放弃犯罪，属于犯罪预备阶段的犯罪中止。因此，本题选择 B。

5. 下列对于犯罪形态的理解中，正确的是（　　）。（2021 年法律硕士考试真题）

A. 间接故意犯罪可以存在未遂形态

B. 在犯罪预备阶段可以成立犯罪中止

C. 自动放弃重复侵害行为的，应认定为犯罪既遂

D. 准备用于预备行为的工具的，应认定为犯罪预备

解析：通说认为，犯罪的停止形态只存在于直接故意犯罪中，而在过失犯罪和间接故意犯罪中只存在成立犯罪与否的问题，而不存在犯罪的停止形态，故 A 错误。自动放弃重复侵害行为在理论界存在犯罪未遂和犯罪中止的观点展示，但是不可能成立犯罪既遂，因此 C 是错误的。犯罪预备是指为了实行犯罪而制造条件、准备工具的行为，而非为预备行为准备工具，故 D 错误。因此，本题选择 B。

案例讨论

张某甲等抢劫案[①]

案情简介：2006 年 11 月初，被告人张某甲、张某乙二人预谋对单身女性实施经济犯罪，并准备作案工具。11 月 6 日至 9 日，张某甲、张某乙每天晚上至某工业园区附近寻找作案目标，均因未找到合适的作案对象而未果。11 月 9 日晚，张某甲、张某乙二人伺机抢劫时商议如遇漂亮女性，则先强奸后抢劫，并以手机游戏方式确认强奸顺序。11 月 11 日晚，张某甲、张某乙纠集被告人徐某某参与抢劫作案，提出劫得的钱财三人平分，徐某某同意参与抢劫作案，但表示不参与之后的强奸犯罪。11 月 12 日晚，张某甲、张某乙、徐某某在递铺镇铜山桥附近寻找作案目标时被公安巡逻队员抓获。浙江省安吉县人民检察院以被告人张某甲、张某乙、徐某某犯抢劫罪（预备）、强奸罪（预备），向安吉县人民法院提起公诉。

辩护理由：被告人张某甲、张某乙均辩称，对强奸犯罪只是预备抢劫过程中作为随便说说的话题，主要目的是抢劫，并不是想实施强奸。

被告人徐某某辩称无强奸故意和行为，不构成强奸罪。其辩护人的辩护意见为：1. 被告人徐某某加入前，其他二被告人已完成准备作案工具并已多次寻找作案目标，徐某某所起作用较小，应认定为从犯；2. 徐某某没有强奸故意，不能认定构成强奸罪；3. 徐某某系未成年人，作为预备犯，应对其从宽处罚。

裁判过程及结果：法院认为被告三人以非法占有财物为目的，事先预谋并准备作案工具、制造作案条件，预备以尖刀威胁和捆绑等手段取得他人财物，已构成抢劫罪（犯罪预备）。

关于犯强奸罪（犯罪预备）的指控，法院认为，张某甲、张某乙虽在抢劫犯罪预备时产生在可能的条件下实施强奸犯罪的主观故意，但仅是强奸的犯意表示；徐某某明确表示不参与强奸行为，无强奸的主观故意，三人没有强奸的具体行为，故指控犯强奸罪（犯罪预备）的罪名不能成立。

三被告人系抢劫犯罪预备犯，依法可比照既遂犯从轻、减轻处罚或免除处罚。徐某某犯

[①] 案件来源于《刑事审判参考》案例第 467 号。

罪时未满十八周岁,且系从犯;张某甲在犯罪预备的开始阶段未满十八周岁;三被告人归案后均能如实供述犯罪事实,认罪态度较好。鉴于三被告人的犯罪情节及现实社会危害性,最终判定被告人张某甲犯抢劫罪(犯罪预备),判处有期徒刑八个月,并处罚金人民币一千元;被告人张某乙犯抢劫罪(犯罪预备),判处有期徒刑十个月,并处罚金人民币一千元;被告人徐某某犯抢劫罪(犯罪预备),免予刑事处罚。

请围绕本案展开讨论。

第三节　犯罪未遂

> •《刑法》
> 　　第二十三条：已经着手实行犯罪，由于犯罪分子意志以外的原因而未得逞的，是犯罪未遂。
> 　　对于未遂犯，可以比照既遂犯从轻或者减轻处罚。
> •为进一步规范量刑和量刑建议工作，最高人民法院、最高人民检察院研究制定了《关于常见犯罪的量刑指导意见（试行）》，并于 2021 年 7 月 1 日起在全国法院、检察院全面实施。该意见指出"对于未遂犯，综合考虑犯罪行为的实行程度、造成损害的大小、犯罪未得逞的原因等情况，可以比照既遂犯减少基准刑的 50% 以下"。

一、犯罪未遂的概念与特征

中外刑法理论对于犯罪未遂的概念主要有两种规定，一是严格区分犯罪中止和犯罪未遂，一种是不区分犯罪未遂与犯罪中止，将犯罪中止形态包括在犯罪未遂形态之中，即犯罪未遂是指行为人开始着手实施犯罪而未达到犯罪既遂的情形[①]。我国刑法体例区分犯罪中止和犯罪未遂。根据《刑法》第二十三条的规定，犯罪未遂是指已经着手实行犯罪，但由于犯罪分子意志以外的原因而未得逞。可见，犯罪未遂具有如下几个特征：

1. 行为人已经着手实行犯罪

即行为人开始实施刑法分则规定的具体犯罪构成要件的行为。这是同犯罪预备相区别的主要标志。行为人的行为属于犯罪预备还是未遂，需要结合刑法分则关于具体犯罪的构成要件的规定确定，而不是凭行为人自己主观上的判断。如行为人主观认为其已经着手实行犯罪，但是实际上其所实施的行为尚不属于刑法分则规定的某种具体犯罪构成要件的实行行为，仍处于为便利犯罪而制造条件的阶段，则不成立犯罪未遂。

2. 犯罪未得逞

即行为人没有完成刑法分则规定的具体犯罪的犯罪构成要件。这是犯罪未遂与犯罪既遂相区别的主要标志。认定犯罪未得逞也需要坚持主客观相统一。在客观上，"未得逞"是犯罪已经停止的状态下，构成某种犯罪所应具备的要件未能齐备。对于需要发生特定犯罪结果才算犯罪构成要件完全具备的，如故意杀人造成被害人死亡的结果，行为人的实行行为即杀人行为虽然完成，但由于其意志以外的原因，被害人未死亡的，成立故意杀人未遂。对于刑法分则中规定的不需要发生特定结果的，如构成犯罪的法定的危险状态出现、法定行为的完成等，也可能成立犯罪既遂而非未遂。

3. 犯罪未得逞是由于犯罪分子意志以外的原因

这是犯罪未遂与犯罪中止相区别的主要标志。所谓"犯罪分子意志以外的原因"是指不

---

① 参见高铭暄、马克昌：《刑法学》，北京大学出版社、高等教育出版社 2022 年版。

以犯罪分子的主观意志为转移的一切原因。一是犯罪行为人意志以外的客观原因。这些客观不利因素需要足以阻止行为人继续完成犯罪。如被害人轻微的反抗、他人善意的劝告、严厉的斥责等因素并不具有阻止行为人继续完成犯罪的效果时，行为人本可以继续实施犯罪而自己决定放弃犯罪的，应成立犯罪中止。二是行为人本人的原因。如对自己实施犯罪的能力、经验、方法、手段估计不足，对事实判断错误等。一些情况属于行为人自身的客观原因，比如犯罪技能拙劣、体力不济等。在这些情况下，行为人仍具有犯罪的意志，但由于事实上不具备或者已经丧失了犯罪能力而未得逞。三是行为人主观上的认识错误，即犯罪未能完成是由于行为人主观上对侵害对象、使用工具、因果关系和客观环境等判断错误造成的。

实践中还存在一些所谓迷信犯、愚昧犯的情况。主要表现为行为人基于有悖于科学常识的错误认识，而实施"重大无知"行为，如行为人自信诅咒或祈祷可以杀人、伤害等。这种情况下，没有发生行为人所希望的危害后果不是因为"犯罪行为"遇到障碍，而是行为人的所谓犯罪行为根本不可能发生危害后果，行为人的行为不属于刑法分则规定的犯罪构成要件的行为，因而不构成犯罪的未遂。

总体上，犯罪未得逞是违背犯罪分子意志的。如果是犯罪分子自动放弃继续犯罪，或者自动有效地防止犯罪结果的发生，属于自动中止，而不是犯罪未遂。

二、犯罪未遂的类型

我国刑法理论通常将犯罪未遂分为两对类型，即实行终了的未遂和未实行终了的未遂，能犯未遂和不能犯未遂。

（一）实行终了的未遂与未实行终了的未遂

以实行行为是否终了为标准，可以将犯罪未遂划分为实行终了的未遂与未实行终了的未遂。实行终了的未遂是指行为人已经将其主观上认为达到既遂所需的全部行为实行完毕，但由于其意志以外的原因未得逞。比如，甲以杀人故意向乙连开三枪，乙中弹倒地。此时，甲认为乙已经死亡，随即逃离现场。但实际上，乙事后被送往医院抢救，活了下来。此时甲的行为便构成实行终了的未遂。未实行终了的未遂是指由于意志以外的原因，导致行为人未能将其认为达到既遂所需的全部行为实行完毕，因而未得逞。比如，甲以故意杀人向乙连开三枪，都没有打中乙，甲准备再开第四枪时，警察赶到现场后抓捕了甲。此时，甲的行为构成未实行终了的未遂。又如，行为人甲在水中投毒欲杀害乙，乙发现水有毒并未饮用，行为人甲此时并未发生认识错误，而是行为实行终了距离犯罪既遂还有一段时间，在这个时间段内因为行为人甲意志以外的原因未达到既遂状态，也属于实行终了的未遂。

（二）能犯未遂与不能犯未遂

能犯未遂与不能犯未遂，这是以犯罪行为能否达到既遂做出的分类。能犯未遂是指犯罪行为可能达到既遂，但由于行为人意志以外的原因未能既遂的情况。例如，行为人故意杀人时被他人阻止。不能犯未遂是指行为人虽然主观上有犯意，但是出于对犯罪事实的认识错误而使得犯罪行为不可能达到既遂的情形。它又分为手段不能犯和对象不能犯。前者指行为人出于认识错误使用客观上不能达到既遂的犯罪手段和工具，以致犯罪未遂，例如把假枪当作真枪射杀他人。后者指行为人产生认识错误，使得犯罪对象在行为时并不在犯罪行为的有效范围内，或者不具有侵害属性而不可能达到既遂，例如误将尸体当作活人射杀，误将男子认成女子着手实施强奸。

三、犯罪未遂的刑事责任

根据《刑法》第二十三条第二款规定，对于未遂犯，可以比照既遂犯从轻或者减轻处罚。也就是说，犯罪未遂应当承担刑事责任，对于未遂犯可以从轻或者减轻处罚。是否从轻或者减轻处罚，则需要结合案情综合判断。

● 理论争鸣 ○

着手的认定

行为人已经着手实行犯罪，这是犯罪未遂形态必须具备的特征之一，也是犯罪未遂形态与犯罪预备形态相区别的主要标志。我国刑法学界就着手的认定存在如下几种观点：[1]

一是主观说。该说认为犯罪是行为人危险性格的表现，主张从行为人的主观意思来掌握实行行为，即行为人的危险性或者犯意被外界发现时就是着手。该说重视主观上的要素，实际使得实行行为丧失了区分犯罪预备和犯罪未遂的功能，因为从主观上看，犯罪预备和犯罪未遂都是反社会人格的体现，并无差异。再例如，在入户盗窃中，行为人在打碎玻璃准备入户时就会被认为是着手盗窃罪的实行行为，因为当时行为人的犯意已经明显地表露于外，但这显然有些不合理，主观说实际使得着手的认定过于提前。

二是客观说。客观说又可分为形式的客观说和实质的客观说。形式的客观说立足于构成要件，认为行为人开始实施刑法分则中具体构成客观要件的行为时就是着手。该说也是我国刑法理论的传统观点，但这观点并未回答何谓符合构成客观要件的行为，且容易导致着手的认定推迟。实质的客观说主张从客观危险的角度认定着手。与未遂犯相关的危险概念有两种，一是"行为的危险"，即行为本身造成侵害结果的可能性，二是"结果的危险"，即行为造成的危险状态。基于危险的两种概念，实质的客观说又分为客观的行为说和结果说。前者主张行为人实施具有实现犯罪的现实危险性的行为时就是着手，后者主张行为侵害法益的危险性达到一定程度时就是着手。两种观点在一般犯罪的着手认定上并无区别，仅在隔离犯的场合可能存在差异[2]。

三是折中说。该说主张从主观和客观两个方面同时把握着手。主观的折中说以行为人的犯罪计划为基础，认为行为对保护法益造成现实、紧迫的危险且明显地表露出犯意时就是着手。客观的折中说认为主观上有犯罪意思，客观上开始实施符合构成要件的行为时就是着手。无实质性中间步骤的折中说在德国刑法学界又被称为"中间动作论"，该说认为按照行为人的计划，在行为人的行为与构成要件的实现之间不存在实质性的中间步骤，使得他人可以将整个事实过程统一起来把握时，就是着手[3]。

请谈谈自己的看法。

---

[1] 参见张明楷：《未遂犯论》，中国法律出版社、日本国成文堂1997年联合出版，第50页。
[2] 参见张明楷：《刑法学》，法律出版社2021年版，第440页。
[3] 参见[德]乌尔斯金德霍伊泽尔：《刑法总论教科书》，蔡桂生译，北京大学出版社2015年版，第299页。

● 典型例题 ○

1. 甲得知某单位财务室的保险柜中有 10 万元工资款将于次日发放，遂携工具深夜潜入财务室撬保险柜。因保险柜十分坚固，甲用了 3 个小时都没有撬开，便离开，甲的行为属于（　　）。（2012 年法律硕士考试真题）

A. 未实行终了的中止

B. 实行终了的中止

C. 能犯未遂

D. 不能犯未遂

解析：甲因保险柜十分坚固，花了数个小时都没撬开，最终无奈离开，属于"被迫"放弃犯罪行为，而非自愿，故甲属于犯罪未遂。能犯未遂是指犯罪行为可能达到既遂，但由于行为人意志以外的原因未能既遂的情况。保险柜虽然坚固，但甲客观上仍然存在将其撬开而实现犯罪既遂的可能性，因而甲属于能犯未遂。因此，本题选择 C。

2. 甲将汽车停在自家楼下，忘记拔车钥匙，匆匆上楼取文件，被恰好路过的乙发现。乙发动汽车刚要挂挡开动时，甲正好下楼，将乙抓获。关于乙的行为，下列哪一选项是正确的？（　　）（2007 年国家司法考试真题）

A. 构成侵占罪既遂。

B. 构成侵占罪未遂。

C. 构成盗窃罪既遂。

D. 构成盗窃罪未遂。

解析：侵占罪的对象仅限于行为人代为保管的他人财物或者他人的遗忘物、埋藏物。行为人在实施侵占行为之前，已经持有他人财物；而盗窃罪的对象仅限于他人持有之动产。行为人在实施盗窃行为之前，尚未持有他人财物。即侵占罪的对象是"自己持有的他人之物"，盗窃罪的对象是"他人持有的他人之物"。甲将汽车停在楼下，汽车仍在甲的占有之下，故乙的行为属于盗窃。盗窃罪的既遂标准是取得控制说。取得控制，是指行为人将财物置于自己实际控制范围之内，排除了他人支配的可能性。乙虽然发动汽车，但是尚未开出，该汽车仍在甲的控制之下，乙构成盗窃罪未遂。因此，本题选择 D。

3. 下列情形中，属于犯罪未遂的是（　　）。（2008 年法律硕士考试真题）

A. 甲持匕首在张三每天下夜班经过的路口守候，准备杀死张三，但张三当夜没有出现在这一地点

B. 乙携带匕首乘坐出租车，准备对出租车司机进行抢劫，因形迹可疑，出租车司机将车开进了派出所将其抓获

C. 丙非法购进两支手枪还未来得及出卖即被抓获

D. 丁为抢劫李四钱财，假装劝酒将李四灌醉，没来得及取走李四财物，因被李四的妻子发现而慌忙逃走

解析：A 项，甲欲杀张三，但张三当晚根本没有出现，甲的行为并未对张三产生现实、紧迫的危险，甲的行为尚未进入实行阶段，甲属于犯罪预备。B 项，乙准备实施抢劫，但尚未出手即被抓获，乙属于犯罪预备。C 项，就非法买卖枪支罪，单纯购进就已经构成犯罪既

163

遂,而不论后面是否卖出,丙属于犯罪既遂。D 项,丁为抢劫李四钱财将其灌醉,此时丁的行为已经产生现实、紧迫的危险,因为其意志以外的原因,即李四妻子发现,最后没有得逞,丁属于犯罪未遂。因此,本题选择 D。

4. 下列哪些选项中的甲属于犯罪未遂?(　　)(2014 年国家司法考试真题)

A. 甲让行贿人乙以乙的名义办理银行卡,存入 50 万元,乙将银行卡及密码交给甲。甲用该卡时,忘记密码,不好意思再问乙。后乙得知甲被免职,将该卡挂失取回 50 万元。

B. 甲、乙共谋傍晚杀丙,甲向乙讲解了杀害丙的具体方法。傍晚乙如约到达现场,但甲却未去。乙按照甲的方法杀死丙。

C. 乙欲盗窃汽车,让甲将用于盗窃汽车的钥匙放在乙的信箱。甲同意,但错将钥匙放入丙的信箱,后乙用其他方法将车盗走。

D. 甲、乙共同杀害丙,以为丙已死,甲随即离开现场。一个小时后,乙在清理现场时发现丙未死,持刀杀死丙。

解析:国家工作人员接受财物就构成受贿罪的既遂,甲收到了银行卡和密码实际上就接受了该钱款,故 A 错误。甲乙共谋杀害丙,形成共谋共同正犯,乙按照甲的方法杀害丙,甲乙谋议行为对犯罪发展起到支配作用,故甲乙都构成犯罪既遂,B 错误。乙用其他方法盗走车辆,甲的帮助行为并未连接到正犯行为的危险流中,不成立帮助犯,也不构成犯罪,C 错误。甲离开现场时,丙尚未死,甲构成故意杀人未遂,甲对此后乙的行为并不知情,没有犯罪故意,不必承担责任,D 正确。本题选择 D。

5. 下列哪一行为成立犯罪未遂?(　　)(2015 年国家司法考试真题)

A. 以贩卖为目的,在网上订购毒品,付款后尚未取得毒品即被查获。

B. 国家工作人员非法收受他人给予的现金支票后,未到银行提取现金即被查获。

C. 为谋取不正当利益,将价值 5 万元的财物送给国家工作人员,但第二天被退回。

D. 发送诈骗短信,受骗人上当后汇出 5 万元,但因误操作汇到无关第三人的账户。

解析:A 项,为贩卖毒品而购买毒品的行为是贩卖毒品罪的预备行为,属于犯罪预备。B 项,国家工作人员接受财物后即构成受贿罪既遂,并不要求进一步的支配、处分。C 项,为谋取不正当利益,向国家工作人员赠送财物,国家工作人员客观上接受或者占有该财物,行贿罪即既遂。D 项,发送诈骗短信即实施诈骗行为,因为行为人意志以外的原因(受害人汇错账户)未得逞,属于犯罪未遂。因此,本题选择 D。

案例讨论

王某明合同诈骗案[①]

案情简介:2012 年 7 月 29 日,被告人王某明通过使用伪造的户口本、身份证,冒充房主王某某身份的方式,以出售房屋为由,与被害人徐某签订房屋买卖合同,约定购房款为人民币 100 万元,并当场收取徐某定金 1 万元。同年 8 月 12 日,王某明又收取徐某支付的购房首付款 29 万元,并约定余款过户后给付。后双方在办理房屋过户手续时,王某明虚假身份被工

---

① 案件来源于最高人民法院指导案例 62 号。

作人员发现，余款未取得。2013年4月23日，被告人王某明被公安机关查获。次日，王某明亲属将赃款退还被害人徐某，被害人徐某对被告人王某明表示谅解。

公诉机关认为，被告人王某明的行为触犯了《中华人民共和国刑法》第二百二十四条之规定，提请法院以合同诈骗罪追究其刑事责任。

裁判过程及结果：一审法院判决，认定被告人王某明犯合同诈骗罪，判处有期徒刑六年，并处罚金人民币六千元。宣判后，检察院提出抗诉。抗诉意见为：王某明的犯罪数额应为100万元，属数额特别巨大，而原判未评价70万元未遂的事实，仅依据既遂30万元认定王某明犯罪数额巨大，系适用法律错误。

二审法院认为，一审法院根据王某明犯罪的事实、性质、情节及对于社会的危害程度所作出的判决，事实清楚，证据确实、充分，定性准确，审判程序合法，但认定王某明犯罪数额巨大，确属不当，予以纠正。根据我国刑法关于诈骗犯罪处罚原则的有关规定，考虑王某明合同诈骗既遂30万元、未遂70万元的数额对应的量刑幅度及可予减轻处罚等因素，原判对其量刑在法定幅度之内，且抗诉机关亦未对量刑提出异议，应予维持。王某明撤回上诉的申请符合法律规定，予以准许。遂依法作出上述裁定。

请围绕本案展开讨论。

第四节　犯罪中止

> • 《刑法》
> 　　第二十四条：在犯罪过程中，自动放弃犯罪或者自动有效地防止犯罪结果发生的，是犯罪中止。
> 　　对于中止犯，没有造成损害的，应当免除处罚；造成损害的，应当减轻处罚。

一、犯罪中止的概念与特征

根据《刑法》第二十四条第一款的规定，犯罪中止是指在犯罪过程中行为人自动放弃犯罪或者自动有效地防止犯罪结果的发生而呈现出的犯罪停止形态。由此可见，犯罪中止存在两种情况：一是实行行为未实行终了的中止，即在犯罪预备阶段或者在实行行为还没有实行终了的情况下，自动放弃犯罪；二是实行行为实行终了的中止，即在实行行为实行终了的情况下，自动有效地防止犯罪结果的发生。

犯罪中止的基本特征有如下几点：

1. 犯罪中止的时空性

犯罪中止发生在犯罪过程中，这是犯罪中止的时间要求。犯罪中止是故意犯罪发展过程中的一种犯罪形态，它可能发生在犯罪的预备阶段，也可能发生在犯罪的实行阶段。所谓"犯罪过程中"是犯罪既遂之前的整个犯罪过程。犯罪一旦既遂，就不能再成立中止。既遂后的主动弥补损失的行为，也是值得肯定和鼓励的，但都不是犯罪中止，而是犯罪后的悔罪表现。

在预备阶段，中止行为既可以发生在预备行为尚未终了之时，又可以发生在预备行为已经终了，但尚未着手实行时。前者如，甲为了杀害乙准备购买凶器，但在购买凶器时，因产生悔意，自动放弃购买，这是预备行为尚未终了时的中止；后者如，甲为了杀害乙，购买了凶器，在达到乙家门口时，突然改变主意，放弃杀乙，这是预备行为终了后的中止。

在实行阶段，中止既可以发生在实行行为尚未终了时，也可以发生在实行行为已经终了后，结果出现前。前者如，甲使用刀杀乙，但一刀都没有击中乙，遂自动放弃继续杀乙，这就是实行行为尚未终了时的中止。后者如，甲使用刀杀乙，砍了乙数刀后，甲看到躺在血泊中的乙，顿生悔意，随即将乙送往医院抢救，乙得以存活，这就是自动有效防止结果发生的犯罪中止。

2. 犯罪中止的自动性

犯罪中止的自动性是指行为人自以为可以继续实施犯罪或者可能实现既遂，自动作出放弃继续犯罪的选择。成立犯罪中止，要求行为人主观上放弃犯罪，并在该意图的支配下客观上自动停止了继续实施犯罪。

对于自动性的把握，应当注意两点：一是行为人已经意识到客观上可以继续实施犯罪或者可能实现既遂。此时，犯罪行为人面临两种选择：继续实施犯罪和放弃继续实施犯罪。行为人可以基于自己的意愿选择上述任一种行为。从行为人内心对犯罪继续进行的可能性的认知看,其自认为可以继续实施和完成犯罪。因此,即使行为人所进行的犯罪客观上已经不可能完成,但行为人不了解这一情况,而"主动"放弃继续犯罪,由于其是在主观上仍然认为可以完成犯罪的情况下放弃继续犯罪的,其放弃犯罪的"主动性"也应当予以认定。例如,行为人去仓库实施盗窃,因内心畏惧中途折返,主动放弃犯罪,虽然事实上当时仓库内货物已经搬离,即使行为人不放弃犯罪也无法实施盗窃,但是也属于自动放弃犯罪。与此相反,如果犯罪客观上可以完成,但行为人自己主观上误认为犯罪遇到障碍无法完成,因而"被迫"停止继续实施犯罪的行为的,由于其停止犯罪缺乏主观上的"主动性",不属于自动放弃犯罪。如果行为人在实施强奸过程中,听到附近有人走过,以为被发现而仓皇逃走,行为人放弃犯罪是以为犯罪将被阻止,应属于被迫而非自动放弃犯罪。二是行为人必须是基于本人的意愿主动选择了放弃继续实施犯罪。此时,行为人是基于自己的意愿主动作出的选择,并希望犯罪结果不发生。如果行为人不是出于本人意愿,而是在外力强制或主观上被强制的情况下停止犯罪的,不属于犯罪中止。

3. 犯罪中止的客观性

犯罪中止不仅要求行为人主观上具有自动性,还要求客观上有中止行为。如前所述,犯罪中止分为实行行为未实行终了的犯罪中止和实行行为实行终了的犯罪中止,客观性的要求不同。

就实行行为未实行终了的犯罪中止,其客观性要求,行为人在行为未实行终了时,必须自动放弃继续实施犯罪。在这种情况下,行为人必须是真实、彻底地放弃,而不是暂时停顿。比如,甲入室盗窃,发现保险柜太重,便去叫同伙前来帮忙,在未出门时,被主人发现未得逞,甲的行为不是真实、彻底的放弃,故不是犯罪中止。

就实行行为终了的犯罪中止,其客观性要求,行为人在行为终了后,必须有效防止犯罪结果的发生。行为实行终了后,要成立犯罪中止,不但要求行为人自动放弃,而且还要求行为人的行为能够有效防止犯罪结果的发生。有效防止犯罪结果发生的行为,不以行为人单独实施为必要,但行为人必须作出了真诚的努力,且其行为对防止犯罪结果发生起到决定性作用,否则不成立犯罪中止。比如,甲实施放火行为引发仓库着火,离开现场后心生悔意,遂拨打了消防电话。甲的行为既不真诚,也对犯罪结果的发生不具有决定性作用,故不成立犯罪中止。

4. 犯罪中止的有效性

所谓有效性是指没有发生作为既遂标志的犯罪结果。即使行为人自动放弃或者积极努力防止犯罪结果的发生,但客观上结果还是发生了,也不能成立犯罪中止。例如,甲拿刀砍乙,乙因失血过多倒地不起,甲遂生悔意,将乙送往医院抢救,但乙最终还是抢救无效死亡。甲的行为没有有效阻止犯罪结果,故不成立犯罪中止。需要强调的是,犯罪中止的成立并不要求没有发生任何犯罪结果,而是只要求没有发生作为既遂标志的危害结果。比如,故意杀人的既遂结果是被害人死亡,行为人只要能够阻止死亡的发生,即使受害人身受重伤,也成立故意杀人罪的犯罪中止。

行为人为防止结果的发生作出了真诚、积极的努力,但由于介入因素的存在导致危害结果发生,则仍然成立中止。在此情况下成立中止,需要注意,介入因素必须与危害结果之间存在直接的因果关系。换句话说，甲的犯罪行为与危害结果之间没有直接的因果关系。比如，甲拿刀砍乙，乙因失血过多倒地不起，甲遂生悔意，将乙送往医院抢救。但在送往医院的途中，发生车祸，导致乙当场死亡。车祸是介入因素，与乙的死亡具有直接的因果关系，而甲的行为与乙的死亡并不具有直接的因果关系，故甲的行为仍然成立犯罪中止。

二、犯罪中止的刑事责任

根据《刑法》第二十四条第二款的规定，对于中止犯，没有造成损害的，应当免除处罚；造成损害的，应当减轻处罚。这样规定，体现了我国刑法罪刑相适应的原则。由于犯罪中止避免了犯罪结果的发生，减轻了其犯罪行为的社会危害性，因此，法律对中止犯的处罚，采取了"应当免除"或"应当减轻"进一步从宽的原则。这是因为对犯罪分子判刑的目的在于改造罪犯。既然犯罪分子自动放弃了犯罪，避免了犯罪结果的发生，说明犯罪分子的人身危险已经消除或者减弱，罪犯已经悔罪，容易接受改造，处理上应当进一步从宽。同时，规定较轻的处罚，有利于鼓励犯罪分子中止犯罪，以减轻犯罪的社会危害。

● 理论争鸣 ○

自动性的学说

自动性是犯罪中止与犯罪未遂、犯罪预备等形态的本质区别所在，有学者对国外关于自动性的学说做了总结[①]：（1）主观说。该说认为行为人基于对外部障碍的认识（表象）而中止行为，则成立未遂，反之则成立自动中止。弗兰克公式表达为"中止是能达目的而不欲，未遂是欲达目的而不能"。（2）客观说。此说认为应根据社会的一般观念，对行为人未完成犯罪的原因进行客观评价，判断是否存在障碍。如果从社会的一般观念出发，该场合不会对行为人产生强制影响，行为人放弃犯罪，则成立中止，反之则是未遂。（3）新客观说。以行为人的主观认识为基础，客观地判断能否既遂，是否不希望既遂。（4）限定的主观说。该说对主观说的动机进行了限定，认为只有基于广义的后悔这种内心障碍，才能认定为基于自己意志的中止。广义的后悔包括悔悟、悔改、惭愧、同情等心情。（5）主观的价值生活说。自动性的判断标准在于行为人主观的价值生活，继续实现行为人的企图对行为人无价值，放弃继续实施的，不具有自动性。在考虑所有契机后，继续实施行为人的企图并非毫无价值，放弃继续实施的，具有自动性。（6）犯罪人理性说。犯罪人理性地放弃犯罪，不具有自动性，反之不合情理地放弃犯罪，具有自动性。

在我国，有学者认为应当对"中止犯"中的"自动性"进行目的限缩，即立足于刑法规制中止犯的目的来限缩自动性的含义[②]。持该论者认为刑法设立中止犯并对其定性与处罚区别于未遂犯，目的在于对犯罪人的危险人格在犯罪过程中实现良性转化给予必要的褒扬与奖励，中止犯的自动性根据在于犯罪人的危险人格实现自我消解[③]。

---

① 参见张明楷：《外国刑法纲要》，法律出版社2020年版。
② 参见彭文华：《中止犯自动性的目的限缩》，载《法学家》2014年第5期。
③ 同上。

有学者提出规范主观说，认为要肯定中止的自动性，必须满足两个条件：一是行为人在内心作出放弃犯罪或防止结果发生的自由选择，其主观意思足以被评价为一定程度上的责任减少，这是中止自动性判断的心理学尺度；二是将这种意思认定为"基于己意"有助于实现预防目的，这是中止自动性判断的规范维度[①]。

基于各种学说的优缺点，有学者提出了逐步判断的方法。首先采取限定主观说判断，行为人基于同情、悔悟等感情、动机而放弃犯罪的，应当认为具有自动性。其次如果限定主观说得出否定结论，再采取主观说进行判断。最后在主观说难以得出结论或者结论不合理时，采取客观说进行判断[②]。

请谈谈自己的看法。

● 典型例题

1. 下列关于犯罪中止的说法中，正确的是（　　）。（2009年法律硕士考试真题）

A. 犯罪中止可以发生在预备犯罪过程中

B. 犯罪中止只能发生在着手实行犯罪以后

C. 犯罪中止只能发生在犯罪行为实行终了以前

D. 出现了损害结果就不能成立犯罪中止

解析：A项，犯罪中止可以发生在预备阶段、实行阶段，也可以发生在实行终了之后犯罪结果发生之前，A正确，BC错误。D项，犯罪中止要求犯罪结果未发生，该犯罪结果指的是犯罪既遂的结果，而非一切损害结果，D错误。

2.《刑法》第二十四条第二款规定，对于中止犯，没有造成损害的，应当免除处罚；造成损害的，应当减轻处罚。对该条的理解，正确的是（　　）。（2010年法律硕士考试真题）

A. "没有造成损害的"犯罪中止，不构成犯罪

B. "应当免除处罚"是不追究刑事责任

C. "造成损害"是指造成犯罪既遂结果以外的损害

D. "应当减轻处罚"是指应当在所触犯罪名的最低刑以下判处刑罚

解析：A项，对于中止犯，没有造成损害的，应当对其行为作有罪宣告，但对行为人免除刑罚处罚，所以A错误。B项，刑事责任的解决方式包括定罪判刑、定罪免刑、消灭处理和转移处理，所以免除处罚仍是追究刑事责任的方式之一，B错误。C项，"造成损害"当然是既遂结果以外的损害，如果是既遂结果，那么就直接成立犯罪既遂了，C正确。D项，减轻处罚是指在判处低于法定最低刑的刑罚，即在其犯罪情节对应的法定刑以下判处刑罚，而不是所触犯罪名的最低刑以下判决，D错误。因此，本题选择C。

[①] 参见周光权：《论中止自动性判断的规范主观说》，载《法学家》2015年第5期。

[②] 参见张明楷：《刑法学》，法律出版社2022年版。

3. 甲男将女同事汪某骗至宾馆,要求与之发生性关系,否则便在网上散布汪某的不雅照。汪某对甲破口大骂,甲觉得无趣,遂打消奸淫念头离去。甲的行为属于(　　)。(2015年法律硕士考试真题)

  A. 犯罪预备
  B. 犯罪未遂
  C. 犯罪中止
  D. 犯罪既遂

  解析:A项,甲将汪某骗至宾馆,威胁与之发生性关系,已经形成着手,进入实行阶段,A错误。BCD项,甲打消犯意最终离开是自动放弃犯罪,汪某虽然大骂甲,但一般而言被骂不会使行为人放弃强奸,因此甲的行为是基于自动性,C正确,BD错误。因此,本题选择C。

4. 甲在丈夫的水杯中投毒,意图杀害丈夫,丈夫中毒后呕吐不止,甲见状不忍,将丈夫送到医院,使之得救。甲的行为属于(　　)。(2016年法律硕士考试真题)

  A. 犯罪预备
  B. 犯罪未遂
  C. 犯罪中止
  D. 犯罪既遂

  解析:甲投毒杀害丈夫,丈夫中毒后呕吐不止。甲的杀人行为已经着手,甲又主动将丈夫送到医院,此时杀人行为彻底结束,且其丈夫最终得救未死亡,所以AD错误。甲在犯罪过程中自动放弃杀人行为,并有效地阻止丈夫死亡结果的发生。因此,甲的行为构成故意杀人罪中止,属于实行阶段的犯罪中止,B错误,C正确。综上所述,正确答案为C。

5. 甲欲杀乙,将毒药掺入乙饭后服用的药物中,乙服药后呕吐不止,甲于心不忍,将乙送到医院抢救,乙脱离危险。经查,乙呕吐的原因为食物中毒。甲的行为成立(　　)。(2021年法律硕士考试真题)

  A. 犯罪预备
  B. 犯罪中止
  C. 犯罪未遂
  D. 犯罪既遂

  解析:A项,甲在客观上已经着手实行了投毒杀人行为,不可能构成犯罪预备,A项错误。甲自动放弃杀人且有效地阻止死亡结果的发生,应当认定为犯罪中止而非犯罪未遂,B项正确,C项错误。由于并未发生死亡结果,甲的行为不构成犯罪既遂。D项错误。因此,本题选择B。

案例讨论

黄某某等故意伤害案[①]

案情简介:2000年6月初,朱某某接替刘某某任公司总经理。黄某某与刘某某商议,利

[①] 案件来源于《刑事审判参考》案例第199号。

用女色教训朱某某。后黄某某找到洪某具体实施，约定先付两万元，事成之后再付两万元。

洪某收钱后，即开始寻觅机会但并未成功，后提议找人打朱某某一顿，黄某某同意。洪某花费一万元雇佣林某某去砍伤朱某某。黄某某因害怕法律后果，又于7月初，两次打电话给洪某取消计划，同时商定之前的两万元冲抵黄某某欠洪某所开饭店的餐费。洪某应承后并未及时通知林某某。林某某找来谢某某、庞某某、林甲等人于7月24日晚，潜入朱某某楼下将其砍致重伤。

辩护理由：被告人黄某某辩称，自己没有参与打人，不构成故意伤害罪。其辩护人辩称，黄某某在犯罪预备阶段已自动放弃犯罪，是犯罪中止，应当免予刑事处罚。

被告人洪某及其辩护人辩称，黄某某交给洪某的钱，其中有两万元是抵消黄某某在餐厅的签单。洪某在本案中仅起联络作用，对本案不应承担主要刑事责任。

裁判理由及结果：法院审理后认为被告人黄某某、洪某、林某某、谢某某、庞某某、林甲共同故意伤害他人身体，致人重伤，其行为均已构成故意伤害罪。

被告人黄某某为帮人泄私愤，雇佣被告人洪某组织实施伤害犯罪，虽然其最终已打消犯意，但未能采取有效手段阻止其他被告人实施犯罪，导致犯罪结果发生。考虑到其在共同犯罪中的教唆地位和作用，因此，其单个人放弃犯意的行为不能认定为犯罪中止。故对其辩解及其辩护人的辩护意见不予采纳。被告人洪某在共同故意犯罪中掌握着佣金的收取和分配，负责组织他人实施犯罪，起承上启下的纽带作用，并非一般的联系环节。因此，对其辩解及其辩护人的辩护意见亦不予采纳。

请围绕本案展开讨论。

第十一章

共同犯罪

第一节 共同犯罪的一般原理

一、共同犯罪的概念与特征

> • 《刑法》
> 第二十五条：共同犯罪是指二人以上共同故意犯罪。
> 二人以上共同过失犯罪，不以共同犯罪论处；应当负刑事责任的，按照他们所犯的罪分别处罚。

相对于单独犯罪而言，共同犯罪是一项复杂的犯罪形态。根据我国《刑法》第二十五条的规定，共同犯罪是指二人以上的共同故意犯罪。

从共同犯罪的这一法定概念可以看出，共同犯罪具有如下几个重要特征：

第一，共同犯罪具有主客观统一性。共同犯罪要求两人以上既要有共同故意，又要有共同行为，而且主观上的共同故意与客观上的共同行为还必须具有统一关系。

第二，共同犯罪具有整体性。共同犯罪是两人以上的行为主体在共同故意支配下实施犯罪行为构成的一个有机整体，它不是多个行为人的单独犯罪行为的简单相加。无论是在刑法理论上，还是在司法实践中，都应当将共同犯罪视为一个整体，而不能孤立地看待各个共同犯罪人的行为。

第三，各共同犯罪人存在差异性。尽管各共同犯罪人的犯罪行为构成一个有机整体，但由于共同犯罪的行为主体须为二人以上，各个共同犯罪人在共同犯罪中所起的作用、所处的地位并不相同，各个共同犯罪人的主观恶性也不尽相同，因而应当区别对待。

二、共同犯罪的成立条件

德日刑法中对共同犯罪的研究是以区分正犯和共犯为线索展开的，采用的是二元体系而排除了不区分正犯与共犯的单一体系。受到苏俄刑法学的影响，我国关于共同犯罪的理论，从一开始就偏离了正犯与共犯这一基本线索，关于共同犯罪的犯罪构成的论述，基本上是在套用四要件的犯罪论体系，并没有涉及正犯与共犯的关系问题。我国传统理论认为，构成共同犯罪，必须具备以下条件：一是必须二人以上；二是必须有共同故意；三是必须有共同行为。

（一）必须二人以上

共同犯罪的主体必须是二人以上，即二人以上共同故意实施犯罪，才成立共同犯罪。"二人以上"包括二人,主体可以是自然人也可以是单位。同时,要求"二人以上"是达到了刑事责任年龄、具有刑事责任能力的人。例如,一个达到刑事责任年龄的人和一个未达刑事责任年龄的人共同实施危害行为,不构成共同犯罪,而可能成立间接正犯。此外共同犯罪的主体也可以是单位。

(二)必须有共同故意

犯罪的主观方面来看,构成共同犯罪必须二人以上具有共同的犯罪故意。共同的犯罪故意,是指各共同犯罪人认识他们的共同犯罪行为和行为会发生的危害结果,并希望或者放任这种结果发生的心理态度。

(三)必须有共同行为

从共同犯罪的客观要件来看,构成共同犯罪必须两人以上具有共同犯罪行为。所谓共同犯罪行为,是指各犯罪人的行为都指向同一犯罪,彼此联系、互相配合,成为一个有机统一的整体,它们与犯罪结果之间都存在着因果关系。

与单个人犯罪的因果关系不同,共同犯罪的因果关系只要求共同犯罪行为的有机整体与犯罪结果之间存在因果关系,并不要求每一个共同犯罪人所具体实施的行为直接地导致犯罪结果的发生。只要共同犯罪人中的一个人的实行行为导致了犯罪结果的发生,全体共同犯罪人都应对该犯罪结果承担刑事责任。这就是共同犯罪之"部分行为,全体责任"刑事责任原则。比如,甲和乙约定打死丙。二人同时向丙开枪,结果甲的子弹出现偏差没有击中丙,乙的子弹击中丙导致丙死亡。在该案中,虽然只是乙的子弹击中丙致其死亡,但甲也应和乙一块对丙的死亡承担故意杀人既遂的责任。

● 理论争鸣 ○

共同犯罪中"共同"之含义

关于共同犯罪中的"共同"之含义,学术界有"犯罪共同说"与"行为共同说"之争。

1. 犯罪共同说

犯罪共同说认为,共同犯罪是二人以上共犯一罪。只有两人以上的犯罪在构成要件上相同,才能成立共同犯罪。反之,如果两人以上的犯罪,其构成要件并不相同,就不是共同犯罪。正犯因为其实行行为或者其他犯罪支配性行为而符合分则罪状的规定,教唆行为与帮助行为应当从属于实行行为,理应按照实行犯所犯之罪确定共同犯罪的罪名,因此,共同犯罪之共同性,是法律规定的构成要件之共同而非事实上行为之共同。但是,对于构成要件究竟要相同到何种程度才能成立共犯,也存在争议,大体又有"完全犯罪共同说"与"部分犯罪共同说"两种不同观点。

(1)完全犯罪共同说。该说主张,不同行为人的行为符合多个构成要件,在构成要件之间存在着重合时,多人之间的行为成立重罪的共同正犯。但对于实施了轻罪的人,只处以轻罪的刑罚。根据完全的犯罪共同说,A教唆B去盗窃,但B实施了抢劫的,以及C、D共谋盗窃,到现场后C实行抢劫,D仍然盗窃的,A与B、C与D均成立抢劫罪的共同正犯,但只有盗窃意思者仅承担盗窃罪的责任。E、F共谋报复G，但对如何具体实施报复行为并未明确。到现场后E杀害G，F对G的住宅放火的，E、F之间的行为在构成要件上完全不同，所以不成立共犯。

完全犯罪共同说的主要问题在于：明明是实施轻罪的人，却要承担重罪罪名；在最终处罚时，却又按照轻罪处罚。理论上飘摇不定，与生活事实相悖，也不符合思维规律，因此难言妥当。

（2）部分犯罪共同说。此说认为，如果数个犯罪的构成要件之间存在重合部分，该部分本身是刑法所规定的一种犯罪时，就可以认为两人以上就重合的犯罪具有共同故意与共同行为，从而在重合的范围内成立共犯。但是，此时并不像完全犯罪共同说那样成立重罪的共同犯罪，而仅仅成立轻罪的共同犯罪。例如，甲以杀人的故意、乙以伤害的故意对丙使用暴力，并造成丙死亡的，根据部分犯罪共同说就可以认为甲、乙在故意伤害（致人死亡）罪的范围内成立共同正犯，但甲在故意伤害之外，因其另有杀人的故意和行为而单独成立故意杀人罪的单独正犯。虽然从最终结局看，甲需要对故意杀人罪承担刑事责任，乙只承担故意伤害罪的责任，二人的罪名不同，但这并不妨碍其犯罪的部分构成要件相同，也不妨碍甲、乙二人成立共同犯罪。

根据部分犯罪共同说，A教唆B去盗窃，但B实施了抢劫的，以及C、D共谋盗窃，到现场后C实行抢劫，D仍然盗窃的，A与B、C与D均成立盗窃罪的共同犯罪，但具有抢劫意思者需要单独承担抢劫罪的责任。E、F共谋报复G，但对如何具体实施报复行为并未明确。到现场后E杀害G，F对G的住宅放火的，E、F之间在构成要件上没有重合的地方，所以不成立共犯。

根据部分犯罪共同说，在以下场合，可以认定犯罪之间存在交叉、重合关系，实施不同构成要件行为的行为人可能成立共犯：① 行为人故意侵害的同类法益相同，但在实行行为的危害性程度、行为方式上存在差异。例如，两个行为人分别实施盗窃和抢劫、抢夺和抢劫、杀人和伤害、非法拘禁和绑架的，由于前后两罪的保护法益基本相同，实行行为在很大程度上相同，构成要件具有重合、交叉关系，可以在重合部分成立共犯。② 在法条竞合的场合，普通法条的构成要件可以包容特别法条的构成要件，行为人可以在普通法条范围内成立共同犯罪。例如，共谋后实施诈骗罪的甲和实施金融诈骗罪的乙、实施抢劫罪的A和实施抢劫枪支罪的B之间均可以成立共犯。③ 在想象竞合的情形下，不同行为人的犯罪故意和行为之间存在重合，可以成立共犯。例如，甲以杀害仇人丙的意思，乙以对丙所在的人群实施爆炸的意思，经过共谋后同时投掷爆炸物的，甲、乙可以成立共犯。④ 在转化犯中，如果作为共同犯罪人之一的A实施了转化前的行为，B在此之外还实施了转化行为，A对此并不知情的，A、B仅在转化前的犯罪范围内成立共犯。⑤ 犯罪之间具有包容关系的，行为人可以在被包容的范围内成立共犯。比如，甲隐瞒强迫丙卖淫的事实，教唆乙强奸丙，以迫使丙最终卖淫，乙果然实施了强奸行为的，甲、乙可以在强奸罪的范围内成立共同犯罪，但甲最终成立强迫卖淫罪。

2. 行为共同说

早期的行为共同说是刑法主观主义指导下的产物。刑法主观主义基于犯罪征表主义的立场，主张扩大共犯的成立范围，所以赞成行为共同说，认为：凡是能够征表反社会性格的行为都是犯罪，只要行为相同，即便行为人之间犯意不一样，行为所体现出的行为人的反社会人格也是一样的，而且行为人可以跨越数个构成要件而成立共同正犯。

共犯之"共同"乃是行为的共同，而不是特定犯罪构成要件范围内的共同，各共犯之间犯罪意思可能不同，但只要各行为人共同实施"实行行为"，就成立共同犯罪。根据行为共同说，A基于杀人的故意，B基于强奸的故意共同对C实施侵害的，A、B均构成共同犯罪。早期的行为共同说主张多数行为人依各自意思实施相应行为的，就是共犯。因此，承认有符合数个构成要件的共犯，这样就导致共犯与单独正犯没有区别，唯一的不同就是利用他人的犯罪行为而实现自己的犯罪意图。由此一来，行为共同说有使刑法总则关于共犯的规定失去意义的危险，因而被称为强硬的行为共同说。

现代的行为共同说则建立在客观主义的基础之上，认为共同犯罪的成立必须受构成要件的制约并以构成要件为基础，不同的犯罪具有不同的构成要件，不同的犯罪有不同的实行行为。共犯中的共同行为，必须是符合构成要件的实行行为相同。这里的共同行为，不是传统行为共同说的自然行为，而是法定意义上、规范意义上的构成要件行为，是从各个共犯人自己的观点出发来看待的实行行为，因而可能分别是不同犯罪的实行行为。

请谈谈自己的看法。

● 典型例题 ○

1. 甲、乙二人不约而同在同一商场内行窃，各自盗窃财物数额较大。下列对甲、乙二人行为的认定，正确的是（　　）。（2009年法律硕士考试真题）

A. 甲、乙二人是共同实行犯
B. 甲、乙二人互为片面共犯
C. 甲、乙二人互为间接正犯
D. 甲、乙二人不构成盗窃罪共犯

解析：共同犯罪需要双方主观上有犯罪故意，有共同意思联络，甲乙二人没有意思联络，只是碰巧在一家商场各偷各的，因而不成立共同犯罪。因此，本题选D。

2. 甲指使15周岁的乙盗窃轿车，乙将盗得的轿车交给甲，甲销赃得款10万元。在本案中（　　）。（2011年法律硕士考试真题）

A. 甲、乙构成共同犯罪
B. 甲是教唆犯，且属于主犯
C. 乙是实行犯，是从犯
D. 甲是实行犯

解析：传统观点中共同犯罪的主体必须都是适格主体，都达到刑事责任年龄且有刑事责任能力，利用未达到该条件的人去犯罪，利用者和被利用者都不是共犯，利用者为间接实行犯。本案中，乙未达到刑事责任年龄，甲指使其盗窃，甲和乙不构成共同犯罪，甲是盗窃罪的间接实行犯。因此，本题选D。

3. 下列情形中，应以共犯论处的有（　　）。（2009年法律硕士考试真题）

A. 与走私罪犯通谋，为其提供运输方便的
B. 直接向走私人非法收购国家禁止进口物品的
C. 非国家工作人员与国家工作人员勾结，伙同贪污的

D. 知道或者应当知道他人实施生产、销售伪劣商品犯罪而为其提供生产、经营场所的

解析：刑法规定，直接向走私人非法收购国家禁止进出物品的，以走私罪论处。行为人事前没有意思联络，事后收购的行为，不构成共犯，B错误。因此，本题选ACD。

4. 甲公司的董事长乙指使公司经理丙欺骗银行，使公司获得贷款800万元用于经营。但因经营不善，造成银行500万元贷款无法收回。关于本案，下列选项中正确的是（　　）。（2013年法律硕士考试真题）

A. 甲公司、乙、丙构成共同犯罪，乙是主犯
B. 甲公司构成单位犯罪，乙和丙构成共同犯罪
C. 甲公司不构成犯罪，乙与丙构成共同犯罪
D. 甲公司构成单位犯罪，乙与丙是单位犯罪中的直接责任人员

解析：乙为公司董事长，为了公司生产经营而骗取贷款，其代表了单位，可以看作单位的意思表示，为单位谋取了利益，故为单位犯罪，乙丙为单位直接负责人，单位犯罪不是单位成员之间的共同犯罪，也不是单位与成员之间的共同犯罪。因此，本题选D。

5. 医生甲意图杀死患者司某，将毒药给不知情的护士乙。乙粗心大意，未经检查就让司某服下毒药，司某中毒死亡。甲属于故意杀人罪的（　　）。（2014年法律硕士考试真题）

A. 教唆犯
B. 帮助犯
C. 间接实行犯
D. 直接实行犯

解析：共同犯罪需要双方主观上有犯罪故意，有共同意思联络。利用不知情的人实施犯罪，不知情的人无罪且不构成共同犯罪，利用者是间接实行犯，甲利用乙杀人，甲构成间接实行犯。因此，本题选择C。

● 案例讨论 ○

郭某某等抢劫案[①]

案情简介：2001年6月3日晚，被告人郭某某、王某、李某某和陈某某四人合谋抢劫。四人商定由陈某以同乡为由将住在某旅馆的赵某约至另一旅馆房间实施抢劫。次日四人开好房间，做好准备，赵某随陈某来到房间即被控制。四人抢得50元及旅馆财物寄存牌，接着李、陈二人拿着寄存牌去取财，其间赵某挣脱欲逃跑，看管的郭、王二人杀死赵某。李、陈取财未果，回来发现赵某被害，遂又拿着赵某身份证去旅馆取财，仍未得逞。四人逃逸，被告人郭、王和李又结伙流窜持刀抢劫4次，劫得人民币2000余元和手机、照相机、传真机等财物。

裁判理由及结果：被告人郭某某、王某持刀杀害被害人，应当承担抢劫致人死亡的罪责。请围绕本案展开讨论。

---

① 案件来源于《刑事审判参考》案例第189号。

第二节　共同犯罪的形式

> •《刑法》
> 　　第一百零四条第一款：组织、策划、实施武装叛乱或者武装暴乱的，对首要分子或者罪行重大的，处无期徒刑或者十年以上有期徒刑；对积极参加的，处三年以上十年以下有期徒刑；对其他参加的，处三年以下有期徒刑、拘役、管制或者剥夺政治权利。
> 　　第一百二十条第一款：组织、领导恐怖活动组织的，处十年以上有期徒刑或者无期徒刑，并处没收财产；积极参加的，处三年以上十年以下有期徒刑，并处罚金；其他参加的，处三年以下有期徒刑、拘役、管制或者剥夺政治权利，可以并处罚金。
> 　　第二百五十八条第一款：有配偶而重婚的，或者明知他人有配偶而与之结婚的，处二年以下有期徒刑或者拘役。

关于共同犯罪的形式如何划分，刑法理论界存在着不同意见。通说认为，从不同角度，采用不同的标准，可将共同犯罪的形式分为以下几种：一是任意的共同犯罪和必要的共同犯罪；二是事前通谋的共同犯罪和事中通谋的共同犯罪；三是简单的共同犯罪和复杂的共同犯罪；四是一般的共同犯罪和特别的共同犯罪。

一、任意共同犯罪和必要共同犯罪

根据共同犯罪是否能够依据法律的规定任意形成，将共同犯罪划分为任意共同犯罪和必要共同犯罪。

任意共同犯罪，简称任意共犯，指刑法分则规定的可以由一个人单独实施的犯罪，当二人以上共同实施时，所构成的共同犯罪。例如，故意杀人罪、盗窃罪，既可以由一人实施，也可以由二人以上共同实施。

必要共同犯罪，简称必要共犯，指刑法分则规定的只能以二人以上的共同行为作为犯罪构成要件的犯罪。例如，重婚罪、聚众斗殴罪不可能由一人实施。必要共犯包括聚众共同犯罪、集团共同犯罪、对向犯。

对向犯（对合犯），是指在行为结构上二人处于对向或相向关系。对向犯包括四种情形：一是双方的罪名与法定刑相同，如重婚罪；二是罪名不同但法定刑相同，如出售、购买假币罪，出售者构成出售假币罪，购买者构成购买假币罪，双方法定刑相同；三是双方的罪名与法定刑都不同，如行贿罪与受贿罪；四是只处罚一方的行为（片面的对向犯），如贩卖淫秽物品牟利罪，只处罚贩卖。

二、事前通谋的共同犯罪和事前无通谋的共同犯罪

这是根据共同犯罪故意形成的时间而对共同犯罪形式作出的划分。事前通谋的共同犯罪，简称事前共犯，指共同犯罪人的共同犯罪故意在着手实行犯罪前形成。事前无通谋的共同犯罪，简称事中共犯，指共同犯罪人的犯罪故意在着手实行犯罪之时或实行犯罪的过程中形成。

还存在一种事后共犯,它是指事前与正犯通谋,在正犯既遂或者结束犯罪后为正犯实施某种行为,这实际上是事前共犯的一种情形。

三、简单共同犯罪和复杂共同犯罪

简单共同犯罪,简称共同正犯,指二人以上共同直接实行刑法分则规定的某一具体规定犯罪的构成要件的行为。也即在简单共同犯罪中,只有实行犯,而没有教唆犯、组织犯和帮助犯。

复杂共同犯罪,简称复杂共犯,指各共同犯罪人之间存在着犯罪分工的共同犯罪。这种情况下可能存在各种参与形态,如正犯、教唆犯、帮助犯等。

四、一般的共同犯罪和特殊的共同犯罪

这是以共同犯罪人之间结合的紧密程度为标准进行划分的。一般的共同犯罪,是指各共同犯罪人之间不存在组织形式的共同犯罪。这种共同犯罪形式的特点在于:共同犯罪人之间没有组织,他们只是为了实施某一具体犯罪而临时结合在一起,该一具体犯罪实行完毕,这种共同犯罪形式也就不复存在了。

特殊的共同犯罪,是指各共同犯罪人之间建立起组织形式的共同犯罪,或称有组织的共同犯罪,亦即犯罪集团。构成犯罪集团必须具备如下条件:(1)三人以上组成;(2)为共同实施犯罪而组成,犯罪集团总是以实施某一种或者几种犯罪为目的而组成,否则便不称其为犯罪集团;(3)是较为固定的犯罪组织,所谓犯罪组织,是指以犯罪为目的而建立起来的较为固定的集体,组织意味着成员之间存在着领导与被领导的关系。

● 理论争鸣 ○

片面共犯问题

事前无通谋的共同犯罪存在一种片面的共同犯罪,也称"片面共犯",即参与同一犯罪的人中,一方认识到自己在与他人共同实施犯罪,另一方没有意识到有他人与自己共同实施犯罪的情形。

片面共犯存在三种情形:(1)片面的帮助犯,即正犯没有认识到帮助者的帮助行为,但帮助者认识到自己在帮助实施构成要件行为。(2)片面的教唆,即教唆者有教唆故意,实施了教唆行为,引起被教唆者实施了符合构成要件的违法行为,但被教唆者没有意识到自己被教唆。(3)片面的共同正犯,共同正犯中的甲没有认识到乙的共同正犯行为,但乙认识到了自己在与甲共同实施符合构成要件的行为。

关于是否承认片面正犯,以及在什么范围内承认共同正犯,存在不同观点。

高铭暄教授认为片面教唆犯和片面实行犯是不可能发生的,而单方面帮助他人犯罪,他人不知道的情况,在社会生活中是客观存在的,以从犯处理为好。

张明楷教授认为应当肯定片面的帮助犯、片面的教唆犯和片面的共同正犯。

片面的帮助犯要求帮助行为与正犯结果之间有物理的因果性,如甲入户盗窃,乙在甲不知情的情况下为甲望风,望风过程中户主人回来了,乙主动与其聊天拖延时间,待甲盗窃成

功后才离开。在片面的教唆犯的情形下，虽然被教唆者没有意识到被教唆，但不能否认其实施的不法行为就是由教唆者引起的，如甲将乙的妻子与他人通奸的照片和一支枪放在乙的桌上，乙看到后拿枪杀死了妻子。在片面的共同正犯的场合，如果知情者的行为与结果之间不具有因果性，则不能认定为片面的共同正犯，如乙开枪射杀丙，甲在乙不知情的情况下站在乙身后与乙同时射击，丙死亡，但无法查明被谁击中，故不能查明甲的行为与丙死亡之间有物理上的因果性，同时乙不知情，甲并未强化乙的杀人心理，不能肯定甲的行为与丙的死亡之间具有心理上的因果性，所以甲不构成片面的共同正犯，甲乙二人只是同时犯，皆定故意杀人未遂。

请谈谈自己的看法。

典型例题

1. 甲与乙共谋后，分别从前、后门进入李家追杀李某，李某被甲追至后门处被乙一刀捅死，甲、乙的共同犯罪形式是（　　）。（2008年法律硕士考试真题）

   A. 必要共同犯罪
   B. 简单共同犯罪
   C. 复杂共同犯罪
   D. 特殊共同犯罪

   解析：必要共同犯罪和任意共同犯罪的区分标准在于有无特定的人数要求，必要共同犯罪是指某种犯罪必须要由两个人以上实施，而任意共同犯罪对人数没有限制要求，可以由一个人实行，也可以由两个人实行。简单共同犯罪和复杂共同犯罪的区分标准在于是否存在教唆、胁从等分工行为。一般共同犯罪和特殊共同犯罪的区分标准在于有无特定的组织形式。本题中，甲乙共同实施犯罪行为，并能没有教唆、胁从等分工行为，属于一般共同犯罪。因此，本题选择B。

2. 甲教唆乙杀文某，并指使丙为乙提供枪支，乙、丙按甲的要求实施了相应的行为。甲、乙、丙的犯罪属于（　　）。（2009年法律硕士考试真题）

   A. 必要共同犯罪
   B. 特殊共同犯罪
   C. 简单共同犯罪
   D. 复杂共同犯罪

   解析：本题中，甲乙丙基于共同的犯罪故意实施杀人行为，该罪可以由一人实施，不属于必要共同犯罪，也不属于特殊共同犯罪，但三人之间存在分工情形，属于复杂的共同犯罪。因此，本题选择D。

3. 国家工作人员甲与普通公民乙相互勾结，由乙接受他人财物，由甲为行贿人谋取利益。甲、乙的行为（　　）。（2010年法律硕士考试真题）

   A. 属于必要的共同犯罪
   B. 属于任意的共同犯罪
   C. 属于特殊的共同犯罪

D. 不成立共同犯罪

解析：本题中，甲乙构成受贿罪，乙为帮助犯，该罪可以由一人实施，属于任意的共同犯罪、复杂的共同犯罪。因此，本题选择 B。

4. 甲受乙教唆，雇佣童工从事危重劳动，情节严重。甲、乙的犯罪属于（　　）。（2014年法律硕士考试真题）

　　A. 必要的共同犯罪
　　B. 简单的共同犯罪
　　C. 特殊的共同犯罪
　　D. 任意的共同犯罪

解析：本题中，甲乙构成雇用童工从事危重劳动罪，该罪可一人实施，故属于任意的共同犯罪。甲受乙教唆，甲为实行犯，乙为教唆犯，存在分工，为复杂的共同犯罪。甲乙临时结合犯罪，并无组织形式，属于一般的共同犯罪。因此，本题选择 D。

5.《刑法》第三百一十条第一款规定了窝藏、包庇罪，第二款规定："犯前款罪，事前通谋的，以共同犯罪论处。"《刑法》第三百一十二条规定了掩饰、隐瞒犯罪所得罪，但没有规定"事前通谋的，以共同犯罪论处。"关于上述规定，下列哪一说法是正确的？（　　）（2017年国家司法考试）

　　A. 若事前通谋之罪的法定刑低于窝藏、包庇罪的法定刑，即使事前通谋的，也应以窝藏、包庇罪论处。
　　B. 即使《刑法》第三百一十条没有第二款的规定，对于事前通谋事后窝藏、包庇的，也应以共同犯罪论处。
　　C. 因缺乏明文规定，事前通谋事后掩饰、隐瞒犯罪所得的，不能以共同犯罪论处。
　　D. 事前通谋事后掩饰、隐瞒犯罪所得的，属于想象竞合，应从一重罪处罚。

解析：行为人事前有通谋属于基于共同犯罪故意实施犯罪行为，构成共同犯罪，而事后即使实施窝藏、包庇行为，仍按照前罪处理，因为行为人对后罪没有期待可能性。事前有通谋，事后实施掩饰、隐瞒犯罪的，不属于想象竞合，而属于事后不可罚。因此本题正确答案是 B。

案例讨论

姚某某等五人假冒注册商标案[①]

自 2015 年以来，被告人姚某某为获取高额利润，在未取得"CISCO"、"HP"、华为等注册商标所有人许可的情况下，安排被告人古某从网络平台联系、购进制作假冒注册商标的打印机、标签纸、光纤模块等，先后租赁多处房屋，用于伪造"CISCO"、"HP"、华为等品牌的商标和包装标识，贴牌生产销售假冒注册商标的光纤模块等，并安排被告人庄某某、张某、魏某某联系客户销售至境外。自 2015 年至今，被告人姚某某、古某共计生产、销售假冒"CISCO"、"HP"华为等注册商标的光纤模块 10 万余件，销售金额 3 162.7424 万元，案发时

[①] 案件来源于中国裁判文书网，案号为：日照市东港区人民法院（2019）鲁 1102 刑初 660 号，检例第 101 号。

现场扣押已生产尚未销售的假冒"CISCO""HP"商标的光纤模块、交换机、电源、线缆 11 975 件,价值 383.3382 万元。被告人姚某某的违法所得为人民币 400 万元,被告人古某的违法所得为人民币 24.278 72 万元。自 2016 年至今,被告人庄某某销售假冒注册商标的光纤模块 58.782 万美元(折合人民币 352.692 万元),被告人张某销售假冒注册商标的光纤模块 71.513 6 万美元(折合人民币 429.081 6 万元),被告人魏某某销售假冒注册商标的光纤模块 124.166 8 万美元(折合人民币 745.166 8 万元)。在此期间,被告人魏某某的违法所得为人民币 20 万元,被告人张某的违法所得为人民币 18.5 万元,被告人庄某某的违法所得为人民币 14 万元。

一审法院日照市东港区人民法院判处被告人姚某等五人犯假冒注册商标罪,分处两年零二个月至四年不等有期徒刑。被告人未上诉,一审判决生效。

请围绕本案展开讨论。

第三节　共同犯罪人的刑事责任

> •《刑法》
> 　　第二十六条：组织、领导犯罪集团进行犯罪活动的或者在共同犯罪中起主要作用的，是主犯。
> 　　三人以上为共同实施犯罪而组成的较为固定的犯罪组织，是犯罪集团。
> 　　对组织、领导犯罪集团的首要分子，按照集团所犯的全部罪行处罚。
> 　　对于第三款规定以外的主犯，应当按照其所参与的或者组织、指挥的全部犯罪处罚。
> 　　第二十七条：在共同犯罪中起次要或者辅助作用的，是从犯。对于从犯，应当从轻、减轻处罚或者免除处罚。
> 　　第二十八条：对于被胁迫参加犯罪的，应当按照他的犯罪情节减轻处罚或者免除。
> 　　第二十九条：教唆他人犯罪的，应当按照他在共同犯罪中所起的作用处罚。教唆不满十八周岁的人犯罪的，应当从重处罚。
> 　　如果被教唆的人没有犯被教唆的罪，对于教唆犯，可以从轻或者减轻处罚。

　　最高人民法院、最高人民检察院、公安部印发《关于当前办理集团犯罪案件中具体应用法律的若干问题的解答》，该解释规定了刑事犯罪集团及首要分子的认定和处罚问题。刑事犯罪集团一般应具备下列基本特征：（1）人数较多（三人以上），重要成员固定或基本固定。（2）经常纠集一起进行一种或数种严重的刑事犯罪活动。（3）有明显的首要分子。有的首要分子是在纠集过程中形成的，有的首要分子在纠集开始时就是组织者和领导者。（4）有预谋地实施犯罪活动。（5）不论作案次数多少，对社会造成的危害或其具有的危险性都很严重。

　　刑事犯罪集团的首要分子，是指在该集团中起组织、策划、指挥作用的犯罪分子。首要分子可以不止一名。首要分子应对该集团经过预谋、有共同故意的全部罪行负责。集团的其他成员应按其地位和作用，分别对其参与实施的具体罪行负责。如果某个成员实施了该集团共同故意犯罪范围以外的其他犯罪，则应由他个人负责。

　　对单一的犯罪集团，应按其所犯的罪定性；对一个犯罪集团犯多种罪的，应按其主罪定性；犯罪集团成员或一般共同犯罪的共犯，犯数罪的，分别按数罪并罚的原则处罚。

　　由于各共同犯罪人在共同犯罪中的地位和作用不同，对各共同犯罪人处理时需要区别对待，因而有必要对共同犯罪人进行分类。对共同犯罪人采用什么标准分类？从各国刑法关于共同犯罪的立法例来看，主要有两种：分工分类法和作用分类法。分工分类法是以共同犯罪人在犯罪过程中的分工为标准对共同犯罪人进行分类。有的采用二分法，分为正犯与从犯；有的采用三分法，分为实行犯（或正犯）、教唆犯、帮助犯；有的采用四分法，分为实行犯、组织犯、教唆犯和帮助犯。作用分类法是以共同犯罪人在犯罪过程中的作用为标准做出的分类。有的采用二分法，分为主犯和从犯；有的采用三分法，分为首要、从犯和胁从。

　　我国刑法是以作用为主兼顾分工对共同犯罪人予以分类，分为主犯、从犯、胁从犯和教唆犯。同时在我国刑法理论当中还普遍使用正犯、共同正犯、教唆犯和帮助犯的分类。

一、主犯及其刑事责任

（一）主犯的概念和种类

根据我国《刑法》第二十六条的规定。主犯是指组织、领导犯罪集团进行犯罪活动或者在共同犯罪中起主要作用的犯罪人。据此，主犯应包括两种犯罪分子：

第一类，组织、领导犯罪集团进行犯罪活动的首要分子。这种主犯只有在犯罪集团这种特殊的共同犯罪中才存在，没有犯罪集团，也就没有这种主犯。是否构成犯罪集团，应根据犯罪集团成立的条件来认定。

第二类，在犯罪集团或者一般共同犯罪中起主要作用的犯罪分子。这种主犯有以下几种：一是在犯罪集团中起主要作用的犯罪分子，二是在一般共同犯罪中起主要作用的犯罪分子，三是在聚众犯罪中起主要作用的犯罪分子。

（二）主犯与首要分子的关系

> ·《刑法》
> 第九十七条：本法所称首要分子，是指在犯罪集团或者聚众犯罪中起组织、策划、指挥作用的犯罪分子。

根据我国《刑法》第九十七条的规定，首要分子是指在犯罪集团或者聚众犯罪中起组织、策划、指挥作用的犯罪分子。首要分子包括两类：一是犯罪集团的首要分子。犯罪集团的首要分子都是主犯，但犯罪集团中的主犯未必是首要分子。这是因为，在犯罪集团中，除了首要分子是主犯以外，其他起主要作用的犯罪分子也是主犯。二是聚众犯罪中的首要分子。关于聚众犯罪的首要分子是否是主犯的问题，需要区分聚众犯罪是否构成共同犯罪。如果聚众犯罪构成共同犯罪时，通常情况下，聚众犯罪中的首要分子都是主犯；但是如果聚众犯罪不构成共同犯罪的情况下，则不存在主犯、从犯的划分。比如我国《刑法》第二百九十一条规定的聚众扰乱公共场所秩序、交通秩序罪，只处罚首要分子，在首要分子只有一人的情况下，该首要分子不存在主犯、从犯的区分。由此，可以说聚众犯罪中的首要分子未必都是主犯。

（三）主犯的刑事责任

刑法对主犯的刑事责任，按照两种不同的主犯，分别加以规定：

（1）犯罪集团的首要分子的刑事责任。犯罪集团的首要分子，不仅对自己实施的犯罪负刑事责任，而且要对其他成员按照集团的预谋实施的全部犯罪负刑事责任。但是，对于集团成员超出集团犯罪计划所实施的罪行，首要分子不承担刑事责任。

（2）首要分子以外的主犯的刑事责任。对于首要分子以外的主犯，即在犯罪集团、一般共同犯罪和聚众犯罪中起主要作用的主犯，应分为两种情况处罚：一是组织、指挥共同犯罪的，例如聚众犯罪中的首要分子，应按照其组织、指挥的全部犯罪负刑事责任；二是没有进行组织、指挥活动但参与实行犯罪的，应按照其所参与的全部犯罪负刑事责任。

二、从犯及其刑事责任

（一）从犯的概念和种类

根据我国《刑法》第二十七条的规定，从犯是指在共同犯罪中起次要或者辅助作用的犯罪分子。

从犯分为两种：一是在共同犯罪中起次要作用的从犯，即次要的实行犯。所谓次要的实行犯，是指虽然直接实行犯罪，但在整个犯罪活动中其作用居于次要地位的实行犯。二是在共同犯罪中起辅助作用的从犯，即帮助犯，是指未直接实行犯罪，而在犯罪前后或犯罪过程中给组织犯、实行犯、教唆犯以各种帮助的犯罪人。

在对单位犯罪的处罚中，一般而言，如果案件中同时存在直接负责的主管人员和其他直接责任人员的，前者的作用比后者的作用要大，后者可以被认定为从犯。但直接负责的主管人员和其他直接责任人员不是当然的主、从犯关系。《最高人民法院关于审理单位犯罪案件对其直接负责的主管人员和其他直接责任人员是否区分主犯、从犯问题的批复》（2000 年 10 月 10 日起施行）规定："在审理单位故意犯罪案件时，对其直接负责的主管人员和其他直接责任人员，可不区分主犯、从犯，按照其在单位犯罪中所起的作用判处刑罚。"

（二）从犯的刑事责任

根据刑法规定，对于从犯，应当从轻、减轻或者免除处罚。从犯与主犯相比，无论是主观恶性还是客观危害性都要轻一些，所以，对主犯和从犯进行比照，然后确定对从犯的处罚标准是合理的。

三、胁从犯及其刑事责任

（一）胁从犯的概念

胁从犯，是指被胁迫参加共同犯罪的犯罪分子。被胁迫参加犯罪，即在他人暴力威胁等精神强制下被迫参加犯罪。在认定胁从犯中的胁迫时，应注意以下几点：（1）这里的胁迫，不包括剥夺身体活动自由的情形。剥夺身体活动自由，受强制者就失去意思支配可能性，其行为就不具有实行行为性。例如，甲用强力按住乙的手来伪造文书，乙不构成伪造文书罪。（2）胁迫要求达到压制意思决定自由的程度。唯有如此，被胁迫者的期待可能性（他行为可能性）才会降低，所受的非难可能性随之减轻，责任随之减轻，才会享受从宽处罚的待遇。如果被胁迫者仅仅产生恐惧心理，并没有被剥夺意思决定自由，其期待可能性（他行为可能性）并未降低，责任便不会减轻，便不能享受胁从犯的从宽处罚待遇。

（二）胁从犯的刑事责任

《刑法》第二十八条规定，对胁从犯应当按照他的犯罪情节减轻处罚或者免除处罚。这是因为，胁从犯主观上不愿意或不大愿意参加犯罪活动，客观上在共同犯罪中所起的作用较小，罪行也轻，是减轻处罚还是免除处罚，应当综合考虑其参加犯罪的性质、犯罪行为危害的大小、被胁迫程度的轻重以及在共同犯罪中所起的作用等情况，然后予以确定。

四、教唆犯及其刑事责任

(一) 教唆犯的概念和特征

教唆犯是指以授意、劝说、利诱、怂恿或其他方法故意唆使他人犯罪的人。构成教唆犯，必须符合以下几点特征：

1. 在客观方面，必须有教唆他人犯罪的行为

所谓教唆，就是唆使具有刑事责任能力没有犯罪故意的他人产生犯罪故意。教唆行为的实质是引起他人的犯罪故意。因此，教唆的内容必须是犯罪行为，如果教唆他人实施违法行为或不道德行为，则不构成教唆犯。如果教唆行为引起了被教唆人的犯罪故意，被教唆人进而也实施了被教唆的犯罪行为，那么教唆行为与被教唆人的犯罪行为构成犯罪；如果教唆犯实施了教唆行为，而被教唆人没有犯被教唆的罪，则教唆犯与被教唆的人不成立共同犯罪，但被教唆犯仍然应当承担刑事责任。

教唆行为的具体方式是多种多样的，可能是口头的，也可能是书面的，甚至是诸如使眼色、做手势等示意性动作。实施教唆的方法多种多样，如收买、嘱托、劝说、请求、利诱、命令、威胁、强迫等，都是教唆犯所使用的教唆方法。关于不作为能否构成教唆，在外国刑法理论中有肯定说与否定说之争，高铭暄教授认为否定说是正确的，因为不作为不可能使没有犯罪故意的他人产生实行犯罪的故意。

2. 教唆的对象必须是达到刑事责任年龄，且具有刑事责任能力的人

否则，不成立教唆犯，而成立间接正犯。比如，行为人教唆7岁儿童抢劫他人财物的，行为人不成立教唆犯，而是成立抢劫罪的间接正犯。

3. 在主观方面，必须有教唆他人犯罪的故意

教唆犯的主观方面只能是故意，过失不可能成立教唆犯。这种故意包括意识因素与意志因素两方面。

其意识因素内容包括三点：(1) 行为人认识到被教唆的对象是达到刑事责任年龄、具有责任能力的人。(2) 行为人必须认识到被教唆的人尚无犯罪故意。如果认识到他人已有犯罪故意，而为之提供犯罪计划的，构成从犯；对其传授犯罪技术的，构成传授犯罪方法罪，均不构成教唆犯。如果行为人不知他人已有犯罪故意仍然教唆其犯罪，不影响教唆犯的成立。(3) 行为人预见到自己的教唆行为将引起被教唆人产生实行某种犯罪的故意，并实施该种犯罪。(4) 教唆人预见到被教唆人实行该种犯罪，在被教唆人实行某种犯罪时，被教唆人实行的犯罪应与教唆人教唆实行的犯罪相一致，才成立该种犯罪的教唆犯。否则，教唆人教唆他人犯甲罪，被教唆人实际犯乙罪，两者故意的内容不一致，教唆者只能构成他所预见的犯罪的教唆犯，而不能是他未预见的犯罪的教唆犯。

教唆犯故意的意志因素是希望，这为学界所公认，但是否包括放任的心理态度，意见就不一致了。有人认为教唆犯的故意只能是直接故意，有人认为也可以是间接故意，高铭暄教授赞成后一观点，同时认为构成《刑法》第二十九条第二款的教唆犯，只有出于直接故意才能构成，因为在这里被教唆人没有犯被教唆的罪，也成立教唆犯。如果是出于间接故意，被教唆人没有犯被教唆的罪，也不违背教唆人的本意，那就不能认定构成教唆犯。

（二）教唆犯的刑事责任

关于教唆犯的刑事责任，《刑法》第二十九条分为如下三种情况加以规定：

（1）被教唆人犯了被教唆的罪的情况下，对教唆犯应当按照他在共同犯罪中所起的作用处罚。所谓被教唆人犯了被教唆的罪，是指被教唆人已进行犯罪预备，或者已着手实行犯罪而未遂，或者已完成犯罪而既遂。所谓"按照他在共同犯罪中所起的作用处罚"，是指对教唆犯的处罚，不是以实行犯为转移，而是依照教唆犯自身在共同犯罪中所起作用的主次为转移。

（2）教唆不满18周岁的人犯罪的，应当从重处罚。教唆不满18周岁的未成年人应当根据不同情况分别处理：一是教唆已满16周岁不满18周岁的人犯任何罪，都应当从重处罚；二是教唆已满14周岁不满16周岁的人犯《刑法》第十七条规定的八类犯罪，或者教唆已满12周岁不满14周岁的人犯故意杀人、故意伤害罪，符合《刑法》第十七条规定的，应当对教唆犯从重处罚；三是教唆已满12周岁不满16周岁的人犯我国《刑法》第十七条第二款、第三款规定以外之罪，以及教唆不满12周岁的人犯任何罪的，由于被教唆人未达法定刑事责任年龄，缺乏成为犯罪主体的条件，他们实施的刑法规定为犯罪的行为则不构成犯罪，因而教唆者不能成为教唆犯，实际上他是把被教唆者当作犯罪工具来达到自己的犯罪目的，完全符合间接正犯的特征，应当按照间接正犯（实践上即按照实行犯）处理。

（3）如果被教唆的人没有犯被教唆的罪，对于教唆犯可以从轻或者减轻处罚。所谓被教唆人没有犯被教唆的罪，包括以下几种情况：一是被教唆人拒绝了教唆犯的教唆。二是被教唆人当时接受了教唆，但随后又打消犯意，没有进行任何犯罪活动。三是被教唆人当时接受了教唆犯关于犯甲罪的教唆，但实际上他犯了乙罪。四是教唆犯对被教唆人进行教唆时，被教唆人已有实施该种犯罪的故意。这些情况，或者根本没有引起被教唆者的犯意，或者实际上没有造成危害结果，或者虽然造成了危害结果，但与教唆犯的教唆行为不存在因果关系。所以《刑法》第二十九条第二款中规定"可以从轻或者减轻处罚"。

● 理论争鸣 ○

参与人分类的对应关系

我国刑法中将共同犯罪人分为主犯、从犯、胁从犯与教唆犯，但在刑法理论中又普遍使用正犯、共同正犯、教唆犯、帮助犯的分类。这两套话语系统中的参与人究竟是何关系？

（1）交叉关系。我国传统刑法理论认为，正犯既可能是主犯也可能是从犯，从犯包括帮助犯与部分实行犯，帮助犯也可能是主犯。

（2）双层区分制。该观点认为：第一层次按照分工分类法，在构成要件的层面将共犯人分为正犯、组织犯、教唆犯和帮助犯，用以解决定罪问题；第二层次按作用分类法进一步将共犯人进行主犯、从犯的划分，用以解决量刑问题[1]。

（3）递进关系。该观点认为在不法层面上区分出共犯与正犯：共犯是从犯，正犯是主犯。

（4）等同关系。该观点认为，我国刑法规定的主犯就是正犯，从犯与胁从犯就是帮助犯，

---

[1] 钱叶六：《双层区分制下正犯与共犯的区分》，载《法学研究》2012年第1期。

于是我国刑法规定了正犯、帮助犯、教唆犯①。

张明楷教授认为，首先，我国刑法总则中不必规定正犯，就直接正犯而言，刑法分则规定的构成要件行为，肯定是正犯行为，就间接正犯而言，只要刑法分则规定的构成要件行为不限于正犯直接实施、亲自实施，间接正犯也符合刑法分则规定的构成要件行为。其次，《刑法》第二十六条是关于共同正犯的规定。一方面，"组织、领导犯罪集团活动的"参与人并没有实施构成要件行为，原本不是正犯，"在共同犯罪中起主要作用的"参与人并不以实施了符合犯罪构成要件的行为为前提，这些人原不是正犯，但在共同犯罪中起了重要作用，按照实质标准属于共同正犯，因而按照正犯处罚。另一方面，《刑法》第二十六条的处罚原则明显贯彻了"部分行为全部负责"的原则，如"对组织、领导犯罪集团的首要分子，按照集团所犯的全部罪行处罚"。由此可见，《刑法》第二十六条的规定不是关于正犯的规定，而是关于共同正犯以正犯处罚的规定。再次《刑法》第二十九条第一款规定的教唆犯实际包括两类：一类是共谋共同正犯，一类是普通的教唆犯。普通的教唆犯在我国按从犯处理，而在教唆者实施了其他促进构成要件实现的行为或者在引起犯意的同时与被教唆者共谋且共谋被正犯实现时，教唆者即成为共同正犯。最后，我国刑法中的从犯，不限于狭义的仅实施了帮助行为的参与形态，实施了构成要件部分行为且起次要作用的参与人也属于从犯②。

请谈谈自己的看法。

典型例题

1. 甲约乙入户盗窃。甲入户盗窃，乙负责望风，甲得手后发现熟睡中的刘某，便对刘某实施了奸淫行为。下列选项中，正确的有（　　　）。（2015年法律硕士考试真题）

A. 甲、乙共同构成盗窃罪

B. 甲、乙共同构成强奸罪

C. 甲为共同犯罪的主犯，乙为共同犯罪的从犯

D. 甲为共同犯罪的实行犯，乙为共同犯罪的帮助犯

解析：甲乙约定入户盗窃，且客观上有着共同的盗窃行为，二人构成盗窃罪的共同犯罪。甲入户盗窃，取得财物，所起作用大，是实行犯和主犯，乙在外望风，并不直接参与取得财物，所起作用小，为帮助犯和从犯。甲入户后强奸刘某，乙对此并不知情，缺乏共同的犯罪故意，故乙不构成强奸罪。因此，本题选择 ACD。

2. 对共同犯罪的停止形态起决定性作用的是（　　　）。（2011年法律硕士考试真题）

A. 实行犯的行为

B. 教唆犯的行为

C. 组织犯的行为

D. 主犯的行为

---

① 周光权：《"被教唆的人没有犯被教唆的罪"之理解——兼与刘明祥教授商榷》，载《法学研究》2013年第4期。

② 张明楷：《刑法学》，法律出版社2021年版。

解析：一般而言，共同犯罪的进程从属于实行犯的进程，即实行犯既遂，帮助犯或教唆犯既遂，实行犯未遂，帮助犯或教唆犯未遂。因此，本题选择 A。

3. 下列犯罪分子中，应当认定为主犯的是（　　）。（2012 年法律硕士考试真题）

A. 教唆犯

B. 实行犯

C. 犯罪集团的首要分子

D. 聚众犯罪的首要分子

解析：组织、领导犯罪集团进行犯罪活动的或者在共同犯罪中起主要作用的，是主犯。首要分子，是指在犯罪集团或者聚众犯罪中起组织、策划、指挥作用的犯罪分子。犯罪集团中的首要分子起组织、策划、指挥作用，属于主犯。因此，本题选择 C。

4. 我国刑法划分共同犯罪人种类的依据是（　　）。（2013 年法律硕士考试真题）

A. 作用

B. 作用为主，兼顾分工

C. 分工

D. 分工为主，兼顾作用

解析：我国刑法中规定了主犯、从犯、胁从犯和教唆犯，前三者以作用为标准进行分类，后者以分工为标准进行分类。因此，本题选择 B。

5. 下列对于首要分子的理解中，正确的是（　　）。（2021 年法律硕士考试真题）

A. 主犯一定是首要分子

B. 首要分子一定是主犯

C. 首要分子只存在于共同犯罪中

D. 主犯不一定是首要分子，首要分子不一定是主犯

解析：首要分子分为犯罪集团中的首要分子和聚众犯罪中的首要分子。前者一定是主犯，后者不一定是主犯。部分聚众犯罪中，只有聚众者才构成犯罪，如果聚众者只有一人，就不成立共同犯罪，也就不是主犯。因此，本题选择 D。

6. 下列选项中，应认定为共同犯罪中的教唆犯的有（　　）。（2020 年法律硕士考试真题）

A. 甲引诱 17 岁的王某盗窃了巨额财物

B. 乙唆使已有自杀决意的高某赶快自杀

C. 丙在演讲中煽动听众实施分裂国家的活动

D. 丁说服丈夫刘某利用职权向他人索取巨额财物

解析：17 岁的王某属于完全刑事责任能力人，应对盗窃罪负责，甲引诱其犯罪，当然成立教唆犯。教唆犯是引起他人犯罪，自杀无罪，故不成立教唆犯。煽动听众实施分裂国家的活动，可直接定为煽动分裂国家罪。丁说服刘某索取巨额财物，成立受贿罪的教唆犯。因此，本题选择 AD。

● 案例讨论 ○

甲乙共同盗窃案[①]

甲和乙均缺钱。乙得知甲的情妇丙家是信用社代办点，配有保险柜，认为肯定有钱，便提议去丙家借钱，并说："如果她不借，也许我们可以偷或者抢她的钱。"甲说："别瞎整！"乙未再吭声。某晚，甲、乙一起开车前往丙家。乙在车上等，甲进屋向丙借钱，丙说："家里没钱。"甲在丙家吃饭过夜。乙见甲长时间不出来，只好开车回家。甲一觉醒来，见丙已睡着，便起身试图打开保险柜。丙惊醒大声斥责甲，说道："快住手，不然我报警了！"甲恼怒之下将丙打死，藏尸地窖。

甲不知密码打不开保险柜，翻箱倒柜只找到了丙的一张储蓄卡及身份证。甲回家后想到乙会开保险柜，即套问乙开柜方法，但未提及杀丙一事。甲将丙的储蓄卡和身份证交乙保管，声称系从丙处所借。两天后甲又到丙家，按照乙的方法打开保险柜，发现柜内并无钱款。乙未与甲商量，通过丙的身份证号码试出储蓄卡密码，到商场刷卡购买了一件价值两万元的皮衣。

案发后，公安机关认为甲有犯罪嫌疑，即对其实施拘传。甲在派出所乘民警应对突发事件无人看管之机逃跑。半年后，得知甲行踪的乙告知甲，公安机关正在对甲进行网上通缉，甲于是到派出所交代了自己的罪行。

请围绕本案展开讨论。

[①] 案件来源于 2009 年国家司法考试真题。

第十二章

罪数形态

罪数，是指行为人所犯罪的数量，所要解决的是：行为人的行为是构成一罪还是数罪的问题。研究罪数，就是要从罪数之单复的角度描述行为人实施的危害行为构成犯罪的形态特征，阐明各种罪数形态的构成要件，揭示有关罪数形态的本质属性，剖析不同罪数形态的特征并科学界定其区别界限，进而确定各种罪数形态应适用的处断原则。研究罪数，有助于在具体司法裁判环节的定罪，也是恰当适用刑罚的前提，同时对保障刑事诉讼程序的有序进行也具有积极作用。

罪数包括一罪和数罪两种形态。其中，一罪的类型又包括实质的一罪、法定的一罪和处断的一罪。数罪的类型包括实质数罪与想象数罪，异种数罪与同种数罪，并罚数罪与非并罚数罪，宣告判决以前的数罪与刑罚执行期间的数罪。

第一节 实质的一罪

实质的一罪是指外在形式上具有数罪的某些特征，但实质上构成一罪的犯罪形态。实质的一罪包括继续犯、想象竞合犯和结果加重犯。

一、继续犯

（一）继续犯的概念与特点

继续犯也称为持续犯，是指犯罪行为与不法状态在一定时间内一直处于持续状态的犯罪，只定一罪。非法拘禁罪是我国刑法中典型的继续犯。继续犯具有如下几个特点：

（1）继续犯自始至终只有一个犯罪行为。继续犯主观上只有一个支配行为的犯意，尽管具有长时间实行的性质，但客观上继续犯自始至终只有一个实行行为。

（2）继续犯是持续地作用于同一对象。例如在非法拘禁罪中，行为人前后拘禁了数个不同的对象，如果不是出于一个非法拘禁的概括故意，则构成数个非法拘禁罪，而不可能是一个继续犯。

（3）犯罪行为与不法状态同时继续。这一要件包括如下含义：首先，犯罪行为必须具有继续性，即犯罪行为从着手实行到行为终了在时间上有一个过程。在这个过程中实行行为一直处于不间断进行的状态中。其次，犯罪行为所引起的不法状态必须具有继续性。不法状态，是指由于犯罪的实行行为使客体遭受侵害的状态。

（4）必须是从着手实行到行为终了继续一定时间。没有一定的时间过程，就谈不到犯罪行为和不法状态的继续，从而也就谈不到继续犯。

对于继续犯，不论其持续时间的长短，均应以一罪论处。继续时间的长短在裁量刑罚可以作为量刑情节加以考虑。

（二）继续犯的司法运用

关于继续犯的司法运用，主要体现在继续犯的追诉期限问题上。由于继续犯的行为持续一段时间，故继续犯的追诉期限应当从犯罪行为终了之日进行起算。如果继续犯的持续时间跨越了新旧刑法时，则适用新法，依法成立一罪。

> ·《最高人民检察院关于对跨越修订刑法施行日期的继续犯罪、连续犯罪以及其他同种数罪应如何具体适用刑法问题的批复》
>
> 对于开始于1997年9月30日以前，继续或者连续到1997年10月1日以后的行为，以及在1997年10月1日前后分别实施的同种类数罪，如果原刑法和修订刑法都认为是犯罪并且应当追诉，按照下列原则决定如何适用法律：
>
> 一、对于开始于1997年9月30日以前，继续到1997年10月1日以后终了的继续犯罪，应当适用修订刑法一并进行追诉。
>
> 二、对于开始于1997年9月30日以前，连续到1997年10月1日以后的连续犯罪，或者在1997年10月1日前后分别实施同种类数罪，其中罪名、构成要件、情节以及法定刑均没有变化的，应当适用修订刑法，一并进行追诉；罪名、构成要件、情节以及法定刑已经变化的，也应当适用修订刑法，一并进行追诉，但是修订刑法比原刑法所规定的构成要件和情节较为严格，或者法定刑较重的，在提起公诉时应当提出酌情从轻处理意见。

（三）继续犯的处断

我国刑法分则对继续犯及其法定刑均作出了专门规定，比如《刑法》第二百三十八条对非法拘禁罪的规定。因此，对于继续犯，按照刑法分则对相应犯罪的规定处理即可，无需数罪并罚。

二、想象竞合犯

（一）想象竞合犯的概念和特点

想象竞合犯，是指行为人实施一个犯罪行为，同时侵犯数个犯罪客体，触犯数个异种罪名的犯罪形态。想象竞合犯的特点如下：

（1）行为人只实施了一个行为。这是构成想象竞合犯的前提条件，如果是实施了数个行为，则不可能构成想象竞合犯。所谓一个行为，是指在社会生活意义上被评价为一个的行为。这里所说的行为不只是狭义的行为，指包括结果在内的广义的行为。

（2）行为人所实施的一个行为触犯了数个罪名，即一个行为在形式上或外观上同时符合刑法规定的数个犯罪构成。

（二）想象竞合犯的处断

想象竞合犯的处断原则，即依照行为触犯的数个罪名中法定刑较重的犯罪定罪处刑，而不实行数罪并罚。这是因为，想象竞合犯始终只有一个行为，如果定数罪，就等于对一个行为进行了重复评价。

（三）法条竞合与想象竞合的区别

法条竞合与想象竞合容易混淆。所谓法条竞合是指一个行为符合刑法分则规定的数个条文规定的犯罪构成，而按照条文之间的逻辑关系只能适用其中一个条文，从而排除其他条文适用的情形。法条竞合与想象竞合的区别在于：

（1）想象竞合是犯罪行为所触犯的不同罪名的竞合，属于犯罪数之单复的形态；法条竞合是刑法条文的竞合，属于法条之关系的形态。

（2）想象竞合是实质一罪，它是由于行为人实施了一个犯罪行为而触犯了不同的罪名而发生竞合；法条竞合则在行为人实施犯罪行为前，就是一种客观存在或现实的竞合，其存在是由于客观存在着的法律条文的错综规定而致使规定不同罪名的数个法条发生竞合。

（3）想象竞合通常情况下不存在重合或交叉关系；法条竞合所涉及的规定不同种罪名的数个法条之间，则必然存在重合或交叉关系。

（4）想象竞合是犯罪之单复的形态，所解决的是罪数问题和对犯罪行为触犯的数罪名如何处罚的问题；法条竞合是法条之关系的形态，所解决的是法律适用问题。

（5）想象竞合犯的处断是择一重罪处罚；法条竞合的处断办法原则上采用特别法优于一般法，例外选择重法优于轻法。

三、结果加重犯

（一）结果加重犯的概念和特点

结果加重犯，亦称加重结果犯，是指法律规定的一个犯罪行为（基本犯罪），由于发生了严重结果而加重其法定刑的犯罪形态。

结果加重犯的结构可以概括为：基本犯罪+加重结果=基本犯罪的结果加重犯，具体如下：

（1）行为人实施了基本犯罪构成要件的行为。基本犯罪构成是结果加重犯存在的前提，没有基本犯罪构成就没有结果加重犯。

（2）产生了基本犯罪构成以外的重结果。构成结果加重犯，以发生重结果为不可缺少的条件，并且重结果必须由基本犯罪的犯罪行为所引起，即重结果与基本犯罪行为之间必须具有因果关系。重结果的罪过形式通常是过失，但不排除故意。有的结果加重犯，重结果只能出于过失，例如故意伤害致人死亡，致人死亡就只能出于过失，如果出于故意，那就成为故意杀人罪；有的结果加重犯，重结果可能出于过失，也可能出于故意，例如抢劫致人重伤、死亡，既可能出于过失，也可能出于故意。

（3）刑法规定了比基本犯罪较重的刑罚。对结果加重犯，各国刑法都规定了重于基本犯的刑罚，这也是构成结果加重犯不可或缺的条件，否则，如果对重结果没有较重刑罚的规定，也就谈不到结果加重犯了。

（二）结果加重犯的处断

结果加重犯，虽然由于危害结果发生了变化而使法定刑升格，但犯罪行为没有增加，还只是一个。所以，结果加重犯是一罪而不是数罪，应当按照法律对结果加重犯的规定处罚。

● 理论争鸣 ○

结果加重犯是否存在既遂、未遂？

关于结果加重犯是否存在既遂、未遂，学界主要有"全面否定说""区别否定说""基本结果发生说"三种不同观点。

（1）全面否定说。我国刑法理论通说以及相关司法解释是持全面否定立场的，认为结果加重犯只存在成立与否的问题，并不存在既遂、未遂的问题。该说认为"加重结果"是构成结果加重犯的不可或缺的要件，缺少"加重结果"，便不成立结果加重犯，遑论未遂与既遂问题。如吴振兴教授在《罪数形态论》中提道："结果加重犯是由基本犯罪和加重结果两部分构成的。这两部分都是成立结果加重犯不可缺少的要件。由于根本没有发生结果，缺少构成结果加重犯的一个必要条件，无由成立结果加重犯，自然也就无从谈及有无未遂。"[1]

《最高人民法院关于审理抢劫、抢夺刑事案件适用法律若干问题的意见》中提道："刑法第二百六十三条规定的八种处罚情节中除'抢劫致人重伤、死亡的'这一结果加重情节之外，其余七种处罚情节同样存在既遂、未遂问题，其中属抢劫未遂的，应当根据刑法关于加重情节的法定刑规定，结合未遂犯的处理原则量刑。"

（2）区别否定说。持该观点的学者主张应当承认结果加重犯存在犯罪未遂形态。我国刑法通说认为，犯罪既未遂只可能存在于直接故意犯罪之中，在间接故意犯罪和过失犯罪中没有存在的余地。基于该通说持"区别否定说"的学者认为，只有直接故意类型的结果加重犯存在既遂与未遂问题，其他类型的结果加重犯不存在既遂与未遂问题。

（3）基本结果发生说。陆诗忠教授认为结果加重犯的既遂标准应当是基本犯罪的犯罪客体是否受到实际破坏或者说"基本犯罪结果"是否已经发生，"加重结果"的出现，仅意味着"结果加重犯的成立"。[2]

请谈谈自己的看法。

● 典型例题 ○

1. 关于罪数的判断，下列哪一选项是正确的？（　　）（2017年国家司法考试真题）

A. 甲为冒充国家机关工作人员招摇撞骗而盗窃国家机关证件，并持该证件招摇撞骗。甲成立盗窃国家机关证件罪和招摇撞骗罪，数罪并罚。

B. 乙在道路上醉酒驾驶机动车，行驶20公里后，不慎撞死路人张某。因已发生实害结

---

[1] 吴振兴：《罪数形态论》，中国检察出版社1996年版，第113页。
[2] 陆诗忠：《结果加重犯既遂之争议问题新探》，载《政治与法律》2013年第5期。

果，乙不构成危险驾驶罪，仅构成交通肇事罪。

　　C. 丙以欺诈手段骗取李某的名画。李某发觉受骗，要求丙返还，丙施以暴力迫使李某放弃。丙构成诈骗罪与抢劫罪，数罪并罚。

　　D. 已婚的丁明知杨某是现役军人的配偶，却仍然与之结婚。丁构成重婚罪与破坏军婚罪的想象竞合犯。

　　解析：甲为冒充国家机关工作人员招摇撞骗而盗窃国家机关证件，盗窃国家机关证件与招摇撞骗之间不存在方法与目的或原因与结果的密切联系，二者之间不存在牵连关系，甲的行为构成盗窃国家机关证件罪和招摇撞骗罪，数罪并罚，A 选项正确。乙在道路上醉酒驾驶机动车，构成危险驾驶罪，撞死路人张某，构成交通肇事罪，甲既构成危险驾驶罪，又构成交通事故罪，依照吸收犯规定，以交通肇事罪作出处罚，B 项错误。丙已经基于诈骗行为取得李某的名画，丙实施暴力行为迫使李某放弃名画，并没有侵犯新的财产法益，丙的行为不构成抢劫罪，C 选项错误。《刑法》第二百五十八条和二百五十九条存在包容关系，第二百五十九条属于特殊法条，因此，重婚罪和破坏军婚罪属于法条竞合关系，D 选项错误。因此，本题选择 A。

　　2. 甲找到某国有企业出纳乙称自己公司生意困难，让乙想办法提供点资金，并许诺给乙好处。乙便找机会从公司账户中拿出 15 万借给甲。甲从中拿了 2 万元给乙。之后，甲因违法行为被公安机关逮捕，乙害怕受牵连，携带 100 万元公款潜逃。关于乙的全部犯罪行为，下列哪些说法是错误的？（　　）（2008 年国家司法考试四川延考真题）

　　A. 挪用公款罪与受贿罪，应择一重罪从重处罚。

　　B. 应以挪用资金罪、职务侵占罪论处，实行数罪并罚。

　　C. 应以挪用公款罪、贪污罪论处，实行数罪并罚。

　　D. 应以挪用公款罪、贪污罪、受贿罪论处，实行数罪并罚。

　　解析：乙利用职务之便挪用公款借给甲，构成挪用公款罪，收取甲的 2 万元构成受贿罪。乙携带公款潜逃构成贪污罪。乙的数个行为成立数罪，应当数罪并罚，A、B、C 选项错误，D 选项正确。因此，本题选择 ABC。

　　3. 关于骗取出口退税罪和虚开增值税发票罪的说法，下列哪些选项是正确的？（　　）（2008 年国家司法考试真题）

　　A. 甲公司具有进出口经营权，明知他人意欲骗取国家出口退税款，仍违反国家规定允许他人自带客户、自带货源、自带汇票并自行报关，骗取国家出口退税款。对甲公司应以骗取出口退税罪论处。

　　B. 乙公司虚开用于骗取出口退税的发票，并利用该虚开的发票骗取数额巨大的出口退税，其行为构成虚开用于骗取出口退税发票罪与骗取出口退税罪，实行数罪并罚。

　　C. 丙公司缴纳 200 万元税款后，以假报出口的手段，一次性骗取国家出口退税款 400 万元，丙公司的行为分别构成偷税罪与骗取出口退税罪，实行数罪并罚。

　　D. 丁公司虚开增值税专用发票并骗取国家税款，数额特别巨大，情节特别严重，给国家利益造成特别重大的损失。对丁公司应当以虚开增值税专用发票罪论处。

　　解析：甲明知他人意欲骗取国家出口退税款，仍违反国家规定帮助他人报关的行为构成骗取出口退税罪，A 选项正确。虚开增值税专用发票或者虚开用于骗取出口退税、抵扣税款的其他发票又骗取国家税款，数额特别巨大，情节特别严重，给国家利益造成特别重大损失的，构成结果加重犯，B 选项错误，因此 D 选项正确。纳税人缴纳税款后，采取《刑法》第二百零四条第一款规定的欺骗方法，骗取所缴纳的税款的，依照偷税罪规定定罪处罚，骗取超过税款所缴纳的税款部分，依照骗取出口退税罪的规定处罚，C 选项正确。因此，本题选择 ACD。

4. 关于结果加重犯，下列哪一选项是正确的？（　　）（2015 年国家司法考试真题）

A. 故意杀人包含了故意伤害，故意杀人罪实际上是故意伤害罪的结果加重犯。

B. 强奸罪、强制猥亵妇女罪的犯罪客体相同，强奸、强制猥亵行为致妇女重伤的，均成立结果加重犯。

C. 甲将乙拘禁在宾馆 20 楼，声称只要乙还债就放人。乙无力还债，深夜跳楼身亡。甲的行为不成立非法拘禁罪的结果加重犯。

D. 甲以胁迫手段抢劫乙时，发现仇人丙路过，于是立即杀害丙。甲在抢劫过程中杀害他人，因抢劫致人死亡包括故意致人死亡，故甲成立抢劫致人死亡的结果加重犯。

解析：故意杀人在主观上是杀人的故意，故意伤害在主观上只有伤害的故意，主观上故意伤害，客观上造成死亡结果的，构成故意伤害罪（致人死亡），不成立故意杀人，因此 A 选项错误。强奸致使妇女重伤的，成立强奸罪的结果加重犯；强制猥亵、侮辱妇女致妇女重伤的不成立结果加重犯，B 选项错误。"乙无力还债，深夜跳楼身亡"，乙的跳楼致其死亡，属于被害人自杀行为，与甲的非法拘禁行为之间不存在因果关系，甲的行为不属于非法拘禁致人死亡的结果加重犯，C 选项正确。甲故意杀害与抢劫行为无关的第三人丙，不属于为达到抢劫的目的而杀害他人的行为，甲的行为分别成立抢劫罪和故意杀人罪，D 选项错误。因此，本题选择 C。

5. 关于想象竞合犯的认定，下列哪些选项是错误的？（　　）（2013 年国家司法考试真题）

A. 甲向乙购买危险物质，商定 4 000 元成交。甲先后将 2 000 元现金和 4 克海洛因（折抵现金 2 000 元）交乙后收货。甲的行为成立非法买卖危险物质罪与贩卖毒品罪的想象竞合犯，从一重罪论处。

B. 甲女、乙男分手后，甲向乙索要"青春补偿费"未果，将其骗至别墅，让人看住乙。甲给乙母打电话，声称如不给 30 万元就准备收尸。甲成立非法拘禁罪和绑架罪的想象竞合犯，应以绑架罪论处。

C. 甲为劫财在乙的茶水中投放 2 小时后起作用的麻醉药，随后离开乙家。2 小时后甲回来，见乙不在（乙喝下该茶水后因事外出），便取走乙 2 万元现金。甲的行为成立抢劫罪与盗窃罪的想象竞合犯。

D. 国家工作人员甲收受境外组织的 3 万美元后，将国家秘密非法提供给该组织。甲的行为成立受贿罪与为境外非法提供国家秘密罪的想象竞合犯。

解析：甲向乙购买危险物质交付 2 000 元的行为构成非法买卖危险物质罪，4 克海洛因折抵现金 2 000 元的行为成立贩卖毒品罪，甲实施两个行为构成两个罪，不属于想象竞合，A 选项错误。甲扣押乙，以暴力相威胁向乙母索取财物，构成绑架罪，甲扣押的行为构成非法拘禁，此时非法拘禁罪和绑架罪属于法条竞合关系，适用绑架罪，B 选项错误。甲为劫财在乙的茶水下药，属于抢劫罪的实行行为，甲见乙不在，窃取 2 万元现金，甲的下药行为与窃取现金的行为之间没有关系，甲的下药行为未取得财物仅构成抢劫罪未遂，甲趁乙不在窃取现

195

金的行为构成盗窃罪既遂，C选项错误。甲收受财物后，将国家秘密非法提供给境外组织，甲的收受行为和非法提供行为，分别构成受贿罪和为境外非法提供国家秘密罪，数罪并罚，D选项错误。因此，本题选择ABCD。

● 案例讨论 ○

李某某盗窃案[①]

2019年10月，被告人李某某与被害人苏某某通过聊天软件相识，李某某虚构自己某武装部现役副营职干部的身份，并向苏某某展示其本人身着军装及参与部队训练、"光荣之家"门牌、接受安置转业士官通知书等照片，取得苏某某的信任，后虚构工作受伤、住院看病、退伍缴纳罚款、打官司等事由向苏某某索要钱财，以此骗取被害人苏某某共计75 616.83元。自2021年7月起，被告人李某某与被害人雷某某通过聊天软件相识，李某某以上述方式虚构自己军人身份，取得被害人雷某某的信任，后虚构退伍缴税等事由，骗取被害人雷某某共计6 280元。

新城区人民法院认为，被告人李某某以非法占有为目的，虚构事实，隐瞒真相，骗取他人财物，且数额巨大，其行为已构成诈骗罪。依照《刑法》第二百六十六条、第六十七条第三款、第五十二条、第五十三条、第六十四条及《刑事诉讼法》第十五条之规定，以被告人李某某犯诈骗罪，判处有期徒刑4年，并处罚金3万元；责令被告人李某某退赔所骗款项81 896.83元，依法发还被害人苏某某75 616.83元、发还被害人雷某某6 280元。一审宣判后，被告人李某某未上诉，公诉机关未抗诉，判决已生效。

在本案审理过程中，关于案件的性质存在不同意见。第一种意见认为冒充军人招摇撞骗罪与诈骗罪系法条竞合，应适用《刑法》第三百七十二条之规定，特别法优于普通法，以冒充军人招摇撞骗罪定罪量刑；第二种意见认为二者系想象竞合，应当择一重处，而在侵财类犯罪中，冒充军人招摇撞骗罪的宣告刑往往要比诈骗罪重，所以应以冒充军人招摇撞骗罪定罪量刑；第三种意见认为二者虽系想象竞合，但在犯罪行为所对应刑档的最高刑、最低刑都一致时，诈骗罪有罚金刑，属重罪，应以诈骗罪定罪量刑。本案最终采纳了第三种意见。

请围绕本案展开讨论。

[①] 案件来源于中国裁判文书网，案号为：（2022）陕0102刑初33号。

第二节　法定的一罪

法定的一罪，包括结合犯和集合犯。

一、结合犯

（一）结合犯的概念和特点

结合犯，是指数个各自独立的犯罪行为，根据刑法的明文规定，结合而成为另一个独立的新罪的犯罪形态，其典型的结构形式为：甲罪+乙罪=丙罪。我国刑法中并无关于结合犯的规定。

结合犯的特点有三个：（1）结合犯所结合的数罪，原为刑法规定为数个独立的犯罪；（2）结合犯是将数个独立的犯罪，结合成为另一个独立的新罪。结合犯之所以将数个犯罪结合在一起，往往是由于数个犯罪行为之间具有一定的牵连关系；（3）数个独立的犯罪结合成一个独立的新罪，是根据刑法的明文规定。

（二）结合犯的处断

对触犯结合犯条款的数个性质有别、可独立成罪的犯罪行为，应按照刑法对结合犯所规定的相对较重的法定刑以一罪（即结合一罪）判处刑罚，不应实行数罪并罚或采用其他处断原则。我国刑法中并未规定结合犯。

二、集合犯

（一）集合犯的概念和特点

集合犯，是指行为人基于实施多次同种犯罪行为的意图而实际实施的数个同种犯罪行为，被刑法规定为一罪的犯罪形态。我国《刑法》第三百零三条规定的赌博罪，以及第三百六十三条规定的制作、复制、出版、贩卖、传播淫秽物品牟利罪等是比较典型的集合犯罪，此类犯罪要求有数个同种类行为而反复实行。

集合犯的特点有三个方面：（1）每一次实施的行为都是一个独立的犯罪行为；（2）相同性质的犯罪行为在一段时间内反复多次实施；（3）刑法规定将多次实施的犯罪行为按照一个犯罪处罚。

集合犯分为两种：一是常业犯，即以一定的行为为常业的犯罪，即行为人意图实施多次同种犯罪行为，法律规定以反复实施同种犯罪行为为构成要件的犯罪，对这种犯罪来说，实施一次行为，犯罪还不能成立，只有反复实施同种犯罪行为，才能构成该罪。例如赌博罪，以赌博为业才能构成赌博罪，只是偶尔赌博，则不构成犯罪。二是营业犯，即通常以营利为目的，意图以反复实施一定的行为为业的犯罪。与常业犯的不同，实施一次某种犯罪行为，即可能构成营业犯，反复实施同种犯罪行为，仍然构成该种犯罪。

（二）集合犯的处断

集合犯是法定的一罪，刑法分则条文设有明文规定，对集合犯，不论行为人实施多少次行为，都只能根据刑法的规定以一罪论处，不实行数罪并罚。

● 理论争鸣 ○

集合犯的成立是否要求已经实施数个同种犯罪？

关于集合犯的成立是否要求已经实施数个同种犯罪，学者观点各异。

有学者对此持肯定观点，姜伟教授认为"集合犯的客观特征在于行为人具有多次实施犯罪的性质。犯罪次数的多少并不是集合犯的必要条件，但凡是集合犯，行为人都可能多次实施犯罪。例如营利犯，行为人的一次危害行为构成犯罪的，原则上不是集合犯，即没有集合的必要，如果行为人实施两次以上的危害行为，就是集合犯。"[①]

林亚刚教授认为上述观点有待商榷，有必要具体分析我国刑法中集合犯的两种情况：第一，根据我国刑法的规定，有的集合犯可能多次实施相同的犯罪行为，但即使只实施一次行为，也可构成犯罪的，同样属于集合犯。如只实施一次非法行医行为，但却造成就诊人死亡的，也同样构成非法行医罪，属于集合犯。第二，根据我国刑法的规定，有的集合犯只实施一次行为尚不足以构成犯罪，从犯罪成立的条件看，要求行为的反复实施才构成犯罪。如赌博罪，如果偶尔赌博，不是以赌博为业的，则不构成犯罪；以赌博为业，数十次赌博，也只构成一罪。[②]

请谈谈自己的看法。

● 典型例题 ○

1. 关于罪数的说法，下列哪一选项是错误的？（　　）（2008年国家司法考试真题）

A. 甲在车站行窃时盗得一提包，回家一看才发现提包内仅有一支手枪。因为担心被人发现，甲便将手枪藏在浴缸下。甲非法持有枪支的行为，不属于不可罚的事后行为。

B. 乙抢夺他人手机，并将该手机变卖，乙的行为构成抢夺罪和掩饰、隐瞒犯罪所得罪，应当数罪并罚。

C. 丙非法行医3年多，导致1人死亡、1人身体残疾。丙的行为既是职业犯，也是结果加重犯。

D. 丁在绑架过程中，因被害人反抗而将其杀死，对丁不应当以绑架罪和故意杀人罪实行并罚。

解析：甲的行为构成盗窃罪，盗窃后非法持有、私藏枪支的，构成非法持有、私藏枪支

[①] 姜伟著：《犯罪形态通论》，法律出版社1994年版，第345页。
[②] 林亚刚：《论集合犯》，载《法学研究》2001年第3期。

罪，A 选项正确。乙抢夺手机成立抢夺罪，变卖行为成立掩饰、隐瞒犯罪所得罪，但变卖行为是抢夺行为发展的当然结果，成立吸收犯，定抢夺罪，B 选项错误。未取得医生执业资格的人从事行医行为，属于职业犯，其非法行医行为致人死亡构成非法行医罪的结果加重犯，C 选项正确。犯绑架罪，故意杀害被绑架人，致其重伤、死亡的，属于结合犯，仍构成绑架罪一罪，D 正确。因此，本题选择 B。

2. 对下列哪一情形应当实行数罪并罚？（　　）（2006 年国家司法考试真题）
A. 在走私普通货物、物品过程中，以暴力、威胁方法抗拒缉私的。
B. 在走私毒品过程中，以暴力方法抗拒检查，情节严重的。
C. 在组织他人偷越国（边）境过程中，以暴力方法抗拒检查的。
D. 在运送他人偷越国（边）境过程中，以暴力方法抗拒检查的。

解析：以暴力、威胁方法抗拒缉私的，以走私罪和《刑法》第二百七十七条规定的妨害公务罪，依照数罪并罚处罚，A 选项正确。以暴力抗拒检查、拘留、逮捕、情节严重的，应当以走私、贩卖、运输、制造毒品罪一罪定罪处罚，B 选项错误。组织他人偷越国（边）境过程中，以暴力方法抗拒检查的属于组织他人偷越国（边）境罪的加重情节，C、D 选项错误。因此，本题选择 A。

3. 关于罪数的认定，下列哪些选项是错误的？（　　）（2011 年国家司法考试真题）
A. 引诱幼女卖淫后，又容留该幼女卖淫的，应认定为引诱、容留卖淫罪。
B. 既然对绑架他人后故意杀害他人的不实行数罪并罚，那么对绑架他人后伤害他人的就更不能实行数罪并罚。
C. 发现盗得的汽车质量有问题而将汽车推下山崖的，成立盗窃罪与故意毁坏财物罪，应当实行并罚。
D. 明知在押犯脱逃后去杀害证人而私放，该犯果真将证人杀害的，成立私放在押人员罪与故意杀人罪，应当实行并罚。

解析：引诱幼女卖淫，构成引诱幼女卖淫罪，后又容留幼女卖淫的构成引诱、容留幼女卖淫罪，数罪并罚，A 选项错误。犯绑架罪，故意杀害被绑架人，致其重伤、死亡的，属于结合犯，如果致其轻伤的，应当数罪并罚，B 选项错误。将盗窃所取得的汽车推下山崖并没有侵犯新的法益，属于不可罚的事后行为，C 选项错误。明知在押犯逃脱后是去杀害证人而私放，属于一行为触犯两罪，成立想象竞合，D 选项错误。因此，本题选择 ABCD。

● 案例讨论 ○

钱某制作、贩卖、传播淫秽物品牟利案[①]

被告人钱某，男，1990 年出生，无固定职业。钱某曾因偷拍他人性行为被行政拘留，仍不思悔改，产生通过互联网贩卖偷拍视频文件从中牟利的想法。2017 年 11 月，钱某从网络上购买了多个偷拍设备，分别安装在多家酒店客房内，先后偷拍 51 对入住旅客的性行为，并将编辑、加工的偷拍视频文件保存至互联网云盘，通过非法网站、即时通信软件发布贩卖信息。

---

① 案件来源于最高人民检察院第三十四批指导性案例：检例第 139 号。

2018年5月9日,公安机关将钱某抓获,并在上述互联网云盘中检出偷拍视频114个。此外,钱某还以"付费包月观看"的方式,先后182次为他人通过偷拍设备实时观看入住旅客性行为或者下载偷拍视频提供互联网链接。

辩护人提出,钱某没有贩卖、传播的故意和行为。经查,钱某在酒店、宾馆安装摄像头被公安机关行政处罚后,仍不思改过,继续在一些酒店、宾馆,利用他人身份证等开房安装摄像头。其间,被告人钱某将偷摄到的内容先传至自己的手机,然后选择、下载具有淫秽内容的视频上传至互联网云盘,并传至网上,在聊天群里发布,以"包月"看直播、"付费"给下载等方式出售给他人。上述事实,有被告人供述、证人证言、线上聊天记录等证据相互印证,法院认为,钱某将拍摄的淫秽视频,在网络上进行兜售,其主观上具有牟利的故意,客观行为上已将淫秽视频在网络上散布、扩散,具有传播的行为,故其整个犯罪事实,已符合制作、贩卖、传播牟利罪。

判决结果:市人民法院作出判决:一、被告人钱某犯制作、贩卖、传播淫秽物品牟利罪、判处有期徒刑三年六个月,并处罚金人民币五千元;二、公安机关扣押的被告人钱某作案使用的手机两部及电脑一部等予以没收。上述物品未随案移送,由扣押机关依法处理。一审宣判后,钱某未提出上诉,判决已生效。

请围绕本案展开讨论。

第三节 处断的一罪

处断的一罪,包括连续犯、牵连犯和吸收犯。

一、连续犯

(一)连续犯的概念和特点

连续犯,指的是基于同一的或者概括的犯罪故意,连续实施数个独立但性质相同的犯罪行为,触犯同一罪名的情形,对于连续犯按一罪定罪处罚。连续犯的构成特征如下:

(1)必须基于连续意图支配下的数个同一犯罪故意。所谓同一的犯罪故意,是指数个犯罪故意在内容和形式上完全相同。

(2)必须实施数个足以单独构成犯罪的危害行为。也就是说,行为人实施的数个危害行为必须能够构成数个相对独立的犯罪。数个行为必须是独立成罪的,即各个行为都独立具备犯罪构成的要件,连续犯才可能成立。如果数个行为刑法规定作为一罪论处的,则是集合犯,而不是连续犯。

(3)连续犯所构成的数个犯罪之间必须具有连续性。关于判断犯罪之间是否存在连续性的标准,刑法理论上存在着不同的观点。多数学者认为,认定数个犯罪之间是否具有连续性,应当坚持主观与客观相统一的刑法基本原则,以反映犯罪故意与犯罪行为对立统一特性的连续意图及其所支配的犯罪行为的连续性作为标准,即基于连续意图支配下的数个同一犯罪故意,在一定时期之内连续实施了性质相同的数个足以单独构成犯罪的危害行为,数个犯罪之间就存在连续性,否则,就无连续性可言。

(4)连续犯所实施的数个犯罪行为必须触犯同一罪名。该特征是由连续犯在主观上须基于连续意图制约下的数个同一故意,在客观上须实施数个性质相同的犯罪行为的构成要件所决定的。所谓同一罪名,是指犯罪性质完全相同的罪名,即同质之罪。

(二)连续犯的处断

连续犯的处断原则指的是连续犯按照一罪处断,不实行数罪并罚。对连续犯的处理,应当按照不同情况,依据刑法的有关规定分别从重处罚或者加重处罚。

二、牵连犯

(一)牵连犯的概念和特点

牵连犯,是指实施某种犯罪,其犯罪的手段行为或者结果行为又触犯了其他罪名的情形。例如以伪造国家机关公文的方法(方法行为)骗取公私财物(目的行为),分别触犯了伪造国家机关公文罪和诈骗罪,就是牵连犯。牵连犯的构成特征如下:

(1)牵连犯是以实施一个犯罪为目的,这是牵连犯的本罪。牵连犯是为了实施某一犯罪,其方法行为或结果行为又构成另一独立的犯罪,这是牵连犯的他罪。牵连犯的本罪是一个犯罪，他罪是围绕本罪而成立的。如果行为人出于实施数个犯罪的目的，在此目的支配下实施了数个犯罪，则不构成牵连犯。

（2）牵连犯必须具有两个以上的行为，这是牵连犯与想象竞合犯的重要区别，即牵连犯是数个行为，想象竞合犯是一个行为。牵连犯的数个行为表现为两种情况：一是目的行为与方法行为（或称手段行为）。二是原因行为与结果行为。目的行为或原因行为都是指实施本罪的行为。方法行为，是指为了便于本罪的实行而实施的行为。例如为了骗取财物而伪造公文，骗取财物是目的行为。伪造公文就是方法行为。结果行为，是指本罪行为实行后由于本罪而实施的行为。例如出于盗窃的故意盗窃他人提包，得手后打开提包，里面却是一支手枪、十发子弹，遂将手枪、子弹藏于家中。盗窃他人提包是原因行为，藏匿手枪、子弹就是结果行为。

（3）牵连犯的数个行为之间必须具有牵连关系，如何确定牵连关系，通说认为本罪与方法行为或结果行为的牵连关系，应当从主客观两方面考察，即行为人在主观上具有牵连的意思，在客观上具有通常的方法或结果关系。

（4）牵连犯的数个行为必须触犯不同罪名。如果实施一种犯罪，其犯罪的方法行为或结果行为不是触犯其他罪名，而是触犯相同的罪名，则不构成牵连犯。

（二）牵连犯的处断

对牵连犯如何处理，理论上存有争议。高铭暄教授认为原则上应当"从一重处罚"，但因为牵连犯实质上是数罪，对社会危害性较大，只是从一重处理在一些情况下未免有所轻纵。故我国刑法分则中若做出了特别规定，则按照特别规定处理。例如我国《刑法》第一百九十八条中规定："投保人、被保险人故意造成财产损失的保险事故，骗取保险金"，"投保人、受益人故意造成被保险人死亡、伤残或者疾病，骗取保险金"，同时构成其他犯罪的，依照数罪并罚的规定处罚。

三、吸收犯

（一）吸收犯的概念与特点

吸收犯，指一个犯罪行为因为是另一个犯罪行为的必经阶段、组成部分或当然结果，而被另一个犯罪行为吸收的情况。吸收犯的特点：

（1）吸收犯必须具有数个犯罪行为。如果数个行为中只有一个是犯罪行为，其余是违法行为，也不可能构成吸收犯。吸收犯是数个犯罪行为，这是吸收犯与想象竞合犯的重要区别之所在

（2）吸收犯的数个行为之间必须具有吸收关系。所谓吸收，即一个行为包容其他行为，只成立一个行为构成的犯罪，其他行为构成的犯罪失去存在的意义，不再予以定罪。一个犯罪行为之所以能够吸收其他犯罪行为，是因为这些犯罪行为通常属于实施某种犯罪的同一过程，彼此之间存在着密切的联系：前一犯罪行为可能是后一犯罪行为发展的必经阶段，后一犯罪行为可能是前一犯罪行为发展的自然结果，或者在实施犯罪过程中具有其他密切关系。

关于吸收关系有哪几种，在刑法理论上意见颇不一致，但大多认为有如下三种：第一，重行为吸收轻行为。例如非法制造枪支弹药，事后藏于家中，私藏是非法制造的自然结果，非法制造行为在性质上重于私藏行为，所以只成立非法制造枪支、弹药罪，私藏枪支、弹药

罪不另行成立。第二，实行行为吸收预备行为。预备行为是实行行为的先行阶段，尽管并非每种具体犯罪都有预备行为，但是许多犯罪往往是经过预备然后转入实行行为的。在这种情况下，预备行为被实行行为所吸收，仅依实行行为所构成的犯罪定罪。第三，主行为吸收从行为。所谓主行为吸收从行为，是根据共同犯罪人在共同犯罪中的分工和作用区分的。在将共犯分为共同正犯、教唆犯、从犯（帮助犯）的情况下，通常认为实行行为与教唆行为、帮助行为相比，实行行为是主行为，教唆行为、帮助行为是从行为。教唆行为与帮助行为相比，教唆行为是主行为，帮助行为是从行为。据此，先教唆或帮助他人犯罪，随后又参与共同实行犯罪的，其教唆行为或帮助行为，应为共同实行行为所吸收。先教唆他人犯罪，随后又帮助他人犯罪的，其帮助行为应为教唆行为所吸收。在我国对共同犯罪人分类的情况下，主犯或教唆犯的行为是主行为，从犯的行为是从行为。据此，先教唆他人犯罪，后又帮助他人犯罪，帮助行为被教唆行为所吸收，应以教唆犯罪处断，而依该罪的主犯量刑。

（二）吸收犯的处断

对于吸收犯，应当按照吸收之罪处断，不实行数罪并罚。

● 理论争鸣 ○

吸收犯数个犯罪行为性质问题

吸收犯数个犯罪行为性质问题主要凸显在数个犯罪行为是同质行为还是异质行为，学界主要存在"数个异质犯罪行为说""数个犯罪行为说""同质数个犯罪行为说"三种不同观点。

（1）数个异质犯罪行为说。该说认为，吸收犯成立的前提是基于数个不同的犯罪行为的存在，赞成该说的代表人物有马克昌、张明楷教授等人。如马克昌教授认为"吸收犯是指数个不同的犯罪行为，依据日常一般观念或法条内容，其中一个行为当然为他行为所吸收，只成立吸收行为的一个犯罪"。[①]张明楷教授主张吸收犯的数个行为必须触犯不同的罪名，如果触犯同一罪名，则不能成立吸收犯。[②]

（2）数个犯罪行为说。该说实际回避了关于数个犯罪行为性质问题。该说的代表人物有韩忠谟、高铭暄教授等人。如高铭暄教授在其著作《刑法专论》中提到"所谓吸收犯，是指行为人实施数个犯罪行为，因其所符合的犯罪构成之间具有特定的依附与被依附关系，从而导致其中一个不具有独立性的犯罪，被另一个具有独立性的犯罪所吸收，对行为人仅以吸收之罪论处，而对被吸收之罪置之不论的犯罪形态"。[③]

（3）同质数个犯罪行为说。该说认为构成吸收犯的数个犯罪行为是基于同一罪名下的而符合不同构成形态的行为。犯罪构成根据刑法理论和刑法的规定，又可分为基本的犯罪构成和修正的犯罪构成，后者包括预备形态、未遂形态和共犯形态。徐岱教授认为"所谓吸收犯，是指行为人在无连续意图支配下的所实施数个同质犯罪行为，因其所符合的犯罪构成之间具有特定的依附与被依附关系，其中一个不具有独立性的犯罪，被另一个具有独立性的犯罪所

[①] 马克昌：《犯罪通论》，武汉大学出版社1999版，第664页。
[②] 张明楷：《犯罪论原理》，武汉大学出版社1991版，第422页。
[③] 高铭暄：《刑法专论：上编》，高等教育出版社2003版，第414页。

吸收，对行为人仅以吸收之罪论处，对被吸收者不再论罪的犯罪形态。"其中"无连续意图"的修饰语是为了与连续犯相区别。①

请谈谈自己的看法。

● 典型例题 ○

1. 关于罪数，下列哪些选项是正确的（不考虑数额或情节）？（　　）（2016年国家司法考试真题）

   A. 甲使用变造的货币购买商品，触犯使用假币罪与诈骗罪，构成想象竞合犯。

   B. 乙走私毒品，又走私假币构成犯罪的，以走私毒品罪和走私假币罪实行数罪并罚。

   C. 丙先后三次侵入军人家中盗窃军人制服，后身穿军人制服招摇撞骗。对丙应按牵连犯从一重罪处罚。

   D. 丁明知黄某在网上开设赌场，仍为其提供互联网接入服务。丁触犯开设赌场罪与帮助信息网络犯罪活动罪，构成想象竞合犯。

   解析：使用假币罪，指明知是伪造的货币而使用，甲使用的是变造的货币，不构成使用假币罪，A选项错误。走私毒品又走私假币，分别构成走私毒品罪和走私假币罪，应当数罪并罚，B选项正确。丙盗窃军人制服为实施招摇撞骗罪，盗窃军人制服的手段与招摇撞骗的目的之间不具有通常性，不成立牵连犯，应当数罪并罚，C选项错误。丁明知黄某进行的是违法行为，仍为其提供互联网接入服务，触犯开设赌场罪和帮助信息网络犯罪活动罪，一行为触犯两罪，构成想象竞合，D选项正确。因此，本题选择BD。

2. 甲承租乙的房屋后，伪造身份证与房产证交与中介公司，中介公司不知有假，为其售房给不知情的丙，甲获款300万元。关于本案，下列哪一选项是错误的？（　　）（2010年国家司法考试真题）

   A. 甲的行为触犯了伪造居民身份证罪与伪造国家机关证件罪，同时是诈骗罪的教唆犯。

   B. 甲是诈骗罪、伪造居民身份证罪与伪造国家机关证件罪的正犯。

   C. 伪造居民身份证罪、伪造国家机关证件罪与诈骗罪之间具有牵连关系。

   D. 由于存在牵连关系，对甲的行为应以诈骗罪从重处罚。

   解析：中介公司并不知道甲提供的身份证和房产证属于伪造的，中介公司与甲不构成共犯，因此甲不成立教唆犯，A选项错误。甲亲自实施犯罪行为，实现了犯罪构成要件，是诈骗罪、伪造居民身份证罪与伪造国家机关证件罪正犯，B选项正确。因此，本题选择A。

3. 下列哪些情形属于吸收犯？（　　）（2010年国家司法考试真题）

   A. 制造枪支、弹药后又持有、私藏所制造的枪支、弹药的。

   B. 盗窃他人汽车后，谎称所盗汽车为自己的汽车出卖他人的。

   C. 套取金融机构信贷资金后又高利转贷他人的。

   D. 制造毒品后又持有该毒品的。

   解析：吸收犯，指一个犯罪行为因为是另一个犯罪行为的必经阶段、组成部分或当然结

---

① 徐岱、梁缘：《吸收犯之生存空间论——吸收犯之学理解释》，载《当代法学》2005年第3期。

果，而被另一个犯罪行为吸收的情况。非法制造枪支、弹药后持有、私藏的，属于吸收犯，仅以非法制造枪支、弹药罪论处，A 选项正确。D 选项，实施制造毒品行为会伴随着持有毒品，因此持有行为被制造行为吸收，成立吸收犯，D 选项正确。B 选项，将盗窃来的汽车出卖的行为属于销赃行为，是不可罚的事后行为，两行为之间不存在吸收关系，不属于吸收犯，B 选项错误。C 选项，套取金融机构信贷资金高利转贷他人是《刑法》第一百七十五条高利转贷罪的实行行为，只评价为一个行为，不成立吸收犯，C 选项错误。因此，本题选择 AD。

4. 关于走私犯罪，下列哪一选项是正确的？（　　）（2011 年国家司法考试真题）

A. 甲误将淫秽光盘当作普通光盘走私入境。虽不构成走私淫秽物品罪，但如按照普通光盘计算，其偷逃应缴税额较大时，应认定为走私普通货物、物品罪。

B. 乙走私大量弹头、弹壳。由于弹头、弹壳不等于弹药，故乙不成立走私弹药罪。

C. 丙走私枪支入境后非法出卖。此情形属于吸收犯，按重罪吸收轻罪的原则论处。

D. 丁走私武器时以暴力抗拒缉私。此情形属于牵连犯，从一重罪论处。

解析：甲误将淫秽光盘当作普通光盘走私的，其不具有走私淫秽物品的目的，仅构成走私普通货物、物品罪，A 选项正确。走私各种弹药的弹头和弹壳构成犯罪的，以走私弹药罪定罪处罚，B 选项错误。走私不是贩卖的必经过程，贩卖不是走私的必然结果，因此两者之间不存在吸收关系，不属于吸收犯，C 选项错误。以暴力、胁迫方法抗拒缉私的，构成走私罪和妨害公务罪，依照数罪并罚的规定处罚，D 选项错误。因此，本题选择 A。

5. 下列关于牵连犯说法中，正确的是（　　）。（2011 年法律硕士考试真题）

A. 出于一个犯罪目的，实施两个以上犯罪行为的都是牵连犯

B. 牵连犯是行为人实施一个犯罪行为触犯数个罪名的犯罪形态

C. 牵连犯的处断原则是除法律有特别规定的以外，择一重罪处罚

D. 牵连犯的成立不仅要求行为人主观上具有牵连意图，还要求行为触犯的数个法条之间存在竞合关系

解析：A 项，出于一个犯罪目的，实施两个以上犯罪行为也可能构成连续犯。连续犯，是指基于同一的或者概括的犯罪故意，连续实施数个独立的性质相同的犯罪行为，触犯同一罪名的犯罪形态。BD 两项，牵连犯，是指以某种犯罪为目的实行的犯罪行为，与其手段行为或者结果行为分别触犯不同罪名的犯罪形态。牵连犯的基本特征：① 出于一个最终的犯罪目的；② 实施了数个独立的犯罪行为；③ 数行为之间存在必然的牵连关系。C 项，牵连犯的处罚原则：刑法有明文规定，按刑法的规定定罪量刑；刑法没有明文规定的，司法实践中一般按照刑法理论的通说，遵循从一重罪处罚的原则。因此，本题选择 C。

● 案例讨论 ○

张某某等 52 人电信网络诈骗案[①]

基本案情：2015 年 6 月至 2016 年 4 月间，被告人张某某等 52 人先后在境外参加对中国居民进行电信网络诈骗的犯罪集团。在实施电信网络诈骗过程中，各被告人分工合作，其中

[①] 案件来源于最高人民检察院第十八批指导性案例：检例第 67 号。

部分被告人负责利用电信网络技术手段对中国居民的手机和座机电话进行语音群呼，群呼的主要内容为"有快递未签收，经查询还有护照签证即将过期，将被限制出境管制，身份信息可能遭泄露"等。当被害人按照语音内容操作后，电话会自动接通冒充快递公司客服人员的一线话务员。一线话务员以帮助被害人报案为由，在被害人不挂断电话时，将电话转接至冒充公安局办案人员的二线话务员。二线话务员向被害人谎称"因个人信息泄露被用于犯罪活动，需对被害人资金流向进行调查"，欺骗被害人转账、汇款至指定账户。如果被害人对二线话务员的说法仍有怀疑，二线话务员会将电话转给冒充检察官的三线话务员继续实施诈骗。至案发，张某某等被告人通过上述诈骗手段骗取75名被害人钱款共计人民币2 300余万元。

辩护意见：一是认定犯罪集团缺乏法律依据，应以被告人实际参与诈骗成功的数额认定其犯罪数额。二是被告人系犯罪组织雇佣的话务员，在本案中起次要和辅助作用，应认定为从犯。三是检察机关指控的犯罪金额证据不足，没有形成完整的证据链条，不能证明被害人是被告人所骗。

判决结果：一审，2017年12月21日，北京市第二中级人民法院作出一审判决，认定被告人张某某等50人以非法占有为目的，参加诈骗犯罪集团，利用电信网络技术手段，分工合作，冒充国家机关工作人员或其他单位工作人员，诈骗被害人钱财，各被告人的行为均已构成诈骗罪，其中28人系主犯，22人系从犯。法院根据犯罪事实、情节并结合各被告人的认罪态度、悔罪表现，对张某某等50人判处十五年至一年九个月不等有期徒刑，并处剥夺政治权利及罚金。张某某等部分被告人以量刑过重为由提出上诉。二审，2018年3月，北京市高级人民法院二审裁定驳回上诉，维持原判。

请围绕本案展开讨论。

第四节　数　罪

> • 《刑法》
>
> 第六十九条：判决宣告以前一人犯数罪的，除判处死刑和无期徒刑的以外，应当在总和刑期以下、数刑中最高刑期以上，酌情决定执行的刑期，但是管制最高不能超过三年，拘役最高不能超过一年，有期徒刑总和刑期不满三十五年的，最高不能超过二十年，总和刑期在三十五年以上的，最高不能超过二十五年。
>
> 数罪中有判处有期徒刑和拘役的，执行有期徒刑。数罪中有判处有期徒刑和管制，或者拘役和管制的，有期徒刑、拘役执行完毕后，管制仍须执行。
>
> 数罪中有判处附加刑的，附加刑仍须执行，其中附加刑种类相同的，合并执行，种类不同的，分别执行。
>
> 第七十条：判决宣告以后，刑罚执行完毕以前，发现被判刑的犯罪分子在判决宣告以前还有其他罪没有判决的，应当对新发现的罪作出判决，把前后两个判决所判处的刑罚，依照本法第六十九条的规定，决定执行的刑罚。已经执行的刑期，应当计算在新判决决定的刑期以内。
>
> 第七十一条：判决宣告以后，刑罚执行完毕以前，被判刑的犯罪分子又犯罪的，应当对新犯的罪作出判决，把前罪没有执行的刑罚和后罪所判处的刑罚，依照本法第六十九条的规定，决定执行的刑罚。
>
> • 《全国人大常委会法制工作委员会关于对被告人在罚金刑执行完毕前又犯新罪的罚金应否与未执行完毕的罚金适用数罪并罚问题的答复意见》（2017年11月26日公布并施行）
>
> 刑法第七十一条中的"刑罚执行完毕以前"应是指主刑执行完毕以前。如果被告人主刑已执行完毕，只是罚金尚未执行完毕的，根据刑法第五十三条的规定，人民法院在任何时候发现有可以执行的财产，应当随时追缴。因此，被告人前罪主刑已执行完毕，罚金尚未执行完毕的，应当由人民法院继续执行尚未执行完毕的罚金，不必与新罪判处的罚金数罪并罚。
>
> • 《最高人民法院关于罪犯因漏罪、新罪数罪并罚时原减刑裁定应如何处理的意见》（2012年1月18日公布并施行）
>
> 罪犯被裁定减刑后，因被发现漏罪或者又犯新罪而依法进行数罪并罚时，经减刑裁定减去的刑期不计入已经执行的刑期。
>
> 在此后对因漏罪数罪并罚的罪犯依法减刑，决定减刑的频次、幅度时，应当对其原经减刑裁定减去的刑期酌予考虑。

数罪，即存在行为复数，不能按照一罪处理，需要数罪并罚的情形。依据不同的标准，数罪可以分成不同的类型。

一、实质数罪与想象数罪

这是以行为人符合数个犯罪构成的行为个数为标准进行的分类。行为人实施数个行为，符合数个犯罪构成，构成数个独立的犯罪的，是实质数罪。行为人实施一个行为，符合数个犯罪构成，触犯数个罪名的，是想象数罪。

对"实质数罪与想象数罪"这种数罪的区分，有的学者提出了不同意见，认为这对数罪类型没有存在的意义。就想象数罪而言，指出如果把想象数罪理解为实质的数罪，则这一对数罪类型实际并不存在；如果把想象数罪理解为实质的一罪，它又不应成为数罪的类型。

二、异种数罪和同种数罪

这是以行为人的数个行为符合的数个基本犯罪构成的性质是否相同为标准所进行的分类。触犯数个不同罪名的数罪，是异种数罪。行为人出于数个相同的犯意，实施数个行为，符合数个性质相同的基本犯罪构成，触犯数个罪名相同的数罪，是同种数罪。

是否承认同种数罪，在我国刑法学界还有不同意见：有的持否定说，有的持肯定说。高铭暄教授认为同种数罪是客观存在的，至于是否数罪并罚，那是如何处罚问题，不应因此影响认定同种数罪是否存在。但是法律规定某种数次同种犯罪作为该罪严重情节的，就不应当认为是同种数罪，而应当认为是一个该罪的重罪构成。例如《刑法》第二百六十三条规定"多次抢劫"的，是严重抢劫的情节之一。如果多次抢劫，就不是构成数个抢劫罪，而是构成一个严重的抢劫罪。

三、并罚数罪与非并罚数罪

行为人基于数个罪过，实施数个行为，构成数个独立的犯罪，依照法律应当实行并罚的数罪，是并罚数罪。异种数罪在一般情况下，都是并罚数罪。同种数罪在法律有特别规定的情况下，也可能成为并罚数罪。例如《刑法》第七十条中规定："判决宣告以后，刑罚执行完毕以前，发现被判刑的犯罪分子在判决宣告以前还有其他罪没有判决的，应当对新发现的罪作出判决，把前后两个判决所判处的刑罚，依照数罪并罚的原则，决定执行的刑罚。"这里所说新发现的罪，即包括同种的犯罪。

行为人虽然实施数个行为，符合数个犯罪构成，触犯数个罪名，但由于特定事由或法律规定不实行并罚，只按一罪处罚的数罪，是非并罚数罪。一般情况下的同种数罪、处断一罪中的牵连犯、吸收犯等，都是非并罚数罪。牵连犯、吸收犯在我国刑法理论中被认为本来是数罪，因其形态上的特殊性，在运用刑罚上按一罪处理，称为处断的一罪，不实行数罪并罚。

四、判决宣告以前的数罪与刑罚执行期间的数罪

行为人在判决宣告以前实施并被发现的数罪，是判决宣告以前的数罪。行为人因犯罪受判决宣告和刑罚执行，在刑罚执行期间发现漏罪或再犯新罪而构成的数罪，是刑罚执行期间的数罪。

刑罚执行期间的数罪可分为如下两种情况。一是在刑罚执行期间发现漏罪而构成的数罪；二是在刑罚执行期间又犯新罪而构成的数罪。刑法对在不同时间条件下构成的数罪，规定了不同的并罚规则。

理论争鸣

判决生效前的同种数罪如何处罚？

我国刑法学界对于判决生效前一人犯有并被发现同种数罪时的处罚争议较大，主要有"一罚说""并罚说""折中说""新折中说"四种不同观点：

（1）一罚说。主张对法院判决生效前犯有并被发现的同种数罪只须按一罪从重处罚。主张一罚说的学者认为，在我国长期的司法实践中，同种数罪一直被按一罪从重处罚，且我国大多数犯罪的法定刑能够满足同种数罪按一罪处罚的需要。一人犯同种数罪的主观罪过形式单一，与犯异种数罪相比，行为人的主观恶性和人身危险性较小，因此，同种数罪的社会危害性较小。持一罚说观点的学者，对刑罚执行期间发现同种漏罪和再犯同种新罪的处罚，主张数罪并罚。

（2）并罚说。主张对所有的同种数罪情况都应当实行数罪并罚。赞同这一观点的学者认为，我国刑法没有明确规定数罪并罚之数罪仅限于异种数罪，从而排除同种数罪，对同种数罪实行并罚较按一罪从重处罚更有利于打击犯罪，不会出现轻纵犯罪的不良后果。

（3）折中说。主张对法院判决生效前犯有并被发现的同种数罪是否实行并罚不能一概而论，而应以能否达到罪刑相适应为标准，决定对具体的同种数罪是否实行并罚。对于能够达到罪刑相适应标准的，无需并罚；反之，在法律未明文禁止的条件下，则可以实行并罚。主要理由：按照我国刑法规定的各种犯罪的法定刑，无论对同种数罪一律按一罪从重处罚，还是一律实行并罚，都难以全部达到罪刑相适应标准。持折中说观点的学者，对刑罚执行期间发现同种漏罪和再犯同种新罪的处罚方法，也主张采用数罪并罚的观点。

（4）新折中说。对法院判决生效前犯有并发现的同种数罪原则上实行数罪并罚，但有时要按照一罪处罚，并提出了区分数罪并罚和按照一罪处罚的复杂方法。对刑罚执行期间发现的同种漏罪，当发现是需要按照一罪处罚的同种数罪时，要撤销原判决，按照审判监督程序再审；其他情况，则将发现的同种漏罪和已经生效的前判决实行数罪并罚。刑罚执行期间再犯的同种新罪，和前罪一律实行数罪并罚。

请谈谈自己的看法。

典型例题

1. 甲窃得一包冰毒后交乙代为销售，乙销售后得款 3 万元与甲平分。关于本案，下列哪一选项是错误的？（　　）（2015 年国家司法考试真题）

A. 甲的行为触犯盗窃罪与贩卖毒品罪。
B. 甲贩卖毒品的行为侵害了新的法益，应与盗窃罪实行并罚。
C. 乙的行为触犯贩卖毒品罪、非法持有毒品罪、转移毒品罪与掩饰、隐瞒犯罪所得罪。
D. 对乙应以贩卖毒品罪一罪论处。

解析：甲盗窃冰毒行为构成盗窃罪，后销售冰毒的行为侵犯新的法益，构成贩卖毒品罪，应当数罪并罚，因此A、B选项正确。乙销售毒品构成贩卖毒品罪，乙的持有和转移毒品是必然存在的，贩卖毒品后并没有侵犯新的法益，不构成掩饰、隐瞒犯罪所得罪，D选项正确，C选项错误。因此，本题选择C。

2. 关于罪数判断，下列哪一选项是正确的？（　　）（2013年国家司法考试真题）

A. 冒充警察招摇撞骗，骗取他人财物的，适用特别法条以招摇撞骗罪论处。

B. 冒充警察实施抢劫，同时构成抢劫罪与招摇撞骗罪，属于想象竞合犯，从一重罪论处。

C. 冒充军人进行诈骗，同时构成诈骗罪与冒充军人招摇撞骗罪的，从一重罪论处。

D. 冒充军人劫持航空器的，成立冒充军人招摇撞骗罪与劫持航空器罪的，实行数罪并罚。

解析：甲的行为构成造谣撞骗罪和诈骗罪，一行为触犯两个罪名，属于想象竞合，从一重罪处罚，A选项错误，C选项正确。甲的行为构成抢劫罪的加重情节，B选项错误。甲的行为构成劫持航空器罪，D选项错误。因此，本题选择C。

3. 关于数罪并罚，下列哪些选项是符合《刑法》规定的？（　　）（2011年国家司法考试真题）

A. 甲在判决宣告以前犯抢劫罪、盗窃罪与贩卖毒品罪，分别被判处13年、8年、15年有期徒刑。法院数罪并罚决定执行18年有期徒刑。

B. 乙犯抢劫罪、盗窃罪分别被判处13年、6年有期徒刑，数罪并罚决定执行18年有期徒刑。在执行5年后，发现乙在判决宣告前还犯有贩卖毒品罪，应当判处15年有期徒刑。法院数罪并罚决定应当执行19年有期徒刑，已经执行的刑期，计算在新判决决定的刑期之内。

C. 丙犯抢劫罪、盗窃罪分别被判处13年、8年有期徒刑，数罪并罚决定执行18年有期徒刑。在执行5年后，丙又犯故意伤害罪，被判处15年有期徒刑。法院在15年以上20年以下决定应当判处16年有期徒刑，已经执行的刑期，不计算在新判决决定的刑期之内。

D. 丁在判决宣告前犯有3罪，被分别并处罚金3万元、7万元和没收全部财产。法院不仅要合并执行罚金10万元，而且要没收全部财产。

解析：依据《刑法》第六十九条之规定，甲并罚后的总和刑期超过了35年，应该在15年以上，25年以下判处刑法，A正确。依据《刑法》第七十条之规定，判决宣告以后，刑罚执行完毕以前，发现被判刑的犯罪分子在判决宣告以前还有其他罪没有判决的，应当对新发现的罪作出判决，把前后两个判决所判处的刑罚，依照本法第六十九条的规定，决定执行的刑罚。已经执行的刑期，应当计算在新判决决定的刑期以内。因此，应采取"先并后减"的方式进行处罚，B项正确。《刑法》第七十一条规定，判决宣告以后，刑罚执行完毕以前，被判刑的犯罪分子又犯罪的，应当对新犯的罪作出判决，把前罪没有执行的刑罚和后罪所判处的刑罚，依照本法第六十九条的规定，决定执行的刑罚。因此，应采取"先减后并"的方式进行处罚，C项正确。《刑法》第六十九条第三款规定，数罪中有判处附加刑的，附加刑仍须执行，其中附加刑种类相同的，合并执行，种类不同的，分别执行，D项正确。因此，本题选择ABCD。

4. 下列哪些情形不能数罪并罚？（　　）（2010年国家司法考试真题）

A. 投保人甲，为了骗取保险金杀害被保险人。

B. 十五周岁的甲，盗窃时拒捕杀死被害人。

C. 司法工作人员甲，刑讯逼供致被害人死亡。

D. 运送他人偷越边境的甲，遇到检查将被运送人推进大海溺死。

解析：投保人故意造成被保险人死亡，骗取保险金的，同时构成其他犯罪的，依照数罪并罚，甲为骗取保险金杀害被保险人，构成保险诈骗罪和故意杀人罪，A 选项不当选。甲 15 岁，仅对故意杀人罪承担刑事责任，不应当数罪并罚，B 选项当选。依据《刑法》第二百四十七条之规定：司法工作人员对犯罪嫌疑人、被告人实行刑讯逼供或者使用暴力逼取证人证言致人死亡的，依照故意杀人罪定罪处罚，C 选项当选。依据《刑法》第三百二十一条之规定：对被运输人有杀害等犯罪行为的，依照数罪并罚的规定处罚，D 选项不当选。因此，本题选择 BC。

5. 某国间谍戴某，结识了我某国家机关机要员黄某。戴某谎称来华投资建厂需了解政策动向，让黄某借工作之便为其搞到密级为"机密"的《内参报告》四份。戴某拿到文件后送给黄某一部手机，并为其子前往某国留学提供了六万元资金。对黄某的行为如何定罪处罚？（ ）（2009 年国家司法考试真题）

A. 资助危害国家安全犯罪活动罪、非法获取国家秘密罪，数罪并罚。

B. 为境外窃取、刺探、收买、非法提供国家秘密、情报罪与受贿罪，数罪并罚。

C. 非法获取国家秘密罪、受贿罪，数罪并罚。

D. 故意泄露国家秘密罪、受贿罪，从一重罪处断。

解析：黄某的行为不构成刑法规定的资助危害国家安全犯罪活动罪，非法获取国家秘密罪，要求行为人以窃取、刺探、收买的方法获取国家秘密的行为，黄某的行为不构成该罪，A 选项、C 选项错误。故意泄露国家秘密罪是指国家机关工作人员或非国家机关工作人员违反保守国家秘密法，故意使国家秘密被不应知悉者知悉或故意使国家秘密超出了限定的接触范围，情节严重的行为，黄某的行为不构成该罪，D 选项错误。因此，本题选择 B。

● 案例讨论 ○

齐某强奸、猥亵儿童案[①]

基本案情： 被告人齐某，男，1969 年 1 月出生，原系某县某小学班主任。2011 年夏天至 2012 年 10 月，被告人齐某在担任班主任期间，利用午休、晚自习及宿舍查寝等机会，在学校办公室、教室、洗澡堂、男生宿舍等处多次对被害女童 A（10 岁）、B（10 岁）实施奸淫、猥亵，并以带 A 女童外出看病为由，将其带回家中强奸。齐某还在女生集体宿舍等地多次猥亵被害女童 C（11 岁）、D（11 岁）、E（10 岁），猥亵被害女童 F（11 岁）、G（11 岁）各一次。

辩护意见： 原审被告人及其辩护人坚持事实不清、证据不足的辩护意见，理由是：一是认定犯罪的直接证据只有被害人陈述，齐某始终不认罪，其他证人证言均是传来证据，没有物证，证据链条不完整。二是被害人陈述前后有矛盾，不一致。且其中一个被害人在第一次陈述中只讲到被猥亵，第二次又讲到被强奸，前后有重大矛盾。

判决结果： 一审，中级人民法院作出判决，认定齐某犯强奸罪，判处死刑缓期二年执行，剥夺政治权利终身；犯猥亵儿童罪，判处有期徒刑四年六个月；决定执行死刑，缓期二年执行，剥夺政治权利终身。被告人未上诉，判决生效后，报某省高级人民法院复核。复核，2013

[①] 案件来源于最高人民检察院第十一批指导性案例：检例第 42 号。

年 12 月 24 日，某省高级人民法院以原判认定部分事实不清为由，裁定撤销原判，发回重审。2014 年 11 月 13 日，某市中级人民法院经重新审理，作出判决，认定齐某犯强奸罪，判处无期徒刑，剥夺政治权利终身；犯猥亵儿童罪，判处有期徒刑四年六个月；决定执行无期徒刑，剥夺政治权利终身。齐某不服提出上诉。二审，2016 年 1 月 20 日，某省高级人民法院经审理，作出终审判决，认定齐某犯强奸罪，判处有期徒刑六年，剥夺政治权利一年；犯猥亵儿童罪，判处有期徒刑四年零六个月；决定执行有期徒刑十年，剥夺政治权利一年。终审，2018 年 7 月 27 日，最高人民法院作出终审判决，认定原审被告人齐某犯强奸罪，判处无期徒刑，剥夺政治权利终身；犯猥亵儿童罪，判处有期徒刑十年；决定执行无期徒刑，剥夺政治权利终身。

请围绕本案展开讨论。

第十三章

刑事责任与刑罚

第一节 刑事责任与刑罚概说

一、刑事责任

（一）刑事责任的概念与特征

刑事责任，是指行为人对违反刑事法律义务的行为所引起的刑事法律后果的一种应有的、体现国家对行为人否定的道德政治评价的承担。对于刑事责任，应从两个方面来理解：从行为人方面讲，刑事责任就是行为人对违反刑事法律义务的行为（犯罪）所引起的刑事法律后果（刑罚）的一种应有的承担；从国家角度看，刑事责任就是国家对实施刑事违法行为的人的一种否定的道德政治评价。具体地说，就是国家司法机关依照刑事法律规定，对实施犯罪的人所作的一种否定的道德政治评价。

根据刑事责任的概念，可以看出刑事责任具有如下基本特征：第一，强制性。刑事责任是一种由犯罪行为所引起的国家强制犯罪人承担的法律责任。第二，严厉性。刑事责任是性质最为严重、否定性评价最为强烈、制裁后果最为严厉的法律责任。第三，专属性。刑事责任只能由犯罪的个人或单位承担，具有专属性，不可转嫁，不能替代。这与"刑罚止于一人"的思想和原则是一致的。第四，准据性。刑事责任是犯罪事实的综合反映，也是刑法规范的现实化，刑事责任为确定刑罚提供根据和标准。刑事责任一经确定，犯罪人和被害人均不能自行变更，更不允许所谓的"私了"。

（二）刑事责任的解决方式

刑事责任的解决方式主要有以下几种：

（1）定罪判刑，即人民法院对行为人作出定罪宣告，并同时处以一定刑罚。这是解决刑事责任的主要方式。

（2）定罪免刑，即人民法院判决行为人有罪，但同时宣告免除或免予刑罚处罚。以此方式承担刑事责任，必须有法律的明文规定。比如，《刑法》第十九条规定，又聋又哑的人或者盲人犯罪，可以从轻、减轻或者免除处罚。此处的"免除处罚"就是定罪免刑方式。

（3）刑罚消灭，刑罚消灭是指对特定犯罪人的刑罚权因法定事由而归于消灭。刑罚消灭以成立犯罪为前提，如犯罪人死亡、超过时效期间、赦免。

（4）转移处理，享有外交特权和豁免权的外国人的刑事责任通过外交途径解决。

213

二、刑罚概说

（一）刑罚的概念与特征

刑罚是指刑法规定的由审判机关对犯罪分子所适用的剥夺或者限制其某种权益的一种特殊制裁方法。它表现出了国家对犯罪分子及其行为的否定评价。通常情况下，刑罚具有如下几个特点：

（1）刑罚是由刑法规定的。刑罚涉及人的生杀予夺，是最严厉的一种法律制裁方法。因此，刑罚必须由刑法事前规定。

（2）刑罚只能由审判机关作出。刑罚是对犯罪分子作出的特殊制裁方法，只有经过审判机关的宣判才能对犯罪分子适用刑罚。因此，刑罚适用的主体只能是审判机关。

（3）刑罚的适用对象仅限于犯罪分子。刑罚是最严厉的法律制裁方法，是对犯罪分子实施犯罪行为进行的否定性评价和强烈谴责，因此只有对犯罪分子才能适用刑罚。

（4）刑罚的内容是剥夺或限制犯罪分子某种利益。对犯罪分子进行惩戒，从而使得犯罪分子感受到犯罪行为所带来的痛苦，这是刑罚的最直接目的。根据我国刑法的规定，刑罚分为主刑和附加刑，内容既涵盖剥夺犯罪人的生命权、财产权、政治权利等，也包括限制人的人身自由权等。

（二）刑罚的目的

刑罚目的，是指国家制定、适用、执行刑罚的目的，也即国家的刑事立法采用刑罚作为对付犯罪现象的强制措施及其具体适用和执行所预期实现的效果。这种效果不是立法、审判、行刑三个环节之一或其二所能达到的，只有三者协同一致，才能得以实现。

在国外刑法理论界，关于刑罚目的的学说存在着报应刑论和目的刑论两种截然不同的观点。

1. 报应刑论

报应刑论又称"报应主义"，是指西方刑法学者关于刑罚目的的一种学说。认为刑罚只是为了恢复社会正义或满足社会的正义感而对犯罪加以适用，意在对犯罪所造成危害的报应，除此之外，刑罚本无其他目的。犯罪是判处刑罚的唯一原因。

报应主义的理论基础是道义责任和社会正义的观念，认为犯罪为自由意志决定的结果，违反了社会正义。本着恶有恶报的道义原则，刑罚就是犯罪的必然结果，犯罪亦为刑罚的唯一根据。强势报应说源于康德，他极端地强调：即使在行将解散的孤岛，最后一个杀人犯也必须被处死，以使每个人都将充分获得他的行动所赋予的价值。强势报应说的实质就是，刑法是罪恶行为的回应[1]。弱式报应说为当代绝大多数报应论者所坚持。弱式说的主张者允许一个法官在特定条件下部分或全部地使一个罪犯受惩罚。弱式报应主义有两个基本原则[2]：① 只有已经实施犯罪行为的人才可以受到惩罚；② 只有与犯罪相称的刑罚才是被允许的。

2. 目的刑论

称"目的主义""教育刑论"，认为刑罚的目的并不在于对过去的犯罪行为的报应，而是

---

[1] 福田平等：《日本刑法总论讲义》，李乔等译，辽宁人民出版社1986年版，第10页。
[2] 戈尔丁：《法律哲学》，齐海滨译，生活·读书·新知三联书店1987年版，第165页。

对未来社会的防卫。防卫社会的目的可以归纳为预防犯罪的再生。旧派刑法理论家有的就主张刑罚具有一般预防的目的。这属于早期的目的刑主义。一般所说目的刑论,专指新派的以社会责任论为理论基础,强调特别预防主义的学说[①]。

李斯特被认为是最先提出目的刑概念的著名学者,他主张根据犯罪人的不同情况,给以不同处置以防再犯,他把犯罪人分为机会犯罪人和惯习犯罪人。他的这种理论被称为"刑罚个别化"。李普曼（M. Liepmann）特别重视用刑罚改善犯人,主张刑罚应当是对所有的犯罪人进行改善、教育,使之适应正常的社会生活,这种观点被称为"教育刑论"。

在中国刑法理论上,普遍认为刑罚的目的在于预防犯罪,具体又分为个别预防与一般预防。个别预防与一般预防是刑罚预防犯罪的两个方面,二者紧密结合,相辅相成。

预防犯罪首先体现为个别预防,即防止犯罪人再犯罪。个别预防,又称特殊预防,是指通过对犯罪人适用刑罚,以使得犯罪人永久或者在一定期间内丧失再犯罪的能力。

个别预防的对象是犯罪人。因为犯罪人实施了犯罪,应当接受刑罚处罚,是最直接的刑罚作用对象。个人预防就是通过对犯罪人适用刑罚才实现的。具体体现为两个方面:（1）物理强制,即通过刑罚直接作用于犯罪人才实现刑罚的个别预防。在我国,刑罚包括生命刑、自由刑、财产刑、资格刑等。对极少数罪行极其恶劣的犯罪人适用死刑立即执行方式,剥夺犯罪人的生命,因而可以从肉体上彻底剥夺犯罪人的再犯能力及其再犯可能性。对犯罪人通过采用不用期限自由刑的方式,可以通过剥夺自由使得犯罪人在一定期限内与社会隔离,起到限制其再犯的作用。同时,在犯罪人与社会隔离期间,通过对犯罪人进行行刑,从而对其进行改造,预防其再犯的可能。对犯罪人适用财产刑,剥夺其再犯罪的资本与物质条件,使其得不偿失,从而不能、不敢、不会再犯罪。对犯罪适用资格刑,剥夺其一定的权利或者资格,从而阻止他们利用这些权利或资格再犯罪。（2）心理强制,即通过将刑罚直接适用于犯罪人,使得刑罚所带来的痛苦作用于犯罪人的内心,使得刑罚产生威慑心理。从某种意义上说,刑罚所形成的心理强制对于个别预防更有重要意义。犯罪人基于刑罚会产生三个方面的效应:一是畏惧心理,这是犯罪人在接受刑罚时最基本的心理,它可以促使犯罪人因畏惧刑罚而消除再犯罪的心理想法,从而有效地遏制犯罪动机的产生。二是痛苦心理,这是犯罪人在行刑过程中所承受的一种痛苦。人都向往快乐,排斥痛苦。刑罚所造成的精神上或身体上的痛苦,会使得犯罪人重新思考是否将来还要承受这种痛苦,从而消除再犯可能。三是悔罪心理,刑罚不仅具有惩罚性,还具有教育性。刑罚直接作用于犯罪人后,会促使其内心产生自责与悔罪的心理。

一般预防是相对于个别预防而言的。一般预防是指通过对犯罪人适用一定的刑罚,而对社会上那些不稳定分子、有可能犯罪的人产生的阻止其犯罪的作用。由此可见,一般预防的对象是社会上的其他人,主要包括三类:一是不稳定分子、有可能犯罪的潜在的犯罪人。这些人具有犯罪的可能,是一般预防的首要对象。通过对犯罪人适用刑罚,使得潜在犯罪的人看到一旦犯罪所要遭受的后果,从而打消自己犯罪的可能性。二是被害人。由于被害人与犯罪人之间处于一种对抗的关系,因此被害人具有要求惩罚犯罪人的迫切愿望。一旦这一愿望得不到满足,受害人基于复仇心理,有可能对犯罪进行报复,从而构成新的犯罪。因此,被害人也是刑罚一般预防的对象。三是其他一般人。尽管潜在的犯罪人和受害人是刑罚一般预

---

① 马克昌:《论刑罚的本质》,载《法学评论》1995年第5期。

防的重要对象,但除此以外的其他一般人也是一般预防的对象。广大人民群众尽管不具有犯罪的危险性,但却是同犯罪作斗争的有生力量。只有动员广大人民群众积极地预防犯罪,才能使得犯罪人成为过街老鼠,人人喊打,才能使得社会秩序的安定得到有效维护。

(三)刑罚功能

刑罚功能是指国家制定、适用、执行刑罚所直接产生的社会效应,如威慑功能、安抚补偿功能、教育感化功能等。

关于刑罚功能,理论界存在二分法、三分法、四分法、八分法等不同观点。(1)二分法。将刑罚的功能分为个别预防功能和一般预防功能两类。前者又分为剥夺或限制再犯能力、个别鉴别、感化、个别威慑、改造等五种;后者又分为刑罚对潜在犯罪人的功能、刑罚对受害人的作用、刑罚对其他违法者的作用等三种。[①](2)三分法。将刑罚的功能分为对犯罪人的功能、对社会的功能与对被害人的功能三类,然后再加以细分。[②](3)四分法。将刑罚的功能分为四种,即报复感情平息机能、保安的机能、赎罪的机能、预防的机能。[③](4)八分法。将刑罚的功能分为八种,即剥夺功能、改造功能、感化功能、威慑功能、鉴别功能、补偿功能、安抚功能、鼓励功能[④]。我们认为,刑罚功能主要包括以下几种:

1. 惩罚功能

刑罚总是体现为对犯罪人一定利益或者权利的剥夺和限制。这是犯罪人因其犯罪行为所导致的必然后果。因此,刑罚通过剥夺或者限制犯罪人一定利益或权利,从而对其进行惩罚,以示对其行为的否定性评价和强烈谴责。只要犯了罪,无论任何人,都应当接受刑罚的处罚。

2. 改造功能

与惩罚功能一样,改造功能也是针对犯罪人而言。改造功能是在行刑阶段,通过刑罚的适用改造犯罪人的价值观和行为方式的作用。惩罚不是刑罚的最终目的,刑罚的最终目的在于让犯罪人彻底改过自新。因此,对犯罪人进行改造,是刑罚的一项重要功能。各个国家在行刑过程中,都非常重视对犯罪人改造的思想。比如,我国刑法中的无期徒刑、有期徒刑,在将犯罪人关押以剥夺其自由的同时,还要对犯罪人进行劳动改造。在死缓制度中,对判处死缓的罪犯,强制实行劳动改造。

3. 威慑功能

刑罚的威慑功能,既是对犯罪人而言,也是对可能犯罪的不稳定分子而言。对犯罪人而言,刑罚直接作用于犯罪人的内心,使其在接受刑罚处罚的同时,内心产生对犯罪的畏惧心理,从而阻止再犯。就可能犯罪的不稳定分子而言,国家通过刑罚对犯罪人及其犯罪行为进行否定性评价,对犯罪人适用刑罚造成痛苦,从而对这些可能犯罪的不稳定分子在心理上产生巨大的震慑作用。

---

① 邱兴隆等著:《刑罚学》,群众出版社1998年版,第72-96页。
② 牧野英一:《日本刑法》,有斐阁1939年版,第576-57页。
③ 西原春夫:《刑法总论》,成文堂1978年版,第436-438页。
④ 樊凤林:《刑罚通论》,中国政法大学出版社1994年版。

4. 教育功能

刑罚的教育功能主要表现在两个方面：一方面是通过适用刑罚教育犯罪分子，从思想上改过自新，真诚悔过。另一方面是通过刑罚的惩戒，教育广大人民群众引以为戒，并积极同犯罪行为作斗争。

三、刑事责任与刑罚的关系

刑事责任与刑罚之间既有联系，又有本质区别。二者的联系体现为：（1）刑事责任的存在是适用刑罚的前提，刑罚是实现刑事责任最基本、最重要的方式；（2）刑事责任的大小决定刑罚的轻重；（3）刑事责任主要通过刑罚而实现。

二者的区别体现为：（1）刑事责任是一种法律责任，是一种刑事法意义上的负担，刑罚则是一种法律制裁方式。（2）刑事责任是以犯罪人承受刑法规定的惩罚或单纯的否定性法律评价为内容，刑罚则是以剥夺犯罪人一定的权益为内容。（3）刑事责任随实施犯罪而产生，刑罚则随审判机关有罪判决的生效而出现。

● 理论争鸣 ○

刑事责任的根据

关于刑事责任的根据，在刑法学界存在罪过说、犯罪行为说、犯罪构成唯一说、社会危害性说等不同主张。[①]

罪过说，又有狭义说和广义说两种观点。狭义的罪过即犯罪的主观方面。广义的罪过还包括犯罪构成中的情节与刑罚裁量的情节，认为广义的罪过是刑事责任的根据。此学说为苏联学者 E.C. 乌捷夫斯基所倡导。我国也有学者主张罪过说，不过我国学者的罪过说是指狭义的罪过，认为罪过是行为人在实施危害行为过程中存在的一种心理态度，如果把在刑法上具有违法性的危害行为视为刑事责任的基础，那么将刑事责任的根据说成是罪过就有充分的理由。

犯罪行为说认为，应将犯罪行为即犯罪本身视为刑事责任的根据。苏联学者 H.I.杜尔曼诺夫在其参与编写的刑法教科书中曾经提出犯罪行为说的观点，即刑事责任的根据不是犯罪，而是犯罪行为本身。我国也有学者提倡犯罪行为说，他们认为刑事责任的根据是犯罪行为，而不是犯罪构成或案件事实总和。

犯罪构成唯一根据说最早的倡导者为苏联学者 A.H. 特拉伊宁。他认为人的行为符合犯罪构成是适用刑罚的根据，如果行为中缺少犯罪构成则应免除刑事责任。

社会危害性说认为，犯罪的社会危害性是刑事责任的事实根据。其主要理由是：犯罪的社会危害性是犯罪的本质属性，因而也是决定刑事责任产生的根据。

请谈谈自己的看法。

---

① 高铭暄、马克昌主编：《刑法学》，北京大学出版社、高等教育出版社 2016 年版，第 206-207 页。

典型例题

1. 下列关于无期徒刑的表述中，正确的是（　　）。（2009年法律硕士考试真题）

   A. 对不满16周岁的人不得适用无期徒刑

   B. 被判处无期徒刑的犯罪人在判决执行以前的羁押时间不得折抵刑期

   C. 对被判处无期徒刑的犯罪人不得适用假释

   D. 对被判处无期徒刑的犯罪人可以附加剥夺政治权利10年以上

   解析：被判处无期徒刑的罪犯在判决执行以前的羁押时间不存在折抵刑期的问题，B项正确。对不满16周岁的人不得适用死刑，对已满14周岁不满16周岁的人犯罪，一般不判处无期徒刑，但是罪行极其严重的，可以适用无期徒刑，A项错误。累犯以及因故意杀人、强奸、抢劫、绑架、放火、爆炸、投放危险物质或者有组织暴力性犯罪被判处10年以上有期徒刑、无期徒刑的犯罪分子，不得假释，但是上述犯罪之外被判处无期徒刑的犯罪分子，可以假释，C项错误。对于被判处无期徒刑的犯罪分子，应当附加剥夺政治权利终身，D项错误。综上，本题答案为B。因此本题选ABCD。

2. 刑罚的特殊预防是指（　　）。（2012年法律硕士考试真题）

   A. 预防犯罪人再次犯罪

   B. 预防特殊人群犯罪

   C. 预防犯罪人再犯特定之罪

   D. 预防犯罪人再犯同种之罪

   解析：特殊预防，是指通过刑罚适用，预防犯罪人重新犯罪。教育改造犯罪人成为守法公民，是我国刑罚特殊预防的主要内容。这里的"重新犯罪"是指再次犯罪，至于再犯之罪与前罪是否相同、故意犯罪还是过失犯罪在所不问。因此，A项当选，其余选项不当选。综上，本题答案为A。

3. 下列选项中，不属于"应当"附加剥夺政治权利的是（　　）。（2017年法律硕士考试真题）

   A. 危害公共安全的犯罪分子

   B. 被判处无期徒刑的犯罪分子

   C. 危害国家安全的犯罪分子

   D. 被判处死刑的犯罪分子

   解析：根据《刑法》第五十六条的规定，对于危害国家安全的犯罪分子应当附加剥夺政治权利；对于故意杀人、强奸、放火、爆炸、投毒、抢劫等严重破坏社会秩序的犯罪分子，可以附加剥夺政治权利。独立适用剥夺政治权利的，依照《刑法》分则的规定。因此，对危害公共安全的犯罪分子，如果严重破坏社会秩序是可以附加剥夺政治权利，并不是应当附加剥夺政治权利。因此，本题答案为A。

4. 《刑法》第六十四条前段规定："犯罪分子违法所得的一切财物，应当予以追缴或者责令退赔。"关于该规定的适用，下列哪一选项是正确的？（　　）（2016年国家司法考试真题）。

   A. 甲以赌博为业，但手气欠佳输掉200万元。输掉的200万元属于赌资，应责令甲全额退赔。

B. 乙挪用公款炒股获利 500 万元用于购买房产（案发时贬值为 300 万元），应责令乙退赔 500 万元。

C. 丙向国家工作人员李某行贿 100 万元。除向李某追缴 100 万元外，还应责令丙退赔 100 万元。

D. 丁与王某共同窃取他人财物 30 万元。因二人均应对 30 万元负责，故应向二人各追缴 30 万元。

解析：关于"违法所得的一切财物"的范围：第一，包括违法所得的财物本身。如因赌博赢得的金钱，因受贿收受的贿赂，因受雇佣杀人所得的酬金。如果是因赌博输掉的金钱，不属于违法所得。第二，包括违法所得财物产生的收益。如将收受的贿赂用于放贷所获得的利息、用于炒股所获得的利润。第三，违法所得及其收益，应扣除成本，是纯粹的所得收益。第四，共同犯罪的违法所得。甲乙共同入户盗窃，甲窃得 1 万元，乙窃得 5 万元，甲乙的盗窃所得为 6 万元，二人均对 6 万元负责。但在追缴时，不能向二人各追缴 6 万元。A 项，输掉的钱不属于违法所得。B 项违法所得包括违法所得的收益。C 项，丙行贿的财物不算丙的违法所得。D 项，违法所得总共只有 30 万元。因此，本题正确答案为 B。

5. 1999 年 11 月，甲（17 周岁）因邻里纠纷，将邻居杀害后逃往外地。2004 年 7 月，甲诈骗他人 5 000 元现金。2014 年 8 月，甲因扒窃 3 000 元现金，被公安机关抓获。在讯问阶段，甲主动供述了杀人、诈骗罪行。关于本案的分析，下列哪些选项是错误的？（　　）（2014 年国家司法考试真题）

A. 前罪的追诉期限从犯后罪之日起计算，甲所犯三罪均在追诉期限内。

B. 对甲所犯的故意杀人罪、诈骗罪与盗窃罪应分别定罪量刑后，实行数罪并罚。

C. 甲如实供述了公安机关尚未掌握的罪行，成立自首，故对盗窃罪可从轻或者减轻处罚。

D. 甲审判时已满 18 周岁，虽可适用死刑，但鉴于其有自首表现，不应判处死刑。

解析：A 项，关于追诉时效，需要掌握两点：第一，追诉时效的期限规定，例如，"法定最高刑为不满 5 年有期徒刑的，经过 5 年"，其中的法定最高刑不是指整个法定刑幅度的最高刑，而是犯罪情节对应的具体的刑格的最高刑。第二，追诉时效的中断（或重新计算）。《刑法》第八十九条第二款规定："在追诉期限以内又犯罪的，前罪追诉的期限从犯后罪之日起计算。"（1）甲的故意杀人罪的追诉时效是 20 年，至 2004 年 7 月犯诈骗罪，追诉时效中断并重新计算 20 年，应到 2024 年 8 月，至 2014 年 8 月被抓时，尚未超过追诉时效。（2）甲的诈骗罪，属于"数额较大，处三年以下有期徒刑"的刑格，追诉时效是 5 年，也即到 2009 年 8 月，至 2014 年 8 月被抓时，已超过追诉时效。（3）甲的盗窃罪显然在追诉期限内。A 项表述错误。B 项，已经不能追究诈骗罪了，不存在对诈骗罪的数罪并罚。B 项说法错误。C 项，准自首，是指因 A 罪行被采取强制措施，如实供述司法机关尚未掌握的 B 罪行。对准自首的从宽处罚，是针对如实供述的 B 罪行，而非 A 罪行。在 C 项中是针对故意杀人罪（已经不能追究诈骗罪了），而不是针对盗窃罪。C 项说法错误。D 项，对犯罪的时候不满 18 周岁的人不能适用死刑。甲犯故意杀人罪时不满 18 周岁，审判时已满 18 周岁，不能适用死刑。D 项说法错误。综上所述，本题答案为 ABCD。

案例讨论

沈某某妨害安全驾驶罪[①]

2021年7月14日8时许,被告人沈某某在乘坐公交车准备前往目的地,发现错过了站未能下车,与驾驶员丁某交涉未果后,沈某某来到驾驶室旁,用手向右拉扯方向盘,致使载有三十余人的公交车向右跑偏方向,驾驶员丁某遂紧急刹车停稳并拨打110,民警到达现场将沈某某抓获。

裁判理由及结果:被告人沈某某的行为构成妨害安全驾驶罪。公诉机关指控的罪名及情节成立。沈某某有坦白情节,依法从轻处罚,自愿认罪认罚,依法从宽处理,鉴于沈某某犯罪情节较轻,有认罪悔罪表现,可以对其宣告缓刑。关于沈某某提出因公交车驾驶员没有在应停站停车导致其坐过站,其为了下车抢夺汽车方向盘,驾驶员对事件发生负有责任,请求对其从轻处罚的辩解意见,本院认为,沈某某发现坐过站后,未采取正确的处理方式,为逼迫驾驶员停车而抢夺方向盘,给其他乘客人身安全造成现实危害,驾驶员到站未停车的行为与沈某某抢夺方向盘的行为之间没有直接因果关系,被告人沈某某犯妨害安全驾驶罪,判处有期徒刑六个月,缓刑一年,并处罚金人民币2 000元。

请围绕本案展开讨论。

[①] 案件来源于中国裁判文书网,案号为:(2021)渝0152刑初342号。

第二节　刑罚的种类

一、刑罚的种类概述

> •《刑法》
> 第三十二条：刑罚分为主刑和附加刑。
> 第三十三条：主刑的种类如下：
> （一）管制；
> （二）拘役；
> （三）有期徒刑；
> （四）无期徒刑；
> （五）死刑。
> 第三十四条：附加刑的种类如下：
> （一）罚金；
> （二）剥夺政治权利；
> （三）没收财产。
> 附加刑也可以独立适用。

对于刑罚的种类，可以依据不同的标准划分为不同的类别，最重要的是以下两种分类：

在刑法理论上，依据所剥夺或限制的犯罪人权益的种类不同，可以分为四种：（1）生命刑，即剥夺犯罪人的生命权，法律上称为死刑。此为最严厉的一种刑种。（2）自由刑，即剥夺或限制犯罪人人身自由权利的刑罚。（3）财产刑，即剥夺犯罪人财产的刑罚。（4）资格刑，即剥夺犯罪人的资格、能力、权利等的刑罚。比如，我国刑法中的剥夺政治权利，就是资格刑。

我国《刑法》则依据刑罚在适用中的地位不同，而将刑罚分为主刑和附加刑。所谓主刑，是指在刑罚适用中占据主导地位的刑罚种类，包括死刑、无期徒刑、有期徒刑、管制和拘役五种。其中，管制属于限制自由刑，拘役属于短期自由刑，有期徒刑、无期徒刑属于长期自由刑，死刑属于生命刑。主刑的特点有两个：一是一个犯罪只能适用一个主刑，而不能同时适用两个或两个以上主刑；二是只能独立适用，不能作为其他刑罚的补充而附加适用。所谓附加刑，是指补充主刑适用的刑罚种类，包括罚金、剥夺政治权利、没收财产、驱逐出境。附加刑的特点也有两个：一是附加刑既可以附加主刑适用，也可以单独适用；二是在适用附加刑时，可以同时适用两个或两个以上的附加刑。

二、主　刑

（一）管　制

> •《刑法》
> 第三十八条：管制的期限，为三个月以上二年以下。

221

> 判处管制，可以根据犯罪情况，同时禁止犯罪分子在执行期间从事特定活动，进入特定区域、场所，接触特定的人。
>
> 对判处管制的犯罪分子，依法实行社区矫正。
>
> 违反第二款规定的禁止令的，由公安机关依照《中华人民共和国治安管理处罚法》的规定处罚。
>
> 第三十九条：被判处管制的犯罪分子，在执行期间，应当遵守下列规定：
>
> （一）遵守法律、行政法规，服从监督；
>
> （二）未经执行机关批准，不得行使言论、出版、集会、结社、游行、示威自由的权利；
>
> （三）按照执行机关规定报告自己的活动情况；
>
> （四）遵守执行机关关于会客的规定；
>
> （五）离开所居住的市、县或者迁居，应当报经执行机关批准。
>
> 对于被判处管制的犯罪分子，在劳动中应当同工同酬。
>
> 第四十条：被判处管制的犯罪分子，管制期满，执行机关应即向本人和其所在单位或者居住地的群众宣布解除管制。
>
> 第四十一条：管制的刑期，从判决执行之日起计算；判决执行以前先行羁押的，羁押一日折抵刑期二日。

管制是对罪犯不予关押，但限制其一定人身自由、依法实行社区矫正的刑罚方法。管制是我国主刑中最轻的一种刑罚方法，也是我国独有的一种刑罚方法，属于限制自由刑。根据《刑法》第三十八条至第四十一条的规定，管制具有以下特征：

（1）管制只限制犯罪人的人身自由。管制最大的特点就是不剥夺犯罪分子的自由，对犯罪分子不予关押，即不将其羁押于一定的设施或者场所内。因此，被判处管制的犯罪分子享有除被限制之外的各项权利，未附加剥夺政治权利的仍然享有政治权利，并可以自谋生计，在劳动时与普通公民一样同工同酬。

（2）管制具有一定期限。管制的期限为3个月以上2年以下；数罪并罚时，最高不能超过3年。管制的刑期是从判决执行之日起计算，判决执行前先行羁押的，羁押1日折抵2日。

（3）管制可以同时适用禁止令。法院在判处犯罪人管制处罚时，可以结合犯罪情况，禁止犯罪人在执行管制期间从事特定活动，进入特定区域、场所，接触特定的人。

（4）对判处管制的犯罪人，应实行社区矫正。社区矫正是一种非监禁的刑罚执行方式，是由社区矫正机构帮助犯罪人矫正犯罪心理和行为恶性，并对犯罪人进行监督考察。考察的内容主要包括是否遵守《刑法》第三十九条的规定，具体包括：遵守法律、行政法规，服从监督；未经执行机关批准，不得行使言论、出版、集会、结社、游行、示威自由的权利；按照执行机关规定报告自己的活动情况；遵守执行机关关于会客的规定；离开所居住的市、县或者迁居，应当报经执行机关批准。此外，被同时适用禁止令的，还要考察是否遵守禁止令的规定。

（二）拘　役

> • 《刑法》
>
> 第四十二条：拘役的期限，为一个月以上六个月以下。

> 第四十三条：被判处拘役的犯罪分子，由公安机关就近执行。
> 　　在执行期间，被判处拘役的犯罪分子每月可以回家一天至两天；参加劳动的，可以酌量发给报酬。
> 　　第四十四条：拘役的刑期，从判决执行之日起计算；判决执行以前先行羁押的，羁押一日折抵刑期一日。

拘役是短期剥夺犯罪分子的自由，就近执行并实行劳动改造的刑罚方法。它属于短期自由刑，是主刑中介于管制与有期徒刑之间的一种轻刑。根据《刑法》第四十二条至第四十四条的规定，拘役具有以下特征：

（1）拘役剥夺犯罪人的人身自由，即将罪犯羁押于特定的设施或者场所之中，剥夺其人身自由。

（2）拘役是一种短期自由刑。拘役的对象是一些罪行较轻的罪犯，故拘役的期限较短，为1个月以上6个月以下，数罪并罚时，拘役刑期最高不能超过1年。拘役的刑期从判决执行之日起计算，判决执行以前先行羁押的，羁押1日折抵刑期1日。

（3）被判处拘役的犯罪分子在执行期间具有某些优于有期徒刑的待遇。被判处拘役的犯罪分子，由公安机关就近的拘役所、看守所或者其他监管场所执行。在执行期间，被判处拘役的犯罪分子每月可以回家1天至2天；参加劳动的，可以酌量发给报酬。

（三）有期徒刑

> • 《刑法》
> 　　第四十五条：有期徒刑的期限，除本法第五十条、第六十九条规定外，为六个月以上十五年以下。
> 　　第四十六条：被判处有期徒刑、无期徒刑的犯罪分子，在监狱或者其他执行场所执行；凡有劳动能力的，都应当参加劳动，接受教育和改造。
> 　　第四十七条：有期徒刑的刑期，从判决执行之日起计算；判决执行以前先行羁押的，羁押一日折抵一日。
> 　　第六十九条第一款：判决宣告以前一人犯数罪的，除判处死刑和无期徒刑的以外，应当在总和刑期以下、数刑中最高刑期以上，酌情决定执行的刑期，但是管制最高不能超过三年，拘役最高不能超过一年，有期徒刑总和刑期不满三十五年的，最高不能超过二十年，总和刑期在三十五年以上的，最高不能超过二十五年。

有期徒刑是剥夺犯罪分子一定期限的人身自由，强制其进行劳动并接受教育改造的刑罚方法。根据《刑法》第四十五条至第四十七条的规定，有期徒刑具有以下特征：

（1）剥夺犯罪分子的自由，即将犯罪分子羁押于特定的设施或者场所之中，剥夺其人身自由。

（2）有期徒刑具有一定期限，为6个月以上15年以下。数罪并罚时，有期徒刑总和刑期不满35年的，最高不能超过20年，总和刑期在35年以上的，最高不能超过25年。有期徒刑的刑期从判决执行之日起计算，判决执行以前先行羁押的，羁押1日折抵刑期1日。

（3）有期徒刑的执行机关为监狱或其他执行场所。这一点与管制、拘役的执行机关不同。

（4）对有劳动能力的罪犯，强制其参加劳动，接受教育和改造。

（四）无期徒刑

> •《刑法》
> 第四十六条：被判处有期徒刑、无期徒刑的犯罪分子，在监狱或者其他执行场所执行；凡有劳动能力的，都应当参加劳动，接受教育和改造。

无期徒刑是剥夺犯罪分子的终身自由，强制其参加劳动并接受教育改造的刑罚方法。它是仅次于死刑的一种严厉的刑罚。无期徒刑的特征在于：

（1）无期徒刑没有刑期限制，罪犯终身被剥夺自由。因此，适用无期徒刑的对象，只能是达不到适用死刑标准，但罪行极其严重的犯罪分子。由于无期徒刑没有刑期限制，因此，被判处无期徒刑的罪犯在判决执行以前的羁押时间不存在折抵刑期的问题。

（2）对被判处无期徒刑的犯罪分子，必须剥夺政治权利终身。也就是无期徒刑不能孤立适用，应当附加剥夺政治权利终身。

（3）与有期徒刑的执行机关一样，无期徒刑的执行机关为监狱或其他执行场所。

（4）被判处无期徒刑的罪犯，除了无劳动能力的以外，都要在监狱或其他执行场所中参加劳动，接受教育和改造。

（五）死　刑

> •《刑法》
> 第四十八条：死刑只适用于罪行极其严重的犯罪分子。对于应当判处死刑的犯罪分子，如果不是必须立即执行的，可以判处死刑同时宣告缓期二年执行。
> 死刑除依法由最高人民法院判决的以外，都应当报请最高人民法院核准。死刑缓期执行的，可以由高级人民法院判决或者核准。
> 第四十九条：犯罪的时候不满十八周岁的人和审判的时候怀孕的妇女，不适用死刑。审判的时候已满七十五周岁的人，不适用死刑，但以特别残忍手段致人死亡的除外。
> 第五十条：判处死刑缓期执行的，在死刑缓期执行期间，如果没有故意犯罪，二年期满以后，减为无期徒刑；如果确有重大立功表现，二年期满以后，减为二十五年有期徒刑；如果故意犯罪，情节恶劣的，报请最高人民法院核准后执行死刑；对于故意犯罪未执行死刑的，死刑缓期执行的期间重新计算，并报最高人民法院备案。
> 对被判处死刑缓期执行的累犯以及因故意杀人、强奸、抢劫、绑架、放火、爆炸、投放危险物质或者有组织的暴力性犯罪被判处死刑缓期执行的犯罪分子，人民法院根据犯罪情节等情况可以同时决定对其限制减刑。
> 第五十一条：死刑缓期执行的期间，从判决确定之日起计算。死刑缓期执行减为有期徒刑的刑期，从死刑缓期执行期满之日起计算。

死刑，也称生命刑，即剥夺犯罪分子生命的刑罚方法。它是对犯罪分子的生命予以剥夺而不是对犯罪分子的自由予以剥夺，是最严厉的一种刑罚方法，因此也称为极刑。关于死刑的存废，国内外历来存在很大争议。当前，我国虽没有废除死刑，但对于死刑的适用，一直采取少杀、慎杀政策，通过刑法总则规定与刑法分则规定相结合的方式来控制死刑数量，限制死刑适用。死刑在我国的适用存在如下特征：

（1）限制死刑的适用条件。死刑只适用于罪行极其严重的犯罪分子。所谓罪行极其严重，是指犯罪行为对国家和人民的利益危害特别严重，社会危害性极为巨大。

（2）限制死刑适用对象。我国刑法规定了三类人不能适用死刑，分别是：第一，犯罪的时候不满18周岁的人，不适用死刑。如果犯罪时不满18岁，尽管审判时已满18岁，也不能适用死刑。第二，审判的时候怀孕的妇女，不适用死刑。此处的"审判的时候"应当作扩大解释，即包括整个羁押期间，含审前羁押、审判期间羁押以及判决后执行期间羁押，其中任何一个时候怀孕，都属于"审判的时候"。此处"怀孕的妇女"是指整个羁押期间怀孕过。只要在羁押期间处于怀孕状态，即便后来流产，无论是自然流产还是人工流产，都视为"怀孕的妇女"。第三，审判的时候已满75周岁的人，除非以特别残忍手段致人死亡的，一般不适用死刑。同样，此处的"审判的时候"作扩大解释，指整个羁押期间。但对于以特别残忍手段致人死亡的，虽然年满75周岁，也可以适用死刑。

（3）限制死刑适用程序。判处死刑立即执行的，除依法由最高人民法院判决的以外，都应当报请最高人民法院核准。

（4）实行死刑缓期执行制度。对于应当判处死刑的犯罪分子，如果不是必须立即执行的，可以判处死刑同时宣告缓期2年执行。这就是死刑缓期执行制度，又简称为"死缓"。死缓不是一种独立的刑种，而是死刑的一种执行方式。

根据《刑法》第四十八条、第五十条、第五十一条的规定，死缓具有如下特征：

第一，死缓的适用对象是应当被判处死刑，但不属于必须立即执行的犯罪分子。换言之，死缓的适用对象必须满足两个条件：一是应当判处死刑。所谓"应当判处死刑"是指犯罪分子所犯罪行极其严重，社会危害极大，罪该处死。二是不是必须立即执行。所谓"不是必须立即执行"是指犯罪分子具有某些法律规定的特别情节，而不需要立即执行死刑。

第二，死缓具有考验期限。死缓犯具有两年的考验期限，考验期限自判决确定之日起计算。但是，死缓的考验期限不允许折抵，即在判决作出前有先行羁押的，也不能折抵死缓的考验期限。

第三，死缓的考验结果有两种：一是立即执行死刑；二是不再执行死刑而获得减刑。（1）立即执行死刑。如果犯罪人在考验期限内故意犯罪，情节恶劣的，则报请最高人民法院核准后执行死刑。（2）不再执行死刑而获得减刑。如果犯罪人在死缓的考验期限内，没有故意犯罪，两年考验期满后，减为无期徒刑；如果犯罪人在死缓的考验期限内，不仅没有故意犯罪，而且还存在重大立功的，两年期满后，减为25年有期徒刑。但如果对被判处死缓的犯罪人是累犯，或者是因故意杀人、强奸、抢劫、绑架、放火、爆炸、投放危险物质或者有组织的暴力性犯罪被判处死缓的，人民法院根据犯罪情节等情况可以同时决定对其限制减刑。

三、附加刑

（一）罚　金

•《刑法》
第五十二条：判处罚金，应当根据犯罪情节决定罚金数额。

> 第五十三条：罚金在判决指定的期限内一次或者分期缴纳。期满不缴纳的，强制缴纳。对于不能全部缴纳罚金的，人民法院在任何时候发现被执行人有可以执行的财产，应当随时追缴。
>
> 由于遭遇不能抗拒的灾祸等原因缴纳确实有困难的，经人民法院裁定，可以延期缴纳、酌情减少或者免除。

罚金是人民法院判处犯罪分子或者犯罪的单位向国家缴纳一定金钱的一种刑罚方法，属于财产刑。

我国刑法分则规定罚金的适用方式有四种：（1）选处罚金，即要么适用，要么不适用。例如《刑法》第二百七十七条第一款："以暴力、威胁方法阻碍国家机关工作人员依法执行职务的，处三年以下有期徒刑、拘役、管制或者罚金。"（2）单处罚金，即只单独适用罚金。比如《刑法》第三百八十七条单位受贿罪。（3）并处罚金，即判处主刑的同时，并处罚金。比如《刑法》第三百九十二条第一款规定："向国家工作人员介绍贿赂，情节严重的，处三年以下有期徒刑或者拘役，并处罚金。"（4）并处或者单处罚金，即要么附加适用，要么单独适用。例如《刑法》第一百七十六条："非法吸收公众存款或者变相吸收公众存款，扰乱金融秩序的，处三年以下有期徒刑或者拘役，并处或者单处罚金……"。

罚金的执行主要有以下几种方式：一次缴纳，分期缴纳，强制缴纳，随时追缴，减免缴纳。

（二）剥夺政治权利

> •《刑法》
>
> 第五十四条：剥夺政治权利是剥夺下列权利：
>
> （一）选举权和被选举权；
>
> （二）言论、出版、集会、结社、游行、示威自由的权利；
>
> （三）担任国家机关职务的权利；
>
> （四）担任国有公司、企业、事业单位和人民团体领导职务的权利。
>
> 第五十五条：剥夺政治权利的期限，除本法第五十七条规定外，为一年以上五年以下。
>
> 判处管制附加剥夺政治权利的，剥夺政治权利的期限与管制的期限相等，同时执行。
>
> 第五十六条：对于危害国家安全的犯罪分子应当附加剥夺政治权利；对于故意杀人、强奸、放火、爆炸、投毒、抢劫等严重破坏社会秩序的犯罪分子，可以附加剥夺政治权利。
>
> 独立适用剥夺政治权利的，依照本法分则的规定。
>
> 第五十七条：对于被判处死刑、无期徒刑的犯罪分子，应当剥夺政治权利终身。
>
> 在死刑缓期执行减为有期徒刑或者无期徒刑减为有期徒刑的时候，应当把附加剥夺政治权利的期限改为三年以上十年以下。
>
> 第五十八条：附加剥夺政治权利的刑期，从徒刑、拘役执行完毕之日或者从假释之日起计算；剥夺政治权利的效力当然施用于主刑执行期间。
>
> 被剥夺政治权利的犯罪分子，在执行期间，应当遵守法律、行政法规和国务院公安部门有关监督管理的规定，服从监督；不得行使本法第五十四条规定的各项权利。

剥夺政治权利，是指剥夺犯罪分子参加国家管理与政治活动权利的一种刑罚方法，属于资格刑。剥夺政治权利的适用主要有以下几个要点：

（1）犯罪人被剥夺参加国家管理与政治活动的权利，具体包括：选举权与被选举权；言论、出版、集会、结社、游行、示威自由的权利；担任国家机关职务的权利；担任国有公司、企业、事业单位和人民团体领导职务的权利。

（2）剥夺政治权利的适用方式有两种：一种是必须附加适用的犯罪分子，即主刑为无期徒刑和死刑的犯罪分子，以及危害国家安全的犯罪分子必须附加适用剥夺政治权利终身。另一种是可以附加适用的犯罪分子。我国《刑法》第五十六条第一款规定："……对于故意杀人、强奸、放火、爆炸、投毒、抢劫等严重破坏社会秩序的犯罪分子，可以附加剥夺政治权利。"

（3）剥夺政治权利的起算问题，主要有四种情况。第一种，无主刑独立适用剥夺政治权利时，其刑期从判决执行之日起计算并执行。第二种，主刑为管制，剥夺政治权利附加于管制时，其刑期与管制刑期相同，同时起算，同时消灭。管制期满解除管制，政治权利也即恢复。第三种，剥夺政治权利附加于拘役、有期徒刑时，其刑期从拘役、有期徒刑执行完毕之日起计算，或者从有期徒刑被假释之日进行计算。需要特别注意的是，犯罪人在拘役、有期徒刑执行期间的政治权利依然被剥夺，但不计算在剥夺政治权利期间内。第四种，剥夺政治权利附加于无期徒刑、死刑时，其期限为终身，自无期徒刑、死刑执行之日起开始计算。

（4）剥夺政治权利作为一种附加刑，既可以附加适用，也可以独立适用。

（三）没收财产

> •《刑法》
> 第五十九条：没收财产是没收犯罪分子个人所有财产的一部或者全部。没收全部财产的，应当对犯罪分子个人及其扶养的家属保留必需的生活费用。
> 在判处没收财产的时候，不得没收属于犯罪分子家属所有或者应有的财产。
> 第六十条：没收财产以前犯罪分子所负的正当债务，需要以没收的财产偿还的，经债权人请求，应当偿还。

没收财产，是指将犯罪分子个人所有财产的部分或全部强制无偿收归国有的刑罚方法。它是我国附加刑中较重的一种。适用没收财产，需要注意以下两点：

（1）没收财产的范围，只限于犯罪人个人合法所有并且没有用于犯罪的财产。理解时，需要把握以下几层含义：一是必须是犯罪人个人的财产，属于犯罪分子家属所有或者应有的财产不得没收。二是必须是犯罪人合法的财产，如果属于非法的，则应当收缴，而不是没收。三是没收财产时，应当结合具体情况，为犯罪分子及其扶养的家属保留必要的生活费用。

（2）刑法分则中规定的没收财产的适用方式有以下三种：并处没收财产，即应当附加适用没收财产；可以并处没收财产，即量刑时既可以附加没收财产，也可以不附加没收财产，审判人员应按实际情况作出选择；并处罚金或者没收财产，即没收财产和罚金可以择一判处，而无论选择罚金还是没收财产，都只能附加适用，并且必须适用。

（四）驱逐出境

> •《刑法》
> 第三十五条：对于犯罪的外国人，可以独立适用或者附加适用驱逐出境。

驱逐出境，是指强迫犯罪的外国人离开中国国（边）境的刑罚方法，它是一种专门适用于犯罪的外国人的特殊的附加刑，既可独立适用，又可附加适用。驱逐出境的适用对象是特定的，即犯罪的外国人。

根据《刑法》第三十五条的规定，对于犯罪的外国人，是可以独立适用或者附加适用驱逐出境，而不是必须适用驱逐出境。单独判处驱逐出境的，从判决生效之日起执行；附加判处驱逐出境的，从主刑执行完毕之日起执行。

● 典型例题 ○

1. 判决宣告以前一人犯数罪，数罪中有判处（1）和（2）的，执行（3）；数罪中所判处的（4），仍须执行。将下列哪些选项内容填入以上相应括号内是正确的？（　　）（2016年国家司法考试真题）

A.（1）死刑（2）有期徒刑（3）死刑（4）罚金。
B.（1）无期徒刑（2）拘役（3）无期徒刑（4）没收财产。
C.（1）有期徒刑（2）拘役（3）有期徒刑（4）附加刑。
D.（1）拘役（2）管制（3）拘役（4）剥夺政治权利。

解析：死刑、有期徒刑、罚金均是刑罚的种类，我国《刑法》第六十九条第二、三款规定："数罪中有判处有期徒刑和拘役的，执行有期徒刑。数罪中有判处有期徒刑和管制，或者拘役和管制的，有期徒刑、拘役执行完毕后，管制仍须执行。　数罪中有判处附加刑的，附加刑仍须执行，其中附加刑种类相同的，合并执行，种类不同的，分别执行。"综上所述，本题答案为ABC。

2. 关于禁止令，下列哪些选项是错误的？（　　）（2012国家司法考试真题）

A. 甲因盗掘古墓葬罪被判刑7年，在执行5年后被假释，法院裁定假释时，可对甲宣告禁止令。
B. 乙犯合同诈骗罪被判处缓刑，因附带民事赔偿义务尚未履行，法院可在禁止令中禁止其进入高档饭店消费。
C. 丙因在公共厕所猥亵儿童被判处缓刑，法院可同时宣告禁止其进入公共厕所。
D. 丁被判处管制，同时被禁止接触同案犯禁止令的期限应从管制执行完毕之日起计算。

解析：禁止令的适用对象为被判处管制、宣告缓刑的罪犯，对被裁定假释的人，不能适用禁止令。行为人在犯罪后为履行民事赔偿义务的，法院可以禁止其进入高档消费场所消费。禁止令适用的前提条件必须是不得影响犯罪分子的日常基本生活，其期限从管制、缓刑执行之日起计算，故答案是ACD。

3. 关于职业禁止，下列哪一选项是正确的？（   ）（2016年国家司法考试真题）

A. 利用职务上的便利实施犯罪的，不一定都属于"利用职业便利"实施犯罪。

B. 行为人违反职业禁止的决定，情节严重的，应以拒不执行判决、裁定罪定罪处罚。

C. 判处有期徒刑并附加剥夺政治权利，同时决定职业禁止的，在有期徒刑与剥夺政治权利均执行完毕后，才能执行职业禁止。

D. 职业禁止的期限均为3年至5年。

解析：利用职业便利不一定利用了职务便利，职业便利的范围要大于职务便利的范围，而利用了职务便利则一定属于利用了职业便利，A项说法错误。根据条文规定，B项说法正确。C项，职业禁止从刑罚执行完毕之日或者假释之日起开始计算，C项说法错误。D项说法过于绝对。有些职业禁止的期限可能超过5年，甚至是终身。综上所述，本题答案为B。

● 案例讨论 ○

郭某、吴某职务侵占罪

2019年7月8日，被告人郭某利用某儿童医院财务科工作人员的身份便利，虚构杨某的身份并办理了儿童医院就诊卡，郭某向该卡内虚拟充值后以退款方式套取现金，截至2019年7月28日，被告人郭某共侵占儿童医院现金48 000元，同时，郭某同事吴某发现郭某实施侵占后，也虚构吴某某的身份办理儿童医院就诊卡，与郭某相互配合，案发时，二人共同侵占现金735 600元。案发后，二被告人主动将侵占钱款退还给儿童医院。

法院认为，被告人郭某、吴某利用职务上的便利，将本单位财物占为己有，构成职务侵占罪，系共同犯罪，公诉机关指控成立。被告人郭某的辩护人提出对其不应适用罚金刑的辩护意见。二被告人的犯罪行为发生在《刑法修正案（十一）》施行之前，《刑法》第十二条规定的"处刑较轻"，是指刑法法定刑比修订前刑法轻。按照从旧兼从轻的原则，应先比较主刑后比较附加刑，先比较法定最高刑再比较法定最低刑，而后取其轻者。《刑法修正案（十一）》提高和调整了职务侵占罪的刑罚配置，将刑期由两档调整为三档，同时增设了罚金刑，使刑罚种类、幅度调整更为合理。其中对职务侵占数额较大的，处刑较轻。结合本案所涉犯罪数额，对二被告人应适用新法，但同时应保持法律适用的统一性和完整性，对新法设定的主刑和附加刑一并适用。辩护人所提出的对郭某不适用罚金刑的辩护意见不符合法律适用的原则，故本院不予采纳。

请围绕本案展开讨论。

第三节　非刑罚处罚方法

> • 《刑法》
> 　　第三十六条：由于犯罪行为而使被害人遭受经济损失的，对犯罪分子除依法给予刑事处罚外，并应根据情况判处赔偿经济损失。
> 　　承担民事赔偿责任的犯罪分子，同时被判处罚金，其财产不足以全部支付的，或者被判处没收财产的，应当先承担对被害人的民事赔偿责任。
> 　　第三十七条：对于犯罪情节轻微不需要判处刑罚的，可以免予刑事处罚，但是可以根据案件的不同情况，予以训诫或者责令具结悔过、赔礼道歉、赔偿损失，或者由主管部门予以行政处罚或者行政处分。

　　非刑罚处罚方法是指对犯罪情节轻微、社会危险性小的犯罪行为，不需要判处刑罚的，用刑罚以外的处罚方法予以处理。德国著名学者耶赛克指出：在世界性刑罚改革运动的过程中，超出了传统的主刑范围，出现了新的制裁方法。它既不是自由刑，也不是罚金刑，而是试图利用其他办法来达到国家对犯罪产生感化的作用这个目的。采取对受害人进行补偿，与为公众进行劳动这种积极的社会效果结合起来的新制裁方法。[1]

　　通常认为我国《刑法》第三十六条规定的民事赔偿和第三十七条规定的五种处罚方式共同构成了我国现有的非刑罚处罚方法。

一、非刑罚处罚方法概述

　　非刑罚处罚方法是非刑罚化在我国刑法中的一种具体表现，也是时代发展的产物。19世纪后半期，西方资本主义国家社会矛盾激化，犯罪率不断升高，为了遏制这种犯罪局面，刑事实证学派提出了特殊防卫论、刑事矫治论。其代表人物菲利提出刑罚并非对付犯罪的灵丹妙药，刑罚替代措施应当成为防卫社会的主要手段。[2]第二次世界大战后，鉴于对纳粹暴行的反思及对正义的追求，以拉德布鲁赫为代表的法学家们纷纷开始推崇新自然法学。新社会防卫论由此登上舞台。社会防卫论的宗旨是强调保护社会免受犯罪侵害，实行人道的刑事司法，实现犯罪人的再社会化。因为强调对刑事立法、刑事司法和社会环境进行实际的改革，故也被称为"社会防卫运动"。[3]新社会防卫论提倡人道主义刑事政策，强调保障罪犯回归社会的权利，其衍生出非刑罚化思想，突破了传统刑罚思想的樊篱。这些都为非刑罚处罚方法的提出和适用构建了坚实的理论基础。

　　非刑罚化思潮是非刑罚处罚方法的另一重要理论渊源。非刑罚化是20世纪70年代后西方国家掀起的一场刑法改革运动，日本学者大谷实认为非刑罚化是指用刑罚以外的比较轻的制裁替代刑罚，或减轻、缓和刑罚，以处罚犯罪。[4]确切地说，非刑罚化没有严格的法律概念

---

[1] [德]汉·海因里希·耶施克：《世界性刑法改革运动概要》，载《法学译丛》1981年第1期。
[2] 黄华生：《论刑罚轻缓化》，中国经济出版社2006年版，第22页。
[3] 转引自杜雪晶：《论安塞尔新社会防卫思想的理论内核》，载《行政与法》2006年第8期，第120页。
[4] [日]大谷实：《刑事政策学》，黎宏译，法律出版社2000年版，第107页。

和统一的定义。从世界范围内对非刑罚化的理解来看，有的认为非刑罚化是排除传统监禁刑的新制裁方法，与监禁刑相对。有的则认为非刑罚化属于刑罚的替代措施，而刑罚的范围大于监禁刑。还有一种说法认为非刑罚化具体为非刑罚处罚方法，在刑法中与刑罚并存。非刑罚化的主要实现途径一般是：（1）通过法定免刑制度和免除处罚情节，限制刑罚的适用范围。（2）设置非刑罚处罚方法，与刑罚共同构成犯罪的处罚体系。（3）通过保安处分方式。（4）通过缓刑、假释等制度的使用，当罪犯表现良好，不再具有人身危险性时予以有条件的释放。[①]我国在1979年通过的《刑法》第三十二条中就规定了非刑罚处罚方法，1997年修订后的新《刑法》在原有法条基础上有所修改，将"可以免予刑事处分"改为"可以免予刑事处罚"，"由主管部门予以行政处分"增加为"由主管部门予以行政处罚或者行政处分"。

非刑罚处罚方法是非刑罚化刑事政策指导下的一项具体化的制度。其与非刑罚化既有联系又有区别。联系之处在于，我国的非刑罚处罚方法的制度设计顺应非刑罚化的发展趋势，也是非刑罚化实现的途径之一。但是非刑罚化理论仍然存在一些明显的缺陷，西方世界的非刑罚化模式并不完全适合中国的国情。我国属于发展中国家、经济水平不能完全适应非刑罚化制度设施的建设健全。另外，长期以来的重刑主义给人们留下了根深蒂固的刑罚观念，需要循序渐进地改变，不能一蹴而就。非刑罚处罚方法的设置是为了辅助刑罚的适用，更好地起到惩罚与教育的作用。针对日益复杂的犯罪趋势，非刑罚处罚方法也应当顺时而变，针对不同案件的实际情况，结合犯罪情节对犯罪分子予以适当公正的处罚。所以，我国的非刑罚处罚方法需要汲取西方国家的先进经验，同时结合自身国情，对我国现有的非刑罚处罚方法进行有益的补充。

二、非刑罚处罚方法的种类

（一）训　诫

训诫，是指法院对犯罪人当庭予以批评、谴责，责令其改正，不再犯罪的方法。许多国家的刑法规定了训诫，其中有的将其规定为刑罚的一种，有的将其规定为保安处分措施。1956年，最高人民法院通过总结，将各地使用过的刑罚整理为10种，其中包括公开训诫。这说明了训诫的惩罚性。旧刑法与现行刑法均将训诫规定为非刑罚方法的一种，其基本内容与重要意义在于，通过有罪判决，宣布训诫，表明国家对犯罪行为的否定评价和对犯罪人的谴责态度，促使犯罪人认识自己行为的违法性，并保证不再犯罪。

关于训诫的方式，1964年1月18日公布、施行的《最高人民法院关于训诫问题的批复》（现已失效）曾指出："人民法院对于情节轻微的犯罪分子，认为不需要判处刑罚，而应予以训诫的，应当用口头的方式进行训诫。在口头训诫时，应当根据案件的具体情况，一方面严肃地指出被告人的违法犯罪行为，分析其危害性，并责令他努力改正，今后不再重犯；另一方面也要讲明被告人的犯罪行为尚属轻微，可不给予刑事处分。"事实上，训诫不仅可以采取口头的方式，而且可以采取书面的方式，后者的效果更为明显。

---

① 参见杨涛、吴华清：《论我国非刑罚化的生成及其实现途径》，载《辽宁大学学报》2006年第4期。

（二）责令具结悔过

责令具结悔过，是指法院责令犯罪人用书面方式保证悔改，不再犯罪。这一方式，促使犯罪人认识到自己行为的不法性质，承认自己的主观责任，反思犯罪的思想根源，从而按照自己的保证改恶从善，重新做人。刑法没有规定责令具结悔过的适用方式。根据司法实践，既可以在宣告有罪判决后，要求犯罪人在一定期限内写出不再犯罪的书面保证；也可以让犯罪人事先写好悔罪书，在宣告有罪判决时当庭宣读；还可以将悔罪书印成多份，交给有关单位或组织，以示悔罪。

（三）责令赔礼道歉

责令赔礼道歉，是指法院责令犯罪人公开向被害人当面承认罪错，表示歉意，并保证今后不再侵犯被害人的法益。责令赔礼道歉不同于一般意义上的赔礼道歉。由于赔礼道歉由法院责令犯罪人实行，故仍然反映了国家对犯罪行为的否定评价和对犯罪人的谴责。这种方式对于促使犯罪人悔过自新，平息被害人及周围群众的愤怒，促进犯罪人与被害人及周围群众的和解，都具有重要意义。

赔礼道歉应当公开进行：既可以在宣判时公开向被害人赔礼道歉，也可以专门召开有关人员参加的会议由犯罪人公开道歉；既可以通过口头方式公开赔礼道歉，也可通过书面方式公开赔礼道歉。采取这种方式时，应当做成笔录并记录在档。

（四）责令赔偿损失

责令赔偿损失，是指由于犯罪行为侵害了被害人的法益，法院责令被告人给予被害人一定经济赔偿的处理方法。这种方法以没有给予刑罚处罚为前提。

《刑法》第三十六条规定："由于犯罪行为而使被害人遭受经济损失的，对犯罪分子除依法给予刑事处罚外，并应根据情况判处赔偿经济损失。承担民事赔偿责任的犯罪分子，同时被判处罚金，其财产不足以全部支付的，或者被判处没收财产的，应当先承担对被害人的民事赔偿责任。"本条规定的判决赔偿经济损失，是刑事附带民事诉讼的结果，换言之，判处赔偿经济损失，以给予刑罚处罚为前提；它仅适用于犯罪行为给被害人造成了经济损失的情况；基于同样的理由，判处赔偿经济损失只是实现民事赔偿责任的方式。作为犯罪的法律后果的非刑罚处罚，以免除刑罚为前提，故本节的非刑罚处罚不包括《刑法》第三十六条规定的判处赔偿经济损失。

《刑法》第三十七条规定的责令赔偿损失，以免除刑罚为前提。在做出责令赔偿损失的判决前，被害人也可能提起了民事诉讼，但由于没有判处刑罚，责令赔偿损失实际上就不只是民事责任的实现方式，同时也是犯罪的法律后果。责令赔偿损失适用于犯罪行为给被害人法益造成了侵害的情况，除了给被害人直接造成经济损失外，对犯罪行为侵害了被害人其他法益的，也可能通过赔偿损失给予补偿。换言之，责令赔偿损失，包括责令赔偿物质损失与补偿精神损害。对于补偿精神损害的范围，可参考民法的规定予以决定。责令赔偿损失并不以被害人提起民事诉讼为前提，在免除刑罚的情况下，即使被害人没有提起民事诉讼，法院也可以根据案件的具体情况责令赔偿损失。

不难看出，《刑法》第三十六条规定的判决赔偿经济损失，与《刑法》第三十七条规定的责令赔偿损失，具有重要区别。将二者等同视之的观点，并不可取。

（五）行政处罚与行政处分

行政处罚与行政处分，是指法院根据案件情况，向主管部门提出对犯罪人予以一定行政处罚或者行政处分的司法建议，由主管部门具体确定的处理方法。

这种方法的特点在于，不是由法院直接给予行政处罚或者行政处分，而是法院提出建议，由有关主管部门给予行政处罚或者行政处分。行政处罚与行政处分的种类很多，各种行政处罚与行政处分的决定部门并不相同。因此，主管部门，应是指有权对犯罪人做出行政处罚或行政处分的部门，而不仅指犯罪人的所在单位。所以，法院应该根据案件的性质与特点，向特定的主管部门，提出具体的有针对性的司法建议，而不是单纯地向犯罪人的所在单位提出建议。如法院认为需要给予勒令停业处分的，应向工商管理机关提出司法建议；法院认为需要给予记过处分的，应向犯罪人的所在单位提出司法建议。

● 理论争鸣 ○

行政机关适用非刑罚处罚方法是否有违法理？

《刑法》第三十七条规定，对犯罪情节轻微不需要判处刑罚的犯罪，可以免予刑事处罚，可以根据案件的不同情况，由主管部门给予行政处分或者行政处罚。行政处分和行政处罚这两种非刑罚处罚方法，丰富并完善了非刑罚处罚方法体系，为惩罚犯罪人、预防再犯所不可或缺。其具体方法措施对于非刑罚处罚方法体系是重要的。但是，陈伟强学者认为，行政机关适用非刑罚处罚方法有悖法理，主张在保留这些非刑罚处罚方法主要内容的基础上，改行政机关适用为司法机关适用，理由如下。

一是从非刑罚处罚方法性质看，其只能由审判机关适用。张明楷教授指出："非刑罚处罚方法，是实现刑事责任的非基本的次要方法。"因此，非刑罚处罚方法是犯罪人实现刑事责任的基本方式之一。而刑事责任是指："人民法院根据刑事法律对犯罪行为所作的否定评价和对犯罪者所进行的谴责。"可知，只有人民法院才有权实现犯罪人的刑事责任，非刑罚处罚方法作为刑事责任的一种实现方式，也只能由人民法院适用。因此，由行政机关适用非刑罚处罚方法在刑法理论上难以自洽。

二是行政处罚的性质决定了其不适合作为非刑罚处罚方法。"刑事不法行为在质上显然具有较深度的伦理非价内容与社会伦理的非难性，而在量上具有较高度的损害性与社会危害性"，因此刑事评价包含对犯罪人的伦理非难和谴责。非刑罚处罚方法作为对犯罪行为评价的具体措施，理当包含社会伦理的非难和谴责。但是，由于"行政不法行为在质上具有较低的伦理可责性，或者是不具有社会伦理的非难内容，而且它在量上并不具有重大的损害性与社会危害性"，因此行政处罚或秩序处罚不像刑事刑罚，它不具有"社会伦理的价值判断"性质或社会伦理上"非难与谴责性"。因此，将行政处罚作为非刑罚处罚方法来评价犯罪时，因不包含伦理价值评价，它对犯罪的评价是不完整，不适合作为非刑罚处罚方法。

三是从行政机关行政处罚的思维进路看，其作出的行政处罚难以满足司法评价的要求。由于行政违法行为较低的伦理可责性或者没有伦理可责性，行政机关在对行政管理相对人进行行政处罚时，通常不考虑行政违法行为的反社会伦理性。受此思维惯性影响，行政机关接受司法机关的司法建议，对犯罪人进行行政处罚时，很可能也会因不考虑犯罪行为的反社会伦理性而作出具体处罚措施。这样的结果有悖于对犯罪行为司法评价要包含伦理评价的要求。

最后，由行政机关适用行政处罚方式这一非刑罚处罚方法，会影响非刑罚处罚方法的特殊预防和一般预防效果。通过对普通非刑罚处罚方法和特殊非刑罚处罚方法的功能分析不难得知，非刑罚处罚方法具备预防犯罪的功效。当行政处罚在刑事案件中作为非刑罚处罚方法适用时，非刑罚处罚方法会因其适用主体是行政机关，适用程序是行政程序而被行政化。如此非刑罚处罚方法行政化结果就稀释、淡化了非刑罚处罚方法的刑事化色彩，削弱了非刑罚处罚方法与犯罪之间的联系，作为非刑罚处罚方法的行政处罚不再必然会被犯罪人和社会一般成员看作犯罪的结果，如此一来，就降低了非刑罚处罚方法的特殊预防和一般预防效果。

第十四章

刑罚的裁量

第一节 刑罚裁量概述

一、刑罚裁量的概念及原则

> •《刑法》
> 第六十一条：对于犯罪分子决定刑罚的时候，应当根据犯罪的事实、犯罪的性质、情节和对于社会的危害程度，依照本法的有关规定判处。

刑罚裁量，又称量刑，是指人民法院在依法认定行为人构成犯罪的基础上，依法确定对行为人是否判处刑罚、判处什么刑罚以及如何执行刑罚的一种刑事审判活动。从上述概念可知，刑罚裁量的特征有以下几点：第一，刑罚裁量的主体只能是人民法院。第二，刑罚裁量是建立在人民法院依法认定行为人构成犯罪的基础之上。第三，刑罚裁量的性质是一种刑事审判活动。第四，刑罚裁量的内容包括：依法对行为人是否判处刑罚、判处什么刑罚以及如何执行刑罚。

依据《刑法》第六十一条的规定，刑法裁量的原则包括两个方面：

一是以案件事实为依据。所谓"以案件事实为依据"，就是人民法院确定犯罪分子判处何种刑罚时，应当根据与案件相关的犯罪事实、犯罪性质、情节以及对社会的危害程度。因此，要坚持做到"以案件事实为依据"，就必须做到查清犯罪，确定犯罪的性质，全面掌握犯罪的情节，并且要综合考察犯罪行为对社会的危害程度。

二是以刑事法律为准绳。所谓"以刑事法律为准绳"，就是人民法院在对犯罪分子进行刑罚裁量时，必须根据刑法的有关规定进行，不能超越刑法的任何规定。这也是罪刑法定原则在量刑过程中的具体体现。

二、量刑情节

> •《刑法》
> 第六十二条：犯罪分子具有本法规定的从重处罚、从轻处罚情节的，应当在法定刑的限度以内判处刑罚。
> 第六十三条：犯罪分子具有本法规定的减轻处罚情节的，应当在法定刑以下判处刑罚；本法规定有数个量刑幅度的，应当在法定量刑幅度的下一个量刑幅度内判处刑罚。

> 犯罪分子虽然不具有本法规定的减轻处罚情节，但是根据案件的特殊情况，经最高人民法院核准，也可以在法定刑以下判处刑罚。

量刑情节，又称刑罚裁量情节，是指人民法院对犯罪分子裁量刑罚时应当考虑的、据以决定量刑轻重或者免除刑罚处罚的各种情况。量刑情节对于行为人是否构成犯罪没有影响，但是对于行为人是否判处刑罚、判处什么样的刑罚以及如何执行刑罚有重大影响。因此，量刑情节是影响犯罪分子刑事责任大小的重要因素，人民法院在量刑阶段必须考虑量刑情节。以刑法是否就量刑情节及其功能作出明确规定为标准，量刑情节可以分为法定量刑情节和酌定量刑情节。

（一）法定量刑情节

法定量刑情节，简称为法定情节，是指刑法明文规定的在量刑时必须予以考虑的各种情节。法定量刑情节依据不同的标准，可以进行不同的分类，主要的分类有如下三种：

（1）以法定情节的适用范围为根据，可分为《刑法》总则性量刑情节和《刑法》分则性量刑情节。《刑法》总则性量刑情节，是依照《刑法》总则规范对各种犯罪共同适用所规定的一般性量刑情节，例如累犯、自首、坦白、立功、缓刑等。再比如，《刑法》第十九条规定："又聋又哑的人或者盲人犯罪，可以从轻、减轻或者免除处罚。"《刑法》分则性情节，是依照《刑法》分则规范对特定犯罪适用所规定的具体的量刑情节。例如，《刑法》第三百九十条第二款前半段规定："行贿人在被追诉前主动交待行贿行为的，可以从轻或者减轻处罚。"

（2）以法定情节的功能为根据，可分为从重、从轻、减轻和免除处罚的情节。从重处罚情节是指在法定刑的限度以内从重判处刑罚的法定情节。比如，《刑法》第二百三十八条第一款规定："非法拘禁他人或者以其他方法非法剥夺他人人身自由的，处三年以下有期徒刑、拘役、管制或者剥夺政治权利。具有殴打、侮辱情节的，从重处罚"。这里"殴打、侮辱情节"就是从重处罚情节。从轻处罚情节是指在法定刑的限度以内从轻判处刑罚的法定情节。比如，《刑法》第六十七条第三款前半段规定："犯罪嫌疑人虽不具有前两款规定的自首情节，但是如实供述自己罪行的，可以从轻处罚"，这里的"如实供述自己罪行"就是从轻处罚情节。减轻处罚情节是指在法定刑以下判处刑罚的法定情节。根据《刑法》第六十三条第一款的规定："犯罪分子具有本法规定的减轻处罚情节的，应当在法定刑以下判处刑罚；本法规定有数个量刑幅度的，应当在法定量刑幅度的下一个量刑幅度内判处刑罚。"适用减轻处罚情节的，意味着刑事处罚有刑格限制，只能在下一个刑罚幅度内处罚，不能跨越下一个刑罚幅度。免除处罚情节，是指对犯罪分子作出有罪宣告，但是免除其刑罚处罚。比如，根据《刑法》第三百五十一条第三款规定："非法种植罂粟或者其他毒品原植物，在收获前自动铲除的，可以免除处罚。"在理解免除处罚情节时，要注意"免除处罚"并不是无罪判决或者免于起诉，适用"免除处罚"的前提是有罪判决。

（3）根据在量刑时是否是必须要考虑的情节，量刑情节还可以分为应当型量刑情节和可以型量刑情节。应当型量刑情节，是指刑法明文规定人民法院在量刑时必须考虑的情节，刑法条文所使用的表述方式为"应当"。比如《刑法》第二十七条第二款规定："对于从犯，应当从轻、减轻处罚或者免除处罚。"也就是说，只要认定为从犯，就必须对犯罪分子适用从轻、减轻或者免除处罚。可以型量刑情节，是指刑法明文规定人民法院在量刑时可以选择适用的情节，刑法条文所使用的表述方式为"可以"。比如，《刑法》第二十九条第二款规定："如果被教唆的人没有犯被教唆的罪，对于教唆犯，可以从轻或者减轻处罚。"

（二）酌定量刑情节

酌定量刑情节，指刑法没有明文规定，由人民法院在判案经验总结出来的，在量刑中灵活运用的，酌情适用的情节。根据我国司法实践经验，酌定量刑情节主要包括如下情节：犯罪的动机、犯罪的手段、犯罪的时间地点、犯罪的对象、犯罪所造成的损害结果、犯罪人的一贯表现、犯罪后的态度等。

● 理论争鸣 ○

量刑情节的范围

我国刑法中对于量刑情节的范围并未明确，因此这个问题也成了学者们的讨论对象。

早先有学者认为，量刑情节包括犯罪行为实施过程中的事实情况、罪前表现及罪后态度。[①]陈兴良教授认为该说法较为正确，进一步指出体现社会危害性和人身危险性的事实情况都可以成为量刑情节，从量刑情节出现的时间先后顺序看，它则可以分为罪前情节、罪中情节和罪后情节。[②]

有学者认为应当细致地区分定罪情节、量刑情节和行刑情节，定罪情节之外，反映社会危害性的肯定是量刑情节，但体现人身危险性的情节当中，只有部分纳入量刑情节，对此应当考虑反映报应和一般预防的刑罚目的相关的反映行为人人身危险性的罪前情节，还有与定罪活动紧密相关的反映行为人人身危险性的罪中罪后情节。[③]

随着理论的发展，越来越多的因素被人们纳入量刑情节中予以考虑。有学者认为，应当肯定亲隐制度作为量刑情节适用的合理性，我国古代长期以来就有"亲亲相隐"的规定，在近现代的西方国家也有类似的规定，"亲亲相隐"制度符合人性基础，符合大多数公众的道德价值观，并且它与现代刑法理论中的"期待可能性"理论所反映的思想主旨是一致的[④]。还有学者论证了将民意导入量刑中的正当性，即人民群众对量刑工作有了新的期待，量刑规范化改革不能承受民意之重，导入民意是解决酌定量刑情节适用困境的关键方法，可以有效缓冲罪刑法定和司法裁量间的矛盾。[⑤]

● 典型例题 ○

1. 下列关于犯罪地点在刑法中的作用的表述中，正确的有（　　　）。（2014年法律硕士考

[①] 王晨：《定罪情节探析》，载《中国法学》1992年第1期。
[②] 陈兴良、莫开勤：《论量刑情节》，载《法律科学》1995年第2期。
[③] 文姬：《量刑情节的界定和区分》，载《中南大学学报（社会科学版）》2020年第4期。
[④] 陈炜、周围：《论亲隐制度作为量刑情节的合理性》，载《湖南社会科学》2009年第2期。
[⑤] 郭永庆：《量刑中民意导入机制研究》，载《法律适用》2009年第11期。

试真题）

A. 犯罪地点是犯罪的共同构成要件
B. 犯罪地点是犯罪的选择构成要件
C. 犯罪地点是某些犯罪的法定量刑情节
D. 犯罪地点是某些犯罪的酌定量刑情节

解析：犯罪共同构成要件是成立一切犯罪都需具备的要件，包括犯罪客体、犯罪客观方面、犯罪主观方面、犯罪主体等，犯罪地点只是某些犯罪成立所需具备要件，故 A 错误，B 正确。C 项，以强奸罪为例，公共场所当众强奸妇女的，是强奸罪的加重情节，这里的"公共场所"就是犯罪地点，属于法定的量刑情节。D 项，例如在闹市杀人与偏僻的地方杀人可能在量刑上有所区别，因为在闹市杀人不仅侵害了他人的生命，而且容易导致公众恐慌，这里的犯罪地点就是酌定量刑情节。因此，正确答案为 BCD。

2. 王某多次吸毒，某日下午在市区超市门口与同居女友沈某发生争吵。沈某欲离开，王某将其按倒在地，用菜刀砍死。后查明：王某案发时因吸毒出现精神病性障碍，导致辨认控制能力减弱。关于本案的刑罚裁量，下列哪一选项是错误的？（　　）（2017 年国家司法考试真题）

A. 王某是偶犯，可酌情从轻处罚。
B. 王某刑事责任能力降低，可从轻处罚。
C. 王某在公众场合持刀行凶，社会影响恶劣，可从重处罚。
D. 王某与被害人存在特殊身份关系，可酌情从轻处罚。

解析：A 项，偶犯表明人身危险性较低，可以成为酌定量刑情节，从轻处罚。B 项，王某虽然吸毒后导致辨认控制能力减弱，但我国刑法并没有规定吸毒状态可以减轻责任能力。C 项，公众场合持刀行凶，不仅侵害被害人的生命，而且引发了社会公众的恐慌，可以从重处罚。D 项，王某与被害人系情侣，关系特殊，可谴责性较普通人低一些，故可酌情从轻处罚。因此，正确答案为 B。

3. 根据《刑法》的规定，减轻处罚是（　　）。（2010 年法律硕士考试真题）

A. 判处法定刑中比较轻的处罚
B. 判处法定刑中最轻的处罚
C. 在法定刑以下判处刑罚
D. 在法定刑限度以内判处刑罚

解析：《刑法》第六十三条第一款规定："犯罪分子具有本法规定的减轻处罚情节的，应当在法定刑以下判处刑罚；本法规定有数个量刑幅度的，应当在法定量刑幅度的下一个量刑幅度内判处刑罚。"因此，正确答案为 C。

4. 《刑法》第二百三十八条第一款与第二款分别规定："非法拘禁他人或者以其他方法非法剥夺他人人身自由的，处三年以下有期徒刑、拘役、管制或者剥夺政治权利。具有殴打、侮辱情节的，从重处罚。""犯前款罪，致人重伤的，处三年以上十年以下有期徒刑；致人死亡的，处十年以上有期徒刑。使用暴力致人伤残、死亡的，依照本法第二百三十四条、第二百三十二条的规定定罪处罚。"关于该条款的理解，下列哪些选项是正确的？（　　）（2011 年国家司法考试真题）

A. 第一款所称"殴打、侮辱"属于法定量刑情节。

B. 第二款所称"犯前款罪，致人重伤"属于结果加重犯。

C. 非法拘禁致人重伤并具有侮辱情节的，适用第二款的规定，侮辱情节不再是法定的从重处罚情节。

D. 第二款规定的"使用暴力致人伤残、死亡"，是指非法拘禁行为之外的暴力致人伤残、死亡。

解析：A项，非法剥夺他人自由是本罪的基本罪状，法定量刑情节，是指刑法明文规定的在量刑时必须予以考虑的各种情节，第一款明确规定了具有"殴打、侮辱"情节要从重处罚，A项正确。B项，结果加重犯是一个实行行为导致一个基本结果和一个加重结果，第二款规定是指非法拘禁行为致人重伤，符合结果加重犯要件，B项正确。C项，第一款的法定量刑情节同样适用于第二款，C项错误。D项，第二款已经规定了非法拘禁致人重伤或死亡，属于结果加重犯，即拘禁行为导致重伤、死亡的结果，因此这里的使用暴力致人伤残、死亡是指使用非法拘禁行为以外的暴力。综上所述，本题答案为ABD。

● 案例讨论 ○

李某故意杀人案[①]

案情简介：被告人李某曾因盗窃罪入狱两年，出狱后经人介绍与被害人徐某某建立恋爱关系。后两人因为经常吵架而分手，李某单位知晓其入狱经历后将其开除，李某认为此事与徐某某有关。

2008年9月12日21时许，被告人李某拨打徐某某电话，徐某某的表妹王某某接听了电话，告知徐某某不在。当日23时许，李某到徐某某开设的设计室附近，再次拨打徐某某手机并与之发生争吵。后李某破门进入徐某某在设计室内的卧室，持铁锤多次击打徐某某的头部，击打徐某某表妹王某某头部、双手。最终导致徐某某当场死亡、王某某轻伤。为防止现场员工佟某报警，李某拿走三人手机丢弃潜逃。

后李某委托其姑母给其母亲送钱，李某的母亲梁某某得知此情后，及时报案，协助警方将李某抓获。李某的母亲梁某某代为赔偿被害人亲属4万元。

裁判过程及结果：一审法院认为李某犯故意杀人罪，应判处死刑，李某上诉后，二审法院维持原判。最高院裁定发回二审法院重审，二审法院重审认为，本案系民间矛盾引发的犯罪，其母配合公安抓捕被告人，被告人在被抓捕时没有反抗，事后认罪态度良好，其母主动赔偿被害方经济损失，被告人系累犯，但前罪罪行较轻。故综合考量，判处被告人李某死缓，同时限制减刑。

请围绕本案展开讨论。

[①] 案例来源于最高人民法院第三批指导性案例指导：案例12号。

第二节 刑罚裁量制度

一、累犯

> • 《刑法》
> 第六十五条：被判处有期徒刑以上刑罚的犯罪分子，刑罚执行完毕或者赦免以后，在五年以内再犯应当判处有期徒刑以上刑罚之罪的，是累犯，应当从重处罚，但是过失犯罪和不满十八周岁的人犯罪的除外。
> 前款规定的期限，对于被假释的犯罪分子，从假释期满之日起计算。
> 第六十六条：危害国家安全犯罪、恐怖活动犯罪、黑社会性质的组织犯罪的犯罪分子，在刑罚执行完毕或者赦免以后，在任何时候再犯上述任一类罪的，都以累犯论处。
> • 《最高人民检察院关于认定累犯如何确定刑罚执行完毕以后"五年以内"起始日期的批复》（自 2018 年 12 月 30 日起施行）
> 刑法第六十五条第一款规定的"刑罚执行完毕"，是指刑罚执行到期应予释放之日。认定累犯，确定刑罚执行完毕以后"五年以内"的起始日期，应当从刑满释放之日起计算。

累犯是指因犯罪受过一定的刑罚处罚，在刑罚执行完毕或赦免以后，在一定期限内又犯罪的人。累犯既是一项重要的法定量刑情节，也是我国一项重要的量刑制度。对累犯从严处罚，是当前世界各国的通行做法。这是因为，累犯较初犯或者其他犯罪分子，具有更深的主观恶性和更大的人身危险性，累犯所实施的犯罪行为具有更为严重的社会危害性。对累犯从严处罚，能够有效地实现刑罚的特殊预防和一般预防目的。

在我国刑法中，累犯分为一般累犯和特别累犯。

（一）一般累犯

根据《刑法》第六十五条之规定，一般累犯（又称为普通累犯），是指被判处有期徒刑以上刑罚的犯罪分子，刑罚执行完毕或者赦免以后，在五年以内再犯应当判处有期徒刑以上刑罚之罪的，但是过失犯罪和不满十八周岁的人犯罪的除外。据此，一般累犯的构成条件有四个，缺一不可。

1. 主观条件

行为人所犯前罪与所犯后罪都是故意犯罪，这是一般累犯的主观条件。也就是说，如果行为人前后两罪都必须是故意犯罪，只要前后罪之一是过失犯罪，便不能构成一般累犯。

2. 刑度条件

行为人所犯前罪被判处有期徒刑以上刑罚，所犯后罪也应当是有期徒刑以上刑罚，这是一般累犯的刑度条件。也就是说，如果前罪被判处的是拘役或者管制或者单处附加刑等较轻刑罚，即使后罪应当被判处有期徒刑以上刑罚，行为人也不构成一般累犯；同样如果前罪被判处有期徒刑以上刑罚，后罪应当被判处拘役、管制或者单处附加刑等较轻刑罚，行为人也不构成一般累犯。

需要注意以下几点：（1）前罪被判处有期徒刑以上刑罚，是指人民法院最后确定的宣告刑是有期徒刑以上刑罚。此处的"有期徒刑以上刑罚"并不是仅指有期徒刑，而是包括有期徒刑、无期徒刑和死刑缓期两年执行。尽管无期徒刑和死刑缓期两年执行一般不会发生"刑罚执行完毕"，但仍然存在构成一般累犯的可能。这是因为：第一，我国宪法明确规定了赦免制度，行为人前罪被判处无期徒刑或者死刑缓期两年执行后，从理论上来看有被赦免的可能性。第二，我国刑法规定了减刑制度和假释制度。根据减刑制度，行为人被判处死刑缓期两年执行，若符合一定条件，可以转换为无期徒刑或者有期徒刑；行为人被判处无期徒刑，若符合一定条件，也可以转换为有期徒刑。根据假释制度，行为人在判处无期徒刑（包括死缓减为无期徒刑）时，如果符合假释条件，可以予以提前假释。被假释的犯罪人经过一定的考验期限，没有违背假释条件的，就认为原判刑罚已经执行完毕。故而，减刑制度和假释制度使得被判处无期徒刑或者缓期两年执行的犯罪人有适用一般累犯的空间。（2）后罪应当判处有期徒刑以上刑罚，并不是指该罪的法定刑包含有期徒刑，而是指人民法院根据行为人的犯罪事实、犯罪情节等，依据法律规定，实际上应当对行为人判处有期徒刑以上刑罚，包括有期徒刑、无期徒刑和死刑。

3. 时间条件

后罪必须发生在前罪的刑罚执行完毕或者赦免以后5年以内，这是一般累犯的时间条件。所谓"刑罚执行完毕"是指判处犯罪人的主刑已经执行完毕，附加刑是否执行完毕并不影响一般累犯的成立。在理解一般累犯的时间条件时，需要注意假释问题和缓刑问题。

（1）假释问题。首先，行为人如果在假释考验期内犯新罪，并不成立一般累犯。这是因为，犯罪人虽然被假释，但是其刑罚尚未执行完毕。如果犯罪人在假释考验期内犯新罪，撤销假释，实行数罪并罚。其次，行为人如果在假释考验期满以后犯新罪，可以成立一般累犯。这是因为，行为人在假释考验期未违反有关规定，假释期满后就视为原判刑罚执行完毕。此时，5年期间应当从假释期满之日起计算，而不是假释之日起计算。

（2）缓刑问题。首先，行为人如果在缓期期间犯新罪，并不成立一般累犯。这是因为，犯罪人在缓刑期间，其刑罚并未执行完毕。如果犯罪人在缓刑期间犯新罪，撤销缓刑，实行数罪并罚。其次，行为人如果在缓刑考验期满以后犯新罪，也不能成立一般累犯，这一点与假释考验期满不一样。这是因为，缓刑考验期满，行为人未发生应当撤销缓刑的事由，就意味着原判刑罚就不再执行，而不是视为原判刑罚执行完毕。由于不存在执行完毕的问题，故而不符合一般累犯的成立条件。

4. 年龄条件

前罪和后罪必须是行为人在年满18周岁以后实施的，这是一般累犯的年龄条件。也就是说，行为人在实施后罪时，必须年满18周岁。如果前罪是在18周岁以前实施，即使在后罪实施时已满18周岁，也不构成一般累犯。这是因为，未成年人的身心发展尚未成熟，针对未成年人犯罪，我国刑法规定均体现出了对未成年人的特殊保护。而一般累犯的法律后果相较于普通犯罪的处罚要重。对一般累犯的年龄条件设限，鲜明地体现了对未成年人的特殊保护。

(二) 特别累犯

根据《刑法》第六十六条的规定，特别累犯是指前后罪均是特定性质的犯罪，受过刑罚处罚后，刑罚执行完毕或者赦免后，在任何时候再犯上述任一类罪而构成的累犯。特别累犯的构成条件有如下三个：

（1）行为人所犯前罪与所犯后罪的犯罪性质是特定的，即都必须是危害国家安全罪、恐怖活动犯罪、黑社会性质的组织犯罪中的任意一种犯罪。也就是说，如果行为人所犯的前罪或后罪，只要不属于危害国家安全罪、恐怖活动犯罪、黑社会性质的组织犯罪中的一种，就不构成累犯。

（2）行为人前罪所判处的刑罚种类和后罪应当被判处的刑罚种类及轻重承担不受限制。亦即，特别累犯没有刑度条件的限制，即使前后罪被判处拘役、管制，或者被单处附加刑没有主刑，也不影响特别累犯的成立。

（3）前罪的刑罚执行完毕或赦免后，在任何时候再犯危害国家安全罪、恐怖活动犯罪、黑社会性质的组织犯罪，都构成特别累犯。成立特别累犯没有时间限制。

一般累犯和特殊累犯的不同之处，主要有四点：

第一，前后罪种类不同：一般累犯要求前后罪是故意犯罪，特殊累犯要求前后罪不仅是故意犯罪，而且要是危害国家安全犯罪、恐怖活动犯罪、黑社会性质的组织犯罪；第二，前后罪刑度不同：一般累犯要求前后罪都是有期徒刑以上刑罚，特殊累犯无此要求；第三，前后罪的时间不同：一般累犯要求后罪发生在前罪刑罚执行完毕或赦免五年以内，特殊累犯无此要求；第四，前后罪行为人年龄不同：一般累犯要求前后罪都要已满18周岁，特殊累犯则是大多数观点则认为都要已满18周岁。

(三) 累犯的法律后果

由于累犯比一般犯罪分子的人身危险性大、社会危害性强，因此各国对累犯的刑罚裁量一般都采取从重处罚，但具体的处罚规定不尽相同。从我国《刑法》的规定来看，无论是一般累犯还是特别累犯，其法律后果有如下三点：

1. 应当从重处罚原则

我国《刑法》第六十五条明确规定了对累犯应当从重处罚，亦即只要构成累犯，就必须适用从重处罚。这里的"从重处罚"是指在法定刑的范围内，相较于不构成累犯的情况下判处较重的刑罚，而不是法定刑的最高刑。人民法院在对累犯量刑时，采取从重处罚原则，必须结合犯罪行为的性质、情节、社会危害性等情况，做到罪责刑相适应。

2. 累犯不能适用缓刑

根据我国《刑罚》第七十四条的规定，对于累犯，无论是一般累犯还是特别累犯，都不能适用缓刑。缓刑是我国刑法适用惩办与宽大相结合，惩罚与教育改造相结合的刑事政策而确立的一项制度，其适用具有特殊条件。累犯通常具有较大的主观恶性和人身危险性，适用缓刑很难预防其再犯新罪。

3. 累犯不能适用假释

根据我国《刑法》第八十一条第二款的规定，对于累犯，无论是一般累犯还是特别累犯，都不能适用假释。累犯的主观恶性和人身危险性极大，很可能会再次触犯刑法，不符合假释的条件。

4. 对判处死缓的累犯，根据犯罪情节等情况可以同时决定对其限制减刑

我国《刑法》第五十条第二款规定："对被判处死刑缓期执行的累犯以及因故意杀人、强奸、抢劫、绑架、放火、爆炸、投放危险物质或者有组织的暴力性犯罪被判处死刑缓期执行的犯罪分子，人民法院根据犯罪情节等情况可以同时决定对其限制减刑。"当然，并不是对所有被判处死缓的累犯都要限制减刑，而是由人民法院根据犯罪情节等情况综合考察，可以对其限制减刑。

二、自　首

> • 《刑法》
> 第六十七条：犯罪以后自动投案，如实供述自己的罪行的，是自首。对于自首的犯罪分子，可以从轻或者减轻处罚。其中，犯罪较轻的，可以免除处罚。
> 被采取强制措施的犯罪嫌疑人、被告人和正在服刑的罪犯，如实供述司法机关还未掌握的本人其他罪行的，以自首论。
> 犯罪嫌疑人虽不具有前两款规定的自首情节，但是如实供述自己罪行的，可以从轻处罚；因其如实供述自己罪行，避免特别严重后果发生的，可以减轻处罚。

（一）自首的概念和成立条件

新中国成立后的第一部刑法——1979年《刑法》第六十三条规定："犯罪以后自首的，可以从轻处罚。其中，犯罪较轻的，可以减轻或者免除处罚；犯罪较重的，如果有立功表现，也可以减轻或者免除处罚。"1979年《刑法》第四章"刑罚的具体运用"第三节设置了"自首"专节，用单独的一条一款表述自首内容，体现了自首制度在我国刑罚裁量制度中的重要性。但显而易见，1979年《刑法》对自首制度的立法存在一定缺陷。首先，对自首制度的相关规定过于简单、粗略，尤其是对自首的概念、成立条件等关键问题没有进行说明。其次，将立功置于"自首"专节专款，造成了自首与立功的混同。1997年刑法全面修订后，新《刑法》解决了上述立法问题。现行《刑法》第六十七条明确了自首的概念、构成条件，第六十一条也单独规定了立功制度，将自首与立功作出了明确的区分，更好地体现了惩办与宽大相结合的刑事政策，以鼓励犯罪分子自首、立功。

根据《刑法》第六十七条的规定，自首是指犯罪嫌疑人犯罪以后自动投案，如实供述自己的罪行，或者被采取强制措施的犯罪嫌疑人、被告人和正在服刑的罪犯，如实供述司法机关还未掌握的本人其他罪行的行为。在理论界，通常将自首分为一般自首、特别自首。

1. 一般自首

一般自首，又称为普通自首，是指犯罪嫌疑人犯罪以后自动投案，并且如实供述自己罪行的行为。一般自首的构成条件有两个：

（1）自动投案。所谓"自动投案"，是指犯罪嫌疑人在实施犯罪之后，犯罪事实或者犯罪嫌疑人未被发现，或者虽然被发现，但犯罪嫌疑人尚未受到讯问、未被采取强制措施之前，基于自身的意愿主动向有关公安司法机关承认自己实施了犯罪，并自愿置于有关机关的控制之下，等待进一步交代犯罪事实的行为。理解"自动投案"需要注意以下几个问题：

第一，自动投案的时间要求：犯罪嫌疑人自动投案的时间必须发生在犯罪嫌疑人归案之前。这是一般自首与特别自首的重要区别。根据1998年《最高人民法院关于处理自首和立功具体应用法律若干问题的解释》（以下简称为《解释》）相关规定，自动投案发生在：犯罪事实或者犯罪嫌疑人未被司法机关发觉，或者虽被发觉，但犯罪嫌疑人尚未受到讯问、未被采取强制措施时。如果犯罪嫌疑人存在以下特殊情形的，也视为自动投案：罪行未被司法机关发觉，仅因形迹可疑被有关组织或者司法机关盘问、教育后，主动交代自己罪行的；犯罪后逃跑，在被通缉、追捕过程中，主动投案的；经查实确已准备去投案，或者正在投案途中，被公安机关捕获的，应当视为自动投案。

第二，自动投案的主观要求：犯罪嫌疑人自动投案原则上是基于犯罪嫌疑人的本人意愿。这是对犯罪嫌疑人应当具有认罪、悔罪的主观要求。但是，根据《解释》，如果不是出于犯罪嫌疑人主动，而是经亲友规劝、陪同投案的，或者公安机关通知犯罪嫌疑人的亲友，或者亲友主动报案后，将犯罪嫌疑人送去投案的，这些也应当视为自动投案。另外，如果犯罪嫌疑人在外地或者生病等原因，请他人代为投案，或者用信函、电话、电报报案的，也视为基于犯罪嫌疑人的本人意愿。考察犯罪嫌疑人是否基于自愿，无需考察犯罪嫌疑人的动机，只要符合如实供述的条件，即使其自动投案并不是其真实意愿，也视为自首。

第三，自动投案的对象要求：犯罪嫌疑人必须向有关机关投案。根据《解释》，这里的有关机关包括公安机关、人民检察院或者人民法院，以及犯罪嫌疑人所在单位、城乡基层组织。

第四，自动投案的客观要求：犯罪嫌疑人必须自愿置于有关机关控制之下，等待进一步审判。因此，犯罪嫌疑人自动投案后又逃跑的，不能认定为自首；犯罪嫌疑人自动投案并如实供述自己的罪行后又翻供的，不能认定为自首，如果在一审判决前又能如实供述的，应当认定为自首。

（2）犯罪嫌疑人如实供述自己的罪行。这是成立自首的必要条件，也是成立自首的核心条件。根据《解释》，所谓"如实供述自己的罪行"，是指犯罪嫌疑人自动投案后，如实交代自己的主要犯罪事实。首先，犯罪嫌疑人如实交代的必须是自己的犯罪事实，如果交代的是与自己无关的犯罪事实，不成立自首。其次，犯罪嫌疑人如实交代的犯罪事实必须是主要的犯罪事实。即犯罪嫌疑人必须诚实地将自己的记忆内容供述出来，要求供述主要犯罪事实，不要求供述全部犯罪事实，但是对定罪量刑有关的关键信息需要供述。对于共同犯罪案件中的犯罪嫌疑人，除如实供述自己的罪行，还应当供述所知的同案犯，主犯则应当供述所知其他同案犯的共同犯罪事实，才能认定为自首。最后，犯罪嫌疑人如实供述自己罪行的方式不限，可以是口头供述，也可以是书面供述，还可以是其他方式，只要符合如实供述自己的罪行即可。

2. 特别自首

依据《刑法》第六十七条第二款的规定，特别自首（又称为"准自首"）是指被采取强制措施的犯罪嫌疑人、被告人和正在服刑的罪犯，如实供述司法机关还未掌握的本人其他罪行。特别自首的成立条件不同于一般自首，其特殊性如下：

（1）主体的特殊性。特别自首的主体必须是被采取强制措施的犯罪嫌疑人、被告人和正在服刑的罪犯这三类人。这三类人的共性为：其人身已经处于司法机关的控制之下，属于被动归案。因此，特别自首没有"自动投案"的可能性和必要性。这里的"被采取强制措施"，根据我国刑事诉讼法的规定，是指公安机关、人民检察院或人民法院为了保证刑事诉讼的顺利进行，依法对刑事案件的犯罪嫌疑人、被告人所采取的在一定期限内暂时限制或剥夺其人身自由的一种法定强制方法，包括拘传、拘留、取保候审、监视居住和逮捕措施。所谓"犯罪嫌疑人"，是指对因涉嫌犯罪而正在被立案侦查和审查起诉的人，是在检察机关正式向法院对其提起公诉以前的称谓。所谓"被告人"是指对因涉嫌犯罪而被检察机关提起公诉或者被自诉人提起自诉的当事人。所谓"正在服刑的罪犯"，是指经由人民法院判决、正在被执行所判刑罚的犯罪人。

（2）如实供述的罪行具有特殊性。特别自首要求必须如实供述司法机关还未掌握的本人的其他罪行。首先，必须如实供述的是自己实施的罪行，这一点与一般自首要求相同。其次，必须如实供述的是司法机关尚未掌握的本人的其他罪行。特别自首是被动归案，主体供述的只能是司法机关未掌握的本人的其他罪行。最后，必须如实供述的罪行在犯罪性质或者罪名上与已经被掌握的罪行不同。比如，李某以抢劫罪被逮捕，在公诉期间，李某又如实向检察机关供述此前他还曾实施的一次抢劫行为。虽然经查证属实，但李某如实供述的本人的其他抢劫行为不能认定为特别自首，但可以认定为坦白。如果李某向检察机关如实供述的其他罪行是诈骗罪，则可以认定为诈骗罪的特别自首。

（三）关于自首的两个特殊问题

在认定自首时，需要注意以下两个特殊问题：

1. 单位犯罪中的自首

无论是一般自首还是特别自首，都要求如实供述自己的罪行。这里的如实供述，可以由自然人实施，也可以由单位实施。也就是说，单位也可以成立自首。根据2009年3月20日发布的《最高人民检察院、最高人民法院关于办理职务犯罪案件认定自首、立功等量刑情节若干问题的意见》，单位犯罪案件中，单位集体决定或者单位负责人决定而自动投案，如实交代单位犯罪事实的，或者单位直接负责的主管人员自动投案，如实交代单位犯罪事实的，应当认定为单位自首。单位自首的，直接负责的主管人员和直接责任人员未自动投案，但如实交代自己知道的犯罪事实的，可以视为自首；拒不交代自己知道的犯罪事实或者逃避法律追究的，不应当认定为自首。单位没有自首，直接责任人员自动投案并如实交代自己知道的犯罪事实的，对该直接责任人员应当认定为自首。

2. 共同犯罪中的自首

根据1998年4月6日发布的《最高人民法院关于处理自首和立功具体应用法律若干问题的解释》，共同犯罪案件中的犯罪嫌疑人，除如实供述自己的罪行，还应当供述所知的同案犯，主犯则应当供述所知其他同案犯的共同犯罪事实，才能认定为自首。

（三）自首的刑事责任

根据《刑法》第六十七条第一款后段的规定，对于自首的犯罪分子，可以从轻或者减轻处罚。其中，犯罪较轻的，可以免除处罚。由此，关于自首的刑罚裁量应当从两个角度理解：

（1）一般情况下，对于自首者可以从轻、减轻或者免除处罚。无论所犯罪行是否严重，只要符合自首的，都可以从轻、减轻或者免除处罚。至于采取的是"从轻""减轻"抑或"免除"，均应当综合考察犯罪人的主要犯罪事实、悔罪表现、犯罪情节、危害后果、犯罪性质等具体情况。

（2）对于自首采取从轻、减轻或者免除处罚，只是"可以"，而不是"应当"。这就意味着，并不是所有构成自首的，都必须要从宽处罚，需要结合具体情况具体分析。在构成自首的案件中，根据不同的情况，可以从宽处罚，也可以不从宽处罚。

（四）坦白与自首的区别

正确区分坦白与自首，是正确认定自首的重要问题。《刑法修正案（八）》设立坦白制度，将坦白从宽的刑事司法政策上升为立法规定，不仅从立法上体现了宽严相济刑事政策的要求，强化、规范了坦白从宽政策的适用，而且有助于鼓励犯罪嫌疑人尽早交代犯罪事实，协助侦破案件，节约司法资源，提高诉讼效率；同时，通过对犯罪分子的从宽处罚，有助于强化犯罪分子已有的认罪或悔罪态度，从而有助于预防犯罪的刑罚目的实现。

坦白是指犯罪嫌疑人被动归案之后，在提起公诉之前如实供述自己罪行的，可以从轻处罚，因其如实供述自己罪行，避免特别严重后果发生的，可以减轻处罚。由此可以看出，坦白和自首都要求如实供述自己的罪行，刑事责任都是从宽处罚。但是，二者也有着本质的区别：

1. 成立条件不同

（1）一般自首与坦白如实交代自己罪行的前提条件不同。一般自首与坦白的最关键区别在于是否自动投案，即一般自首要求犯罪人在自动投案后，如实供述自己的罪行；而坦白则是要求犯罪人在被动归案之后如实供述自己的罪行。（2）特别自首与坦白对于供述自己罪行的要求不同。特别自首要求如实供述的罪行必须是司法机关尚未掌握的本人的其他罪行；而坦白所要求的供述的本人罪行则是已经被司法机关掌握的本人的犯罪事实。

2. 刑事责任不同

从二者的成立条件和刑事责任可以看出，自首所反映的犯罪分子的主观恶性和人身危险性相较于坦白要轻。正因为如此，对于自首的，除了可以从轻、减轻处罚，如果犯罪较轻的，还可以免除处罚。而坦白的从宽处罚情节则要求：如实供述自己罪行的，可以从轻处罚；因其如实供述自己罪行，避免特别严重后果发生的，可以减轻处罚，且不包括免除处罚。

三、立 功

> • 《刑法》
> 第六十八条：犯罪分子有揭发他人犯罪行为，查证属实的，或者提供重要线索，从而得以侦破其他案件等立功表现的，可以从轻或者减轻处罚；有重大立功表现的，可以减轻或者免除处罚。
> 第七十八条第一款：被判处管制、拘役、有期徒刑、无期徒刑的犯罪分子，在执行期间，如果认真遵守监规，接受教育改造，确有悔改表现的，或者有立功表现的，可以减刑；有下列重大立功表现之一的，应当减刑：
> （一）阻止他人重大犯罪活动的；
> （二）检举监狱内外重大犯罪活动，经查证属实的；

> （三）有发明创造或者重大技术革新的；
> （四）在日常生产、生活中舍己救人的；
> （五）在抗御自然灾害或者排除重大事故中，有突出表现的；
> （六）对国家和社会有其他重大贡献的。
> •《最高人民法院关于处理自首和立功具体应用法律若干问题的解释》（1998年4月6日发布），第一条至第七条。
> •《最高人民法院、最高人民检察院关于办理职务犯罪案件认定自首、立功等量刑情节若干问题的意见》（2009年3月20日发布），第一条至第三条。

（一）立功的概念和意义

根据《刑法》第六十八条的规定，立功是指犯罪分子揭发他人犯罪行为，查证属实的，或者提供重要线索，从而得以侦破其他案件，或者其他有利于预防、侦破、制裁犯罪，以及其他有利于国家、社会的行为。

设立立功制度的重要意义主要有两点：其一，对立功人员采取从宽处罚原则，有助于激励犯罪分子真诚悔罪、改过自新，使其积极配合司法机关处理刑事案件，降低其人身危险性或再犯的可能性，从而更好地实现刑罚的惩罚和教育功能。其二，通过鼓励行为人揭发或者阻止他人犯罪，有利于司法机关迅速侦破案件，提高司法效率，从而节约司法资源。

（二）立功的种类

从立功的概念可以看出，立功分为两种：一是一般立功，二是重大立功。

1. 一般立功

根据《刑法》第六十八条以及《最高人民法院关于处理自首和立功具体应用法律若干问题的解释》，一般立功是指犯罪分子到案后有检举、揭发他人犯罪行为，包括共同犯罪案件中的犯罪分子揭发同案犯共同犯罪以外的其他犯罪，经查证属实的；或者提供侦破其他案件的重要线索，经查证属实的；或者阻止他人犯罪活动的；或者协助司法机关抓捕其他犯罪嫌疑人（包括同案犯）；或者具有其他有利于国家和社会的突出表现的。成立一般立功，必须具备以下几个条件：

（1）主体条件：立功者必须是犯罪分子本人实施的行为。设立立功的重要意义之一在于激励犯罪分子改过自新，因此立功者必须是犯罪分子亲力亲为的行为。如果是犯罪分子的亲友向司法机关检举、揭发他人重大犯罪行为，或者提供重大案件线索以侦破案件，或者协助抓捕其他犯罪嫌疑人的，不是立功。需要注意的是，这里的"犯罪分子"并不限于被人民法院判处刑罚的犯罪人，主要是指在诉讼过程中的犯罪嫌疑人或者被告人。其中，被判处刑罚的犯罪人在刑罚执行过程中有立功表现的，影响其刑罚的实际执行，表现为减刑[①]，因此这种

[①] 参见《刑法》第七十八条第一款的规定："被判处管制、拘役、有期徒刑、无期徒刑的犯罪分子，在执行期间，如果认真遵守监规，接受教育改造，确有悔改表现的，或者有立功表现的，可以减刑；有下列重大立功表现之一的，应当减刑：（一）阻止他人重大犯罪活动的；（二）检举监狱内外重大犯罪活动，经查证属实的；（三）有发明创造或者重大技术革新的；（四）在日常生产、生活中舍己救人的；（五）在抗御自然灾害或者排除重大事故中，有突出表现的；（六）对国家和社会有其他重大贡献的。"

情形下的立功又叫作"刑罚执行情节的立功";在诉讼过程中的犯罪嫌疑人或者被告人有立功表现的,则影响其刑罚裁量,这种情形下的立功又叫作"刑罚量刑情节的立功"。

(2)时间条件:立功行为发生在犯罪分子到案后。这里的"到案",可以是被动到案,也可以是自动归案。在刑罚量刑情节的立功中,立功行为要求犯罪分子到案后至人民法院作出有罪判决前的期间内实行。在刑罚执行情节的立功中,立功行为要求犯罪分子在刑罚执行开始至刑罚执行完毕前的期间实行。

(3)客观表现:犯罪分子所实行的必须是特定的、有利于国家和社会的行为。根据有关司法解释①,一般立功的客观表现包括如下几类:

第一类,检举、揭发他人犯罪,经查证属实的行为。这里的"他人犯罪",只是实体法意义上的犯罪,而不是程序法意义上的犯罪。也就是说,只要检举、揭发的是侵害法益且符合犯罪客观要件的行为,并不要求最终追究刑事责任。比如,李某揭发赵某实施了盗窃罪,事后查明,赵某虽然实施了盗窃行为,但当时只有15周岁,不达到刑事责任年龄,不予追究刑事责任。李某的揭发行为仍然属于立功。检举、揭发他人犯罪中的"他人",一般情况下不能是共同犯罪人。但是,如果犯罪分子揭发的同案犯共同犯罪以外的其他犯罪,经查证属实,也构成立功。

第二类,提供侦破其他案件重要线索,经查证属实的行为。这里的侦破线索,以及第一类中揭发他人犯罪的线索,是具有特殊要求的。也就是说,据以立功的线索、材料来源有下列情形之一的,不能认定为立功:本人通过非法手段或者非法途径获取的;本人因原担任的查禁犯罪等职务获取的;他人违反监管规定向犯罪分子提供的;负有查禁犯罪活动职责的国家机关工作人员或者其他国家工作人员利用职务便利提供的。

第三类,阻止他人犯罪的行为。这里的"阻止他人犯罪",是指行为人以制止、规劝、告发等积极主动的行为,在客观上使他人的犯罪活动停止,从而使法益免遭侵害或得到有效保护。也就是说,立功者的阻止行为与他人犯罪活动的停止,具有必然的因果关系。

第四类,协助司法机关抓捕其他犯罪嫌疑人(包括同案犯)的行为。这里的协助抓捕的对象,既可以是其他犯罪嫌疑人,也可以是同案犯。

第五类,具有其他有利于国家和社会的突出表现的,应当认定为有立功表现。

2. 重大立功

重大立功,是相对于一般立功而言。根据《最高人民法院关于处理自首和立功具体应用法律若干问题的解释》第七条的规定,重大立功是犯罪分子有检举、揭发他人重大犯罪行为,经查证属实;提供侦破其他重大案件的重要线索,经查证属实;阻止他人重大犯罪活动;协助司法机关抓捕其他重大犯罪嫌疑人(包括同案犯);对国家和社会有其他重大贡献等表现的,应当认定为有重大立功表现。其中,"重大犯罪""重大案件""重大犯罪嫌疑人"等的重大标准,一般是指犯罪嫌疑人、被告人可能被判处无期徒刑以上刑罚或者案件在本省、自治区、直辖市或者全国范围内有较大影响等情形。

---

① 参见《最高人民法院关于处理自首和立功具体应用法律若干问题的解释》,以及《最高人民法院、最高人民检察院关于办理职务犯罪案件认定自首、立功等量刑情节若干问题的意见》。

（三）立功的刑事责任

立功属于法定的量刑情节。根据《刑法》第六十八条、第七十八条的规定，对于立功者采取从宽处罚原则，具体包括：第一，对于具有一般立功表现的犯罪分子，可以从轻或者减轻处罚；第二，对于具有重大立功表现的犯罪分子，可以减轻或者免除处罚；第三，被判处管制、拘役、有期徒刑、无期徒刑的犯罪分子，在执行期间有一般立功表现的，可以减刑；第四，被判处管制、拘役、有期徒刑、无期徒刑的犯罪分子，在执行期间有法定的重大立功表现的，应当减刑。这些法定情形包括：阻止他人重大犯罪活动的；检举监狱内外重大犯罪活动，经查证属实的；有发明创造或者重大技术革新的；在日常生产、生活中舍己救人的；在抗御自然灾害或者排除重大事故中，有突出表现的；对国家和社会有其他重大贡献的。

四、数罪并罚制度

> • 《刑法》
> 第六十九条：判决宣告以前一人犯数罪的，除判处死刑和无期徒刑的以外，应当在总和刑期以下、数刑中最高刑期以上，酌情决定执行的刑期，但是管制最高不能超过三年，拘役最高不能超过一年，有期徒刑总和刑期不满三十五年的，最高不能超过二十年，总和刑期在三十五年以上的，最高不能超过二十五年。
> 数罪中有判处有期徒刑和拘役的，执行有期徒刑。数罪中有判处有期徒刑和管制，或者拘役和管制的，有期徒刑、拘役执行完毕后，管制仍须执行。
> 数罪中有判处附加刑的，附加刑仍须执行，其中附加刑种类相同的，合并执行，种类不同的，分别执行。
> 第七十条：判决宣告以后，刑罚执行完毕以前，发现被判刑的犯罪分子在判决宣告以前还有其他罪没有判决的，应当对新发现的罪作出判决，把前后两个判决所判处的刑罚，依照本法第六十九条的规定，决定执行的刑罚。已经执行的刑期，应当计算在新判决决定的刑期以内。
> 第七十一条：判决宣告以后，刑罚执行完毕以前，被判刑的犯罪分子又犯罪的，应当对新犯的罪作出判决，把前罪没有执行的刑罚和后罪所判处的刑罚，依照本法第六十九条的规定，决定执行的刑罚。

（一）数罪并罚的概念

在刑事司法实践中，行为人的犯罪行为，既可能构成一罪，也可能构成数罪。因此，在刑罚裁量过程中，除了要考虑被告人是否具有累犯、自首、立功、坦白等量刑情节之外，还应当考虑被告人的行为构成一罪还是数罪。如果一个被告人犯了一罪，则该罪的宣告刑就是被告人最后的刑罚执行刑；如果一个被告人犯了数罪，则需要确定被告人应当如何执行的问题。数罪并罚制度，就是要解决一人在犯数罪的情形下，人民法院应当如何确定刑罚处罚的问题。

根据《刑法》第六十九条、第七十条、第七十一条的规定，所谓数罪并罚，就是指人民法院对行为人在法定时间界限内所犯数个罪行分别定罪量刑后，按照法定的并罚原则及刑期计算方法决定其应执行的刑罚制度。数罪并罚，就是对一人所犯数罪如何判处实际执行的刑罚的制度。

数罪并罚的条件有两个：（1）一人犯数罪，且每一个罪都需要定罪量刑。如果符合继续犯、想象竞合犯、结果加重犯、结合犯、集合犯、连续犯、牵连犯、吸收犯等按照一罪定罪处罚的，则不适用数罪并罚。（2）一人所犯的数罪必须发生在法定的期限内。根据我国现行《刑法》，所犯的数罪主要发生在如下三种情形下：所犯的数罪均发生在判决宣告以前；犯罪人在被宣告判决后，刑罚执行完毕前，被发现在判决宣告前还有其他罪行没有判决的；犯罪人在被宣告判决后，刑罚执行完毕前，又犯新罪的。如果在刑罚执行完毕后，发现犯罪人尚有没有被判决的罪行，或者又犯新罪的，则不属于数罪并罚的情形。

（二）数罪并罚的原则

数罪并罚的原则，是指一个人在犯数罪分别定罪量刑后，合并处罚所依据的基本准则。纵观世界各国刑法对数罪并罚的规定，虽然各不相同，但总体而言，采取的数罪并罚原则主要包括如下三种：

（1）并科原则。并科原则，又称相加原则，是指一人犯数罪分别宣告的刑罚绝对相加，合并执行的处罚原则。比如，甲犯三个罪行，犯 A 罪被宣告为 3 年有期徒刑，犯 B 罪被宣告为 4 年有期徒刑，犯 C 罪被宣告为 5 年有期徒刑，采用并科原则，直接将三个罪行的宣告刑相加，最后甲被判处 12 年有期徒刑。

（2）吸收原则。吸收原则，是指一人犯数罪分别定罪量刑后，采用最重的宣告刑吸收其他较轻的宣告刑，以已宣告的最重刑罚作为最后执行刑罚的处罚原则。比如，甲犯三个罪行，犯 A 罪被宣告为无期徒刑，犯 B 罪被宣告为 4 年有期徒刑，犯 C 罪被宣告为 10 年有期徒刑，采用吸收原则合并处罚后，甲被判处无期徒刑。

（3）限制加重原则。限制加重原则，是指一人犯数罪，以数罪中的最高刑罚为基础，再在一定的限度之内予以加重，或者在数罪各刑罚的合并刑期以下来确定执行刑罚的合并处罚原则。据此，采用限制加重原则的方式有两种：一是以一人所犯数罪中的最高刑为基础，并在一定限度内加重处罚。比如，日本《刑法》第四十七条规定："并合罪中有两个以上判处有期惩役或者有期监禁的犯罪时，应将最重的罪所规定的刑罚的最高刑期加其二分之一作为最高刑罚，但不得超过各罪所规定的刑罚的最高刑期的总和。"[1]二是以数罪中的最高刑罚为基础，并在数刑的合并刑期以下依法酌定决定执行的刑罚。比如，我国《刑法》第六十九条规定中所明确的"应当在总和刑期以下、数刑中最高刑期以上，酌情决定执行的刑期"，就是此类情形。

上述三种原则，在特定情形下均具有一定合理性，但单纯地、绝对地采用一种原则，则可能有失妥当。比如，在既有主刑，又有附加刑的情形下，采用并科原则具有合理性。但如果数罪均宣告为有期徒刑时，采用并科原则，就会造成实际执行的刑罚过重，导致不合理的局面。同样，对数罪均宣告为有期徒刑时，采用吸收原则，就会使得实际执行的刑罚过轻，违背罪责刑相适应原则，也会导致不合理的局面。而在数罪中既有无期徒刑，又有死刑时，采用限制加重原则，则会导致无法适用的局面。可见，以某种原则为主，其他原则为辅的混

---

[1] 参见张明楷：《刑法学》，法律出版社 2021 年版，第 775 页。

合原则，能够使得数罪并罚制度更合理。当然，世界上还是有少数国家绝对地采用某一原则。但是，大多数国家仍然采取混合原则。

（三）我国数罪并罚原则的适用

在数罪并罚制度中，我国采取混合原则，即兼采并科原则、吸收原则和限制加重原则，且每一种原则都有自己的适用范围。

1. 一般情形下数罪并罚的适用

一般情形下数罪并罚的适用，是指判决宣告以前一人犯数罪，并且数罪均已被发现时的并罚适用。根据《刑法》第六十九条的规定，我国兼采吸收原则、并科原则和限制加重原则。

（1）采用吸收原则的情形。判决宣告的数个主刑中含有数个死刑或者最重刑为死刑的，应当决定执行一个死刑，其他主刑不再执行。判决宣告的数个主刑中含有数个无期徒刑或者最重刑为无期徒刑的，应当决定执行一个无期徒刑，其他主刑不再执行。判决宣告的数个主刑中只有有期徒刑和拘役的，应当决定执行有期徒刑，不再执行拘役。

（2）采用并科原则的情形。数罪中有判处有期徒刑和管制的，应当决定执行有期徒刑和管制，即有期徒刑执行完毕后，管制仍需要继续执行。数罪中有判处拘役和管制的，应当决定执行拘役和管制，即拘役执行完毕后，管制仍需要继续执行。数罪中有判处主刑和附加刑的，主刑与附加刑并科处罚。数罪中有判处数个附加刑的，各附加刑并科处罚，如果附加刑的种类相同，合并执行；如果附加刑的种类不同，则分别执行。

（3）限制加重原则的情形。我国刑法针对判处两个以上同种类的有期徒刑、拘役、管制的，采用限制加重原则。具体适用规则如下：

第一，判决宣告的数个主刑均为有期徒刑的，应当在总和刑期以下、数刑中最高刑期以上，酌情决定执行的刑期。但是，决定执行的刑期，总和刑期不满三十五年的，最高不能超过二十年，总和刑期在三十五年以上的，最高不能超过二十五年。比如，甲犯三罪，分别被判处有期徒刑 14 年、5 年、7 年，决定执行的刑期不低于 14 年，也不得高于 20 年。如果甲犯三罪，分别被判处有期徒刑 14 年、15 年、10 年，那么决定执行的刑期不低于 15 年，也不得高于 25 年。

第二，判决宣告的数个主刑均为拘役的，应当在总和刑期以下、数刑中最高刑期以上，酌情决定执行的刑期。但是，决定执行的刑期最高不能超过 1 年。比如，甲犯三罪，分别被判处拘役 3 个月、5 个月、6 个月，决定执行的刑期不得低于 6 个月，也不得高于 1 年。

第三，判决宣告的数个主刑均为管制的，应当在总和刑期以下、数刑中最高刑期以上，酌情决定执行的刑期。但是，决定执行的刑期最高不能超过 3 年。比如，甲犯三罪，分别被判处管制 1 年、1 年 7 个月、1 年 8 个月，那么决定执行的刑期不得低于 1 年 8 个月，也不得高于 3 年。

2. 刑罚执行期数罪并罚的适用

刑罚执行期间数罪并罚的适用，是指一人被判决宣告后，在刑罚执行期间又发现有漏罪或者又犯新罪的并罚适用。

关于发现漏罪的并罚适用。判决宣告以后，刑罚执行完毕以前，发现被判处刑罚的犯罪分子在判决宣告以前还有其他罪行没有判决的，根据《刑法》第七十条的规定，应当对新发现的罪作出判决，把前后两个判决所判处的刑罚，依照《刑法》第六十九条的规定，决定执行刑罚。已经执行的刑期，应当计算在新判决决定的刑期以内。简而言之，如果在刑罚执行期间，发现判决宣告以前实施而被判决的犯罪，应适用"先并后减"的并罚方法，即先并之后，再减去已经执行过的刑期，以确定仍须执行的刑罚。比如，甲因犯 A 罪被判处有期徒刑 5 年，在刑罚执行了 3 年后，又发现在 A 罪宣判前，甲还犯有 B 罪，经过审判，甲因犯 B 罪被判处 6 年有期徒刑。那么，数罪并罚时，第一步"先并"，即将原判决 A 罪最后确定的 5 年有期徒刑和新发现的 B 罪最后确定的 6 年有期徒刑根据限制加重原则并罚，最终确定需要执行的刑罚，"先并"的结果是 6 年以上 11 年以下有期徒刑。第二步"再减"，即以前后罪并罚后决定执行的刑期再减去已经执行的 3 年有期徒刑，那么可以预知甲最后仍须执行的刑期肯定在 3 年以上 8 年以下的幅度。

关于发现新罪的并罚适用。判决宣告以后，刑罚执行完毕以前，发现被判处刑罚的犯罪分子又犯有新罪的，根据《刑法》第七十一条的规定，应当对新犯的罪作出判决，把前罪没有执行的刑罚和后罪所判处的刑罚，依照本法第六十九条的规定，决定执行的刑罚。简而言之，如果在刑罚执行期间，又犯新罪的，应适用"先减后并"的并罚方法，即先减去已经执行过的刑期，再用余下的刑期与新罪所判刑罚进行并罚。比如，甲因犯 A 罪被判处有期徒刑 5 年，在刑罚执行了 3 年后，甲又犯新罪 B 罪，甲因犯 B 罪被判处 6 年有期徒刑。那么，数罪并罚时，第一步"先减"，即将原判 A 罪最后确定的 5 年有期徒刑减去已经执行的刑期 3 年，余刑为 2 年。第二步"后并"，即将 A 罪的余刑 2 年有期徒刑与新罪 B 罪确定的 6 年有期徒刑根据限制加重原则并罚，结果是决定还需要执行的刑期是 6 年以上 8 年以下有期徒刑。

五、缓　刑

・《刑法》
第七十二条：对于被判处拘役、三年以下有期徒刑的犯罪分子，同时符合下列条件的，可以宣告缓刑，对其中不满十八周岁的人、怀孕的妇女和已满七十五周岁的人，应当宣告缓刑：

（一）犯罪情节较轻；
（二）有悔罪表现；
（三）没有再犯罪的危险；
（四）宣告缓刑对所居住社区没有重大不良影响。

宣告缓刑，可以根据犯罪情况，同时禁止犯罪分子在缓刑考验期限内从事特定活动，进入特定区域、场所，接触特定的人。

被宣告缓刑的犯罪分子，如果被判处附加刑，附加刑仍须执行。

第七十三条：拘役的缓刑考验期限为原判刑期以上一年以下，但是不能少于二个月。
有期徒刑的缓刑考验期限为原判刑期以上五年以下，但是不能少于一年。
缓刑考验期限，从判决确定之日起计算。
第七十四条：对于累犯和犯罪集团的首要分子，不适用缓刑。
第七十五条：被宣告缓刑的犯罪分子，应当遵守下列规定：
（一）遵守法律、行政法规，服从监督；

（二）按照考察机关的规定报告自己的活动情况；
　　（三）遵守考察机关关于会客的规定；
　　（四）离开所居住的市、县或者迁居，应当报经考察机关批准。
　　第七十六条：对宣告缓刑的犯罪分子，在缓刑考验期限内，依法实行社区矫正，如果没有本法第七十七条规定的情形，缓刑考验期满，原判的刑罚就不再执行，并公开予以宣告。
　　第七十七条：被宣告缓刑的犯罪分子，在缓刑考验期限内犯新罪或者发现判决宣告以前还有其他罪没有判决的，应当撤销缓刑，对新犯的罪或者新发现的罪作出判决，把前罪和后罪所判处的刑罚，依照本法第六十九条的规定，决定执行的刑罚。
　　被宣告缓刑的犯罪分子，在缓刑考验期限内，违反法律、行政法规或者国务院有关部门关于缓刑的监督管理规定，或者违反人民法院判决中的禁止令，情节严重的，应当撤销缓刑，执行原判刑罚。
　　第四百四十九条：在战时，对被判处三年以下有期徒刑没有现实危险宣告缓刑的犯罪军人，允许其戴罪立功，确有立功表现时，可以撤销原判刑罚，不以犯罪论处。
　　•《最高人民法院、最高人民检察院关于缓刑犯在考验期满后五年内再犯应当判处有期徒刑以上刑罚之罪应否认定为累犯问题的批复》（2020年1月20日起施行）
　　被判处有期徒刑宣告缓刑的犯罪分子，在缓刑考验期满后五年内再犯应当判处有期徒刑以上刑罚之罪的，因前罪判处的有期徒刑并未执行，不具备刑法第六十五条规定的"刑罚执行完毕"的要件，故不应认定为累犯，但可作为对新罪确定刑罚的酌定从重情节予以考虑。

（一）缓刑的概念和意义

　　缓刑是指根据犯罪情节对被宣告刑罚的犯罪分子，在一定期限内附条件不执行原宣告刑罚，在此期限内，如果没有发生法定事由，所宣告的刑罚就失去效力并归于消灭的一种刑罚裁量制度。简而言之，缓刑就是附条件地暂缓交付执行。
　　缓刑的设立意义在于：其一，避免由于执行短期自由刑而产生的弊端，更好地发挥刑罚惩治犯罪、改造罪犯的功能。其二，更好地实现刑罚的特殊预防。通过社会化的改造和教育，为犯罪分子创造真诚悔罪、自我觉醒的条件，从而实现刑罚的特殊预防。其三，帮助犯罪分子重新融入社会。对司法机关所判处的刑罚附条件缓期执行，既能使犯罪分子感受到刑罚的威慑力，又能使犯罪分子在所附条件期限内真诚悔罪、弃恶从善，重新回归社会。其四，有助于维护家庭和社会的团结。被判处缓刑的犯罪分子，无需在监狱关押，可以正常地回归社会并从事生产工作，避免了"犯罪分子"这项帽子给自己以及家庭带来的不利影响，最大限度地体会到社会和法律的宽容。
　　我国刑法所规定的缓刑，包括一般缓刑和战时缓刑两种。根据《刑法》第七十二条、第七十三条的规定，一般缓刑是指人民法院对于被判处拘役、三年以下有期徒刑的犯罪分子，在符合法律规定条件的前提下，暂缓其刑罚的执行，并规定一定的考验期，考验期内实行社区矫正，如果被宣告缓刑者在考验期内没有发生法律规定应当撤销缓刑的事由，原判刑罚就不再执行的制度。根据《刑法》第四百四十九条的规定，战时缓刑是指在战时，对被判处三年以下有期徒刑没有现实危险的犯罪军人,暂缓其刑罚执行,允许其戴罪立功,确有立功表现时,可以撤销原判刑罚,不以犯罪论处的制度。

(二)一般缓刑

1. 一般缓刑的适用条件

根据《刑法》第七十二条至第七十七条的规定,一般缓刑的适用条件如下:

(1)一般缓刑的对象条件。一般缓刑的适用对象为被宣告判处拘役、三年以下有期徒刑的犯罪分子。这说明,缓刑的适用对象都是罪行较轻、人身危险性和社会危害性小的犯罪分子,之所以要暂缓执行刑罚是因为犯罪分子主观恶性较低,具有较高的悔过空间和可塑性。我国刑法所规定的主刑中,管制比拘役更轻,但管制本身就是将犯罪分子置于社会中进行执行,并不剥夺犯罪分子的人身自由,故对于被判处管制的犯罪分子没有必要适用缓刑。需要注意的是,这里的"三年以下有期徒刑"是指判决确定的宣告刑,而不是法定刑。

(2)一般缓刑的实质条件。缓刑就是对犯罪分子附条件不执行原判刑罚,所附条件的实质是犯罪分子不再具有人身危险性,具体要求为必须同时符合以下四个条件:犯罪情节较轻、有悔罪表现、没有再犯罪的危险、宣告缓刑对所居住社区没有重大不良影响。

(3)一般累犯的禁止条件。根据《刑法》第七十四条的规定,禁止累犯和犯罪集团的首要分子适用缓刑。累犯和犯罪集团的首要分子主观恶性大,人身危险性强,社会危害性大,有再犯罪的可能。故这两类犯罪分子不适合适用缓刑。

2. 一般缓刑的宣告与考察

根据《刑法》第七十二条第一款的规定,宣告缓刑的方式有两种:一种是在一般情况下,只要符合一般缓刑的适用条件,人民法院可以宣告缓刑;另一种是在适用对象为不满十八周岁的人、怀孕的妇女和已满七十五周岁的人,在符合一般缓刑的适用条件时,人民法院应当宣告缓刑。这里的"不满十八周岁"是指在判决宣告之前未满十八周岁;"怀孕的妇女"是指判决宣告之前怀有身孕的妇女;"已满七十五周岁的人"是指判决宣告之前已满七十五周岁的老年人。

对宣告缓刑的犯罪分子可以适用禁止令。根据《刑法》第七十二条第二款的规定,人民法院在对犯罪分子宣告缓刑时,可以根据犯罪情况,同时禁止犯罪分子在缓刑考验期限内从事特定活动,进入特定区域、场所,接触特定的人。根据《最高人民法院、最高人民检察院、公安部、司法部关于对判处管制、宣告缓刑的犯罪分子适用禁止令有关问题的规定(试行)》第六条的规定,禁止令的期限既可以与缓刑期限相同,又可以短于缓刑的考察期限,但是一般不得少于两个月。禁止令的执行期限,从缓刑执行之日起计算。

另外,需要注意的是,适用缓刑时,附条件不执行的刑种只限于主刑。根据《刑法》第七十二条第三款的规定,被宣告缓刑的犯罪分子,如果被判处附加刑,附加刑仍须执行。也就是说,宣告缓刑的犯罪分子,只是对其不执行原判主刑,附加刑仍然需要执行。

人民法院在对犯罪分子宣告缓刑时,都会设置一定的考验期限。这里的"考验期限",就是指对被宣告缓刑的犯罪分子进行考察的一定期间。作为缓刑制度的重要组成部分,考验期限设立的目的在于考察被判处缓刑的人是否接受改造,以使缓刑制度发挥积极的效用。考验期的设立既能激发犯罪分子悔过的积极性和主动性,又能满足对其教育和考察的需要。根据

《刑法》第七十三条的规定，拘役的缓刑考验期限为原判刑期以上一年以下，但是不能少于二个月。有期徒刑的缓刑考验期限为原判刑期以上五年以下，但是不能少于一年。缓刑的考验期限，是从判决确定之日起进行计算，即从判决发生法律效力之日起进行计算。但是，在判决发生效力之前先行羁押的日期，不能折抵缓刑的考验期限。

对宣告缓刑的犯罪分子规定一定的考验期限，是为了对犯罪分子进行考察。根据《刑法》第七十五条的规定，被宣告缓刑的犯罪分子，应当遵守下列四项规定：（1）遵守法律、行政法规，服从监督；（2）按照考察机关的规定报告自己的活动情况；（3）遵守考察机关关于会客的规定；（4）离开所居住的市、县或者迁居，应当报经考察机关批准。

缓刑是对符合条件的犯罪分子，暂缓执行原判刑罚的一项刑罚裁量制度。尽管附条件不执行原判刑罚，但对于犯罪分子而言，并非解除一切刑事处罚，还需要对其进行考察。对缓刑的考察并非仅仅依靠犯罪分子自身便能完成，需要通过一定的外力来监督、纠正。根据《刑法》第七十六条的规定，在缓刑考验期限内，犯罪分子仍然需要依法接受社区矫正。根据《中华人民共和国社区矫正法》第八条、第九条的规定，国务院司法行政部门主管全国的社区矫正工作。县级以上地方人民政府司法行政部门主管本行政区域内的社区矫正工作。县级以上地方人民政府根据需要设置社区矫正机构，负责社区矫正工作的具体实施。司法所根据社区矫正机构的委托，承担社区矫正相关工作。

3. 一般缓刑的法律后果

根据《刑法》第七十六条、第七十七条的规定，在缓刑的考验期满后，根据犯罪分子的不同表现，犯罪分子将面临三种不同的处理结果：

（1）在缓刑考验期限内，对宣告缓刑的犯罪分子没有发生《刑法》第七十七条规定的情形，缓刑考验期满，原判的刑罚就不再执行，并公开予以宣告。

（2）被宣告缓刑的犯罪分子，在缓刑考验期限内犯新罪或者发现判决宣告以前还有其他罪没有判决的，应当撤销缓刑，对新犯的罪或者新发现的罪作出判决，把前罪和后罪所判处的刑罚，依照《刑法》第六十九条的规定，决定执行的刑罚。

（3）被宣告缓刑的犯罪分子，在缓刑考验期限内，违反法律、行政法规或者国务院有关部门关于缓刑的监督管理规定，或者违反人民法院判决中的禁止令，情节严重的，应当撤销缓刑，执行原判刑罚。

（三）战时缓刑

1. 战时缓刑的适用条件

适用战时缓刑，必须满足以下条件：

（1）战时缓刑的时间条件。适用战时缓刑的时间必须是在战时。根据《刑法》第四百五十一条的规定，所谓战时，是指国家宣布进入战争状态、部队受领作战任务或者遭敌突然袭击时。部队执行戒严任务或者处置突发性暴力事件时，以战时论。如果不是发生在战时，就不能适用战时缓刑。

（2）战时缓刑的对象条件。战时缓刑的适用对象只限于被判处三年以下有期徒刑没有现实危险的犯罪军人，即既要满足宣告刑为三年以下有期徒刑的要求，也必须是犯罪军人。

（3）战时缓刑的实质条件。战时缓刑要求犯罪军人必须没有现实危险性。是否具有现实危险性，需要根据犯罪军人所犯罪行的情节、主观恶性、社会危害性、危害结果等综合考虑。

2. 战时缓刑的法律后果

由于战时缓刑的适用条件不同于一般缓刑，故其法律后果也不同于一般缓刑。根据《刑法》第四百四十九条的规定，战时缓刑没有缓刑考验期，其考验内容为犯罪军人是否具有立功表现。如果犯罪军人确有立功表现，那么就可以撤销原判刑罚，并且不以犯罪论处。需要特别注意，在一般缓刑的考验期满后，即使对犯罪分子不再执行原判刑罚，原判决所宣告的罪行已然成立。

● 理论争鸣 ○

同种数罪应否并罚？

《刑法》第六十九条中所谓的"一人犯数罪"是仅指数个性质不同的犯罪即异种数罪，还是也包括数个性质相同的犯罪即同种数罪？也即对于同种数罪是否应实行并罚的问题。对此，理论界有不同的意见分歧。

林准教授在其主编的《中国刑法教程》中提出："对一人所犯同种数罪无须并罚，只按一罪酌情从重处罚即可。"①

高铭暄教授在其主编的《新中国刑法科学简史》中提道："刑法关于数罪并罚的规定并未限定只适用于异种数罪，因此，对于同种数罪当然应实行并罚。"②

樊凤林教授在其主编的《刑罚通论》中提道："对于同种数罪是否实行并罚不能一概而论，而应当以能否达到罪刑相适应为标准，决定对具体的同种数罪是否实行并罚，即：当能够达到罪刑相适应时，对于同种数罪无须并罚，相反，则应实行并罚。"③

请谈谈自己的看法。

● 典型例题 ○

1. 2009年1月，甲（1993年4月生）因抢劫罪被判处有期徒刑1年。2011年3月20日，甲以特别残忍手段故意杀人后逃跑，6月被抓获。关于本案，下列哪一选项是正确的？（　　）（2011年国家司法考试真题）

A. 根据从旧兼从轻原则，本案不适用《刑法修正案（八）》。

B. 对甲故意杀人的行为，应当从轻或者减轻处罚。

C. 甲在审判时已满18周岁，可以适用死刑。

D. 甲构成累犯，应当从重处罚。

解析：根据《刑法修正案（八）》的规定，甲不构成累犯，这种处理对甲更有利，处罚更

---

① 林准主编：《中国刑法教程》，人民法院出版社1989年版，第213页。
② 高铭暄主编：《新中国刑法科学简史》，中国人民公安大学出版社1993年版，第176页。
③ 樊凤林主编：《刑罚通论》中国政法大学出版社1994年版，第455-456页。

轻。因此，应当根据从轻原则，对甲的审判适用《刑法修正案（八）》。A项说法错误。根据《刑法》的规定，已满12周岁不满18周岁的人犯罪，应当从轻或者减轻处罚。甲在犯故意杀人罪时不满18周岁，因此B选项说法正确。根据《刑法》的规定，犯罪的时候不满18周岁的人，不适用死刑。甲在犯故意杀人罪时不满18周岁，因此对甲不能适用死刑。C项说法错误。根据题干信息，甲犯前后罪时都未满18周岁，甲不构成一般累犯。D项说法错误。因此，本题正确答案为B。

2. 下列哪一选项成立自首？（　　）（2015年国家司法考试真题）

A. 甲挪用公款后主动向单位领导承认了全部犯罪事实，并请求单位领导不要将自己移送司法机关。

B. 乙涉嫌贪污被检察院讯问时，如实供述将该笔公款分给了国有单位职工，辩称其行为不是贪污。

C. 丙参与共同盗窃后，主动投案并供述其参与盗窃的具体情况。后查明，系因分赃太少、得知举报有奖才投案。

D. 丁因纠纷致程某轻伤后，报警说自己伤人了。报警后见程某举拳冲过来，丁以暴力致其死亡，并逃离现场。

解析：A项，自首的成立条件是自动投案，如实供述。自动投案的本质是，自愿将自己置于司法机关控制之下。甲不想自动投案，不构成自首。因此，A项不应选。B项，乙涉嫌贪污被检察院讯问，表明乙已经被采取了强制措施，已经被动归案。这就失去了自动投案及自首的机会，只可能构成坦白。因此，B项不应选。C项，丙自动投案并如实供述，构成自首。至于自动投案的背后动机是什么，在所不问，不影响自动投案的事实。D项中，丁先报警说自己伤人，但之后又有犯罪行为，这个犯罪行为对于认定自动投案不重要，只要丁接下来不逃跑，主动将自己置于司法机关控制之下，便成立自动投案。丁逃离现场，没有自动投案，则不构成自首，D项不应选。因此，本题答案为C。

3. 甲（民营企业销售经理）因合同诈骗罪被捕。在侦查期间，甲主动供述曾向国家工作人员乙行贿9万元。司法机关遂对乙进行追诉。后查明，甲的行为属于单位行贿，行贿数额尚未达到单位行贿罪的定罪标准。甲的主动供述构成（　　）量刑情节。（2014年国家司法考试真题）

A. 坦白
B. 立功
C. 自首
D. 准自首

解析：坦白，是指被动归案后，如实供述司法机关已经掌握的本人罪行。由于甲供述的行贿不构成犯罪，因此甲也不构成坦白。因此，A项不入选。虽然甲不构成行贿罪，但乙仍构成受贿罪。甲属于揭发乙的犯罪，构成立功。因此，B项入选。一般自首的前提条件是犯罪人自动投案，如实供述自己的罪行。本题中，甲因合同诈骗罪被动归案。这不可能是一般自首。因此，C项不入选。准自首，是指甲因A罪行被采取强制措施后，甲如实供述司法机关尚未掌握的B罪行。B罪行必须是证明构成的罪行。本题中，甲因合同诈骗罪（A罪行）被捕。如实供述的B罪行是行贿。但是，该行贿属于单位行贿，单位行贿不等于个人行贿。甲不构成行贿罪，不存在B罪行。不过，如果甲的单位构成单位行贿罪，在处罚单位时，采用双罚制，也处罚直接责任人员甲。这表明甲也存在罪行。但是，题中交代，甲的单位行贿数额尚未达到单位行贿罪的定罪标准，不构成单位行贿罪。这导致甲也不会受到刑罚处罚，不存在 B 罪行。因此，甲不构成准自首。因此，D 项不入选。因此，本题正确答案为 B。

4. 下列哪些选项不构成立功？（   ）（2012 年国家司法考试真题）

A. 甲是唯一知晓同案犯裴某手机号的人，其主动供述裴某手机号，侦查机关据此采用技术侦查手段将裴某抓获。

B. 乙因购买境外人士赵某的海洛因被抓获后，按司法机关要求向赵某发短信"报平安"，并表示还要购买毒品，赵某因此未离境，等待乙时被抓获。

C. 丙被抓获后，通过律师转告其父想办法协助司法机关抓捕同案犯，丙父最终找到同案犯藏匿地点，协助侦查机关将其抓获。

D. 丁被抓获后，向侦查机关提供同案犯的体貌特征，同案犯由此被抓获。

解析：A 项，甲提供同案犯裴某手机号，侦查机关据此采用技术侦查手段将裴某抓获，属于犯罪分子提供犯罪前、犯罪中掌握、使用的同案犯联络方式，不成立立功。B 项，乙按司法机关要求向赵某发短信"报平安"，并表示还要购买毒品，赵某是在等待乙时被抓获的，乙属于按照司法机关的安排，以打电话、发信息等方式将同案犯约至指定地点，协助司法机关抓捕同案犯，因而成立立功。C 项，根据司法解释规定，犯罪分子亲友为了使犯罪分子"立功"，检举、揭发他人犯罪或者协助司法机关抓捕其他犯罪人的，不能视为犯罪分子有立功表现。丙的父亲找到同案犯藏匿地点，协助侦查机关将其抓获的，不能认为丙成立立功。D 项，协助抓捕犯罪人，可构成立功。犯罪分子提供同案犯犯罪后的新信息，例如，新的联络方式、藏匿地址，才可能构成立功。提供同案犯的姓名、住址、体貌特征等基本情况，或者提供犯罪前、犯罪中掌握的同案犯联络方式、藏匿地址，这些信息都不属于犯罪后的新信息，不构成立功。因此，本项中丁不构成立功。因此，本题正确答案为 ACD。

5. 关于缓刑的适用，下列哪些选项是正确的？（   ）（2015 年国家司法考试真题）

A. 甲犯重婚罪和虐待罪，数罪并罚后也可能适用缓刑。

B. 乙犯遗弃罪被判处管制 1 年，即使犯罪情节轻微，也不能宣告缓刑。

C. 丙犯绑架罪但有立功情节，即使该罪的法定最低刑为 5 年有期徒刑，也可能适用缓刑。

D. 丁 17 岁时因犯放火罪被判处有期徒刑 5 年，23 岁时又犯伪证罪，仍有可能适用缓刑。

解析：A 项，缓刑的对象条件：被判处 3 年以下有期徒刑或者拘役的罪犯。这里的 3 年以下包括 3 年。如果是数罪并罚决定执行 3 年以下有期徒刑，也可以适用缓刑。B 项，缓刑的对象条件只是被判处 3 年以下有期徒刑或者拘役的罪犯，不包括被判处管制的罪犯。这是因为，判缓刑是不想关押罪犯。而管制的特点是不关押。所以，判了管制，就没必要再适用缓刑。C 项，虽然绑架罪的法定最低刑是 5 年有期徒刑，但丙有立功情节。对于立功，《刑法》第六十八条规定可以从轻或者减轻处罚。如果减轻处罚，便可以选择低于 5 年有期徒刑的刑罚，就有可能判处 3 年有期徒刑，由此就有可能宣告缓刑。D 项，对于累犯，不能适用缓刑。丁因为犯放火罪时未满 18 周岁，所以不构成累犯，因此是有可能适用缓刑的。因此，本题答案为 ABCD。

案例讨论

张某某故意伤害罪[①]

基本案情：张某某 2019 年 6 月 25 日因非法储存危险物质被某市××局行政拘留十五日；2020 年 3 月 6 日因犯销售伪劣产品罪被本院判处有期徒刑二年六个月，缓刑三年（因此次犯罪于 2019 年 12 月 11 日被刑事拘留，同年 12 月 14 日被逮捕，2020 年 3 月 6 日被释放）。2021 年 10 月 26 日 21 时许，被害人孙某、胡某与被告人张某某等人在孙某经营的海龙橡塑厂内就餐饮酒，其间胡某让被告人张某某餐后回避一下，被告人张某某遂驾车离开，途中通过电话联系胡某对当众让其回避表示不满，二人发生口角。后被告人张某某回到海龙橡塑厂并与胡某发生争执，经人劝说后被告人张某某离开回到住处持武士刀再次回到海龙橡塑厂，其举刀比划，被害人孙某上前，双方撕扯过程中，被害人孙某左手被刀划伤，胸部被刀捅伤。经某市××局刑事侦查大队刑事科学技术室鉴定，伤者孙某外伤致胸壁穿透创、胸腔积血及肢体损伤均构成轻伤二级。案发后，被告人张某某向医院预交人民币 50 000 元，用于赔偿被害人损失。

裁判过程及结果：本院认为，被告人张某某故意伤害他人身体，致一人三处轻伤，其行为已构成故意伤害罪，依法应予惩处。公诉机关的指控成立。被告人张某某在缓刑考验期内犯新罪，依法应当撤销缓刑，将前罪所判处的刑罚与新罪所判处的刑罚实行数罪并罚。被告人张某某曾因故意犯罪被本院判处刑罚，其不思悔改，再次故意犯罪，应从严惩处；其被××机关抓获到案，归案后能够如实供述犯罪事实，系坦白，依法可从轻处罚；其自愿认罪认罚、赔偿被害人经济损失，依法可从宽处罚。公诉机关的量刑建议适当，本院予以采纳。其辩护人与此相关的辩护意见，本院予以采纳。

请谈谈自己的看法。

[①] 案件来源于中国裁判文书网，案号为：(2022) 鲁 0681 刑初 44 号。

第十五章

刑罚的执行与消灭

第一节 刑罚执行制度

刑罚执行是指判决之后，特定的司法机关根据生效判决内容付诸司法实践的活动。在该过程中，要结合犯罪人的日常表现、事后态度来执行刑罚，通过执行刑罚以达到帮助罪犯改造，尽早回归社会的目的。刑罚的执行方式主要有减刑和假释。

一、减刑

> • 《刑法》
> 第七十八条：被判处管制、拘役、有期徒刑、无期徒刑的犯罪分子，在执行期间，如果认真遵守监规，接受教育改造，确有悔改表现的，或者有立功表现的，可以减刑；有下列重大立功表现之一的，应当减刑：
> （一）阻止他人重大犯罪活动的；
> （二）检举监狱内外重大犯罪活动，经查证属实的；
> （三）有发明创造或者重大技术革新的；
> （四）在日常生产、生活中舍己救人的；
> （五）在抗御自然灾害或者排除重大事故中，有突出表现的；
> （六）对国家和社会有其他重大贡献的。
> 减刑以后实际执行的刑期不能少于下列期限：
> （一）判处管制、拘役、有期徒刑的，不能少于原判刑期的二分之一；
> （二）判处无期徒刑的，不能少于十三年；
> （三）人民法院依照本法第五十条第二款规定限制减刑的死刑缓期执行的犯罪分子，缓期执行期满后依法减为无期徒刑的，不能少于二十五年，缓期执行期满后依法减为二十五年有期徒刑的，不能少于二十年。
> 第七十九条：对于犯罪分子的减刑，由执行机关向中级以上人民法院提出减刑建议书。人民法院应当组成合议庭进行审理，对确有悔改或者立功事实的，裁定予以减刑。非经法定程序不得减刑。
> 第八十条：无期徒刑减为有期徒刑的刑期，从裁定减刑之日起计算。

（一）减刑的概念和种类

根据《刑法》第七十八条的规定，减刑是指对判处管制、拘役、有期徒刑或者无期徒刑的犯罪分子，因其在刑罚执行期间认真遵守监规，接受教育改造，确有悔改或者立功表现，可适当减轻其原判刑罚的制度。

从不同的角度可以对减刑进行不同的划分。第一，减刑可以从应然和实然两个角度进行划分：一种是可以减刑，即具备一定条件时，法院可以裁定减刑，此种情况具有一定的裁量空间，即既可以决定减刑，也可以决定不减刑，具体如何适用由法院决定。二是应当减刑，即有重大立功表现时，法院应当减刑，此种情况的减刑具有一定的应然性，即只要犯罪分子满足一定的条件，法院就必须判定其减刑。第二，从减刑的方法与效果来看，减刑也分为两种情况：一是变更刑种，但刑期保持不变。无期徒刑减为有期徒刑，这是刑种的变更。但是需要注意，有期徒刑不能减为拘役或者管制，拘役也不能减为管制。二是变更刑期，但刑种保持不变，比如将管制、拘役、有期徒刑的刑期缩短。

（二）适用减刑的条件

适用减刑必须符合一定的条件，根据我国《刑法》第七十八条的规定，减刑的条件如下：

（1）减刑的对象条件。减刑制度适用的对象只能是被判处管制、拘役、有期徒刑、无期徒刑的犯罪分子。可见，除了被判处死刑的犯罪分子都可以适用减刑程序。除此之外，相关司法解释中规定，对被判处拘役或 3 年以下有期徒刑的犯罪分子，如果缓刑期内有重大立功表现也可以予以减刑，缓刑犯同样适用减刑的规定。

（2）减刑的实质条件。我国刑法规定的减刑分为可以减刑和应当减刑两种，这两种减刑的实质条件各有不同。可以减刑的实质条件是犯罪分子在刑罚执行期间认真遵守监规，接受教育改造，确有悔改表现或立功表现。对"可以减刑"的案件，在办理时应当综合考察罪犯犯罪的性质和具体情节、社会危害程度、原判刑罚及生效裁判中财产性判项的履行情况、交付执行后的一贯表现等因素。而应当减刑的实质条件是犯罪分子在认真遵守监规，接受劳动教育改造的基础上，在执行刑罚期间有重大立功表现，比如阻止他人重大犯罪活动的，检举监狱内重大犯罪活动经查证属实的。

（3）减刑的限度条件。减刑可以一次减刑也可以数次减刑，但减刑并非指无止境的减刑，具有一定的限度，否则容易与免除刑罚相混同。根据《刑法》第七十八条的规定，减刑以后实际刑期，判处管制、拘役、有期徒刑的，不能少于原判刑期的二分之一；判处无期徒刑的，不能少于十三年。

（4）减刑的程序条件。减刑应具有严格的适用程序。根据《刑法》第七十九条的规定，对犯罪分子适用减刑，必须由执行机关向中级以上人民法院提出减刑建议书。人民法院应当组成合议庭进行审理，对确有悔改或立功事实的，裁定予以减刑。

（三）减刑后的刑期计算

正确理解减刑的适用条件是准备适用减刑的前提和基础，在判断犯罪分子是否符合减刑条件时应当从其构成要件加以考虑，在构成减刑的基础之上，还需注意减刑后刑期计算方法。减刑后的刑期计算方法，因所判刑种的不同而不同。对于原判管制、拘役、有期徒刑的，减刑后的刑期自原判决执行之日起计算；原判刑期已经执行的部分应当计入减刑以后的刑期以内。对于原判无期徒刑减为有期徒刑的，刑期自裁定减刑之日起算；已经执行的刑期，不计入减为有期徒刑后的刑期以内。对于无期徒刑减为有期徒刑以后，再次减刑的，其刑期的计算，应当按照有期徒刑犯减刑的方法计算，即应当从前次裁定减为有期徒刑之日起算。具体的减刑起始和幅度如下：

1. 被判处有期徒刑的，减刑后的刑期计算

根据2016年11月14日发布的《最高人民法院关于办理减刑、假释案件具体应用法律的规定》第六条的规定，被判处有期徒刑的罪犯减刑起始时间为：不满五年有期徒刑的，应当执行一年以上方可减刑；五年以上不满十年有期徒刑的，应当执行一年六个月以上方可减刑；十年以上有期徒刑的，应当执行二年以上方可减刑。有期徒刑减刑的起始时间自判决执行之日起计算。

确有悔改表现或者有立功表现的，一次减刑不超过九个月有期徒刑；确有悔改表现并有立功表现的，一次减刑不超过一年有期徒刑；有重大立功表现的，一次减刑不超过一年六个月有期徒刑；确有悔改表现并有重大立功表现的，一次减刑不超过二年有期徒刑。

被判处不满十年有期徒刑的罪犯，两次减刑间隔时间不得少于一年；被判处十年以上有期徒刑的罪犯，两次减刑间隔时间不得少于一年六个月。减刑间隔时间不得低于上次减刑减去的刑期。

罪犯有重大立功表现的，可以不受上述减刑起始时间和间隔时间的限制。

2. 被判处无期徒刑的，减刑后的刑期计算

根据《最高人民法院关于办理减刑、假释案件具体应用法律的规定》第八条的规定，被判处无期徒刑的罪犯在刑罚执行期间，符合减刑条件的，执行二年以上，可以减刑。减刑幅度为：确有悔改表现或者有立功表现的，可以减为二十二年有期徒刑；确有悔改表现并有立功表现的，可以减为二十一年以上二十二年以下有期徒刑；有重大立功表现的，可以减为二十年以上二十一年以下有期徒刑；确有悔改表现并有重大立功表现的，可以减为十九年以上二十年以下有期徒刑。无期徒刑罪犯减为有期徒刑后再减刑时，减刑幅度依照本规定第六条的规定执行。两次减刑间隔时间不得少于二年。

罪犯有重大立功表现的，可以不受上述减刑起始时间和间隔时间的限制。

3. 被判处死缓减为无期徒刑后，再减刑的刑期计算

根据《最高人民法院关于办理减刑、假释案件具体应用法律的规定》第十条的规定，被判处死刑缓期执行的罪犯减为无期徒刑后，符合减刑条件的，执行三年以上方可减刑。减刑幅度为：确有悔改表现或者有立功表现的，可以减为二十五年有期徒刑；确有悔改表现并有立功表现的，可以减为二十四年以上二十五年以下有期徒刑；有重大立功表现的，可以减为二十三年以上二十四年以下有期徒刑；确有悔改表现并有重大立功表现的，可以减为二十二年以上二十三年以下有期徒刑。

被判处死刑缓期执行的罪犯减为有期徒刑后再减刑时，比照关于被判处无期徒刑后减刑的规定办理。

需要特别注意的是，被判处死刑缓期执行的罪犯经过一次或者几次减刑后，其实际执行

的刑期不得少于十五年,死刑缓期执行期间不包括在内。

4. 被判处管制、拘役或者余刑不满二年有期徒刑的,减刑后的刑期计算

被判处管制、拘役,以及余刑不满二年有期徒刑的罪犯,符合减刑条件的,可以酌情减刑,减刑起始时间可以适当缩短,但实际执行的刑期不得少于原判刑期的二分之一。

二、假　释

> • 《刑法》
>
> 第八十一条：被判处有期徒刑的犯罪分子，执行原判刑期二分之一以上，被判处无期徒刑的犯罪分子，实际执行十三年以上，如果认真遵守监规，接受教育改造，确有悔改表现，没有再犯罪的危险的，可以假释。如果有特殊情况，经最高人民法院核准，可以不受上述执行刑期的限制。
>
> 对累犯以及因故意杀人、强奸、抢劫、绑架、放火、爆炸、投放危险物质或者有组织的暴力性犯罪被判处十年以上有期徒刑、无期徒刑的犯罪分子，不得假释。
>
> 对犯罪分子决定假释时，应当考虑其假释后对所居住社区的影响。
>
> 第八十二条：对于犯罪分子的假释，依照本法第七十九条规定的程序进行。非经法定程序不得假释。
>
> 第八十三条：有期徒刑的假释考验期限，为没有执行完毕的刑期；无期徒刑的假释考验期限为十年。
>
> 假释考验期限，从假释之日起计算。
>
> 第八十四条：被宣告假释的犯罪分子，应当遵守下列规定：
>
> （一）遵守法律、行政法规，服从监督；
>
> （二）按照监督机关的规定报告自己的活动情况；
>
> （三）遵守监督机关关于会客的规定；
>
> （四）离开所居住的市、县或者迁居，应当报经监督机关批准。
>
> 第八十五条：对假释的犯罪分子，在假释考验期限内，依法实行社区矫正，如果没有本法第八十六条规定的情形，假释考验期满，就认为原判刑罚已经执行完毕，并公开予以宣告。
>
> 第八十六条：被假释的犯罪分子，在假释考验期限内犯新罪，应当撤销假释，依照本法第七十一条的规定实行数罪并罚。
>
> 在假释考验期限内，发现被假释的犯罪分子在判决宣告以前还有其他罪没有判决的，应当撤销假释，依照本法第七十条的规定实行数罪并罚。
>
> 被假释的犯罪分子，在假释考验期限内，有违反法律、行政法规或者国务院有关部门关于假释的监督管理规定的行为，尚未构成新的犯罪的，应当依照法定程序撤销假释，收监执行未执行完毕的刑罚。

（一）假释的概念和意义

根据《刑法》第八十一条的规定，假释是指对于被判处有期徒刑、无期徒刑的部分犯罪

人，如果认真遵守监规，接受教育改造，确有悔改表现，没有再犯罪的危险，在经过执行一定时间的刑罚之后，附条件地予以提前释放的刑罚执行制度。所附条件是指被假释的犯罪人，如果遵守一定条件，就认为原判刑罚已经执行完毕；倘若没有遵守一定条件，就收监执行原判刑罚乃至数罪并罚。

假释制度的意义在于：其一，鼓励被判处有期徒刑、无期徒刑的受刑人，积极悔改，自新向善。其二，避免不必要的刑罚执行，并使受刑人得以在狱外继续悔过自新。其三，为受刑人重返社会搭起桥梁。

假释不等于释放。假释是有条件的提前释放，但是不同于释放。释放既可能是无罪释放，也可能是刑罚执行完毕而释放，还可能是赦免释放，但都不是附条件释放，不存在再执行的可能性。

假释与监外执行不同。监外执行，是指被判处有期徒刑、无期徒刑和拘役的罪犯，由于其具有不宜收监执行的特殊原因，按照法律规定，由居住地社区矫正机构执行，在监外来执行刑罚的一种执行办法。假释与监外执行都是附条件地将犯罪分子予以提前释放，并实行社区矫正。但二者也具有本质区别：（1）假释只适用于被判处无期徒刑和有期徒刑的罪犯；监外执行则适用于被判处有期徒刑和拘役的罪犯。（2）假释适用于执行了一定期限的刑期，认真遵守监规，接受教育改造，确有悔改表现，已不致再危害社会的犯罪分子；监外执行则适用于因法定特殊情况不宜在监内执行的犯罪分子。（3）假释只有在假释考验期内发生法定情形，才能撤销；监外执行则在监外执行的法定条件消失，且刑期未满的情况收监执行。（4）假释犯若被撤销假释，其假释期间不能计入原判执行的刑期之内；监外执行的期间，无论是否收监执行，均计入原判执行的刑期之内。

假释与缓刑不同。假释与缓刑都是附条件暂不执行刑罚，并需要对犯罪分子实行社区矫正。但二者也有本质区别：（1）假释适用于被判处无期徒刑和有期徒刑的犯罪分子；缓刑只适用于被判处拘役和 3 年以下有期徒刑的犯罪分子。（2）假释是在刑罚执行过程中，根据犯罪分子的表现，由人民法院以裁定作出的；缓刑则是人民法院在作出有罪判决的同时进行宣告。（3）作出假释的依据是：犯罪分子在刑罚执行中的表现以及假释后不致再危害社会的可能性；适用缓刑的根据，则是犯罪分子的犯罪情节和悔罪表现，以及适用缓刑确实不致再危害社会的可能性。（4）假释必须先执行原判刑期的一部分，而对尚未执行完的刑期，附条件不执行；缓刑是对原判决的全部刑期有条件地不执行。（5）缓刑考验期满视为原判刑罚不再执行，假释的考验期满视为原判刑罚已经执行完毕。

（二）假释的适用条件

根据《刑法》第八十一条的规定，对犯罪分子适用假释，必须同时满足以下条件：

1. 适用假释的对象条件

适用假释的对象只能是被判处有期徒刑和无期徒刑的犯罪分子，而被判处为管制、拘役、死刑的犯罪分子不能适用假释。这是因为：被判处管制的犯罪分子从一开始就无须在监狱关押，因此不存在提前释放的问题。被判处拘役的犯罪分子因为所判刑期较短，而假释适用程序较为繁琐，对判处拘役的犯罪分子适用假释不具有合理性和可行性。被判处死刑的，尤其是执行方式为死刑立即执行的，没有适用假释的空间。但对判处死缓的犯罪分子，如果在缓刑考验期届满后减为无期徒刑或有期徒刑可以依法适用假释。

2. 适用假释的实质条件

假释的实质就是对犯罪分子提前释放，为了保证提前释放的犯罪分子不再具有社会危害性，预防其再次实施犯罪行为，犯罪分子必须认真遵守监规、接受劳动教育改造，没有再犯罪的危险，这是适用假释所应考虑的实质条件。如果不具备该条件，不应适用假释制度。同时，基于双重保证的考量，对已经适用假释的犯罪分子应当充分考虑其对所居住社区的影响，如果对该社区有不利影响的，应当拒绝适用假释。

3. 适用假释的消极条件

假释适用的前提是没有再犯罪的危险，因此对于一些社会危害性较大，通过假释无法确定能否阻止其再次实施危险行为的，不应当适用假释制度。比如：对累犯以及因故意杀人、强奸、抢劫、绑架、放火、爆炸、投放危险物质或者有组织的暴力性犯罪被判处十年以上有期徒刑、无期徒刑的犯罪分子，不得假释。

4. 适用假释的刑期条件

假释是提前将犯罪分子予以释放的制度，并不是一进入监狱就可将其释放，应当满足一定的刑期条件，只有在执行了一段时间的刑期之后，才存在适用假释的可能性。我国刑法规定，被判处有期徒刑的犯罪分子，执行原判刑期二分之一以上，被判处无期徒刑的犯罪分子，实际执行十三年以上就可以适用假释。但应当注意有一个例外情况，如果犯罪分子存在极为特殊的情形且经过最高人民法院批准即可不受上述条文的限制。

5. 适用假释的程序条件

适用假释必须符合法定程序。根据《刑法》第七十九条、第八十二条的规定，对犯罪分子的假释，由执行机关向中级以上人民法院提出假释建议书，人民法院应当组成合议庭进行审理，对符合假释程序的，裁定予以假释。对于判处无期徒刑的罪犯的假释，则由罪犯服刑地的高级人民法院在收到同级监狱管理机关审核同意的假释书后的一个月内作出裁定，案情重大疑难复杂的，可以延长一个月；对判处有期徒刑和被减刑为有期徒刑罪犯的假释，由罪犯服刑地的中级人民法院收到执行机关提出的假释建议书后一个月内做出裁定，案情复杂或情况特殊的，可以延长一个月。

（三）假释的考验期限

由于假释是有条件地提前释放犯罪分子，因此有必要对被释放的犯罪分子设置一定的考验期限。根据《刑法》第八十三条的规定和有关司法解释，有期徒刑的假释考验期限，为没有执行完毕的刑期，且必须在执行原判刑罚二分之一以上，才可以适用假释；无期徒刑的假释考验期限为十年，且必须在执行十三年以上，才可以适用假释。例如，甲因犯 A 罪被判处十年有期徒刑，在执行了八年后获得假释，假释的考验期限则为二年。如果甲因犯 A 罪被判处无期徒刑，必须在执行了十三年以后才可以获得假释，且假释的考验期限为十年。无论是被判处有期徒刑还是无期徒刑，假释的考验期限，均从假释之日起计算。

假释的执行由司法行政机关的社区矫正机构负责。在假释的考验期限内，获得假释的犯罪分子接受社区矫正机构的监督考察,应当遵守下列规定:(1)遵守法律、行政法规,服从监督;(2)按照监督机关的规定报告自己的活动情况;(3)遵守监督机关关于会客的规定;(4)离开所居住的市、县或者迁居,应当报经监督机关批准。

(四)假释的法律后果

与缓刑一样,假释的法律后果存在下列三种情形:

(1)在假释考验期限内,获得假释的犯罪分子遵守法定义务,表现良好,没有发生应该撤销缓刑的情形,考验期满,就视为原判刑罚已经执行完毕。

(2)在假释考验期限内,犯新罪或者发现判决宣告以前还有其他罪没有判决的,应当撤销假释,对新犯的罪或者新发现的罪作出判决,把前罪和后罪所判处的刑罚,依照《刑法》第六十九条的规定,决定执行的刑罚。

(3)在假释考验期限内,违反法律、行政法规或者国务院有关部门关于缓刑的监督管理规定,情节严重的,应当撤销假释,收监执行原剩余的刑期。

● 典型例题 ○

1. 甲因非法经营罪被判处缓刑,在缓刑考验期内去外地参与传销活动(尚不构成犯罪),监督机关得知后多次通知其即刻返回,但甲以各种理由推托拒不返回,情节严重。对甲应当(　　)。(2010年法律硕士考试真题)

A. 撤销缓刑,同时认定构成脱逃罪,两罪并罚

B. 撤销缓刑,执行原判刑罚

C. 重新确定缓刑考验期

D. 撤销缓刑,对原犯罪从重处罚

解析:根据《刑法》第七十七条第二款的规定:"被宣告缓刑的犯罪分子,在缓刑考验期限内,违反法律、行政法规或者国务院有关部门关于缓刑的监督管理规定,或者违反人民法院判决中的禁止令,情节严重的,应当撤销缓刑,执行原判刑罚。"甲在考验期内去外地参与传销活动,经监督机关多次通知仍拒不返回,情节严重。对甲应当撤销缓刑,执行原判刑罚。B项当选。综上,本题答案为B。

2. 下列关于减刑适用的理解,正确的有(　　)。(2019年法律硕士考试真题)

A. 对于被判处二年有期徒刑并宣告缓刑的甲,一般不适用减刑

B. 对于被判处管制二年并在执行期间确有立功表现的乙,可以减刑

C. 丙被判处无期徒刑,有重大立功表现,应当减刑,但实际执行的刑期不能少于十年

D. 丁被判处死刑缓期二年执行,无论经过几次减刑,其实际执行的刑期都不得少于十五年,且死刑缓期执行期间不得包括在内

解析:A项,根据司法解释,被判处拘役或者三年以下有期徒刑,并宣告缓刑的犯罪罪犯,一般不适用减刑。前款规定的罪犯在缓刑考验期内有重大立功表现的,可以参照《刑法》第七十八条的规定予以减刑,同时应当依法缩减其缓刑考验期。缩减后,拘役的缓刑考验期不得少于二个月,有期徒刑的缓刑考验期不得少于一年。A项说法正确。B项,根据《刑法》

第七十八条第一款的规定,被判处管制的犯罪分子,在执行期间有立功表现的,可以减刑,B项说法正确。C项,根据《刑法》第七十八条第二款的规定,被判处无期徒刑的,减刑以后执行的期限不能少于十三年。C项说法错误。D项,根据司法解释,被判处死刑缓期执行的罪犯经过一次或者几次减刑后,其实际执行的刑期不得少于十五年,死刑缓期执行期间不包括在内。D项说法正确。综上,本题答案为ABD。

3. 下列选项中,符合我国刑法关于假释规定的是（　　）。(2012年法律硕士考试真题)
A. 对累犯不得假释
B. 犯罪分子被减刑以后不得再假释
C. 对犯危害国家安全罪的犯罪分子不得假释
D. 对犯故意杀人、强奸、抢劫、爆炸罪的犯罪分子不得假释

解析:A项,根据《刑法》第八十一条第二款的规定:"对累犯以及因故意杀人、强奸、抢劫绑架、放火、爆炸、投放危险物质或者有组织的暴力性犯罪被判处十年以上有期徒刑、无期徒刑的犯罪分子,不得假释",A项当选。B项,犯罪分子被减刑以后,符合假释条件的可以假释,B项不当选。C项,危害国家安全罪的犯罪分子不属于禁止假释的范围内,符合假释条件的均可适用假释,C项不当选。D项,据《刑法》第八十一条第二款的规定:"对累犯以及因故意杀人、强奸、抢劫绑架、放火、爆炸、投放危险物质或者有组织的暴力性犯罪被判处十年以上有期徒刑、无期徒刑的犯罪分子,不得假释。"如果宣告刑为十年以下有期徒刑,符合假释条件的可以适用假释,D项不当选。综上,本题答案为A。

● 案例讨论 ○

文某盗窃案[①]

被告人文某,男,1994年2月24日出生。于2012年10月因犯抢劫罪被某市人民法院判处有期徒刑三年六个月,并处罚金人民币五千元;2014年6月30日被假释。2015年4月,因犯盗窃罪被某市F区人民法院判决撤销假释,数罪并罚,判处有期徒刑六年,并处罚金人民币五万一千五百元。因涉嫌盗窃罪,于2021年11月24日被警察抓获,并于2021年11月25日被某市GA局××分局刑事拘留,同年12月8日经某市××区人民检察院批准,次日由某市GA局××分局执行逮捕。现羁押于某市第一看守所。

法院认为,被告人在刑罚执行期间,因为又犯新罪,不符合适用假释的实质条件,即认真遵守监规,接受劳动教育改造,没有再犯罪的可能,因此应当撤销假释,与所犯新罪数罪并罚。

请围绕本案展开讨论。

---

① 案件来源于中国裁判文书网,案号为:湖南省长沙市天心区人民法院（2022）湘0103刑初111号。

第二节　刑罚的消灭制度

刑罚消灭是指由于法定或事实的原因，国家对犯罪人的刑罚权归于消灭。刑罚的消灭具有几个特征：（1）刑罚消灭以行为构成犯罪为前提；（2）刑罚消灭以刑罚权的消灭为内容；（3）刑罚消灭以一定事由的出现为根据，其中时效和赦免是最主要的两种情形。而刑罚消灭的法定事由包括：（1）超过追诉时效；（2）经特赦免除刑罚；（3）告诉才处理的犯罪，没有告诉或撤回告诉；（4）罪犯死亡（法人注销或消失）；（5）其他法定事由。

一、时　效

> •《刑法》
> 第八十七条：犯罪经过下列期限不再追诉：
> （一）法定最高刑为不满五年有期徒刑的，经过五年；
> （二）法定最高刑为五年以上不满十年有期徒刑的，经过十年；
> （三）法定最高刑为十年以上有期徒刑的，经过十五年；
> （四）法定最高刑为无期徒刑、死刑的，经过二十年。如果二十年以后认为必须追诉的，须报请最高人民检察院核准。
> 第八十八条：在人民检察院、公安机关、国家安全机关立案侦查或者在人民法院受理案件以后，逃避侦查或者审判的，不受追诉期限的限制。
> 被害人在追诉期限内提出控告，人民法院、人民检察院、公安机关应当立案而不予立案的，不受追诉期限的限制。
> 第八十九条：追诉期限从犯罪之日起计算；犯罪行为有连续或者继续状态的，从犯罪行为终了之日起计算。
> 在追诉期限以内又犯罪的，前罪追诉的期限从犯后罪之日起计算。

刑法上的时效，可以分为追诉时效和行刑时效，但我国刑法只规定了追诉时效制度。

（一）追诉时效的概念和意义

追诉时效是指刑事法律规定的国家对犯罪人行使刑罚请求权或者刑罚执行权的有效期限，即经过一定的期限，对刑事犯罪不再追诉或者对犯罪分子所判刑罚不再执行的一项刑罚制度。如果已经追究了刑事责任的，该案件应当予以撤销。行刑时效是指法律规定对判处刑罚的犯罪分子执行刑罚的有效期限。判处刑罚而未执行，超过法定执行期限，刑罚就不得执行。我国刑法没有规定行刑时效制度。

设立追诉时效的意义在于：（1）有利于实现刑罚的目的。刑法的目的在于惩罚犯罪、改造罪犯、保障人权，通过实施刑罚将消极因素化为积极因素，化有害于无害。如果犯罪分子在实施犯罪行为之后，经过长时间没有受到相应机关的追诉，也没有再次实施犯罪行为，应当说明其社会危害性已经降低，如果坚持对其适用刑罚将无法达到刑罚真正的目的。（2）有利于司法机关集中打击现行犯罪。随着社会的进步和发展，社会治安压力进一步增大，公安、司法机关出现严重的案多人少现象，如果长时间揪着前期的犯罪行为不放，不仅无法在短期时间内破获案件，还将会引起司法资源的浪费，因此规定一定期限的追诉期限是在打击犯罪与追求效率之间所达成的平衡。（3）有利于社会团结安定。对于特定的犯罪经过时间的沉淀和消化，犯罪分子和被害人之间可能已经不存在任何矛盾和纠纷，如果此时司法机关强行介入该案的侦查，不利于家庭以及社会的和谐和稳定。

（二）追诉时效的期限

在刑事案件中，追诉时效通常与犯罪的社会危害性程度成正比，社会危害性程度越高，法定最高刑越高，追诉时效也越久。根据《刑法》第八十七条的规定，追诉时效分为如下四个档次：第一档，法定最高刑为不满五年有期徒刑的，追诉时效为五年；第二档，法定最高刑为五年以上不满十年有期徒刑的，追诉时效为十年；第三档，法定最高刑为十年以上有期徒刑的，经过十五年；第四档，法定最高刑为无期徒刑、死刑的，经过二十年。如果二十年以后认为必须追诉的，须报请最高人民检察院核准。

需要注意的是，这里的"法定最高刑"不是宣告刑，而是刑法条文所规定的具体犯罪行为所对应的法定刑幅度的最高刑。比如，甲盗窃了一台价值1万元的笔记本电脑，根据《最高人民法院、最高人民检察院关于办理盗窃刑事案件适用法律若干问题的解释》第一条的规定，甲的盗窃金额属于"数额较大"，对应的法定刑为"三年以下有期徒刑、拘役或者管制，并处或者单处罚金"，甲犯盗窃罪的追诉时效为五年；乙盗窃了一辆价值二十万元的小轿车，乙的盗窃金额属于"数额较大"，对应的法定刑为："三年以上十年以下有期徒刑，并处罚金"，乙犯盗窃罪的追诉时效为十五年。

（三）追诉时效的计算

1. 追诉期限的起算

根据《刑法》第八十九条第一款的规定："追诉期限从犯罪之日起计算；犯罪行为有连续或者继续状态的，从犯罪行为终了之日起计算。"所谓"犯罪之日"，应理解为犯罪成立之日、行为符合犯罪构成之日。具体而言，对行为犯，应从犯罪行为完成之日起计算；对举动犯，应从犯罪行为实施之日起计算；对结果犯，应从犯罪结果发生之日起计算；对结果加重犯，应从加重结果发生之日起计算；对预备犯、未遂犯、中止犯，应分别从犯罪预备、犯罪未遂、犯罪中止成立之日起计算。对于犯罪行为有连续或者继续状态的连续犯和继续犯，其追诉期限从犯罪行为终了之日起计算。

2. 诉讼时效的中断和延长

为了防止犯罪分子利用时效制度逃避法律制裁，我国刑法规定了时效中断和时效延长。

所谓时效中断，是指在追诉期限内，因发生法定事由而使已经过了的时效期间归于无效，待法定事由消失后重新计算追诉期限的制度。根据《刑法》第八十九条第二款的规定，在前罪追诉期限以内又犯新罪的，前罪的追诉时效中断，并从后罪之日起计算。也就是说，只要犯罪分子在追诉期限内又犯罪，不论新罪的性质和刑罚轻重如何，前罪所经过的时效期间均归于无效，前罪的追诉期限从犯新罪之日起重新计算。

所谓时效延长，是指在追诉期限内，因发生法定事由而使追究犯罪人的刑事责任不受追诉期限制的制度。我国《刑法》第八十八条第一款、第二款分别规定了两种不同的时效延长情形：

第一种，案件已经立案或受理而逃避侦查和审判的情形。该种情形下，无论经过多长时间，任何时候都可以追究犯罪行为人的刑事责任。其适用条件须满足以下两点：（1）案件必须被人民检察院、公安机关、国家安全机关立案侦查或者被人民法院受理；（2）犯罪行为人逃避侦查或审判。这里的"逃避"是指以隐匿的方式躲避侦查或审判。

第二种，被害人在追诉时效内已经提出控告的。如果被害人在追诉期限内提出控告，人民法院、人民检察院、公安机关应当立案而不予立案的，不受追诉期限的限制。也就是说，在司法机关立案侦查或者受理案件以后，犯罪分子逃避侦查或者审判的；或者被害人在追诉期限内提出控告，司法机关应当立案而不予立案的，不受追诉期限的限制。无论逃避状态持续多久，也无论应当立案而不予立案的状态持续多久，都可以对犯罪分子进行追诉。

二、赦 免

赦免是指国家对犯罪分子宣告免除罪责或者免除全部或者部分应执行刑罚的一项法律制度。赦免是国家对刑罚权的放弃，因而导致刑罚的消灭。

我国在1954《宪法》规定了大赦和特赦，但在实践中并没有使用大赦。1978年《宪法》和1982年《宪法》都只规定了特赦，没有规定大赦。因此，《刑法》第六十五条、第六十六条所说的赦免，都是指特赦减免。根据现行《宪法》第六十七条、第八十条的规定，特赦由全国人民代表大会常务委员会决定，由国家主席发布特赦令。

自新中国成立以来，我国先后实行了九次特赦，分别是：

第一次特赦：1959年12月4日，对于经过一定期间的劳动改造，确实改恶从善的蒋介石集团和伪满洲国的战争罪犯、反革命罪犯和普通刑事罪犯，实行特赦。首次特赦共释放反革命罪犯和刑事罪犯12 082名、战犯33名。

第二次特赦：1960年11月28日，对于经过一定期间的改造、确实改恶从善的蒋介石集团和伪满洲国的战争罪犯，实行特赦，共释放了50名"确实改恶从善的战争罪犯"。

第三次特赦：1961年12月25日，对于经过一定期间的改造、确实改恶从善的蒋介石集团和伪满洲国的战争罪犯，实行特赦。本次特赦共释放了68名"确实改恶从善的战争罪犯"。

第四次特赦：1963年4月9日，对于经过一定期间的改造、确实改恶从善的蒋介石集团、伪满洲国和伪蒙疆自治政府的战争罪犯，实行特赦。本次特赦共释放了35名"战争罪犯"。

第五次特赦：1964年12月28日，对于经过一定期间的改造、确实改恶从善的蒋介石集团、伪满洲国和伪蒙疆自治政府的战争罪犯，实行特赦。本次特赦共释放了53名"已经确实改恶从善的战争罪犯"。

第六次特赦：1966年4月16日，对于经过一定期间的改造、确实改恶从善的蒋介石集团、伪满洲国和伪蒙疆自治政府的战争罪犯，实行特赦。本次特赦共释放了57名"已经确实改恶从善的战争罪犯"。

第七次特赦：1975年3月19日，对全部在押战争罪犯，实行特赦释放，并予以公民权。

第八次特赦：2015年8月29日，全国人大常委会作出决定，国家主席习近平签署发布特赦令，决定在中国人民抗日战争暨世界反法西斯战争胜利七十周年之际，对部分服刑罪犯予以特赦。特赦的对象包括四类：参加过中国人民抗日战争、中国人民解放战争的；中华人民共和国成立以后，参加过保卫国家主权、安全和领土完整对外作战的；年满七十五周岁、身体严重残疾且生活不能自理的；犯罪时不满十八周岁，被判处三年以下有期徒刑或者剩余刑期在一年以下的。特赦决定和特赦令规定几种严重犯罪的除外。经人民法院依法裁定，全国共特赦服刑罪犯31 527人。

第九次特赦：2019年6月29日，十三届全国人大常委会作出决定，国家主席习近平签署发布特赦令，在中华人民共和国成立70周年之际，对部分服刑罪犯予以特赦。根据国家主席特赦令，对依据2019年1月1日前人民法院作出的生效判决正在服刑的九类罪犯实行特赦：一是参加过中国人民抗日战争、中国人民解放战争的；二是中华人民共和国成立以后，参加过保卫国家主权、安全和领土完整对外作战的；三是中华人民共和国成立以后，为国家重大工程建设做出较大贡献并获得省部级以上"劳动模范""先进工作者""五一劳动奖章"等荣誉称号的；四是曾系现役军人并获得个人一等功以上奖励的；五是因防卫过当或者避险过当，被判处三年以下有期徒刑或者剩余刑期在一年以下的；六是年满七十五周岁、身体严重残疾且生活不能自理的；七是犯罪的时候不满十八周岁，被判处三年以下有期徒刑或者剩余刑期在一年以下的；八是丧偶且有未成年子女或者有身体严重残疾、生活不能自理的子女，确需本人抚养的女性，被判处三年以下有期徒刑或者剩余刑期在一年以下的；九是被裁定假释已执行五分之一以上假释考验期的，或者被判处管制的。国家主席特赦令同时明确，上述九类对象中，具有以下情形之一的，不得特赦：一是第二、三、四、七、八、九类对象中系贪污受贿犯罪，军人违反职责犯罪，故意杀人、强奸、抢劫、绑架、放火、爆炸、投放危险物质或者有组织的暴力性犯罪，黑社会性质的组织犯罪，贩卖毒品犯罪，危害国家安全犯罪，恐怖活动犯罪的罪犯，其他有组织犯罪的主犯，累犯的；二是第二、三、四、九类对象中剩余刑期在十年以上的和仍处于无期徒刑、死刑缓期执行期间的；三是曾经被特赦又因犯罪被判处刑罚的；四是不认罪悔改的；五是经评估具有现实社会危险性的。

特赦是由全国人大常委会决定，由中华人民共和国主席发布特赦令，再由最高人民法院和高级人民法院予以执行，而不是由犯罪分子本人及其家属或者其他公民提出申请而实行。根据《中华人民共和国宪法》第八十条的规定，中华人民共和国主席根据全国人民代表大会的决定和全国人民代表大会常务委员会的决定，发布特赦令。

● 理论争鸣 ○

追诉时效的部门法属性之争[①]

追诉时效的法律规定中，既包含能够以实体法观点予以解释的部分，又包含能够以程序法主张加以说明的部分。前者体现为犯罪严重程度对追诉期限的影响，越严重的犯罪的追诉期限也越长，因为需罚性随着时间流逝而减弱；后者则体现在司法机关应当立案而不立案的案件不受追诉期限。

德国刑法通说认为，追诉时效乃是一种诉讼障碍，时效期限经过后，行为仍然是犯罪行

[①] 转引自：袁国何：《论追诉时效的溯及力及其限制》，载《清华法学》2020年第2期。

为，但不再是可追诉。日本刑法学者将公诉时效未超过理解为公诉权行使的条件，认为公诉时效是一项诉讼条件。在我国，曲新久教授认为追诉时效系程序性制度，"因为时效的规定同样不属于犯罪构成要件和刑罚效果的内容，不影响刑事禁止与命令的具体内容，只是影响司法机关在怎样的时间范围内追究行为人的刑事责任。"[①]

少数说将追诉时效理解为刑罚解除事由，将其归类为实体法制度，代表人物李斯特指出："追诉时效与行刑时效都是刑罚解除事由。它不仅排除追诉，而且消灭国家刑罚权。作为请求时效，而非控告时效，其在内容上并根据其特征并不隶属于诉讼法，而是隶属于实体法。先前，在追诉时效的法律性质问题上，德国帝国法院也倾向于采实体法理论。张明楷教授也主张追诉时效是一项刑罚消灭事由，也认为事后延长追诉时效违反禁止事后法原则。"[②]

混合的时效理论认为追诉时效制度是一种"在程序法上被设置为诉讼障碍的个人性刑罚解除事由"，兼具实体法与程序法双重属性。早年，在放弃实体法理论后，德国帝国法院曾经长期采纳混合的时效理论。大塚仁教授也认为，公诉时效不仅消灭诉讼法的公诉权，也消灭实体法的观念性刑罚权。[③]

请谈谈自己的看法。

● 典型例题 ○

1. 关于追诉时效，下列哪一选项是正确的？（　　）（2016年国家司法考试真题）

A.《刑法》规定，法定最高刑为不满 5 年有期徒刑的，经过 5 年不再追诉。危险驾驶罪的法定刑为拘役，不能适用该规定计算危险驾驶罪的追诉时效。

B. 在共同犯罪中，对主犯与从犯适用不同的法定刑时，应分别计算各自的追诉时效，不得按照主犯适用的法定刑计算从犯的追诉期限。

C. 追诉时效实际上属于刑事诉讼的内容，刑事诉讼采取从新原则，故对刑法所规定的追诉时效，不适用从旧兼从轻原则。

D. 刘某故意杀人后逃往国外 18 年，在国外因伪造私人印章（在我国不构成犯罪）被通缉时潜回国内。4 年后，其杀人案件被公安机关发现。因追诉时效中断，应追诉刘某故意杀人的罪行。

解析：按照当然解释，法定最高刑为不满五年有期徒刑的情形是包括拘役和管制的，故 A 错误。追诉时效是讨论是否追究特定犯罪人的刑事责任，是按照该罪犯本人可判的法定最高刑判断。在对主犯与从犯适用不同的法定刑时，应分别计算各自的追诉时效，故 B 正确。追诉时效制度属于刑法规定的内容，适用从旧兼从轻原则，故 C 错误。《刑法》第八十九条规定："追诉期限从犯罪之日起计算；犯罪行为有连续或者继续状态的，从犯罪行为终了之日起计算。在追诉期限以内又犯罪的，前罪追诉的期限从犯后罪之日起计算。"刘某"伪造私人印章"的行为未直接违反《刑法》，因此不能引起追诉时效的中断，故 D 错误。因此，本题正确答案为 B。

---

① 转引自：袁国何：《论追诉时效的溯及力及其限制》，载《清华法学》2020 年第 2 期。
② 同上。
③ 同上。

2. 为庆祝中华人民共和国成立 70 周年，体现依法治国理念和人道主义精神，根据第十三届全国人民代表大会常务委员会第十一次会议的决定，国家主席习近平同志发布《中华人民共和国主席特赦令》。则下列说法正确的是（　　）。（2019 年国家统一法律职业资格考试真题）

A. 本次特赦体现了我国承续中华文明慎刑恤囚、明刑弼教的优良传统，推进法安天下、德润人心的仁政

B. 本次特赦有利于弘扬全面依法治国理念，形成依宪执政、依宪治国的良好社会氛围，深入推进法治中国建设

C. 本次特赦有利于贯彻落实宽严相济刑事理念政策，充分发挥特赦的感召效应，最大限度地化消极因素为积极因素，促进社会和谐稳定

D. 有利于展现我国人权司法保障水平，进一步树立我国开放、民主、法治、文明的国际形象

解析：关于 A、C 项，我国社会主义的特赦制度就是我国传统的赦免和恤刑制度在当代的体现。关于 B 项，我国《宪法》第八十条规定了特赦制度。特赦的决定权赋予全国人大常委会，由国家主席发布特赦令。因此本次特赦是依宪治国、依宪执政的体现。关于 D 项，特赦体现了中国特色社会主义司法人权保障理念和司法人权保障的水平，是中国传统法律制度与现代法治理念、制度的有机结合，在国际社会上树立了开放、民主、法治、文明的国际形象，故 ABCD 均正确。

3. 甲于 2004 年 11 月 1 日实施了引诱不满 14 周岁幼女卖淫的行为。根据《刑法》的规定，引诱不满 14 周岁的幼女卖淫的，处 5 年以上有期徒刑，并处罚金。在不具备追诉时效中断或延长的情况下，对甲的行为的追诉时效是（　　）。（2008 年法律硕士考试真题）

A. 5 年

B. 10 年

C. 15 年

D. 20 年

解析：《刑法》第八十七条规定："犯罪经过下列期限不再追诉：（一）法定最高刑为不满五年有期徒刑的，经过五年；（二）法定最高刑为五年以上不满十年有期徒刑的，经过十年；（三）法定最高刑为十年以上有期徒刑的，经过十五年；（四）法定最高刑为无期徒刑、死刑的，经过二十年。如果二十年以后认为必须追诉的，须报请最高人民检察院核准。"本题中 5 年以上有期徒刑的法定最高刑是 15 年有期徒刑，根据《刑法》第八十七条的规定，法定最高刑在 10 年以上的，追诉时效是 15 年，C 项正确。因此，本题选择 C。

4. 追诉期限的长短应与犯罪的社会危害性程度、刑罚的轻重相适应。下列对于追诉时效的表述，正确的是（　　）。（2018 年法律硕士考试真题）

A. 法定最高刑为死刑的犯罪，经过 20 年，则一律不再追诉

B. 被害人在追诉期限内提出控告，公安机关应当立案而不予立案的，超过 20 年即不再追诉

C. 挪用公款归个人使用进行非法活动的，追诉期限从挪用行为实施完毕之日起计算

D. 玩忽职守行为造成的重大损失当时没有发生，而是在玩忽职守行为后一定时间发生的，应从玩忽职守行为时起计算追诉期限

解析：依据《刑法》第八十七条第（四）项的规定："法定最高刑为无期徒刑、死刑的，

273

经过二十年。如果二十年以后认为必须追诉的，须报请最高人民检察院核准。"A 项错误。依据《刑法》第八十八条第二款的规定，"被害人在追诉期限内提出控告，人民法院、人民检察院、公安机关应当立案而不予立案的，不受追诉期限的限制。"B 项错误。依据《刑法》第八十九条第一款的规定："追诉期限从犯罪之日起计算；犯罪行为有连续或者继续状态的从犯罪行为终了之日起计算。"挪用公款行为从实施完毕之日或者犯罪成立之日起计算。C 项正确。《全国法院审理经济犯罪案件工作座谈会纪要》明确："玩忽职守行为造成的重大损失当时没有发生，而是玩忽职守行为之后一定时间发生的，应从危害结果发生之日起计算玩忽职守罪的追诉期限。"D 项错误。因此本题选 C。

5. 甲涉嫌犯聚众斗殴罪，在 2010 年 8 月 9 日被抓捕时逃跑。2014 年 6 月 5 日，甲抢夺他人财物，数额特别巨大。下列选项中，正确的是（　　）。（2015 年法律硕士考试真题）

A. 甲所犯抢夺罪的追诉期限为 5 年
B. 甲所犯聚众斗殴罪因其逃跑而不受追诉期限的限制
C. 甲所犯聚众斗殴罪的追诉期限从 2010 年 8 月 9 日起计算
D. 甲所犯聚众斗殴罪的追诉期限从 2014 年 6 月 5 日起计算

解析：甲涉嫌犯聚众斗殴罪，在被抓捕时逃跑，即甲在司法机关立案侦查以后逃避侦查或者审判，甲所犯聚众斗殴罪不受追诉期限的限制，B 项正确。

● 案例讨论 ○

刘某某、石某某非法拘禁案[①]

2000 年 3 月 31 日 17 时许，被告人刘某某交给张某某两张欠款人名为"史某某"的欠条，后指使张某某并由张某某带领被告人石某某及佟某某、刘某、赵某某等人对欠款人进行威胁。张某某等人闯入被害人翟某家中索要债务，佟某某手持一长杆猎枪，将翟某认为是欠款人"史某某"，强行将翟某从其家中劫持至一土路上，并对翟某进行殴打、语言威胁恐吓，逼迫翟某还款。翟某被迫答应还款后，于当晚被放回。在劫持翟某过程中，刘某将翟某腰间的一部 L2000 型灰色摩托罗拉手机抢走。经鉴定，该手机价值 2 000 元。案发后，该手机被公安机关追回，并发还给翟某。二被告人对指控的犯罪事实供认不讳。法院经审理查明犯罪事实与公诉机关指控的事实基本一致。

另查明的事实：2000 年案发时，侦查机关未锁定刘某某为犯罪嫌疑人，但要求将刘某某作为证人追查到案说明情况未果，后一直未有对刘某某的相关强制措施文书后，至 2019 年被抓获期间，被害人亦未对刘某某作为本案的犯罪嫌疑人进行控告。2000 年案发后，公安机关对石某某采取了逮捕措施，有逮捕证在案。

法院认为：公诉机关指控被告人刘某某犯非法拘禁罪已超过法定追诉时效期限。根据公诉机关指控的犯罪事实，本案法定最高刑为三年有期徒刑，追诉时效期限为五年，追诉时效的起算点应为被告人刘某某实施犯罪行为的时间，即 2000 年 3 月 31 日。本案发生后，公安机关的立案报告未明确刘某某参与犯罪，破案报告未进一步明确刘某某参与的事实，亦未对

[①] 案件来源于中国裁判文书网，案号为：安徽省亳州市谯城区人民法院（2019）皖 1602 刑初 802 号。

刘某某采取强制措施；且现有证据不能证明刘某某在上述期间内有逃避侦查行为；同时，在追诉时效期限五年内，被害人未对刘某某继续控告；应依法认定本案已超过追诉时效期限。被告人石某某结伙非法拘禁他人，其行为已构成非法拘禁罪。本案中有检察机关对石某某的批准逮捕手续在卷，且石某某自己明确供述其在案后发知道公安机关对其追逃，所以惧怕前往案发地；石某某应视为被侦查机关采取强制措施，且有逃避侦查的行为，其行为不受追诉时效的限制。

安徽省××市谯城区人民法院于2020年1月17日作出（2019）皖1602刑初802号刑事判决及裁定：被告人石某某犯非法拘禁罪，判处有期徒刑一年；对被告人刘某某终止审理。案件宣判后，当事人未上诉，检察机关未抗诉，判决已发生法律效力。

请围绕本案展开讨论。